新编21世纪高等职业教育精品教材
智慧财经系列

会计信息系统
——业财一体化实验教程
（基于金蝶云星空V7.5）

主　编◎袁　丹
副主编◎陆　娜　朱昱成

中国人民大学出版社
·北京·

图书在版编目（CIP）数据

会计信息系统：业财一体化实验教程：基于金蝶云星空 V7.5 / 袁丹主编. -- 北京：中国人民大学出版社，2025. 9. --（新编 21 世纪高等职业教育精品教材）.
ISBN 978-7-300-34033-3

Ⅰ. F232

中国国家版本馆 CIP 数据核字第 2025KL6626 号

新编 21 世纪高等职业教育精品教材 · 智慧财经系列
会计信息系统
——业财一体化实验教程（基于金蝶云星空 V7.5）
主　编　袁　丹
副主编　陆　娜　朱昱成
Kuaiji Xinxi Xitong

出版发行	中国人民大学出版社		
社　　址	北京中关村大街 31 号	邮政编码	100080
电　　话	010－62511242（总编室）		010－62511770（质管部）
	010－82501766（邮购部）		010－62514148（门市部）
	010－62511173（发行公司）		010－62515275（盗版举报）
网　　址	http://www.crup.com.cn		
经　　销	新华书店		
印　　刷	天津中印联印务有限公司		
开　　本	787 mm×1092 mm　1/16	版　　次	2025 年 9 月第 1 版
印　　张	18	印　　次	2025 年 9 月第 1 次印刷
字　　数	410 000	定　　价	48.00 元

前　言

互联网、云计算、大数据、人工智能、区块链等技术的飞速发展，给传统企业的经营管理方式带来了巨大的冲击。企业财务会计的重点和内涵正在发生变化，财务会计已经从传统的会计核算向业财融合转型，财务人员不仅要掌握财务专业知识，还需要了解企业内部的销售、采购、库存、生产等业务流程。唯有如此，才能有效解读财务凭证、报表中各项数字背后的业务场景，为企业的生产经营提供有效的财务支持。随着企业业务的逐步扩展及市场经营范围的扩大，跨地域、多组织的运作模式已经成为很多企业的典型架构和管理方式。如何及时有效地反映多组织、多业务单元的经营绩效，以判断企业的经营战略是否存在问题，成为企业高层关注的重点。

本书以金蝶云星空 V7.5 为蓝本，以业财融合为导向，基于企业的真实业务流程设计，旨在为学生提供一个系统、全面的会计信息系统知识体系，帮助学生深入理解业财一体化在会计信息系统中的应用。

本书精心设计内容，包含学习目标、实验概述、实验场景、实验步骤、实验数据、操作指导、学思践悟和思考讨论，形成一个完整的闭环，有益于学生对基本原理、整体流程的掌控和实务能力的提升，旨在为学生提供全面、系统的会计信息系统学习体验。本书共七章，以业财融合的模式详细介绍总账、出纳管理、应收、应付、费用管理、固定资产、库存管理、存货核算等子系统的业务处理。

本书在编写过程中注重应用性，具有以下鲜明特色：

1. 理论与实践相结合。通过系统概述和业务处理部分，学生能够系统地学习理论知识；通过上机实验部分，学生能够将理论知识应用于实际操作，增强理解和应用能力。

2. 实用性强。实验资料提供企业真实的经营业务，作为实验的背景资料，通过依次完成系统初始化、日常业务管理、期末处理、编制报表等任务，学生可完整地掌握工业企业会计信息化工作的全过程，能够在模拟真实环境中进行操作，提高解决实际问题的能力。

3. 重点突出。实验步骤简要介绍本项实验应完成的主要工作，帮助学生快速把握实验重点；业务流程图有助于学生更加直观地了解每个步骤的顺序、所处的模块以及逻辑关系；针对实验资料给出详细的操作指导，并借助“注意”栏目对实验中遇到的问题给予特别提示，帮助学生避免常见错误，提高实验成功率。

4. 教材资源丰富。本书配备了教学课件、拓展资料、试题库等资源；三种类型的实验账套，分别是初始版本的空账套、涵盖 60 个均完成第二章系统管理的组织机构实验数据录入、涵盖60个均完成第三章系统初始化的组织机构实验数据录入，教学中可结合学分和课时情况进行选择；配备对应微课视频，对关键知识点进行详细讲解，对系统操作进行逐步演示，有助于学生更加高效地学习。

本书由袁丹、陆娜、朱昱成共同编写。袁丹负责拟定全书的大纲，实验资料的制作、系统账套的操作和验证、提供实验图片，并对全书进行总纂、修改和定稿，同时负责录制第二章、第三章、第六章、第七章的操作演示视频；陆娜负责第一章第三节、第二章至第七章学习目标、实验概述、实验场景、实验步骤、知识扩展、注意、学思践悟、思考讨论的撰写，同时负责录制第四章和第五章的操作演示视频；朱昱成负责第一章第一节和第二节的撰写、第四章中业务流程图的制作，与袁丹共同负责各章节中操作指导部分的撰写。

在本书的编写过程中，我们得到了校企合作单位金蝶软件（中国）公司的大力支持，对本书的编写提出了指导性建议，在此表示衷心的感谢；我们借鉴了金蝶云星空V7.5会计信息系统流程，参考了大量已出版的图书和文献，在此谨向软件版权所有者和参考文献作者表示感谢。

我们虽然做了不少努力，但由于本身的局限性，加之创作时间仓促，缺点、错漏在所难免，我们诚挚地希望读者对本书的不足之处给予批评指正，作者邮箱：307410216@qq. com。

编者

目 录

第一章

会计信息系统概述

学习目标

1. 了解会计信息系统的概念和特点。

2. 了解我国会计信息系统的发展历程以及财务软件的应用情况。

3. 熟悉案例公司的经营背景以及公司的组织架构。

4. 掌握各功能模块中各个子系统之间的数据联系以及逻辑关系。

5. 强化社会主义核心价值观，包括法治、爱国、敬业、诚信、友善等价值理念。

第一节　会计信息系统简介

一、会计信息系统的概念

会计信息系统（Accounting Information System，AIS）是企业内部用于管理及记录财务交易和信息的一套系统工具。它通过整合会计原理和计算机技术，实现会计数据的采集、存储和处理，完成会计核算任务，并提供会计管理、分析和与决策相关的会计信息。作为企业管理信息系统的一个重要子系统，会计信息系统实质上是将会计数据转化为会计信息的系统，旨在提高财务信息的准确性和及时性，为企业管理者提供决策支持。由于会计在经济管理中的重要地位，会计信息系统必定是组织信息化的一个重要系统。

二、会计信息系统的特点

会计信息系统的创建基于会计循环和会计恒等式，数据源仍然是历史的、能以货币计量的数据。具体特点如下：

（1）遵循复式记账原则。

会计信息系统严格遵循复式记账原则，确保“有借必有贷，借贷必相等”，并基于会计基本等式“资产＝负债＋所有者权益”和“利润＝收入－费用”进行数据处理。通过计算机技术，系统简化了会计循环，消除了手工会计下的许多烦琐环节，如平行登记、对账等，从而提高了会计人员的工作效率和数据的准确性。

（2）会计处理高效。

收集和确认会计凭证仍然是会计核算的起点，凭证是最主要的数据源和重要的会计档案。会计信息系统接收的记账凭证不仅包括手工编制的部分，还包括系统内部自动编制或从系统外部接收的电子凭证，这些电子凭证提高了数据处理的效率和准确性。

（3）简化会计循环。

会计信息系统简化了账簿体系和会计循环，减轻了会计人员在信息处理中的技术负担。系统自动处理从原始凭证到记账凭证的编制和确认，改善了信息处理的质量。具体表现为：

1）多元分类核算：系统可以随时提供各种分类核算的汇总和明细信息。

2）会计与业务的协同处理：实现物资、资金、信息的“三流合一”，提高管理效率。

3）分散处理与集中管理相结合：支持分散处理和集中管理相结合的会计管理模式，提高决策的科学性。

（4）强化会计职能。

会计信息化促进了会计职能的变化，尤其在企业推行 ERP 系统并采用互联网（Internet）和内联网（Intranet）技术后，不仅加强了财务会计与其他业务部门的协同处理，统一管理信息资源，实现数据的高度共享，而且可以通过远程处理与网上支付，实现网络财务管理，促使财务管理从静态走向动态，有利于集团公司和跨国企业的实时管理。

（5）内部控制程序化。

由于会计数据的存储、处理方式以及会计工作组织的改变，许多手工条件下的控制方法已不再适用，必须采取新的控制方法和技术。系统通过自动化实现内部控制，具体包括：

1）操作权限控制：确保只有授权用户可以访问和操作特定的数据与功能。

2）数据检验：自动检查数据的完整性和准确性。

3）处理过程控制：确保数据处理的每一步都符合预设的规则和流程。

4）数据输出控制：确保输出的报表和数据准确无误，符合管理和决策的需要。

三、会计信息系统组成

会计信息系统是一个综合性的系统，由多个组成部分协同工作，以实现会计数据的收集、处理、存储和报告。以下是会计信息系统的主要组成部分：

（1）数据输入模块：负责接收并录入各种原始凭证，如发票、收据等，为系统提供基础数据。

（2）数据处理模块：对输入的数据进行加工、整理、计算，生成有用的财务信息，如财务报表、分析报告等。

（3）数据存储模块：将处理好的数据和信息进行存储，以备以后查询和使用。

（4）数据输出模块：根据用户需求，将存储的数据和信息以各种形式输出，如报表、图表等，便于用户理解和使用。

（5）控制和安全模块：确保系统的正常运行，防止数据被篡改或泄露，保障数据的安全性和完整性。

四、我国会计信息系统的发展

我国会计信息系统的发展经历了从手工会计到自动化会计再到现代会计信息系统的演变过程。以下是我国会计信息系统发展的主要阶段和特点：

（1）手工会计阶段。在手工会计阶段，企业的财务信息主要依靠纸质凭证和报表进行传递和存储。这种方式效率低下，容易出错，且难以进行大规模的数据分析和处理。

（2）自动化会计阶段。随着计算机技术的普及，我国企业开始引入自动化会计信息系统。这些系统在很大程度上替代了手工劳动，提高了会计工作的效率和准确性。然而，这一阶段的会计信息系统仍然存在着信息孤岛、数据不一致等问题。

（3）现代会计信息系统阶段。进入 21 世纪后，我国企业开始逐步采用现代会计信息系统。这些系统强调集成和协同，能够实现业务处理和信息处理的集成、财务信息和非财务信息的集成、核算与管理的集成。现代会计信息系统不仅提高了会计工作的效率和准确性，还为企业提供了丰富的数据分析和决策支持功能。

会计信息系统是一个复杂的体系，涉及硬件、软件、数据、人员、程序和网络等多个方面。这些组成部分协同工作，确保会计数据的准确、及时和安全处理，为企业的财务管理提供有力支持。未来，随着云计算、大数据、人工智能等技术的不断发展，我国会计信息系统将朝着更加智能化、自动化和个性化的方向发展。这些新技术将进一步提升会计信息的处理能力和决策支持能力，为企业的可持续发展提供有力保障。

第二节 常用的会计信息系统软件及介绍

在市场上，存在多种常用的会计信息系统软件，这些软件各具特色，满足了不同企业的需求。现阶段市面上较为知名的会计信息系统软件及其介绍如下所述。

一、小型企业常用的会计信息系统软件

1. 金蝶 K/3 WISE

金蝶 K/3 WISE 是一款面向成长型企业，适应企业在快速成长过程中业务与管理的不断变化的信息化平台，实现云服务、ERP、物联网的融合，帮助企业从信息化建设到构建企业工业互联网与数字化管理平台。

2. 畅捷通 T+

畅捷通 T+是由用友集团旗下的畅捷通公司推出的一款企业财务管理软件，专为中

小企业设计。畅捷通 T+提供了一个高效、简便的数字化财务解决方案，主要功能包括财务核算、固定资产管理、多维度分析、报表打印等，同时支持多种账套设置，增加企业使用的灵活性。该软件的设计旨在通过智能化的财务处理方式，让企业的财务管理更高效、快速。通过强大的数据处理能力和用户友好的界面，帮助企业更准确地掌握财务状况，提高管理效率。

3. 柠檬云

柠檬云专注于中小企业的财务数字化，提供了财务报表、发票管理、税务管理、库存管理等多种功能。其特点在于简单易用，适合初次接触财务软件的用户。柠檬云的免费版功能较为基础，而专业版则提供了一键生成凭证、一键取票收票、同步银行流水等功能。其简单易用，界面清晰明了，功能齐全，上手快，特别适合初次接触财务管理的新手。

4. 管家婆

管家婆主要包括采购、销售、库存、总账、费用管理、固定资产、工资等管理功能，适用于小型企业和门店类企业。其操作简单，维护简单，界面设计简洁，容易上手，适合没有太多 IT 经验的小型企业用户。

二、大中型企业常用的会计信息系统软件

1. 合思

合思适用于中大型企业及多行业场景，其主要功能涵盖电子会计凭证的全生命周期管理，包括但不限于采集、制作、存储和使用。系统支持电子与实物档案的高度融合，并提供多种数据输出方式，如单一导出、成套档案导出等。除此以外，实现了“申请、消费、报销、对账、记账、归档、报表”的全流程数字化费控管理，差旅、用车、餐饮、办公采购等多场景消费数据自动采集、自动流转，发票可识别验真，费用支出合规、透明、可追踪，助力企业降本增效、合规经营。

2. 金蝶 K/3

金蝶 K/3 是一款面向大中型企业的管理软件，涵盖了财务管理、供应链管理、人力资源管理等多个领域，提供了全面的解决方案。其会计信息系统模块功能强大，支持多币种、多会计期间的管理，能够满足复杂多变的业务需求。

3. 用友 U8

用友 U8 是一款面向中型企业的管理软件，以财务管理为核心，集成了供应链管理、生产管理、人力资源管理等多个模块。其会计信息系统模块提供了丰富的报表和分析功能，帮助企业实现精细化财务管理。

4. 新中大

该软件以其全面的功能和稳定的性能，在国内财务软件市场占据了重要地位，广泛服务于中大型企业。新中大财务软件的主要功能包括账务管理、报表处理、固定资产管理、工资管理等，满足企业全方位的财务需求。此外，该软件还支持智能财务分析和金税报表的制作，帮助企业优化财务决策和税务合规操作。

三、集团企业（云管理）常用的会计信息系统软件

1. 金蝶财务云

金蝶财务云是金蝶集团推出的一款云端财务管理系统，以其在企业资源规划（ERP）市场中的领先地位而闻名。金蝶财务云的主要功能包括会计处理、财务报表生成、资金管理、固定资产管理等。这套系统特别强调模块化设计，可以根据企业的具体需求进行功能拓展或调整，支持企业从核算到决策的全过程管理。

2. 浪潮云

浪潮云是浪潮集团旗下的一款专业 SaaS 财务软件，主要功能包括智能记账、一键报税、税务预警等，能够自动生成财务报表和处理复杂的税务申报工作，同时提供实时的财税风险检测，帮助企业规避潜在的财务风险。此外，该软件还支持库存管理、资金结算等业务，提供多功能的企业财务管理解决方案。

3. 用友财务云

用友财务云是一个采用先进科技如云计算、大数据、AI 等构建的财务管理平台，由北京用友商创企业运营管理服务有限公司提供。主要功能包括实时会计、管理会计、税务服务、报账服务、财资服务等，以实现财务的全面数字化管理。用友财务云通过整合核心财务处理与业务流程，提升企业运营效率。

第三节 案例背景介绍

一、川商集团介绍

本书以川商集团有限公司（以下简称“川商集团”）的 ERP 会计信息系统为蓝本，详细模拟了从系统上线实施到业务应用的全过程，旨在为读者提供一个全面、实用的会计信息化应用案例。

川商集团成立于 2024 年，是一家专注于磁性材料研发、生产和销售的高新技术企业。公司拥有多项专利产品，生产研发的软磁铁氧体磁芯、G 型磁芯、各类变压器、各类线圈等系列产品，广泛应用于电源、变压器、电子设备、网络通信、车载电子等领域。凭借成熟的生产工艺和全自动生产设备，川商集团确保了产品稳定可靠的高品质电器性能，满足了国内传感器厂家的广泛需求。

川商集团下设川商创博科技公司和川商耀博销售公司两个法人组织。集团公司作为总管控公司，主要负责整个集团及下属公司的资金管理，确保资金的高效利用。川商创博科技公司作为主体公司，负责生产、采购、销售和寄售业务。川商耀博销售公司主要负责产品的直接销售，为了节省成本，销售公司可以直接向科技公司要货。川商集团采用“分级管理、充分授权”的管理方式，集团基础信息由集团公司统一创建和管理，根据业务情况给不同的公司分配不同的信息。科技公司作为主体公司，拥有较大的自主经营权，产品在供应给销售公司的同时，也可以自行对外销售。销售公司作为主要的直销

渠道，主要负责销售业务，其他业务委托集团和科技公司实现。该集团的组织架构如图 1－1 所示。

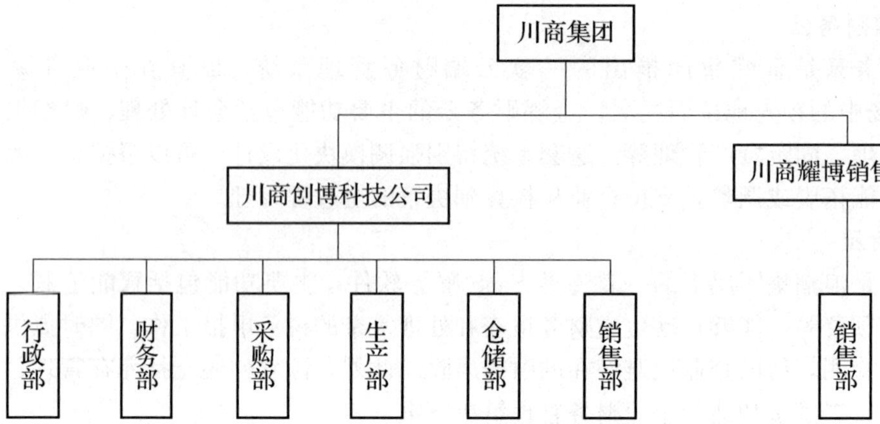

图 1－1　集团组织架构

二、会计信息系统的应用

尽管川商集团成立时间不长，但管理层对信息化的要求非常高。为了有效利用企业资源，确保管理人员可以随时查看企业财务、业务数据并进行实时分析，集团决定采用适用于集团云管理的 ERP 软件来管理企业的财务、业务数据。经过全面考察和评估，川商集团于 2024 年购买了金蝶云星空 V7.5，并计划于次年 1 月正式启用。

本次实施的会计信息系统总体包括三个大的应用模块，即供应链模块、财务会计模块和报表模块，其中财务会计模块是整个会计信息系统的核心，包括总账管理、应收款管理、应付款管理、出纳管理、固定资产管理、发票管理、费用管理、人人报销、智能会计平台、报表管理、合并报表管理等，供应链模块包括采购管理、销售管理、库存管理和存货核算，两大模块将全面覆盖企业的财务和业务流程，实现数据的集成化管理和实时监控，为企业的决策提供有力支持。系统结构如图 1－2 所示。

在供应链模块中，以存货核算为中心，负责记录和跟踪存货的数量、成本以及价值变动。采购部门与供应商签订采购合同后，采购订单信息被录入系统。当货物入库时，入库单信息（包括货物数量、单价等）被传递给存货核算系统。存货核算系统根据入库单信息更新存货数量，并计算存货成本。销售部门与客户签订销售合同后，销售订单信息被录入系统。当货物出库时，出库单信息（包括货物数量、销售价格等）被传递给存货核算系统。存货核算系统根据出库单信息更新存货数量，并记录销售收入。库存管理部门负责存货的日常管理，包括盘点、报废、调拨等操作。这些操作产生的数据被传递给存货核算系统，用于更新存货数量和成本。而相关人员也会根据采购订单、销售订单生成对应的应付单、应收单。同时，当企业向客户销售商品或提供服务时，会根据销售合同或订单开具销售发票。当企业从供应商采购商品或服务时，会收到供应商开具的采购发票。发票管理系统负责接收、审核和管理这些发票，确保发票信息的准确性和合规性。

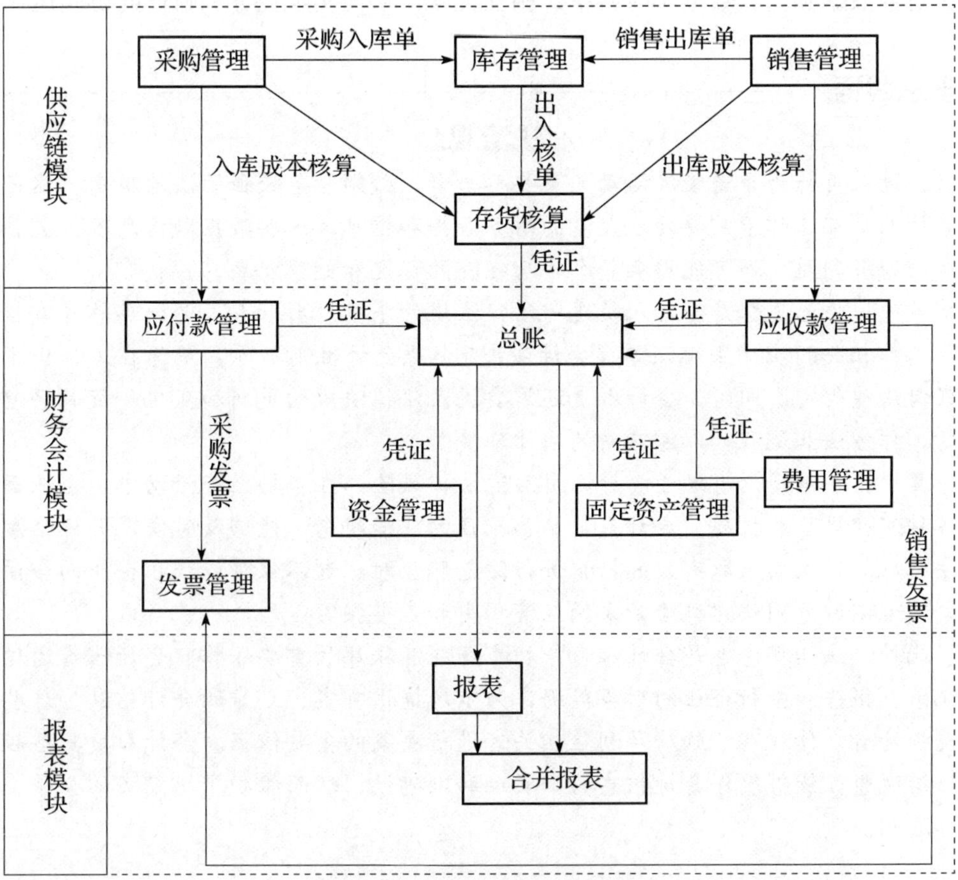

图 1－2 系统模块结构关系图

在财务会计模块中，以总账为中心，负责数据的集中处理与传递。存货核算系统将处理存货的入库、出库、盘盈、盘亏等业务，并生成相应的记账凭证。这些记账凭证会按照特定的格式和要求，自动或手动传递至总账系统。应收款管理系统负责处理销售业务中的应收账款、应收票据、坏账等业务，并生成相应的记账凭证传递至总账系统。应付款管理系统处理采购业务中的应付账款、应付票据、付款等业务，并生成相应的记账凭证传递至总账系统。固定资产管理系统生成固定资产增加、减少、盘盈、盘亏、变动、评估和折旧分配等业务的记账凭证传递至总账系统。费用管理系统从各个子系统中获取费用数据，进行费用核算和分析，并生成相关的记账凭证传递至总账系统。资金管理系统会生成与资金流动相关的记账凭证传递至总账系统，作为更新账簿的依据。总账系统以凭证处理为中心，进行账簿报表管理。它可与各个业务系统无缝链接，接收来自各个子系统的数据，进行汇总、分类、记录和处理，实现数据共享。企业所有的核算最终要在总账中体现。

在报表模块中，总账系统根据接收到的记账凭证和已有的账簿信息，生成财务报表。这些财务报表包括资产负债表、利润表、现金流量表，用于反映企业的财务状况和经营成果。集团公司再根据子公司的个别报表编制合并报表。

三大模块联系紧密，将企业经营中的业务流程、财务会计流程和管理流程有机融合，使财务数据和业务数据实时共享、相互关联，从而实现业务和财务的协同运作。

学思践悟

法治观念

会计人员作为市场经济活动的重要参与者，必须具备较强的法治观念。这是因为会计人员在工作中需要处理大量的财务数据和信息，这些数据和信息不仅关系到企业的经济利益，还可能影响整个市场经济的稳定和健康发展。

首先，法治观念是会计人员遵守法律法规的基础。会计人员必须熟悉并掌握与会计工作相关的法律法规，如《会计法》《企业会计准则》等，确保在工作中不违反任何法律规定。同时，会计人员还需要关注法律法规的更新和变化，及时调整自己的工作方法和流程，以适应新的法律环境。

其次，法治观念有助于会计人员防范法律风险。在市场经济活动中，企业面临着各种法律风险和挑战。会计人员具备较强的法治观念，能够及时发现并评估潜在的法律风险，从而采取有效的措施进行防范和应对。这不仅可以保护企业的合法权益，还可以避免因法律风险带来的经济损失和声誉损害。

此外，法治观念也是会计人员维护市场经济秩序的重要保障。会计人员通过准确记录、报告和分析企业的财务数据，为市场提供真实、可靠的会计信息。这些信息是投资者、债权人、政府等利益相关者进行决策的重要依据。会计人员具备较强的法治观念，能够确保会计信息的真实性和准确性，从而维护市场经济的公平、公正和透明。

思考讨论

1. 什么是会计信息系统？它由哪些部分组成？
2. 简述会计信息系统的特点。
3. 列举你知道的会计信息系统软件。
4. 简要分析会计信息系统的各个子系统在进行数据传递时需要注意的事项。
5. 简述供应链模块的主要功能。
6. 简述财务会计模块的主要功能。
7. 财务会计模块的核心是什么？能否独立使用？
8. 通过了解川商集团及其子公司的经营情况，简要分析各组织之间的业务关系。

第二章

系统管理

学习目标

1. 熟练掌握系统管理所包含的主要工作内容，包括搭建组织机构、基础资料控制、用户权限管理以及基础资料维护等。

2. 理解会计信息系统环境与手工做账环境下企业用户管理、权限管理、基础信息设置等方面的不同。

3. 培养安全意识、团队协作意识和责任担当精神。

实验概述

会计信息系统集合了账务处理、采购管理、销售管理、应收应付、固定资产、报表等多个功能模块。各模块之间既相互独立，又相互联系、协同运作；既可以独立使用，又可以组合使用，实现财务、业务的一体化管理和信息共享。为了实现一体化管理，就要求这些模块具备公用的基础信息，由拥有权限的操作员集中管理。金蝶云星空系统是一款云时代下的新型ERP产品，可以实现多法人、多事业部、多地点等多组织应用模式，在开始使用云星空系统进行业务处理之前，需要搭建企业的组织架构体系，根据企业具体管控模式，设置基础资料在多个组织之间的共享和隔离关系，帮助企业实现不同程度的集权管理，并根据不同的业务要求为客户设置合适的权限。上述功能都可在系统管理中实现，深入地理解和熟练地掌握系统管理部分的功能是使用云星空系统进行业务处理的前提条件。

第一节　新建数据中心

实验场景

数据中心是一个集中放置各种财务数据、业务数据等电子信息并提供其运行环境的载体。简单来说，它就像是数字世界的“心脏”，负责处理、存储、传输和交换海量数据。数据中心是业务数据的载体，支持SQL Server和Oracle两种数据库类型，并可以设置系统时区。在使用金蝶云星空系统之前，必须先建立存储业务数据的数据中心。

金蝶软件安装已经完成，即将准备使用金蝶云星空系统。

实验步骤

（1）了解拟使用的系统，进而确定数据中心类别。确认数据库服务器路径、拟采用的数据库类型、身份验证方式和系统时区。

（2）新建数据中心。

操作指导

（1）输入金蝶云星空管理中心网址，打开金蝶云星空管理中心登录界面，默认管理员用户名：Administrator，默认密码：888888，单击【登录】按钮后，进入管理中心界面。

（2）在管理中心界面，单击左上角的功能菜单，如图 2－1 所示。

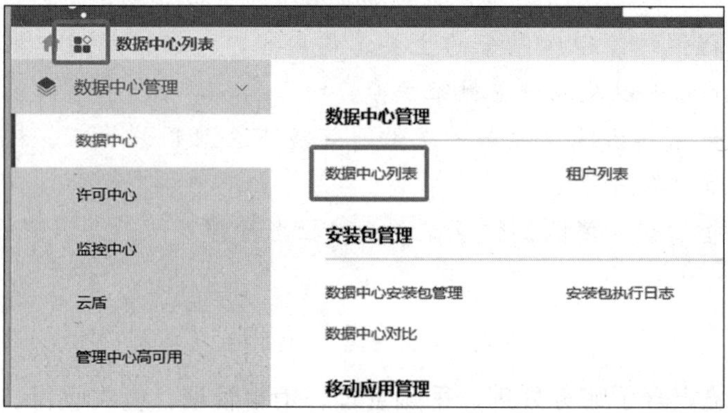

图 2－1　管理中心界面

（3）执行【数据中心】→【数据中心列表】命令，打开数据中心列表界面，单击【创建】→【创建 SQL Server 数据中心】，打开创建 SQL Server 数据中心向导界面，如图 2－2 所示，根据数据库服务器填写信息。

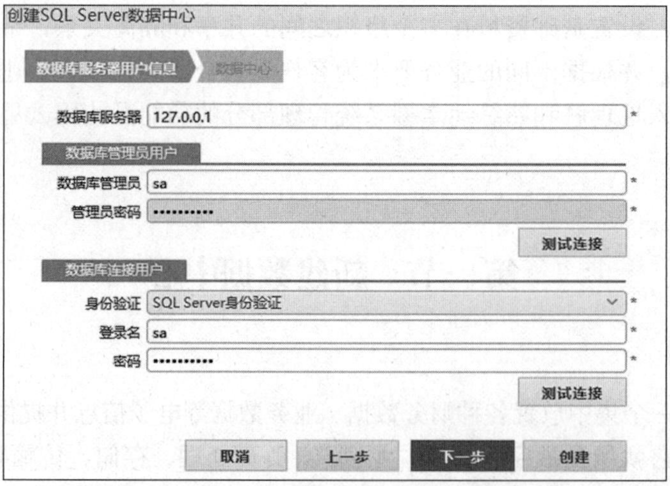

图 2－2　创建 SQL Server 数据中心向导界面

（4）单击【下一步】按钮，进入数据中心信息填写界面，如图 2－3 所示，填写完成后，单击【创建】按钮即可完成数据中心的创建。

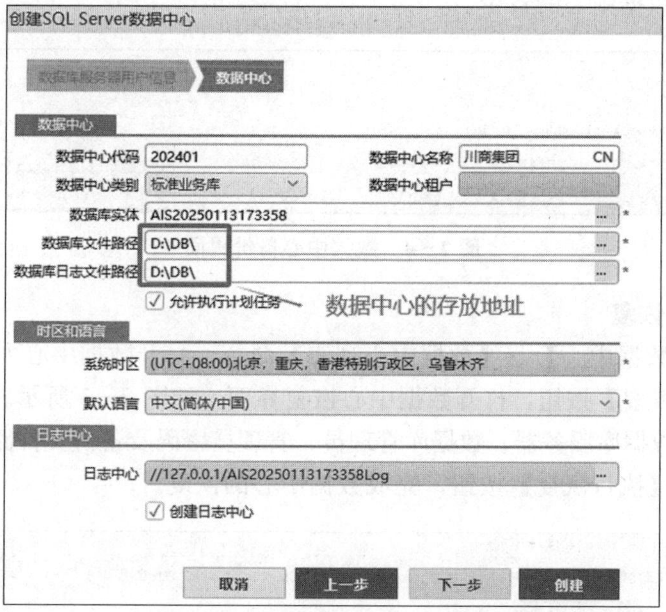

图 2－3　数据中心信息填写界面

（5）数据中心创建完毕后，在“金蝶云星空管理中心”中的“数据中心列表”中，可以找到新增的数据中心。

第二节　数据中心维护

实验场景

在企业日常运营中，财务数据是至关重要的。一旦数据丢失，可能会对企业造成重大损失。为了确保数据安全性或为了在灾难发生时将数据丢失的损害降到最低限度，需要定期将业务操作过程中的各种数据进行备份，一旦数据中心被破坏，可以通过恢复功能将备份的数据中心恢复成一个新的数据中心继续进行业务处理，避免数据丢失带来的风险。

实验步骤

（1）数据中心备份。

（2）数据中心恢复。

操作指导

输入金蝶云星空管理中心网址，进入登录界面，默认管理员用户名：Administrator，默认密码：888888，单击【登录】按钮后，进入管理中心界面。

1. 数据中心备份

（1）执行【数据中心】→【数据中心列表】命令，打开数据中心列表。

（2）选择需要备份的数据中心后，单击【备份】按钮，打开数据中心备份界面，如图2-4所示。在备份界面填写数据库管理员名称、密码及备份路径后，单击【执行备份】按钮，完成数据中心的备份。

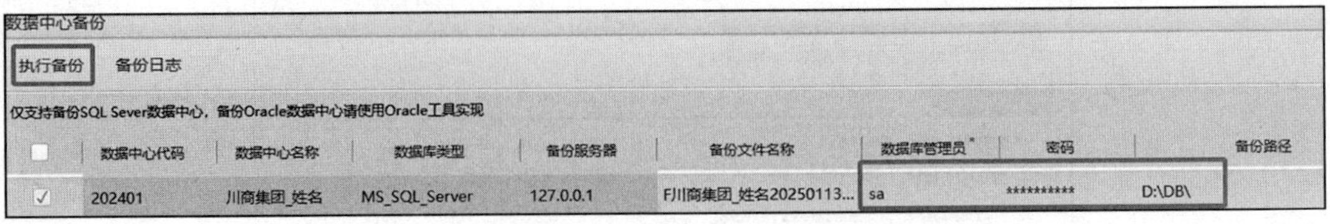

图2-4　数据中心备份界面

2. 数据中心恢复

（1）执行【数据中心】→【数据中心列表】命令，打开数据中心列表。

（2）单击【恢复】按钮，打开数据中心恢复界面，如图2-5所示。在恢复界面，根据具体情况填写数据库服务器、数据库管理员、管理员密码及备份文件路径等信息（见表2-1）后，单击【执行恢复】按钮，完成数据中心的恢复。

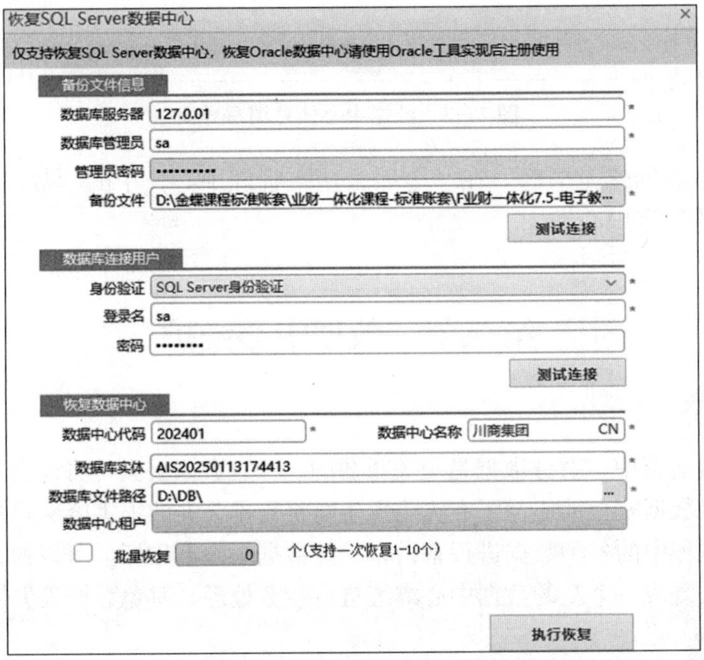

图2-5　数据中心恢复界面

表2-1　恢复界面字段说明

字段名称	说明
数据库服务器	存放备份文件的数据库服务器
数据库管理员	输入数据库服务器管理员名称
管理员密码	输入数据库服务器管理员密码
备份文件	选择数据库文件的备份路径

续表

字段名称	说明
身份验证	支持 SQL Server 身份验证和 Windows 身份验证。若选择 Windows 身份验证，默认从数据中心站点的应用程序池获取运行账户，数据中心站点的运行账户在产品安装过程中进行设置，在安装后也可在 IIS 数据中心站点的应用程序池中修改；若选择 SQL Server 身份验证，请输入 SQL Server 数据库用户名和密码
登录名	输入数据库连接用户的账号
密码	输入数据库连接用户的账号密码，使用 Windows 身份验证不需要输入密码，但是数据库服务器中必须存在这个账户
数据中心名称	输入 1～80 个字符
数据库文件路径	选择数据库文件的恢复路径

从本章第三节开始，以学号 202401 的学生“姓名”为例，进行后续全部的实验操作（在实际授课过程中，学号是学生的真实学号，姓名是学生的真实姓名）。

第三节 搭建组织机构

实验场景

创建好数据中心后，在开始使用金蝶云星空进行业务操作之前，需要根据企业真实情况搭建组织机构。组织机构是系统运行的基础，也是支持业务运作的基石，还是数据隔离的前提。组织机构搭建主要包括组织机构管理、组织关系管理，如果企业运行了一段时间后组织发生了变化，还可以进行组织变更。

实验步骤

（1）搭建组织机构。

（2）建立组织业务关系。

实验数据

川商集团组织机构信息如表 2-2 所示，业务关系信息如表 2-3 所示。

表 2-2 组织机构信息

组织编码	组织名称	组织形态	核算组织类型	业务组织类型
学号	川商集团_姓名	公司	法人	结算职能、资产职能、资金职能、收付职能、服务职能
学号.001	川商创博科技公司_姓名	公司	法人	销售职能、采购职能、库存职能、工厂职能、质检职能、结算职能、资产职能、资金职能、收付职能、服务职能
学号.002	川商耀博销售公司_姓名	公司	法人	销售职能、采购职能、库存职能、质检职能、结算职能、资产职能、资金职能、收付职能、营销职能

表 2-3　业务关系信息

基础资料名称	创建组织	分配组织
库存调拨	川商创博科技公司_姓名	川商耀博销售公司_姓名
委托销售	川商创博科技公司_姓名	川商耀博销售公司_姓名

操作指导

视频

搭建组织机构

1. 搭建组织机构

（1）输入金蝶云星空网址，打开金蝶云星空登录界面，选择“金蝶云星空账号”，数据中心为“川商集团”，用户名：Administrator，默认密码：888888，单击【登录】按钮，进入云星空系统管理界面。

（2）执行【系统管理】→【组织机构】→【组织机构修改】命令，打开组织机构查询界面。

（3）单击【新增】按钮，根据表 2-2 的内容，填写组织机构信息。根据学号和姓名输入正确信息，编码为学号，形态为“公司”，核算组织勾选“法人”，业务组织勾选“结算职能”“资产职能”“资金职能”“收付职能”“服务职能”，如图 2-6 所示，依次新增川商创博科技公司和川商耀博销售公司，如图 2-7、图 2-8 所示。

（4）检查信息正确后，依次单击【保存】→【提交】→【审核】按钮。

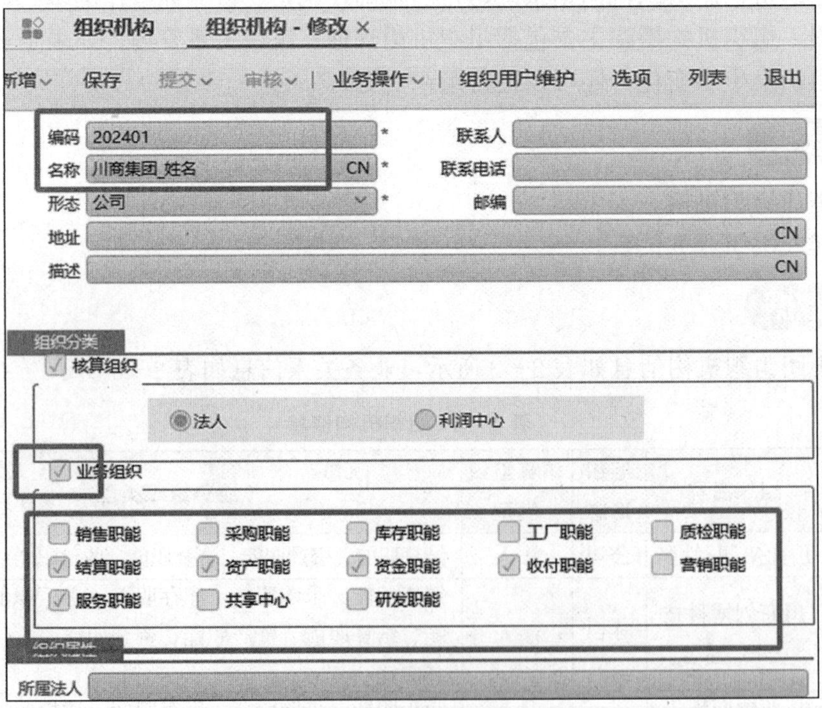

图 2-6　川商集团新增界面

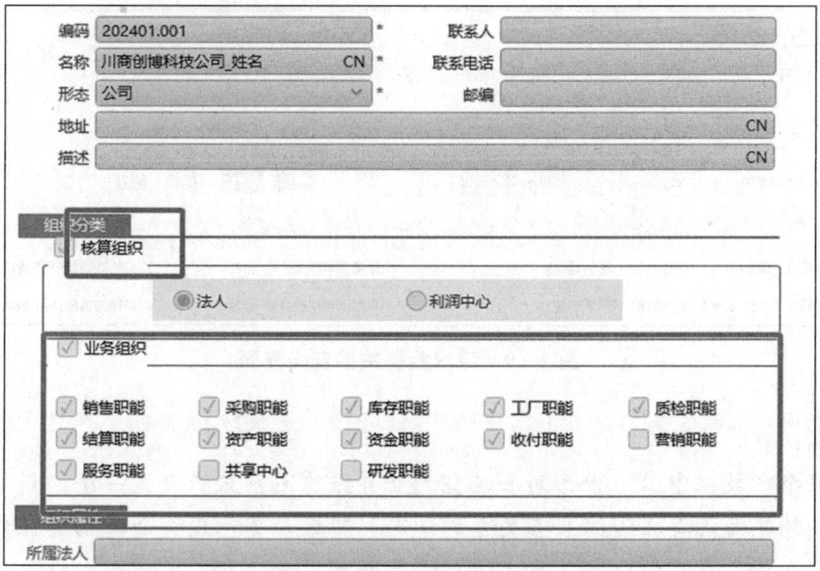

图 2-7 川商创博科技公司新增界面

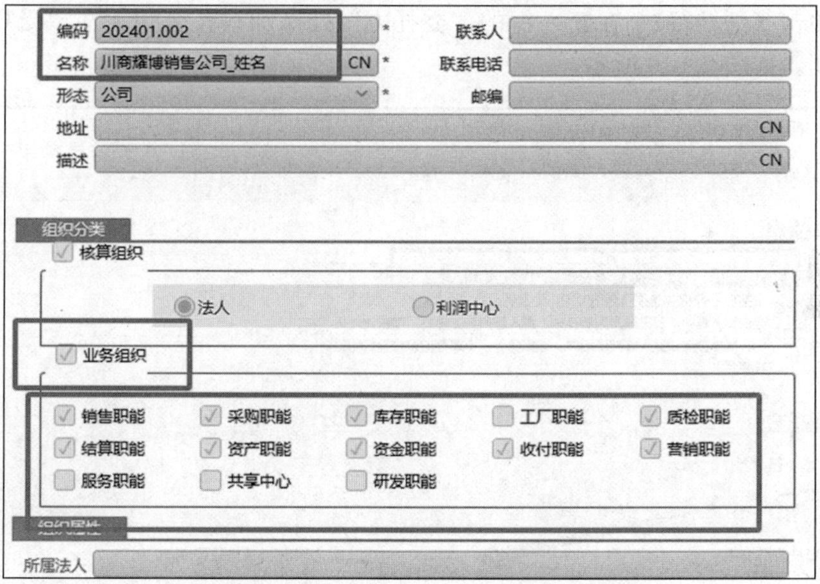

图 2-8 川商耀博销售公司新增界面

2. 建立组织业务关系

（1）登录用户为系统管理员：Administrator，默认密码：888888，执行【系统管理】→【组织机构】→【组织关系】→【组织业务关系】命令，进入组织业务关系查询界面，如图 2-9 所示。

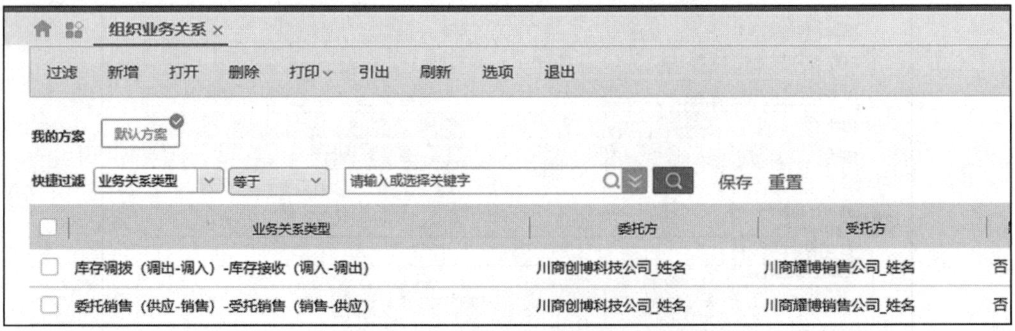

图 2-9　组织业务关系查询界面

注意：

在每个“数据中心”中，同一类型的业务组织关系只能设置一个，针对组织业务关系查询界面已存在组织业务关系的情况，其他人员无须再新增同类组织业务关系，只需在该已存在的业务关系上进行修改即可。

（2）以“库存调拨”组织关系为例，双击“库存调拨”业务关系，进入业务关系修改界面，单击【新增行】，在新一行的“委托方”处添加科技公司，在“受托方”处添加销售公司，如图 2-10 所示。

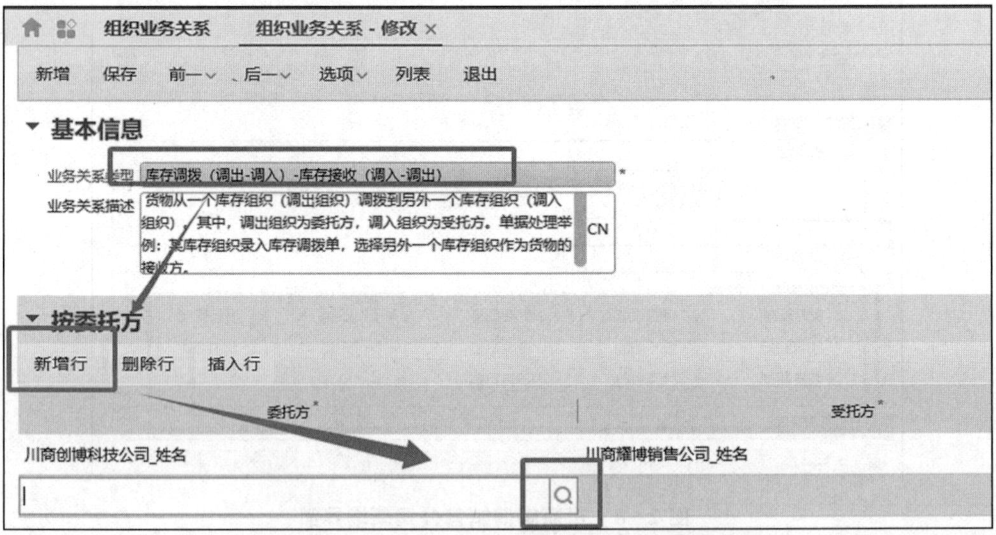

图 2-10　组织业务关系修改界面（库存调拨）

注意：

这里是通过双击进入组织业务关系修改界面，而不是通过新增的方式打开组织业务关系修改界面。

（3）参考上述方法，根据表 2-3 中的内容设置“委托销售”组织业务关系，如图 2-11

所示。完成设置后，执行【系统管理】→【组织机构】→【组织关系】→【组织业务关系】命令，进入组织业务关系查询界面，查看设置完成的组织业务关系。

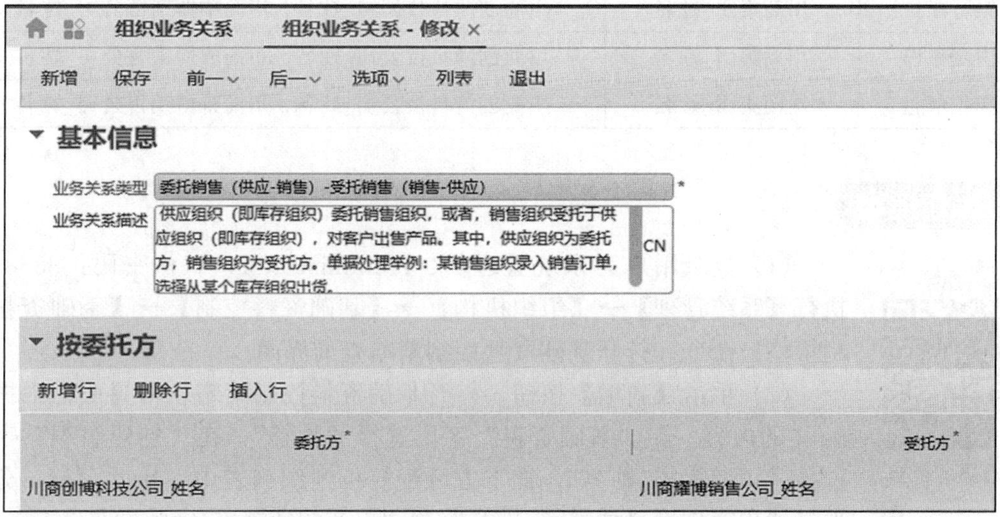

图 2-11　组织业务关系修改界面（委托销售）

第四节　基础资料控制

实验场景

搭建完组织机构后，需要根据企业真实管控情况设置基础资料的共享和隔离关系，帮助企业实现不同程度的集权管理。

实验步骤

设置基础资料控制策略。

实验数据

川商集团的基础资料由集团创建，由集团根据业务需要选择性地分配给下属公司使用，根据该情况整理的基础资料控制策略信息如表 2-4 所示。

表 2-4　基础资料控制策略

基础资料名称	创建组织	分配组织
物料	川商集团_姓名	川商创博科技公司_姓名、川商耀博销售公司_姓名
部门	川商集团_姓名	川商创博科技公司_姓名、川商耀博销售公司_姓名
供应商	川商集团_姓名	川商创博科技公司_姓名、川商耀博销售公司_姓名
客户	川商集团_姓名	川商创博科技公司_姓名、川商耀博销售公司_姓名
资产位置	川商集团_姓名	川商创博科技公司_姓名、川商耀博销售公司_姓名

续表

基础资料名称	创建组织	分配组织
银行账号	川商集团_姓名	川商创博科技公司_姓名、川商耀博销售公司_姓名
内部账户	川商集团_姓名	川商创博科技公司_姓名、川商耀博销售公司_姓名
岗位信息	川商集团_姓名	川商创博科技公司_姓名、川商耀博销售公司_姓名

操作指导

视频

基础资料控制

（1）登录用户为系统管理员：Administrator，默认密码：888888，执行【系统管理】→【组织机构】→【基础资料控制】→【基础资料控制策略】命令，打开基础资料控制策略查询界面。

（2）单击【新增】按钮，打开基础资料控制策略新增界面，根据表2-4的内容，在“基础资料”字段选择“物料”，在“创建组织”字段选择“川商集团_姓名”，在下方分配目标组织列表中，新增两行，分别选择“川商创博科技公司_姓名”和“川商耀博销售公司_姓名”。

（3）正确输入后，单击【保存】按钮，完成“物料”这个基础资料的控制策略设置，如图2-12所示。

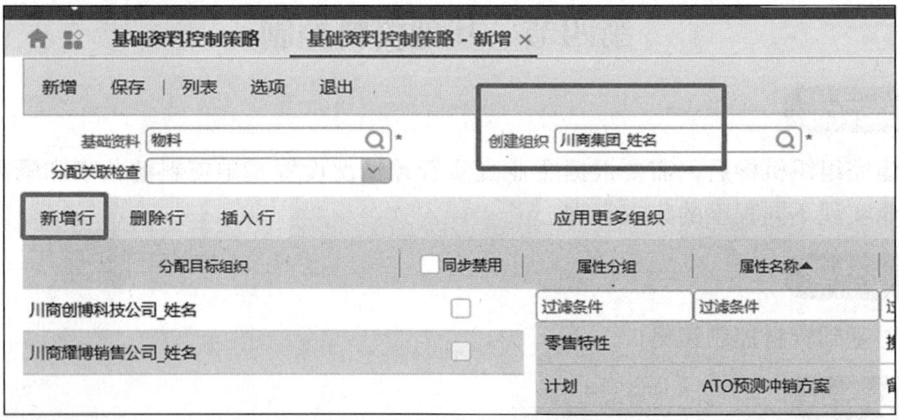

图2-12 基础资料控制策略新增界面

> **注意：**
>
> 在基础资料控制策略新增界面中选择创建组织和分配目标组织的时候，可通过快捷键F8调用组织机构列表界面，勾选需要选择的组织机构后，单击【返回数据】，可以将选择的组织机构信息回填到对应的字段中。

（4）参考上述方法，根据表2-4中的内容设置其他基础资料的控制策略。

（5）完成设置后，执行【系统管理】→【组织机构】→【基础资料控制】→【基础资料控制策略】命令，打开基础资料控制策略查询界面，如图2-13所示，查看设置完成的基础资料控制策略。

图 2-13　基础资料控制策略查询界面

知识扩展

基础资料控制策略主要应用于基础资料的维护控制以及基础资料的组织隔离。控制策略类型分为分配型、共享型以及私有型，这三类控制策略都支持创建组织的定义，分配型控制策略还支持使用组织的定义以及基础资料在字段级别的控制，控制策略将直接影响基础资料的新增、分配及应用方式。每种类型都有其特定的管理特点和适用场景。

分配型：需要在组织间分配，用户可以在基础资料界面或者列表界面进行分配。只有分配给了相关的业务组织后，业务组织才能够使用。目标组织可以依据权限设置对分配过来的基础资料进行修改操作，用户也可以对已经分配的基础资料取消分配。

共享型：数据的所有者将数据通过共享方式授权其他组织使用。

私有型：创建的数据只能在创建组织使用。

第五节　用户权限管理

金蝶云星空系统中流转着企业的基础数据和业务数据，企业数据信息的保密性和安全性是非常重要的。比如企业的资金状况，只有财务处的相关工作人员可以查看，其他人员没有权限了解这些信息；如果企业是多组织企业，每个组织下的财务人员只能看到自己所属组织下的资金情况，只有企业中特定的财务经理才能看见所有组织的资金情况。针对使用人员的数据安全性，金蝶云星空系统提供了系统管理模块来实现用户权限的管理。

实验场景

为了保证系统及数据的安全，防止企业的一些关键信息被无关人员随意获取，对操作软件系统的操作员进行权限的分配，使财务人员各司其职，在自己的权限内进行操作，同时防止与企业无关的人员进入企业系统，避免泄露商业机密。

实验步骤

（1）创建信息管理员。

（2）用户管理。

实验数据

用户详细信息如表 2-5 所示。

表 2-5 用户详细信息

用户名称	密码	组织	角色
信息管理员_姓名	学号	川商集团_姓名	Administrator 全功能角色
		川商创博科技公司_姓名	
		川商耀博销售公司_姓名	
科技公司会计_姓名	学号	川商创博科技公司_姓名	会计
		川商耀博销售公司_姓名	资产会计
科技公司出纳_姓名	学号	川商创博科技公司_姓名	出纳
科技公司采购_姓名	学号	川商创博科技公司_姓名	采购主管
科技公司销售_姓名	学号	川商创博科技公司_姓名	销售主管
科技公司生产_姓名	学号	川商创博科技公司_姓名	生产主管
科技公司仓管_姓名	学号	川商创博科技公司_姓名	仓库主管
		川商耀博销售公司_姓名	仓库主管
销售公司会计_姓名	学号	川商耀博销售公司_姓名	会计
销售公司出纳_姓名	学号	川商耀博销售公司_姓名	出纳
销售公司销售_姓名	学号	川商创博科技公司_姓名	销售主管
	学号	川商耀博销售公司_姓名	销售主管
集团公司出纳_姓名	学号	川商集团_姓名	出纳
集团公司会计_姓名	学号	川商集团_姓名	会计
		川商创博科技公司_姓名	
		川商耀博销售公司_姓名	

操作指导

1. 创建信息管理员

视频

用户权限管理

（1）登录用户为系统管理员：Administrator，默认密码：888888，执行【系统管理】→【系统管理】→【用户管理】→【查询用户】命令，打开查询用户界面。

（2）单击【新增】，根据表 2-5 的内容，设置“信息管理员_姓名”用户的信息。

“用户名称”字段中输入“信息管理员_姓名”，在下方“组织角色”列表中，单击【新增行】按钮，添加“川商集团_姓名”、“川商创博科技公司_姓名”和“川商耀博销售公司_姓名”三个组织。单击“川商集团_姓名”这个组织后，在右边的角色列表中添加“administrator”和“全功能角色”，依次选择“川商创博科技公司_姓名”和“川商耀博销售公司_姓名”添加“administrator”角色和“全功能角色”（每个组织均需进行角色添加操作，正确添加后，单击每个组织都能看到对应的角色）。

（3）完成后单击【保存】，完成“信息管理员_姓名”这个用户的添加，如图 2-14 所示。

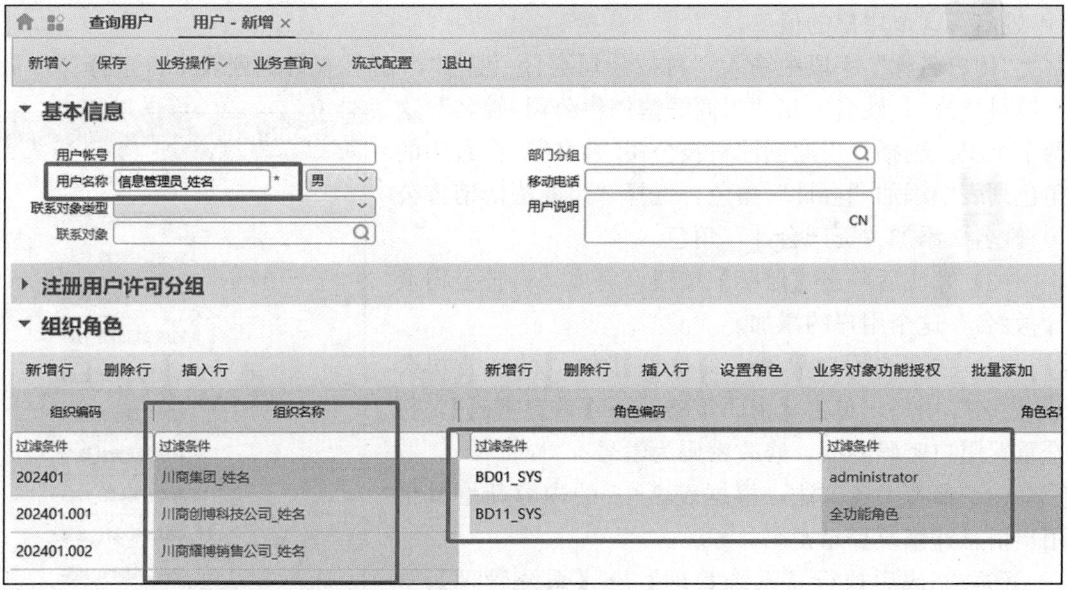

图 2-14 用户新增界面

> **注意：**
> 三个组织的角色都要进行设置。

（4）在查询用户界面，勾选新建的“信息管理员_姓名”用户，单击【密码策略】→【重置密码】，打开重置用户密码界面，修改密码为自己的学号，如图 2-15 所示。

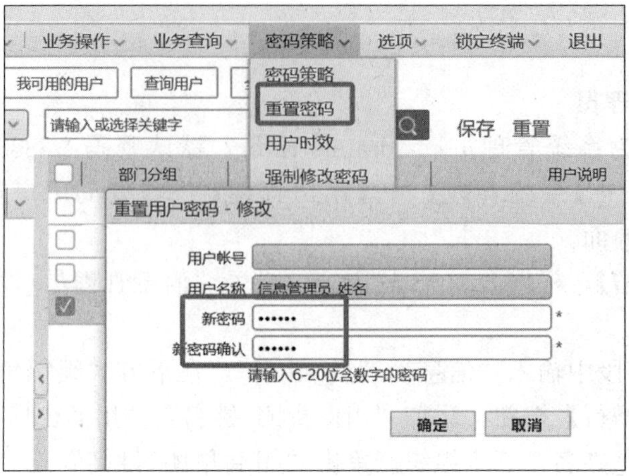

图 2-15　重置密码界面

2. 用户管理

（1）登录用户为：信息管理员_姓名，密码：学号，执行【系统管理】→【系统管理】→【用户管理】→【查询用户】命令，打开查询用户界面。

（2）单击【新增】，打开用户新增界面，根据表 2-5 的内容，设置“科技公司会计_姓名”这个用户的信息。

“用户名称”字段中输入“科技公司会计_姓名”，在下方组织列表中，选择“川商创博科技公司_姓名”和“川商耀博销售公司_姓名”这两个组织。选择“川商创博科技公司_姓名”，在右边的角色列表中添加“会计”角色，选择“川商耀博销售公司_姓名”添加“资产会计”角色。

（3）完成后单击【保存】按钮，完成“科技公司会计_姓名”这个用户的添加。

（4）在查询用户界面，勾选新建的“科技公司会计_姓名”用户，单击【密码策略】→【重置密码】，打开重置用户密码界面，修改密码为学号。

（5）参考上述方法，根据表 2-5 的内容新增其他用户信息并修改登录密码。

（6）完成后执行【系统管理】→【系统管理】→【用户管理】→【查询用户】命令，打开用户查询界面，如图 2-16 所示，查看新增完成的全部用户信息。

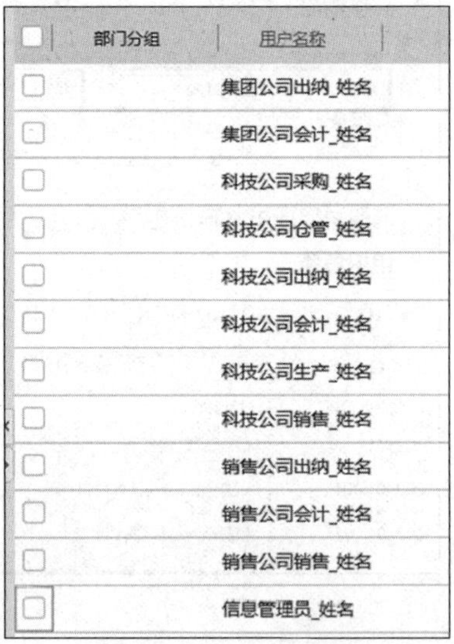

图 2-16　查询用户

第六节　基础资料维护

实验场景

基础资料是在系统中使用的各种基础数据的总称。用户在录入凭证或者录入单据时，都毫无例外地需要输入一些业务资料信息，如币别、商品、客户、供应商、金额等。可以这么说，所有的凭证、单据都是由一些基础资料信息和具体的数量信息构成的。

企业在使用会计信息系统前，需要整理企业目前用到的基础资料，并录入系统中，为后续业务流转做准备。

实验步骤

（1）设置物料信息。

（2）设置客户信息。

（3）设置供应商信息。

（4）设置仓库信息。

（5）设置部门信息。

（6）设置岗位信息。

（7）设置员工信息。

（8）设置业务员。

（9）设置会计核算体系。

（10）设置组织间结算价目表。

（11）设置组织间结算关系。

实验数据

（1）物料信息均由“川商集团_姓名”创建，根据业务需求分配给不同的组织使用，全部物料的税率均为13%，详细信息如表2-6所示。

表2-6　物料信息

物料编码	物料名称	物料属性/存货类别	分配组织	控制	税率
学号.001	M型变压器	自制/产成品	川商创博科技公司_姓名 川商耀博销售公司_姓名	允许销售、允许库存、允许生产	13%
学号.002	N型变压器	自制/产成品	川商创博科技公司_姓名 川商耀博销售公司_姓名	允许销售、允许库存、允许生产	13%
学号.003	铁芯	外购/原材料	川商创博科技公司_姓名	允许采购、允许销售、允许库存	13%
学号.004	初级线圈	外购/原材料	川商创博科技公司_姓名	允许采购、允许销售、允许库存	13%
学号.005	次级线圈	外购/原材料	川商创博科技公司_姓名	允许采购、允许销售、允许库存	13%
学号.006	电脑	资产/资产	川商创博科技公司_姓名 川商耀博销售公司_姓名	允许采购、允许库存、允许资产	13%
学号.007	网络通信	费用/服务	川商创博科技公司_姓名 川商耀博销售公司_姓名	允许采购	13%

(2) 客户信息均由“川商集团_姓名”创建，根据业务需求分配给不同的组织使用，详细信息如表 2-7 所示。

表 2-7　客户信息

编码	客户名称	客户类别	对应组织	分配组织	结算币别	税率
学号.001	科林电器	普通销售客户		川商耀博销售公司_姓名	人民币	13%
学号.002	中车电机	普通销售客户		川商创博科技公司_姓名 川商耀博销售公司_姓名	人民币	13%
学号.003	格林科技	寄售客户		川商创博科技公司_姓名	人民币	13%
学号.004	川商耀博销售公司_姓名	内部结算客户	川商耀博销售公司_姓名	川商创博科技公司_姓名	人民币	13%

(3) 供应商信息均由“川商集团_姓名”创建，根据业务需求分配给不同的组织使用，详细信息如表 2-8 所示。

表 2-8　供应商信息

编码	供应商名称	对应组织	分配组织	结算币别	税率
学号.001	南方中科		川商创博科技公司_姓名	人民币	13%
学号.002	威星光电		川商创博科技公司_姓名 川商耀博销售公司_姓名	人民币	13%
学号.003	供电公司		川商创博科技公司_姓名 川商耀博销售公司_姓名	人民币	13%
学号.004	川商创博科技公司_姓名	川商创博科技公司_姓名	川商耀博销售公司_姓名	人民币	13%

(4) 仓库详细信息均由“川商创博科技公司_姓名”创建，详细信息如表 2-9 所示。

表 2-9　仓库信息

编号	创建组织	仓库名称	仓库属性	使用组织
学号.001	川商创博科技公司_姓名	原料仓	普通仓库	川商创博科技公司_姓名
学号.002	川商创博科技公司_姓名	产成品仓	普通仓库	川商创博科技公司_姓名
学号.003	川商创博科技公司_姓名	客户仓	客户仓库	川商创博科技公司_姓名

(5) 部门信息均由“川商集团_姓名”创建，根据业务需求分配给不同的组织使用，详细信息如表 2-10 所示。

表 2-10　部门信息

创建组织	部门名称	生效日期	部门属性	分配组织
川商集团_姓名	行政部	2025/1/1	管理部门	川商创博科技公司_姓名
川商集团_姓名	财务处	2025/1/1	管理部门	川商创博科技公司_姓名
川商集团_姓名	采购部	2025/1/1	管理部门	川商创博科技公司_姓名
川商集团_姓名	生产部	2025/1/1	基本生产部门	川商创博科技公司_姓名
川商集团_姓名	仓储部	2025/1/1	辅助生产部门	川商创博科技公司_姓名
川商集团_姓名	销售部	2025/1/1	销售部门	川商创博科技公司_姓名 川商耀博销售公司_姓名

（6）岗位信息均由“川商集团_姓名”创建，根据业务需求分配给不同的组织使用，详细信息如表 2-11 所示。

表 2-11　岗位信息

创建组织	岗位名称	所属部门	生效日期	分配组织
川商集团_姓名	行政经理	行政部	2025/1/1	川商创博科技公司_姓名
川商集团_姓名	财务经理	财务处	2025/1/1	川商创博科技公司_姓名
川商集团_姓名	采购主管	采购部	2025/1/1	川商创博科技公司_姓名
川商集团_姓名	生产主管	生产部	2025/1/1	川商创博科技公司_姓名
川商集团_姓名	仓管主管	仓储部	2025/1/1	川商创博科技公司_姓名
川商集团_姓名	销售员（业务员）	销售部	2025/1/1	川商创博科技公司_姓名 川商耀博销售公司_姓名

（7）员工信息如表 2-12 所示。

表 2-12　员工信息

<table>
<tr><th>创建组织</th><th>员工姓名</th><th>员工编码</th><th>工作组织</th><th>所属部门</th><th>就任岗位</th><th>任岗开始日期</th></tr>
<tr><td rowspan="6">川商创博科技公司_姓名</td><td>杜成</td><td>学号.001</td><td>川商创博科技公司_姓名</td><td>行政部</td><td>行政经理</td><td>2025/1/1</td></tr>
<tr><td>林辉</td><td>学号.002</td><td>川商创博科技公司_姓名</td><td>财务处</td><td>财务经理</td><td>2025/1/1</td></tr>
<tr><td>李艾</td><td>学号.003</td><td>川商创博科技公司_姓名</td><td>采购部</td><td>采购主管</td><td>2025/1/1</td></tr>
<tr><td>刘娜</td><td>学号.004</td><td>川商创博科技公司_姓名</td><td>生产部</td><td>生产主管</td><td>2025/1/1</td></tr>
<tr><td>陈平</td><td>学号.005</td><td>川商创博科技公司_姓名</td><td>仓储部</td><td>仓管主管</td><td>2025/1/1</td></tr>
<tr><td>董文文</td><td>学号.006</td><td>川商创博科技公司_姓名</td><td>销售部</td><td>销售员（业务员）</td><td>2025/1/1</td></tr>
<tr><td>川商耀博销售公司_姓名</td><td>周楠</td><td>学号.007</td><td>川商耀博销售公司_姓名</td><td>销售部</td><td>销售员（业务员）</td><td>2025/1/1</td></tr>
</table>

（8）业务员信息：董文文在“川商创博科技公司_姓名”中“就任岗位”为“销售员（业务员）”，周楠在“川商耀博销售公司_姓名”中“就任岗位”为“销售员（业务员）”。

（9）会计核算体系信息如表 2-13 所示。

表 2-13　会计核算体系信息（内置）

编码	名称	核算组织	适用会计政策	默认会计政策	下级组织
KJHSTX01_SYS	财务会计核算体系	川商集团_姓名	中国准则会计政策	中国准则会计政策	川商集团_姓名
		川商创博科技公司_姓名	中国准则会计政策	中国准则会计政策	川商创博科技公司_姓名
		川商耀博销售公司_姓名	中国准则会计政策	中国准则会计政策	川商耀博销售公司_姓名

（10）“川商创博科技公司_姓名”创建组织间结算价目表，并将该价目表分发给“川商耀博销售公司_姓名”，详细信息如表 2-14 所示。

表 2-14　组织间结算价目表信息

名称	核算组织	币别	生效日期	失效日期
组织间结算价目表_姓名	川商创博科技公司_姓名	人民币	2025/1/1	2100/1/1
物料编码	**物料名称**	**定价单位**	**含税价格**	**税率**
学号.001	M 型变压器	Pcs	38 000.00	13%
学号.002	N 型变压器	Pcs	32 000.00	13%

（11）川商集团内部存在集中销售业务处理，根据该业务情况创建组织间结算关系，详细信息如表 2-15 所示。

表 2-15　组织间结算关系信息

会计核算体系	供货方	接收方	结算价目表名称
财务会计核算体系	川商创博科技公司_姓名	川商耀博销售公司_姓名	组织间结算价目表_姓名

操作指导

该实验登录用户均为：信息管理员_姓名。

视频

基础资料维护

1. 设置物料信息

（1）选择组织到“川商集团_姓名”，执行【基础管理】→【基础资料】→【主数据】→【物料】命令。

（2）打开物料新增界面，根据表 2-6 的内容，新增物料“M 型变压器”，在表头中输入编码为“学号.001”，输入名称为“M 型变压器”；在“基本”页签中，选择物料属性为“自制”，选择存货类别为“产成品”，选择默认税率为“13%增值税”，勾选“控制”为“允许销售”“允许库存”“允许生产”。

（3）填写完成后，依次单击【保存】→【提交】→【审核】按钮，完成物料的审核，如图 2－17 所示。

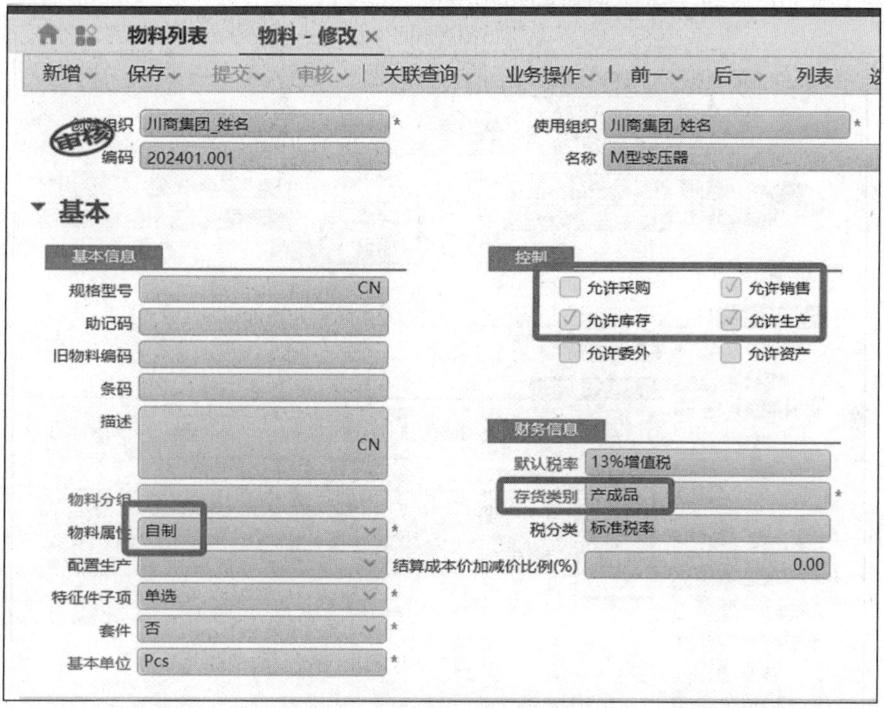

图 2－17　物料经审核后界面

（4）参照上述步骤，根据表 2－6 的内容新增并审核其他物料信息。

（5）全部物料信息新增结束后，执行【基础管理】→【基础资料】→【主数据】→【物料列表】命令，打开物料列表界面，如图 2－18 所示。

图 2－18　物料列表界面

（6）在物料列表界面，根据表 2－6 的内容，依次完成所有物料组织分配。

以“M 型变压器”为例，勾选物料“M 型变压器”，执行【业务操作】→【分配】命令，打开“请选择分配组织”窗口，在“待分配组织”窗口勾选“川商创博科技公司_姓名”和“川商耀博销售公司_姓名”，同时勾选“分配后自动审核”，如图 2－19 所示，单击【确定】按钮，完成物料的组织分配。

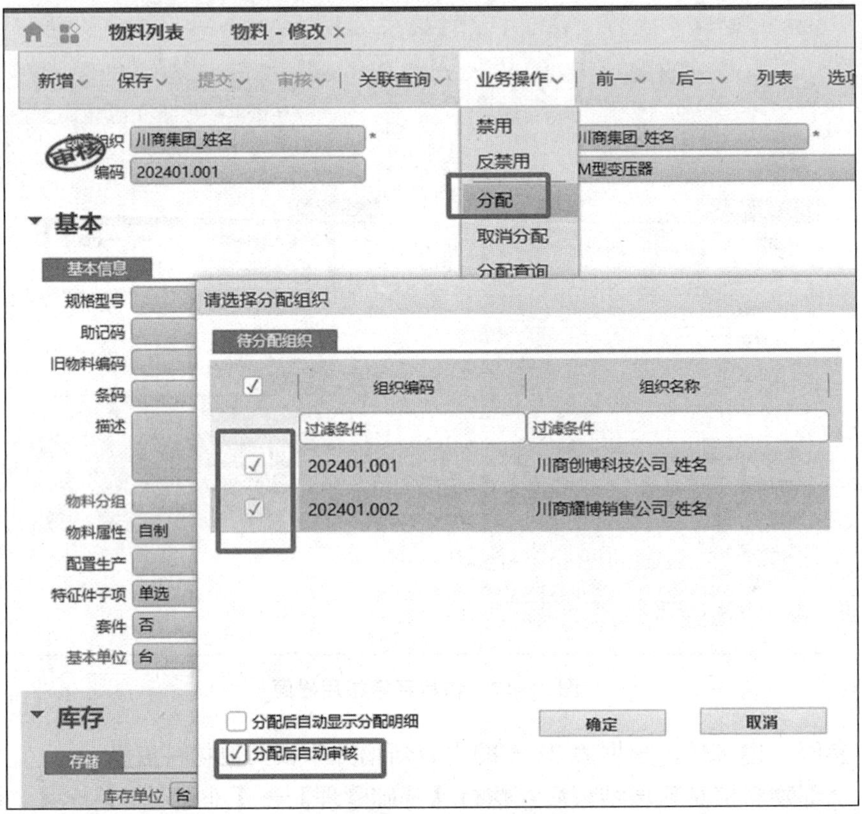

图 2－19　物料分配界面

知识扩展

物料是原材料、半成品、产成品等企业生产经营资料的总称，是企业经营运作、生存获利的物质保障，物料信息的设置也成为设置系统基本业务资料的最基本、最重要的内容。

2. 设置客户信息

（1）选择组织到“川商集团_姓名”，执行【基础管理】→【基础资料】→【主数据】→【客户】命令，打开客户新增界面。

（2）根据表 2－7 的内容，新增客户“科林电器”，在表头中输入客户编码为“学号.001”，输入客户名称为“科林电器”；在“基本信息”页签中选择客户类别为“普通销售客户”；在下方“商务信息”页签中，选择结算币别为“人民币”，税率为“13%

增值税”。如图 2 - 20 所示。

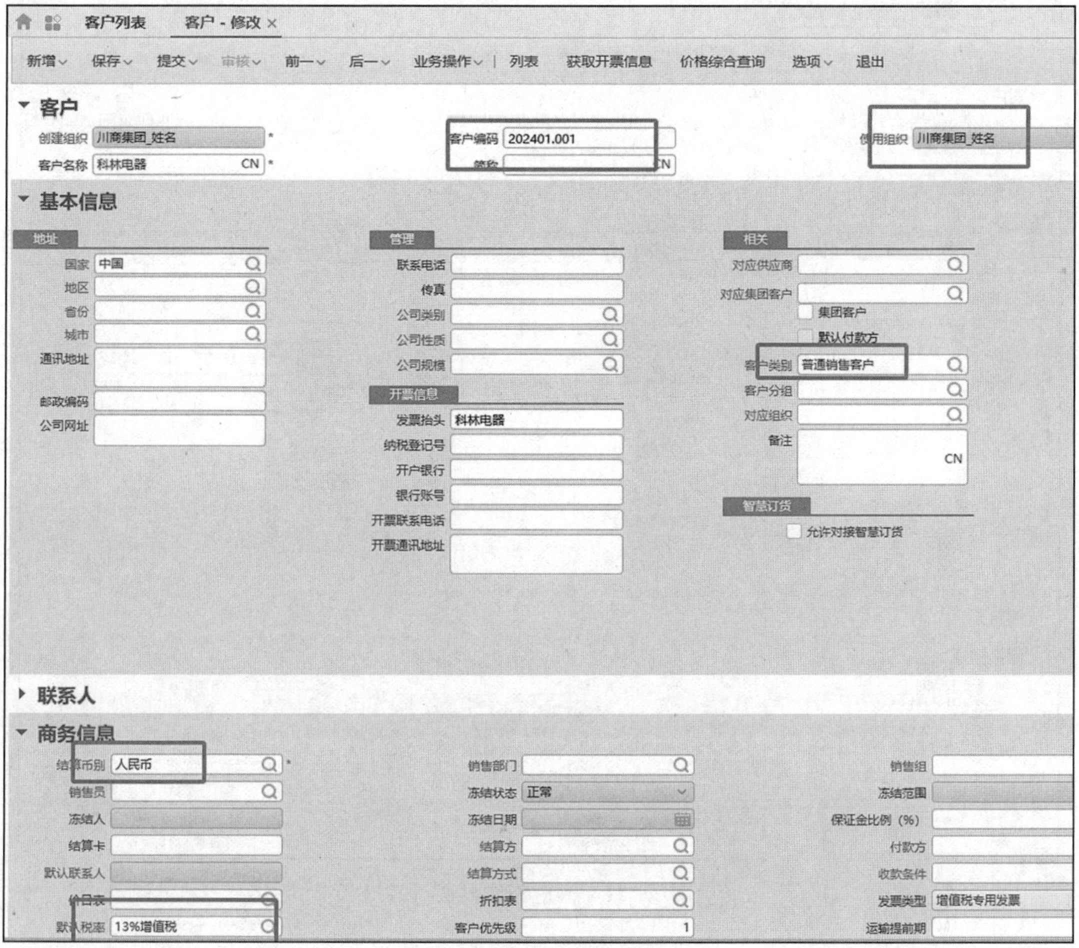

图 2 - 20　客户新增界面（1）

（3）填写完成后，依次单击【保存】→【提交】→【审核】按钮，完成客户的审核。

（4）参照上述步骤，根据表 2 - 7 的内容新增并审核其他客户信息。

（5）全部客户信息新增并审核结束后，执行【基础管理】→【基础资料】→【主数据】→【客户列表】命令，打开客户列表界面，依次分配组织。

（6）勾选客户“科林电器”，执行【业务操作】→【分配】命令，打开“请选择分配组织”窗口，根据表 2 - 7 的内容，在“待分配组织”窗口勾选“川商耀博销售公司_姓名”，同时勾选“分配后自动审核”，单击【确定】按钮，完成分配。

注意：

在增加“川商耀博销售公司_姓名”时，注意选择客户类型为“内部结算客户”，对应组织为“川商耀博销售公司_姓名”，如图 2 - 21 所示。

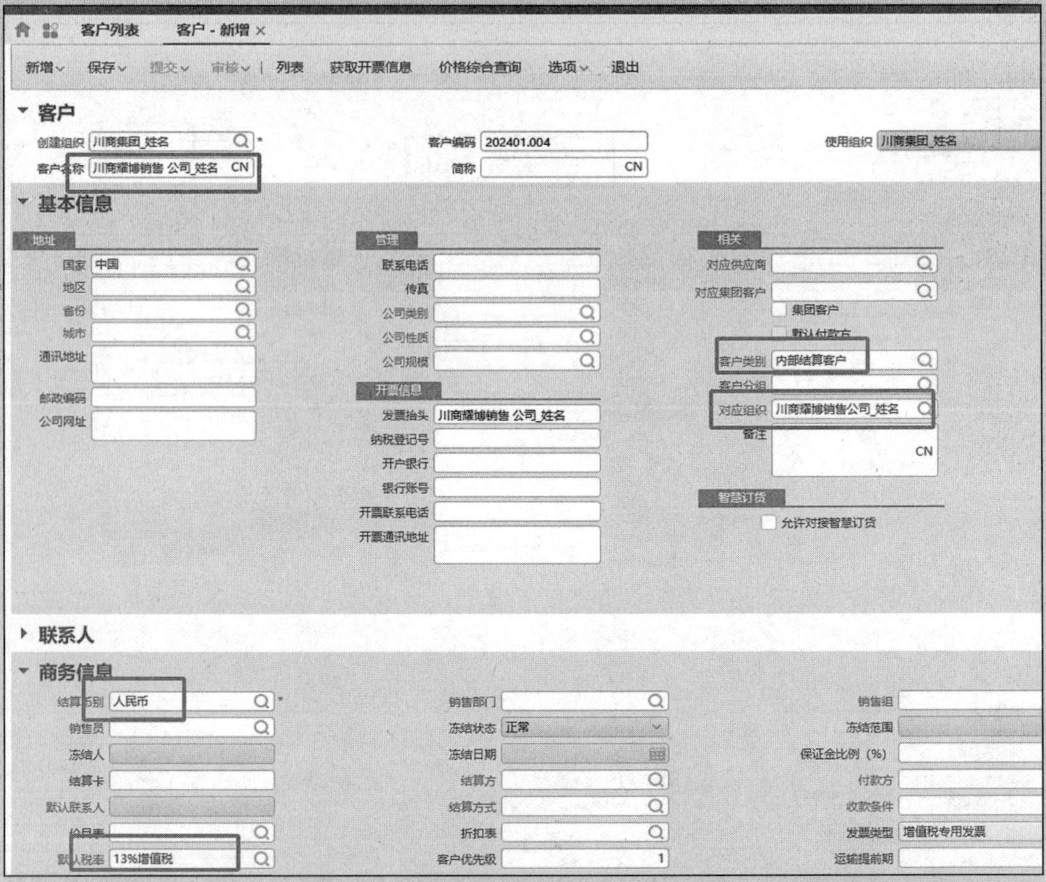

图 2-21　客户新增界面（2）

（7）设置完成后，各个组织的客户列表如图 2-22、图 2-23、图 2-24 所示。

图 2-22　川商集团客户列表

图 2-23 川商创博科技公司客户列表

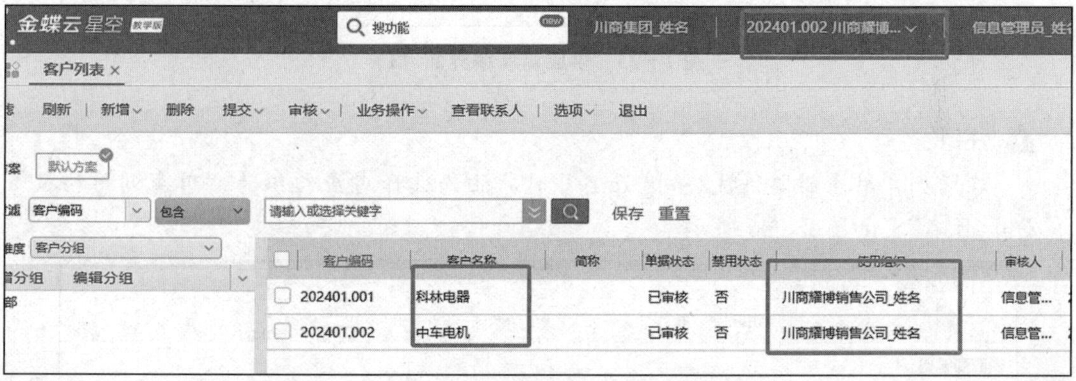

图 2-24 川商耀博销售公司客户列表

知识扩展

业务部门和销售人员可以通过客户资料及时了解客户信息；利用客户信息开展相关业务工作，更好地满足客户需求。其中，对于客户类别要根据公司业务做出正确选择，设置为“寄售类客户”才能处理寄售业务，同时也可以处理普通销售业务。

3. 设置供应商信息

（1）选择组织到“川商集团_姓名”，执行【基础管理】→【基础资料】→【主数据】→【供应商】命令，打开供应商新增界面。

（2）根据表 2-8 的内容，新增供应商“南方中科”，在表头中输入编码为“学号.001”，输入名称为“南方中科”；在“财务信息”页签中选择结算币别为“人民币”，默认税率“13%增值税”。如图 2-25 所示

（3）填写完成后，依次单击【保存】→【提交】→【审核】按钮，完成供应商的审核。

（4）参照上述步骤，根据表 2-8 的内容，新增并审核其他所有供应商信息。

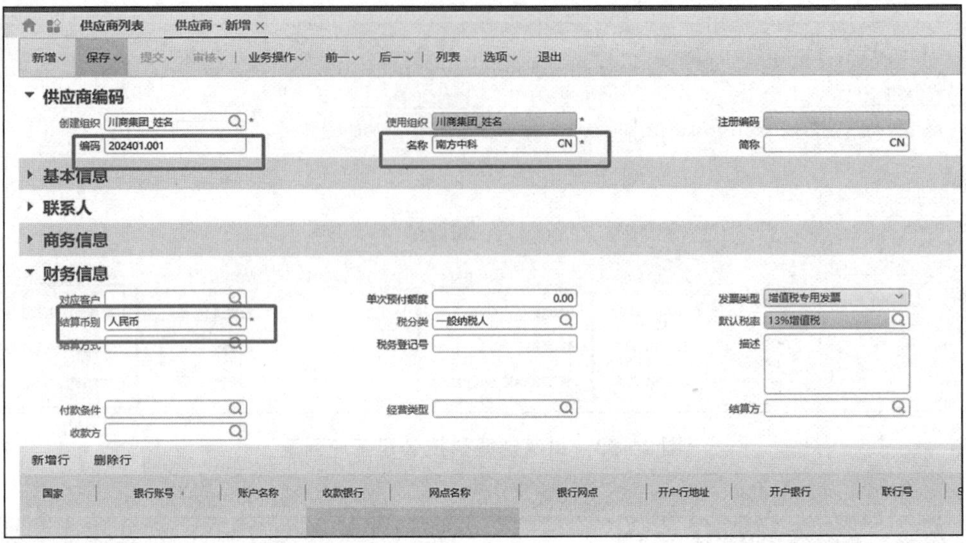

图 2-25　供应商新增界面（1）

注意：

在增加“川商创博科技公司_姓名”时，注意选择对应组织为“川商创博科技公司_姓名”，如图 2-26 所示。

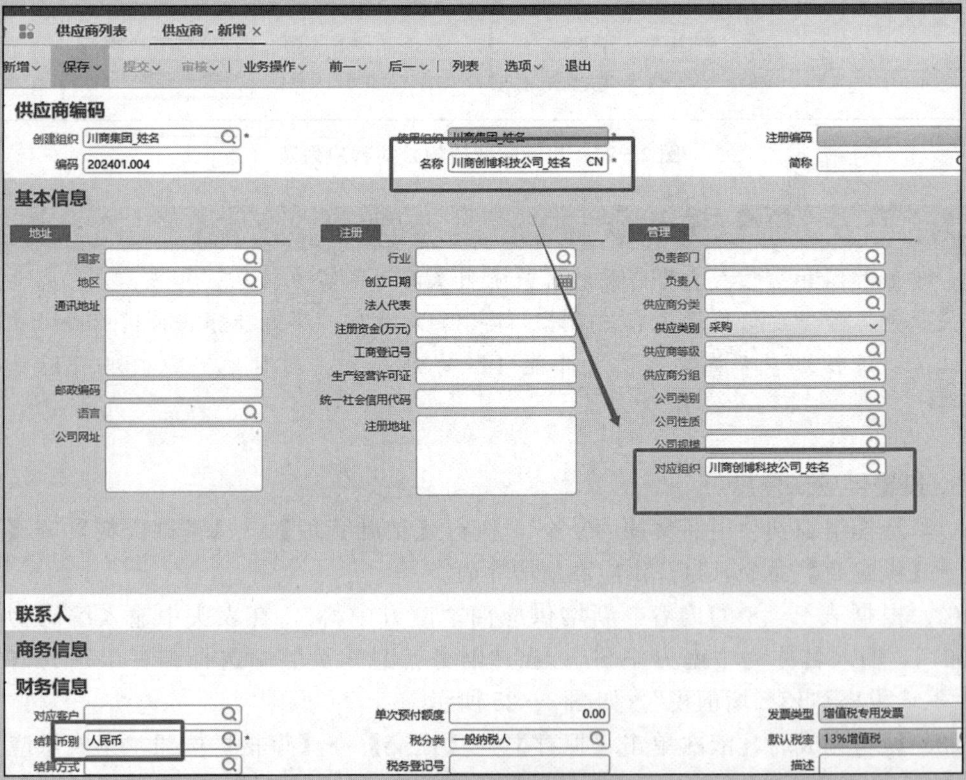

图 2-26　供应商新增界面（2）

（5）全部供应商信息新增结束后，执行【基础管理】→【基础资料】→【主数据】→【供应商列表】命令，在供应商列表界面，依次勾选供应商进行分配。

以“南方中科”为例，勾选供应商“南方中科”，执行【业务操作】→【分配】命令，打开“请选择分配组织”窗口，在“待分配组织”窗口勾选“川商创博科技公司_姓名”，同时勾选“分配后自动审核”，单击【确定】按钮。

（6）设置完成后，各个组织对应的供应商列表如图 2－27、图 2－28、图 2－29 所示。

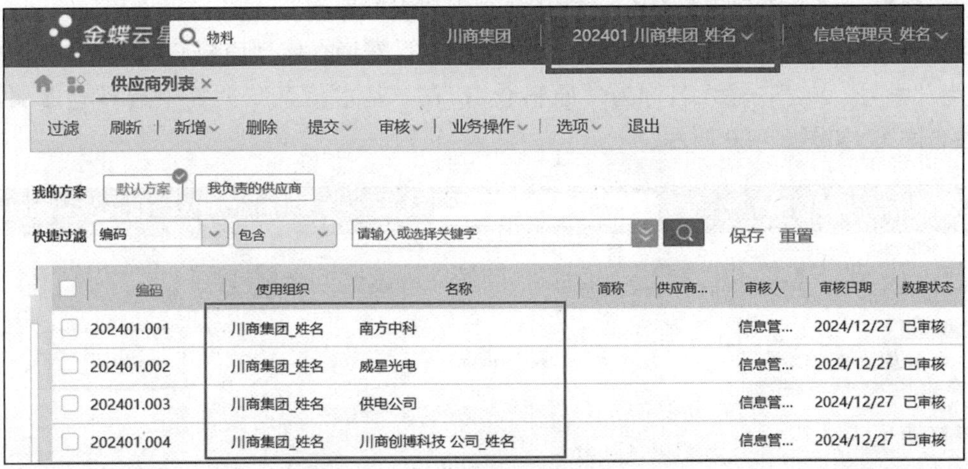

图 2－27　川商集团供应商列表

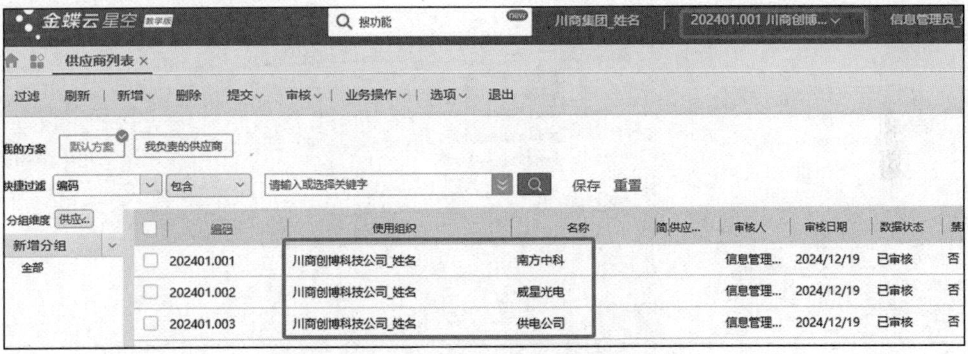

图 2－28　川商创博科技公司供应商列表

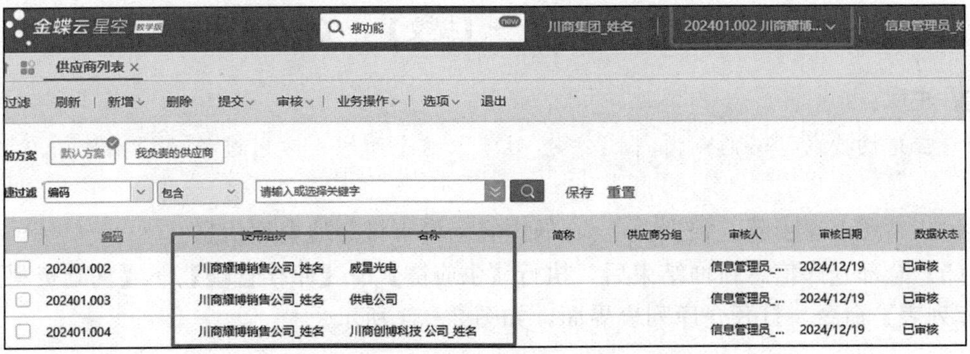

图 2－29　川商耀博销售公司供应商列表

知识扩展

供应商是金蝶云星空系统的核心基础数据，也是采购管理系统运行的重要业务资料。企业可根据实际业务需要设置相应的供应商类型。

4. 设置仓库信息

（1）切换组织到“川商创博科技公司_姓名”，执行【供应链】→【库存管理】→【基础资料】→【仓库列表】命令，打开“仓库列表”界面。

（2）单击【新增】按钮，根据表 2－9 的内容，新增仓库“原料仓”，在表头中输入编码为“学号 .001”，输入名称为“原料仓”；在“基本信息”页签中选择仓库属性为“普通仓库”。如图 2－30 所示。

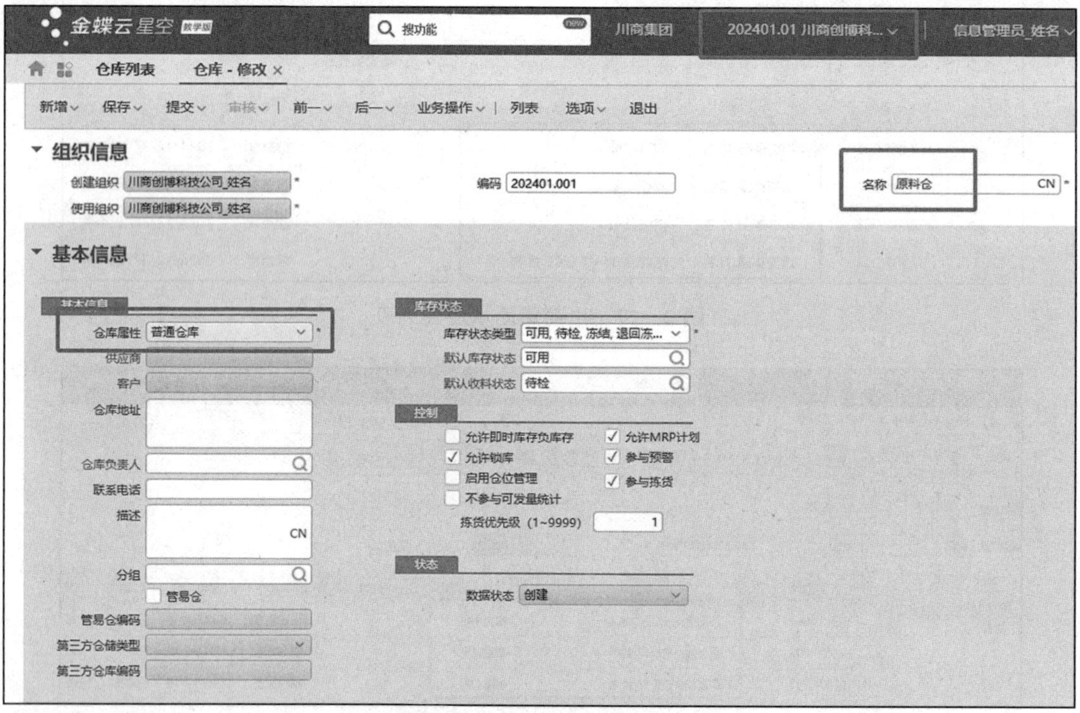

图 2－30　仓库新增界面

（3）填写完成后，依次单击【保存】→【提交】→【审核】按钮。

注意：

首先切换成“川商创博科技公司_姓名”这个组织，方可进行后续操作。

（4）参照上述步骤，根据表 2－9 的内容新增审核其他仓库信息。

（5）全部仓库信息新增结束后，执行【供应链】→【库存管理】→【基础资料】→【仓库列表】命令，打开仓库列表界面，如图 2－31 所示。

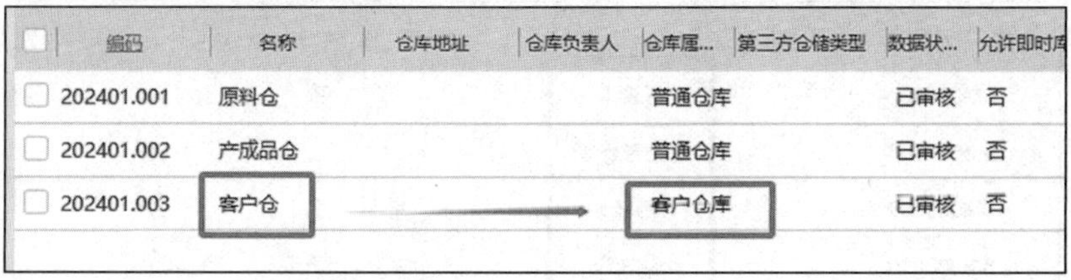

编码	名称	仓库地址	仓库负责人	仓库属...	第三方仓储类型	数据状...	允许即时库
202401.001	原料仓			普通仓库		已审核	否
202401.002	产成品仓			普通仓库		已审核	否
202401.003	客户仓			客户仓库		已审核	否

图 2－31　仓库列表界面

知识扩展

按仓库物理实体来定义系统仓库基础资料。仓库属于私有型基础资料，各库存组织定义自己的仓库数据，不支持分配。

5. 设置部门信息

（1）切换组织“川商集团_姓名”，执行【基础管理】→【基础资料】→【主数据】→【部门列表】命令，打开部门新增界面。

（2）根据表 2－10 的内容，新增部门“行政部”。

输入名称为“行政部”；在“基本信息”页签中，填写生效日期为“2025/1/1”，在“部门属性”页签中，选择部门属性为“管理部门”。如图 2－32 所示。

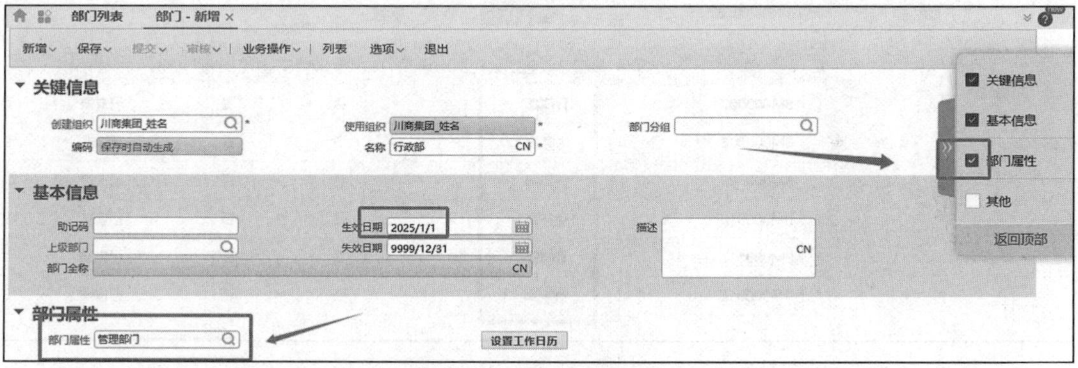

图 2－32　部门新增界面

（3）填写完成后，依次单击【保存】→【提交】→【审核】按钮。

（4）参照上述步骤，根据表 2－10 的内容，新增并审核其他部门信息。

（5）全部部门信息新增结束后，执行【基础管理】→【基础资料】→【主数据】→【部门列表】命令，打开部门列表界面，如图 2－33 所示。

（6）在部门列表界面，依次完成各部门分配。

以“行政部”为例，勾选部门“行政部”，执行【业务操作】→【分配】命令，打开“请选择分配组织”窗口，根据表 2－10 的内容，在“待分配组织”窗口勾选“川商创博科技公司_姓名”，同时勾选“分配后自动审核”，单击【确定】按钮。依次完成所有部门的分配。

图 2－33　川商集团部门列表界面

（7）分配完成后，分别选择川商创博科技公司、川商耀博销售公司，打开部门列表，如图 2－34、图 2－35 所示。

图 2－34　川商创博科技公司部门列表界面

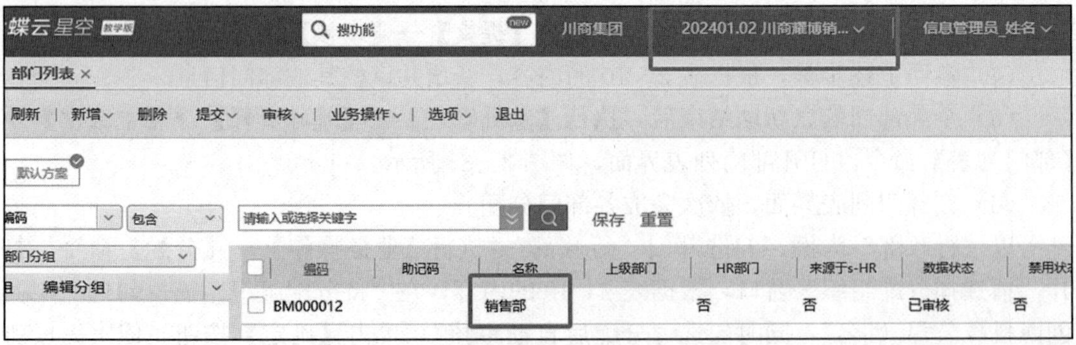

图 2－35　川商耀博销售公司部门列表界面

知识扩展

通过设置部门基础资料，可以保障 HR 部门维护企业行政组织架构，以及一些特殊的非行政组织架构的部门在其他业务领域提供统一的服务。

6. 设置岗位信息

（1）选择组织“川商集团_姓名”，执行【基础管理】→【基础资料】→【公共资料】→【岗位信息列表】命令，打开岗位信息新增界面。

（2）根据表 2-11 的内容，新增岗位“行政经理”，输入名称为“行政经理”；在“基本信息”页签中填写生效日期为“2025/1/1”，选择所属部门为“行政部”。如图 2-36 所示。

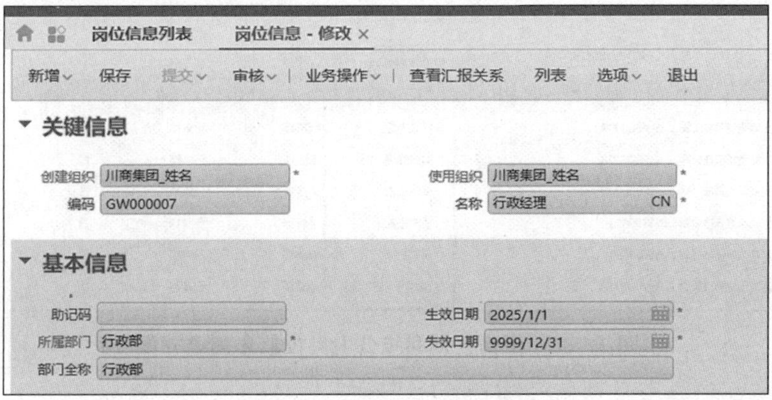

图 2-36 岗位信息新增界面

（3）依次单击【保存】→【提交】→【审核】按钮，完成岗位信息的审核。

（4）参照上述步骤，根据表 2-11 的内容新增并审核其他岗位信息。

（5）全部岗位信息新增结束后，执行【基础管理】→【基础资料】→【公共资料】→【岗位信息列表】命令，打开岗位信息列表界面，如图 2-37 所示。

图 2-37 岗位信息列表界面

（6）在岗位信息列表界面，依次完成岗位信息分配。

以“行政经理”为例，勾选岗位“行政经理”，执行【业务操作】→【分配】命令，打开“请选择分配组织”窗口，根据表的内容，在“待分配组织”窗口勾选“川商创博科技公司_姓名”，同时勾选“分配后自动审核”，单击【确定】按钮。根据表 2－11 的内容，依次完成所有岗位信息的分配。

（7）分配完成后，分别选择川商创博科技公司、川商耀博销售公司，打开岗位信息列表，如图 2－38、图 2－39 所示。

图 2－38　川商创博科技公司岗位信息列表界面

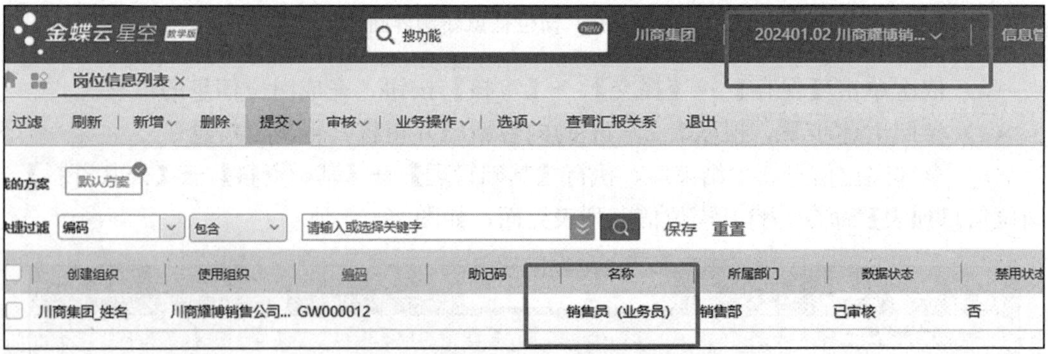

图 2－39　川商耀博销售公司岗位信息列表界面

知识扩展

在没有 HR 职位体系支撑的情况下，可以通过岗位信息功能实现相关业务管理，以支撑 ERP 业务流程的运转，可维护岗位上下级汇报关系以及对应角色。

7. 设置员工信息

（1）切换组织到“川商创博科技公司 _ 姓名”，执行【基础管理】→【基础资料】→【主数据】→【员工列表】命令，打开员工新增界面。

（2）在表头中输入员工编码为“学号.001”，输入员工姓名为“杜成”；在“员工任岗信息”页签中，所属部门选择“行政部”，就任岗位选择“行政经理”，任岗开始日期填写“2025/1/1”，如图2-40所示。

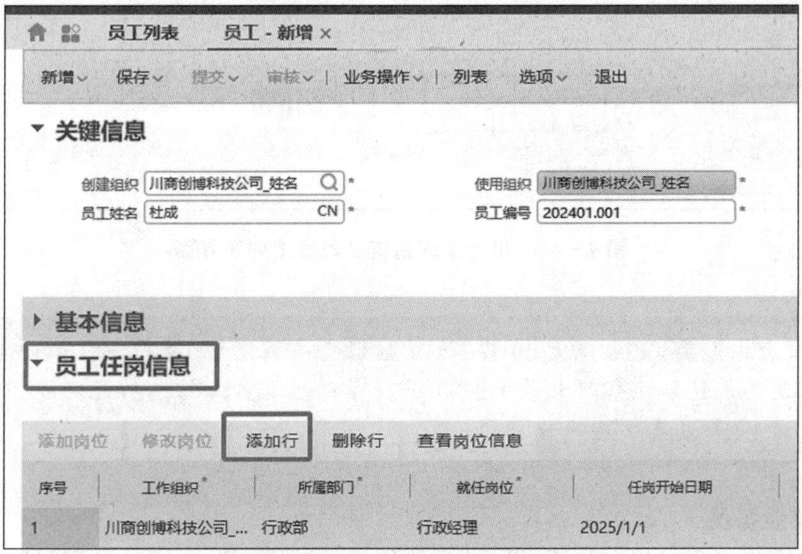

图2-40 员工新增界面

（3）填写完成后，依次单击【保存】→【提交】→【审核】按钮，完成员工信息的审核。

（4）参照上述步骤，根据表2-12的内容新增所有组织的员工信息。

（5）创建的“川商创博科技公司_姓名”全部员工新增结束后，执行【基础管理】→【基础资料】→【主数据】→【员工列表】命令，打开员工列表界面，如图2-41所示。

图2-41 川商创博科技公司员工列表界面

（6）切换组织“川商耀博销售公司_姓名”，根据表2-12的内容新增员工周楠的信息。

（7）新增结束后，执行【基础管理】→【基础资料】→【主数据】→【员工列表】

命令，打开员工列表界面，如图 2-42 所示。

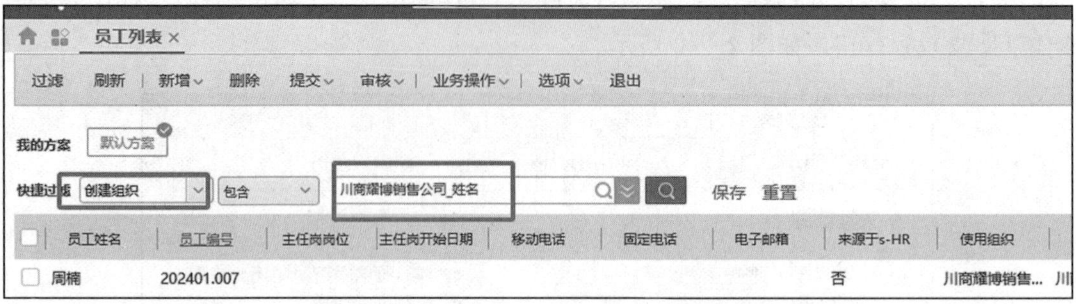

图 2-42　川商耀博销售公司员工列表界面

知识扩展

在未使用 HR 职员管理模块的情况下，可以通过员工信息功能实现相关业务管理，以支撑 ERP 业务流程的运转。

8. 设置业务员

（1）切换组织到“川商集团_姓名”，执行【基础管理】→【基础资料】→【公共资料】→【业务员列表】命令，打开业务员列表界面。

（2）单击【新增】按钮，打开业务员新增界面，设置业务员信息。在表头中选择业务员类型为“销售员”，在业务员分录中单击【新增行】按钮，业务组织选择“川商创博科技公司_姓名”，职员选择“董文文”；再单击【新增行】按钮，业务组织选择“川商耀博销售公司_姓名”，职员选择“周楠”，填写完成后单击【保存】按钮，完成业务员的设置，如图 2-43 所示。

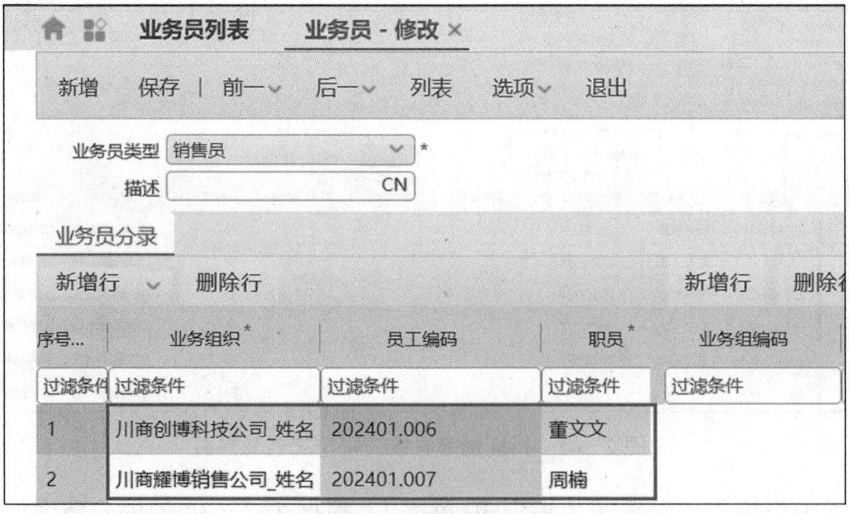

图 2-43　业务员新增界面

知识扩展

销售员是从事销售业务的员工。销售员是一种业务角色，不直接等同于 HR 的员工岗位，不是销售岗位的员工也可以设置为销售员。销售员需要选择所属的销售组，才能进行业务组的数据隔离。

9. 设置会计核算体系

（1）切换组织到“川商集团_姓名”，执行【财务会计】→【总账】→【基础资料】→【会计核算体系】命令，打开会计核算体系界面。

（2）勾选编码为“KJHSTX01_SYS”的会计核算体系（注意：不是新增）。

注意：

会计核算体系“KJHSTX01_SYS”只有一个，全部学生共同维护修改，建议使用一个数据中心的同学推荐一位学生来维护。

（3）在会计核算体系界面，双击打开编码为“KJHSTX01_SYS”的会计核算体系的修改界面，根据表 2-13 的内容，修改会计核算体系。通过在下方“核算组织”页签中单击【新增行】按钮来增加对应的核算组织，并在“下级组织”处选择对应组织（如：核算组织选中“川商集团_姓名”，在下方“下级组织”也选择“川商集团_姓名”）。如图 2-44 所示。

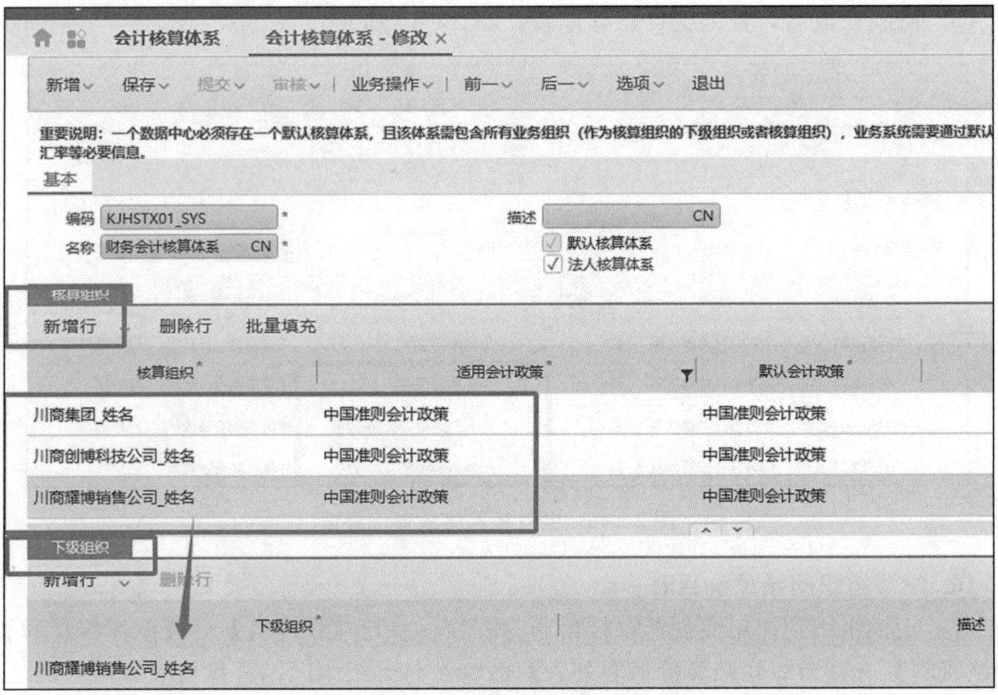

图 2-44　会计核算体系修改界面（1）

（4）修改确认无误后，依次单击【保存】→【提交】→【审核】按钮，完成会计核算体系的修改，如图 2-45 所示。

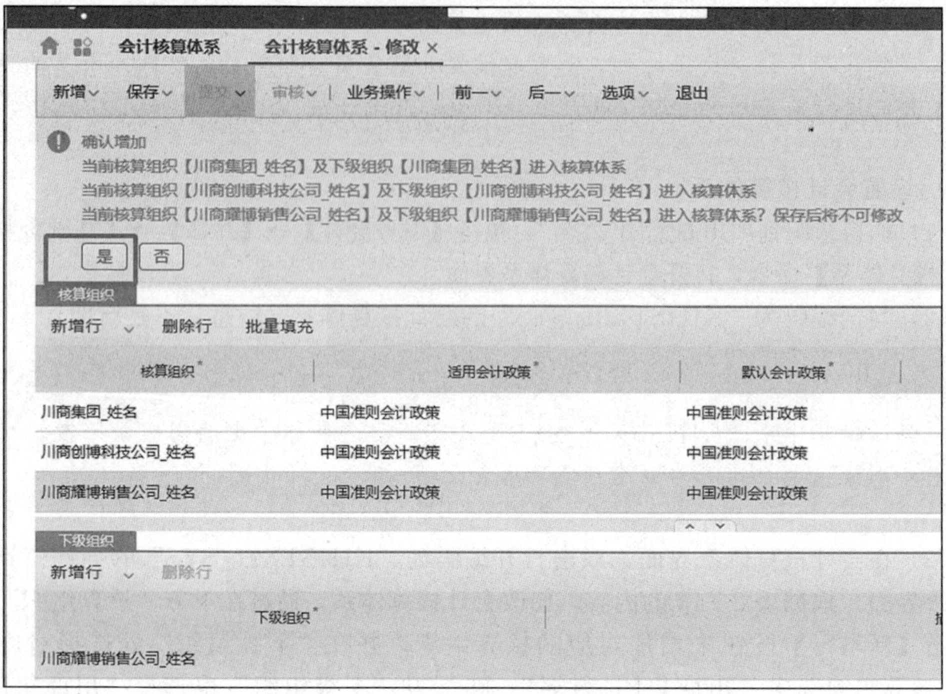

图 2-45　会计核算体系修改界面（2）

（5）修改完成后，查询会计核算体系，图 2-46 所示。

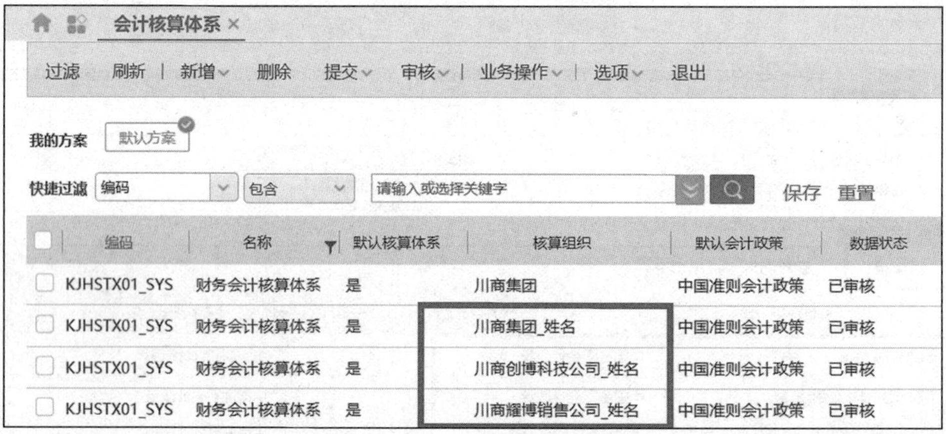

图 2-46　会计核算体系查询界面

10. 设置组织间结算价目表

（1）切换组织到“川商创博科技公司_姓名”，执行【供应链】→【组织间结算】→【价格资料】→【组织间结算价目表列表】命令，打开组织间结算价目表新增界面。

（2）根据表 2-14 的内容，在表头中输入名称为“组织间结算价目表_姓名”，勾选“含税”，生效日输入“2025/1/1”，在“明细信息”页签下单击【新增行】按钮后，选择物料“M 型变压器”，设置对应的含税单价为“￥38,000.00”，税率为“13%”，选择物料“N型变压器”，设置对应的含税单价为“￥32,000.00”，税率为“13%”，如图2-47所示。

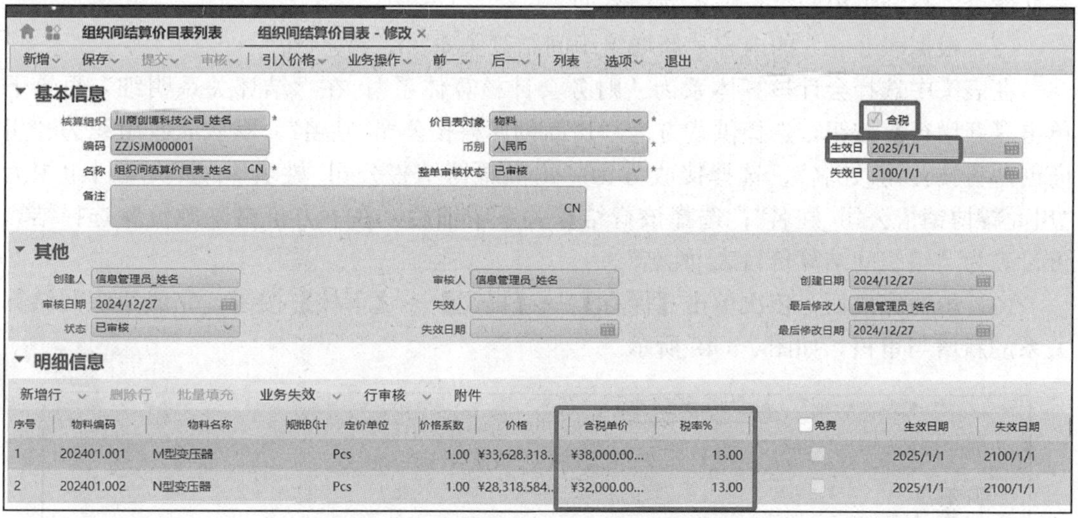

图2-47　组织间结算价目表新增界面

（3）填写完成后依次单击【保存】→【提交】→【审核】按钮，完成价目表的审核。

（4）执行【供应链】→【组织间结算】→【价格资料】→【组织间结算价目表列表】命令，打开组织间结算价目表列表界面。

（5）勾选上述步骤新增的“组织间结算价目表_姓名”，执行【业务操作】→【分发】命令，打开“业务资料分发向导”窗口，在“选择分发组织”窗口勾选“川商耀博销售公司_姓名”，如图2-48所示，根据向导指引单击【下一步】按钮，完成价目表的分发。

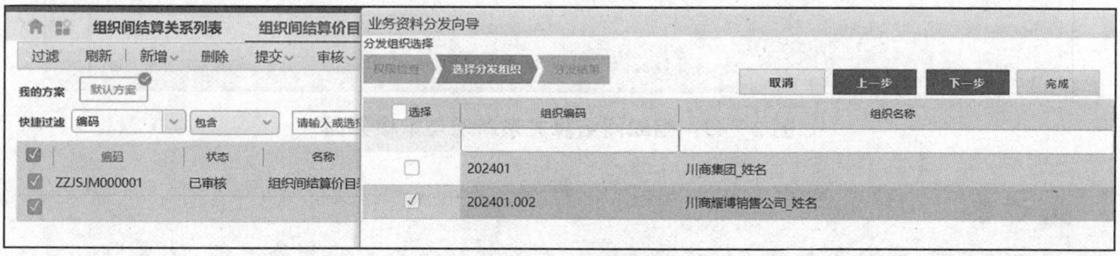

图2-48　价目表分发

知识扩展

作为组织间结算系统的价格信息处理中心，组织间结算价目表是一个组织作为其他组织的供货方的销售价目表。价格信息中心主要集中管理价格信息，并提供这些信息的设置和维护等必要功能。

11. 设置组织间结算关系

(1) 执行【供应链】→【组织间结算】→【组织间结算关系】→【组织间结算关系】命令，打开组织间结算关系新增界面。

(2) 根据表 2-15 的内容，新增组织间结算关系。

在表头中选择会计核算体系为“财务会计核算体系”；在“结算关系明细”页签下单击【新增行】按钮，选择供货方为“川商创博科技公司_姓名”，默认应收组织为“川商创博科技公司_姓名”；选择接收方为“川商耀博销售公司_姓名”，默认应付组织为“川商耀博销售公司_姓名”；选择该行结算关系明细后，在下方价格来源位置选择结算价目表为“组织间结算价目表_姓名”。

(3) 填写完成后，依次单击【保存】→【提交】→【审核】按钮，完成组织间结算关系的新增与审核，如图 2-49 所示。

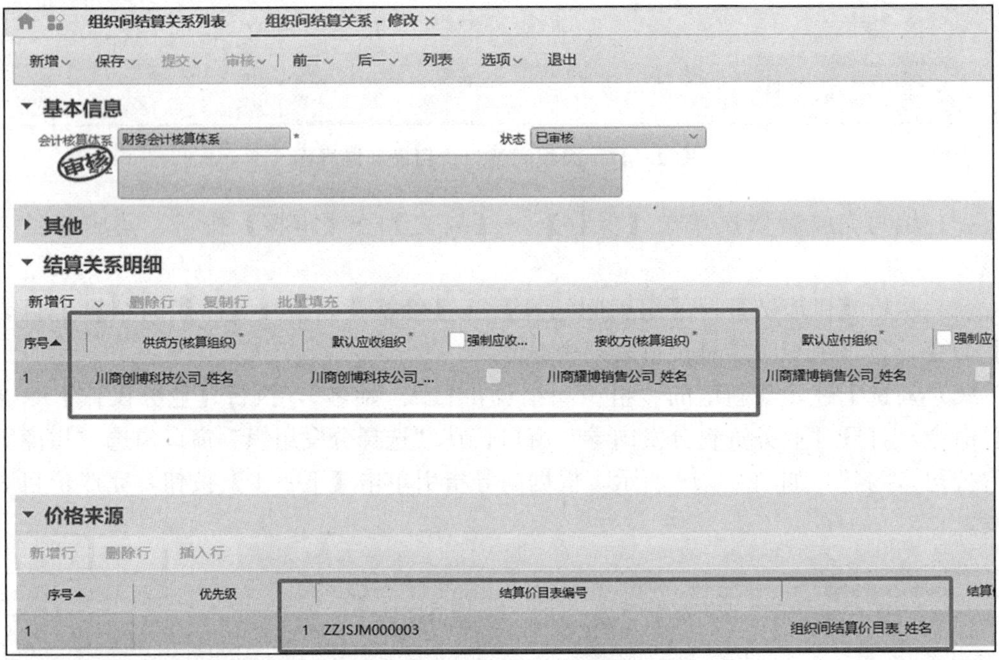

图 2-49 组织间结算关系新增与审核界面

注意：

操作时一定要在下方“价格来源”位置关联“组织间结算价目表_姓名”。

知识扩展

设置需要结算的核算组织两两之间的组织间结算的有关内容，包括交易主体、交易模式（购销、代理）、组织间结算价目表等信息。

学思践悟

信息安全

信息安全是指为数据处理系统建立和采用的技术、管理上的安全保护，目的是保护计算机硬件、软件、数据不因偶然和恶意的原因而遭到破坏、更改和泄露。企业通常拥有大量敏感信息，如财务数据、客户信息、商业机密等，这些信息对于企业的运营和发展至关重要。信息安全措施能够防止这些信息被窃取或篡改，从而保护企业的资产安全。若企业忽略信息安全意识教育，则可能导致严重的经济损失和声誉损害。所以，定期对员工进行信息安全意识培训，提高员工对信息安全的认识和重视程度，才能有效保障企业和组织的安全。

思考讨论

1. 什么是系统管理？系统管理主要包括哪些功能？
2. 角色和用户之间有何联系？
3. 简述备份和恢复的概念以及主要作用。
4. 用户的权限如何设置？如何对权限进行管理？
5. 基础设置包含哪些内容？

第三章

系统初始化

学习目标

1. 掌握总账系统初始化设置的方法、出纳管理系统银行账户的设置、应收应付系统初始数据的录入、固定资产系统初始化设置的相关知识、存货核算系统的功能。

2. 了解总账系统与其他各子系统之间的关系。

3. 掌握固定资产卡片台账管理。

4. 培养慎独意识、风险意识，增强社会责任和使命感。

实验概述

系统初始化是系统首次使用时，根据企业的实际情况进行参数设置，并录入基础资料与初始数据的过程。它是手工记账与计算机记账的交接过程，也是日常业务能否正确完整开展的保障。系统初始化是系统运行的基础，进行系统日常业务操作之前，需要完成对各系统的初始化操作。完成各系统初始化之后，才可以进行系统的日常业务处理。

系统初始化的任务如下：总账系统初始化—出纳管理系统初始化—应收应付系统初始化—费用管理系统初始化—固定资产系统初始化—库存管理系统初始化—存货核算系统初始化。

第一节　总账系统初始化

实验场景

总账系统是财务会计系统中最核心的系统，以凭证处理为中心，进行账簿报表的管理。它可与各个业务系统无缝链接，实现数据共享，企业所有的核算最终在总账系统中体现。在运用总账系统处理日常业务前，先要完成总账系统的初始化操作。

实验步骤

（1）新建账簿。

（2）设置总账系统参数。

（3）录入初始余额。
（4）设置自动转账模板。
（5）结束初始化。

实验数据

（1）根据川商集团的实际情况，新建账簿的具体数据如表3-1所示。

表3-1 账簿信息

编码	账簿名称	创建组织	核算组织	账簿类型	启用期间
学号.001	川商集团_姓名	川商集团_姓名	川商集团_姓名	主账簿	2025.1
学号.002	川商创博科技公司_姓名	川商集团_姓名	川商创博科技公司_姓名	主账簿	2025.1
学号.003	川商耀博销售公司_姓名	川商集团_姓名	川商耀博销售公司_姓名	主账簿	2025.1

（2）川商集团的总账系统参数如表3-2所示。

表3-2 总账系统参数

组织机构	账簿	利润分配科目	本年利润科目	凭证过账前必须审核	凭证过账前必须出纳复核
川商集团_姓名	川商集团_姓名	4104 利润分配	4103 本年利润	√	√
川商创博科技公司_姓名	川商创博科技公司_姓名	4104 利润分配	4103 本年利润	√	√
川商耀博销售公司_姓名	川商耀博销售公司_姓名	4104 利润分配	4103 本年利润	√	√

（3）各组织初始余额。

1）川商集团账簿初始余额如表3-3所示。

表3-3 川商集团会计科目及初始余额

科目编码	科目名称	核算维度	余额方向	期初余额
1001	库存现金		借方	125 163.00
1002	银行存款		借方	11 044 837.00
1511	长期股权投资	川商创博科技公司_姓名	借方	45 568 600.00
		川商耀博销售公司_姓名	借方	13 853 000.00
4001	实收资本		贷方	55 012 000.00
4002	资本公积		贷方	15 579 600.00

2）川商创博科技公司账簿初始余额情况如表3-4、表3-5、表3-6所示。

表 3-4　川商创博科技公司会计科目及初始余额

科目编码	科目名称	核算维度	余额方向	期初余额	备注
1001	库存现金		借方	169 026.00	
1002	银行存款		借方	3 778 474.00	
1122	应收账款	川商耀博销售公司_姓名	借方	1 956 000.00	
1403	原材料	铁芯	借方	300 000.00	见表 3-5
		初级线圈	借方	75 000.00	
		次级线圈	借方	80 000.00	
1405	库存商品	M 型变压器	借方	5 907 500.00	见表 3-6
		N 型变压器	借方	5 907 500.00	
1601	固定资产	房屋及建筑物	借方	20 000 000.00	
		机器设备	借方	8 900 000.00	
		电子设备	借方	38 000.00	
		运输设备	借方	126 000.00	
		其他设备	借方	16 000.00	
220202	明细应付款	南方中科	贷方	400 000.00	
		威星光电	贷方	500 000.00	
2211	应付职工薪酬		贷方	784 900.00	
4001	实收资本		贷方	24 000 000.00	
4002	资本公积		贷方	12 239 500.00	
4101	盈余公积		贷方	930 000.00	
4104	利润分配		贷方	8 399 100.00	

表 3-5　原材料的初始明细数据

名称	数量	期初余额
铁芯	113	300 000.00
初级线圈	170	75 000.00
次级线圈	180	80 000.00
合计	463	455 000.00

表 3-6　库存商品的初始明细数据

名称	数量	期初余额
M 型变压器	220	5 907 500.00
N 型变压器	250	5 907 500.00

3）川商耀博销售公司账簿初始余额情况如表 3－7 所示。

表 3－7　川商耀博销售公司会计科目及初始余额

科目编码	科目名称	核算维度	余额方向	期初余额
1001	库存现金		借方	59 601.70
1002	银行存款		借方	13 871 468.68
1122	应收账款	科林电器	借方	720 000.00
		中车电机	借方	1 428 000.00
1601	固定资产	电子设备	借方	28 000.00
		其他设备	借方	16 000.00
220202	明细应付款	川商创博科技公司_姓名	贷方	1 956 000.00
2211	应付职工薪酬		贷方	32 000.00
222115	应交税费——未交增值税		贷方	282 070.38
4001	实收资本		贷方	8 000 000.00
4002	资本公积		贷方	3 200 000.00
4101	盈余公积		贷方	397 000.00
4104	利润分配		贷方	2 256 000.00

（4）川商集团在总账系统初始化时对自动转账模板进行设置，自动转账模板信息如表 3－8 所示。

表 3－8　自动转账模板信息

<table>
<tr><th>账簿</th><th>转账类型</th><th>名称</th><th>摘要</th><th>转账方式</th><th>科目名称</th><th>核算维度</th><th>方向</th><th>转账比例</th><th>包含未过账凭证</th></tr>
<tr><td rowspan="2">川商创博科技公司_姓名</td><td>其他</td><td rowspan="2">归集制造费用</td><td rowspan="2">归集制造费用</td><td>转入</td><td>生产成本</td><td>生产部/组装费用</td><td>自动判定</td><td>100</td><td>√</td></tr>
<tr><td>其他</td><td>按比例转出余额</td><td>制造费用</td><td>生产部/所有费用类型</td><td>自动判定</td><td>100</td><td>√</td></tr>
<tr><td rowspan="3">川商创博科技公司_姓名</td><td>其他</td><td rowspan="3">科技公司结转增值税</td><td rowspan="3">结转增值税</td><td>按比例转出余额</td><td colspan="2">应交税费——应交增值税（销项税额）</td><td>自动判定</td><td>100</td><td>√</td></tr>
<tr><td>其他</td><td>按比例转出余额</td><td colspan="2">应交税费——应交增值税（进项税额）</td><td>自动判定</td><td>100</td><td>√</td></tr>
<tr><td>其他</td><td>转入</td><td colspan="2">应交税费——未交增值税</td><td>自动判定</td><td>100</td><td>√</td></tr>
</table>

续表

账簿	转账类型	名称	摘要	转账方式	科目名称	核算维度	方向	转账比例	包含未过账凭证
川商耀博销售公司_姓名	其他	销售公司结转增值税	结转增值税	按比例转出余额	应交税费——应交增值税（销项税额）		自动判定	100	√
	其他			按比例转出余额	应交税费——应交增值税（进项税额）		自动判定	100	√
	其他			转入	应交税费——未交增值税		自动判定	100	√

操作指导

视频

总账系统初始化

1. 新建账簿

（1）“信息管理员_姓名”登录，执行【财务会计】→【总账】→【基础资料】→【账簿】命令，进入账簿界面。

（2）单击【新增】按钮，根据表 3-1 的实验数据录入“川商集团_姓名”账簿信息。

录入编码“学号.001”，账簿名称为“川商集团_姓名”，核算体系为“财务会计核算体系”，核算组织为“川商集团_姓名”，账簿类型选择“主账簿”，启用期间选择“2025.1”。如图 3-1 所示。

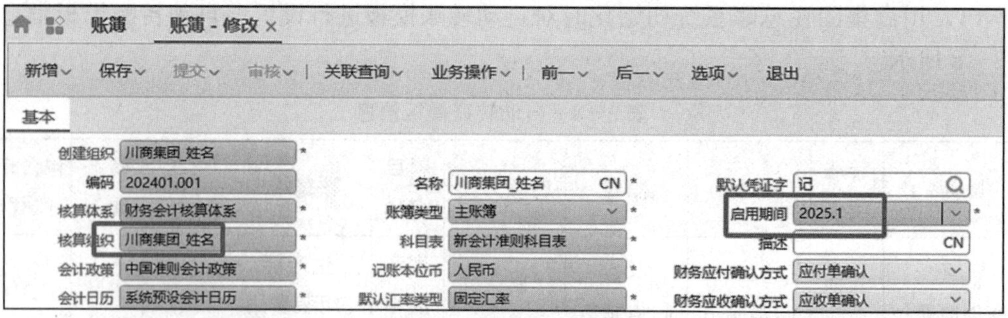

图 3-1　账簿新增

（3）依次单击【保存】→【提交】→【审核】按钮，完成账簿信息的审核。

（4）参照以上步骤，根据表 3-1 的实验数据新增其他组织的账簿。新增完成后，在账簿列表查看新增的账簿，如图 3-2 所示。

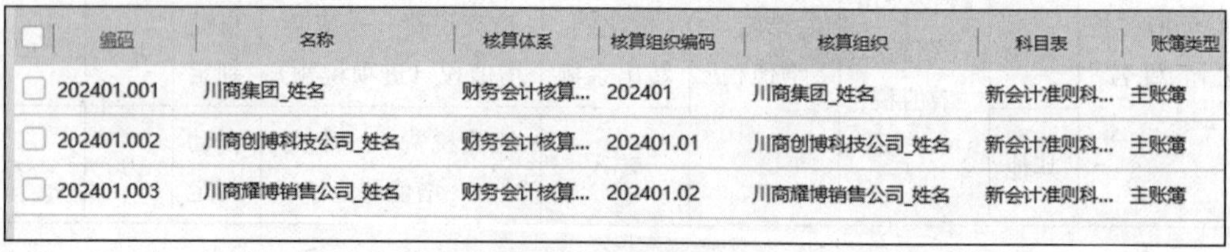

图 3-2　账簿查询

2. 设置总账系统参数

（1）“信息管理员_姓名”登录，执行【财务会计】→【总账】→【参数设置】→【总账管理参数】命令，打开总账管理参数界面。

（2）根据表 3-2 的实验数据，设置“川商集团_姓名”的系统参数。

组织机构选择“川商集团_姓名”，账簿选择“川商集团_姓名”，在“账簿参数”页签的“基本选项”中利润分配科目选择“利润分配”，本年利润科目选择“本年利润”，如图 3-3 所示；在“凭证参数”页签中，勾选“凭证过账前必须审核”和“凭证过账前必须出纳复核”，如图 3-4 所示。

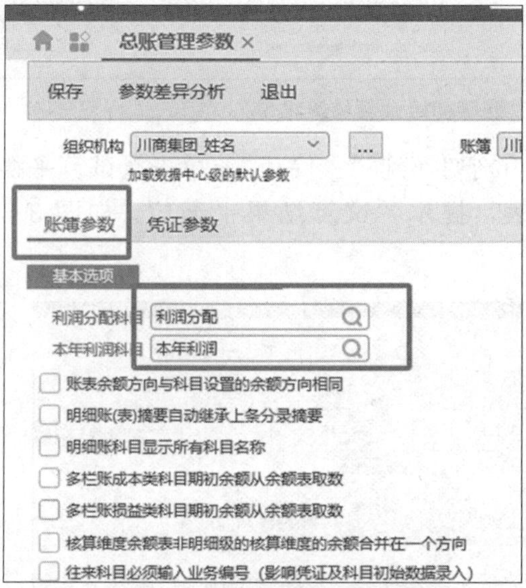

图 3-3 总账系统参数设置（1）

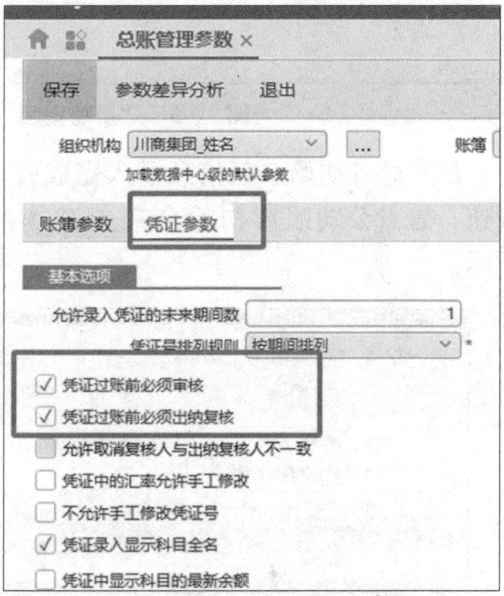

图 3-4 总账系统参数设置（2）

（3）参照以上步骤，根据表 3-2 的实验数据，设置其他组织的参数。

注意：

总账系统参数设置的对象是账簿，系统参数的设置是总账的基础，它关系到所有财务的业务流程处理。

3. 录入初始余额

（1）“信息管理员_姓名”登录，执行【财务会计】→【总账】→【初始化】→【科目初始数据录入】命令，打开科目初始余额录入界面。

（2）账簿选择“川商集团_姓名”，币别选择“人民币”，根据表 3-3 的实验数据录入人民币初始余额。

科目如果有核算维度，科目初始数据应录入对应核算维度的初始数据。以录入“长期股权投资”初始数据为例，单击长期股权投资【核算维度】行，在【核算维度初始数据录入】栏单击【新增行】按钮，在核算维度选择“川商创博科技公司_姓名”和“川商耀博销售公司_姓名”并录入对应的初始余额，具体如图 3-5 所示。填写完毕后，单击【保存】。

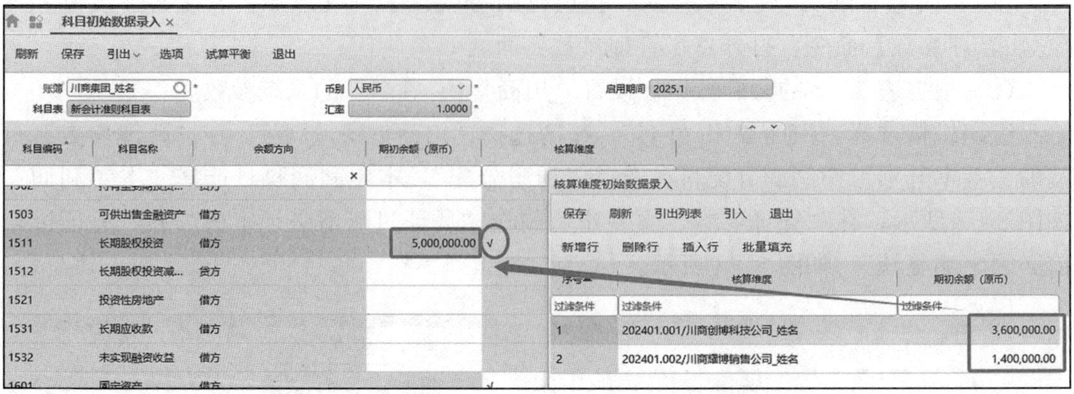

图 3-5　“川商集团_姓名”账簿初始余额核算维度

（3）科目初始余额信息录入完成后，将币别切换到“人民币”，单击【试算平衡】按钮，查看公司账簿初始余额的试算平衡表，提示“试算结果平衡!”，如图 3-6 所示。

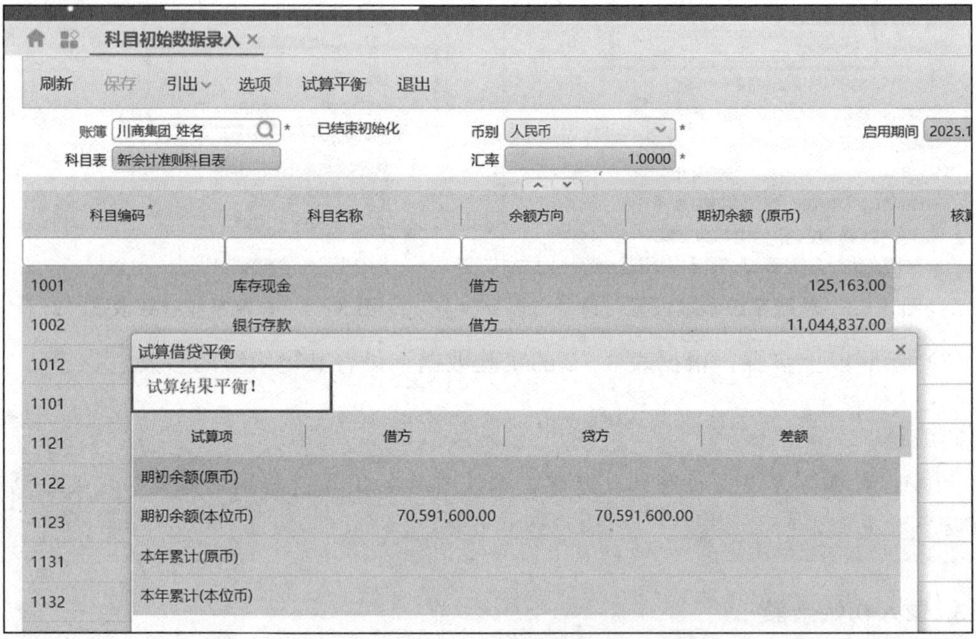

图 3-6　“川商集团_姓名”账簿初始余额试算平衡

（4）参照以上步骤，选择下一个账簿，根据表 3-4、表 3-5、表 3-6、表 3-7 的实验数据录入其他账簿的科目初始余额。

（5）“川商创博科技公司_姓名”和“川商耀博销售公司_姓名”账簿录入完成后，单击【试算平衡】按钮，可分别查看“川商创博科技公司_姓名”和“川商耀博销售公司_姓名”账簿初始余额的试算平衡表，如图 3-7 和图 3-8 所示。

试算借贷平衡

试算结果平衡！

试算项	借方	贷方	差额
期初余额(原币)			
期初余额(本位币)	47,253,500.00	47,253,500.00	
本年累计(原币)			
本年累计(本位币)			

图 3－7　“川商创博科技公司_姓名”账簿初始余额试算平衡

试算借贷平衡

试算结果平衡！

试算项	借方	贷方	差额
期初余额(原币)			
期初余额(本位币)	16,123,070.38	16,123,070.38	
本年累计(原币)			
本年累计(本位币)			

图 3－8　“川商耀博销售公司_姓名”账簿初始余额试算平衡

注意：

（1）白色框表示可以直接录入数据；灰色框表示由明细科目汇总而得。

（2）录入下设核算项目的科目金额时，要单击“√”进入特定的界面方可录入。

（3）试算平衡时要注意，如果企业有外币业务，则必须切换成综合本位币，再点击试算平衡。试算平衡表中会显示出当前选择币别下所有一级科目的期初余额借方、期初余额贷方、本年累计借方和本年累计贷方等各项数值。币别为“综合本位币”时，试算平衡表显示的是所有币别折合为综合本位币后的试算平衡。

（4）综合本位币下，只能查看所有币别科目的初始数据，不能进行录入、修改等操作。

（5）只有当账簿在综合本位币状态下试算平衡，系统才允许账簿结束初始化。

4. 设置自动转账模板

（1）“信息管理员_姓名”登录，执行【财务会计】→【总账】→【期末处理】→【自动转账】命令，打开自动转账界面。

（2）单击【新增】按钮，进入自动转账新增界面，账簿选择“川商创博科技公司_姓名”，转账类型选择“其他”，名称录入为“归集制造费用”，摘要为“归集制造费用”，科目编码选择“5001－生产成本”，单击【核算维度】按钮，进入核算维度信息界面；单击科目关联核算维度“部门”栏，在“明细项目设置”页签下选择部门的核算项目为“生产部”；单击科目关联核算维度“费用项目”栏，在“明细项目设置”页签下选择费用项目的核算项目为“组装费用”；转账方式选择“转入”；方向选择“自动判定”，转账比例选择“100%”，并勾选“包含未过账凭证”。

该科目转账设置好之后，按同样的方法，对“制造费用”科目进行设置，科目编码选择“5101-制造费用”，先设置转账方式，选择“按比例转出余额”，再单击【核算维度】按钮，进入核算维度信息界面，单击科目关联核算维度“部门”栏，取消勾选“连续范围过滤”，在“明细项目设置”页签下选择“部门”的核算项目为“生产部”；单击科目关联核算维度“费用项目”栏，在“明细项目设置”页签下选择费用项目的核算项目的起始项目为“FYXM01_SYS”，结束项目为“FYXM17_SYS”，如图3-9所示。

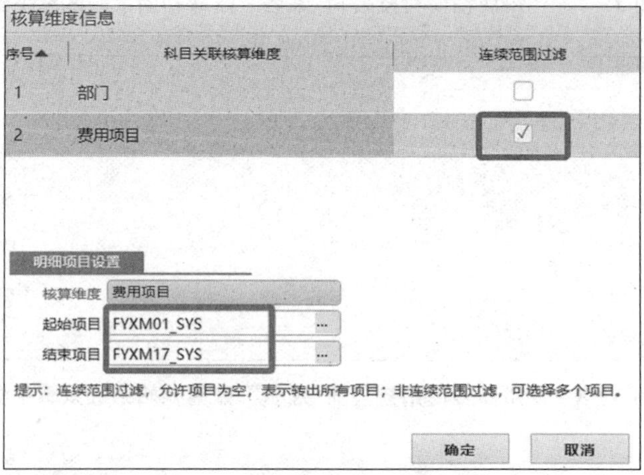

图3-9　自动转账模板设置

方向选择“自动判定”，转账比例选择“100%”，并勾选“包含未过账凭证”，设置完成后单击【保存】按钮，全部设置完成后如图3-10所示。

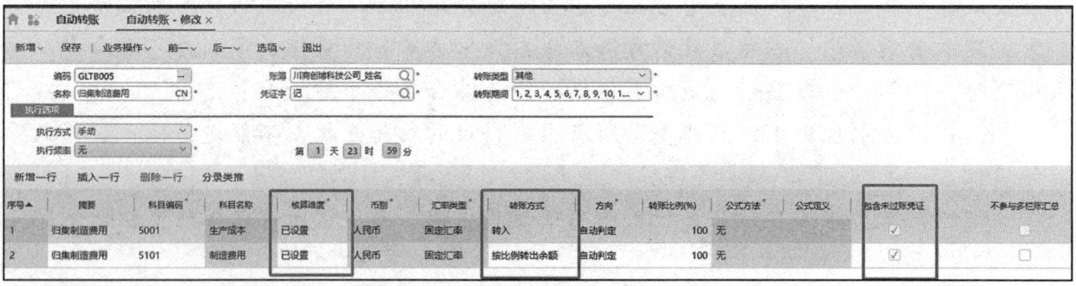

图3-10　自动转账模板设置完成

（3）参照以上步骤，根据表3-8的实验数据新增其他账簿的自动转账模板，新增完成后可在自动转账列表中查询到新增的自动转账模板，如图3-11所示。

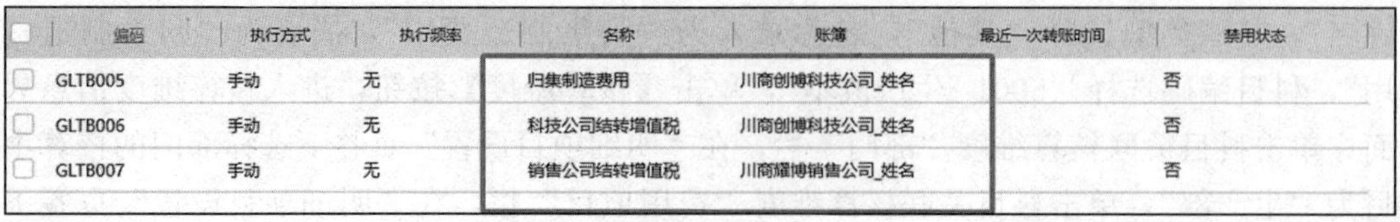

图3-11　自动转账模板查询界面

知识扩展

企业会计业务中存在一类转账凭证，它们有规律地重复出现，例如，上缴税金、月底结转制造费用、结转管理费用等，如果手工编制此类凭证，将会做许多重复工作。系统提供自动转账功能，用户可以设置重复凭证的摘要、借贷方科目、金额来源或者定义计算方法等，并保存为模板，只需要定期执行转账模板即可自动生成记账凭证，无须手工计算金额，大大提高了工作效率。

5. 结束初始化

（1）“信息管理员_姓名”登录，执行【财务会计】→【总账】→【初始化】→【总账初始化】命令。

（2）打开总账初始化界面，勾选“川商集团_姓名”“川商创博科技公司_姓名”“川商耀博销售公司_姓名”账簿，单击工具栏上的【结束初始化】按钮结束初始化，如图 3-12 所示。

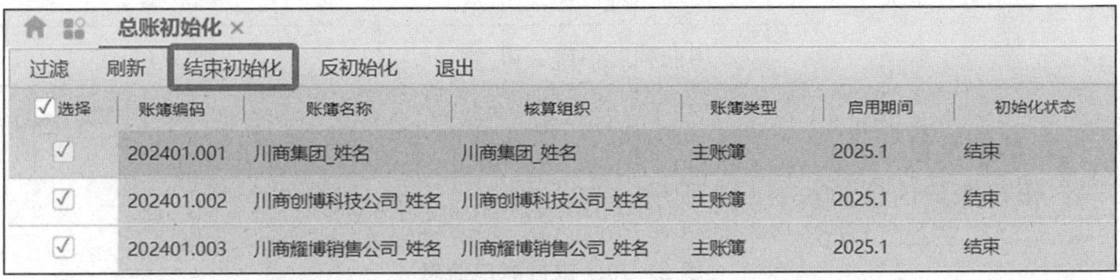

选择	账簿编码	账簿名称	核算组织	账簿类型	启用期间	初始化状态
✓	202401.001	川商集团_姓名	川商集团_姓名	主账簿	2025.1	结束
✓	202401.002	川商创博科技公司_姓名	川商创博科技公司_姓名	主账簿	2025.1	结束
✓	202401.003	川商耀博销售公司_姓名	川商耀博销售公司_姓名	主账簿	2025.1	结束

图 3-12 结束总账初始化

知识扩展

（1）当账簿的科目初始数据录入工作完成之后，并且在综合本位币下的试算结果平衡，用户就可以进行账簿的结束初始化工作。

（2）结束账簿初始化之后，才能进行凭证过账和期末处理等操作。

（3）一旦结束初始化，所有的初始数据将不能再修改、录入。

（4）初始化结束后，如果要修改数据（如科目初始数据），必须进行反初始化操作，将总账还原到未初始化状态。

第二节 出纳管理系统初始化

实验场景

出纳管理系统是出纳人员的工作平台，支持企业出纳人员在系统中完成所有相关的货币资金、票据以及有价证券的收付、保管、核算等日常工作，并提供出纳管理报表查询功能。在进行出纳日常业务处理前，先要完成出纳管理系统的初始化操作。

实验步骤

(1) 设置系统启用日期。

(2) 设置基础资料。

(3) 录入期初余额。

(4) 结束初始化。

实验数据

(1) 系统启用日期设置信息如表 3-9 所示。

表 3-9　系统启用日期设置

启用系统	启用组织	启用日期
出纳管理系统	川商集团_姓名	2025/1/1
	川商创博科技公司_姓名	2025/1/1
	川商耀博销售公司_姓名	2025/1/1

(2) 基础资料。

1) 银行账户信息如表 3-10 所示。

表 3-10　银行账户信息

账号	创建/使用组织	开户行	账户名称	账户收支属性	分配
62277771	川商集团_姓名	工商银行天府支行	川商集团人民币户	收支	
62277772	川商集团_姓名	工商银行天府支行	川商创博科技公司人民币户	收支	川商创博科技公司_姓名
62277773	川商集团_姓名	工商银行天府支行	川商耀博销售公司人民币户	收支	川商耀博销售公司_姓名

2) 内部账户信息如表 3-11 所示。

表 3-11　内部账户信息

创建组织	组织开设	内部账号	账户名称	对应组织	使用分配	透支方式
川商集团_姓名	在资金组织开设	学号.002	耀博销售公司收付账户	川商耀博销售公司_姓名	川商耀博销售公司_姓名	不控制

3) 内部银行账户信息如表 3-12 所示。

表 3－12　内部银行账户信息

银行账号	开户银行	账户名称	账户收支属性	上划方式	内部账户	使用分配
62277774	工商银行天府支行	耀博销售公司收付账户	收支	手工	耀博销售公司收付账户	川商耀博销售公司_姓名

（3）期初余额。

1）川商集团出纳管理系统初始化之前需要对各组织的现金期初余额进行录入，各组织现金期初余额如表 3－13 所示。

表 3－13　各组织现金期初余额

对应组织	币别	期初余额
川商集团_姓名	人民币	125 163.00
川商创博科技公司_姓名	人民币	169 026.00
川商耀博销售公司_姓名	人民币	59 601.70

2）川商集团出纳管理系统初始化之前需要对各组织的银行存款期初余额进行录入，各组织银行存款期初余额如表 3－14 所示。

表 3－14　各组织银行存款期初余额

对应组织	银行	银行账号	币别	企业方/银行方期初余额
川商集团_姓名	工商银行天府支行	62277771	人民币	11 044 837.00
川商创博科技公司_姓名	工商银行天府支行	62277772	人民币	3 778 474.00
川商耀博销售公司_姓名	工商银行天府支行	62277773	人民币	13 871 468.68

操作指导

1. 设置系统启用日期

视频

出纳管理系统初始化

（1）“信息管理员_姓名”登录，执行【财务会计】→【出纳管理】→【初始化】→【启用日期设置】命令，进入出纳管理系统启用日期设置界面。

（2）勾选“川商集团_姓名”“川商创博科技公司_姓名”“川商耀博销售公司_姓名”这三个组织，启用日期均设置为“2025－01－01”，单击【启用】按钮，如图 3－13 所示。

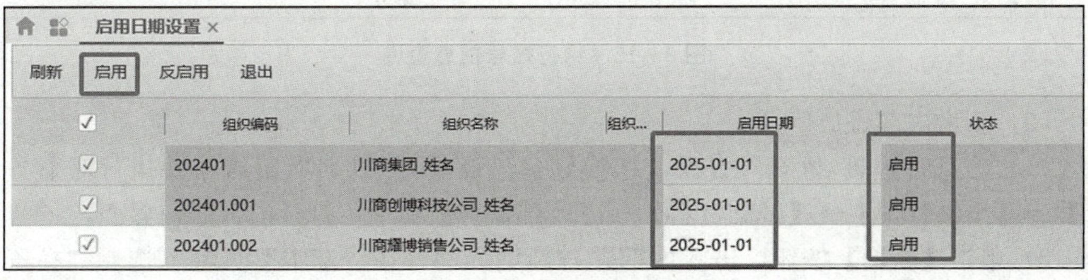

图 3－13　出纳管理系统启用

2. 设置基础资料

（1）新增银行账户信息。

1）“信息管理员_姓名”登录，切换到“川商集团_姓名”组织，并执行【财务会计】→【出纳管理】→【基础资料】→【银行账号】命令，进入银行账号界面。

2）单击【新增】按钮，进入银行账户新增界面，银行账号输入“62277771”，开户银行选择“工商银行天府支行”，账户名称输入“川商集团人民币户”，账户收支属性选择“收支”。如图 3-14 所示。

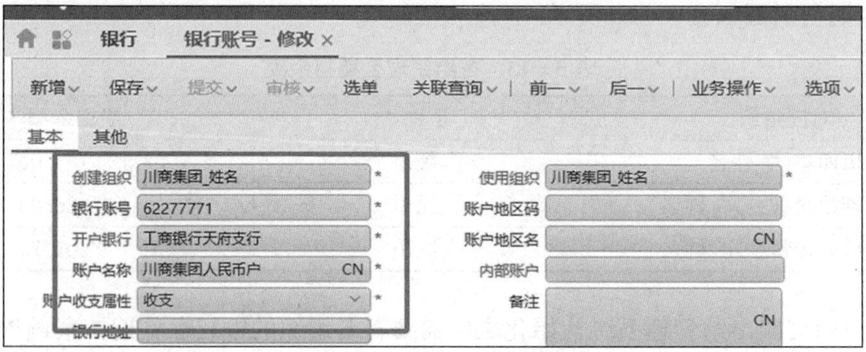

图 3-14　银行账户新增

3）信息录入完成后，依次单击【保存】→【提交】→【审核】按钮。

4）参照以上步骤，根据表 3-10 的实验数据完成其他两个银行账户的新增及审核。

5）由集团创建银行账户后分配给其他两个组织使用，并勾选“分配后自动审核”，然后单击【确定】完成分配。

6）新增完成后，可在银行账号列表中查询到新增的银行账号信息，如图 3-15 所示。

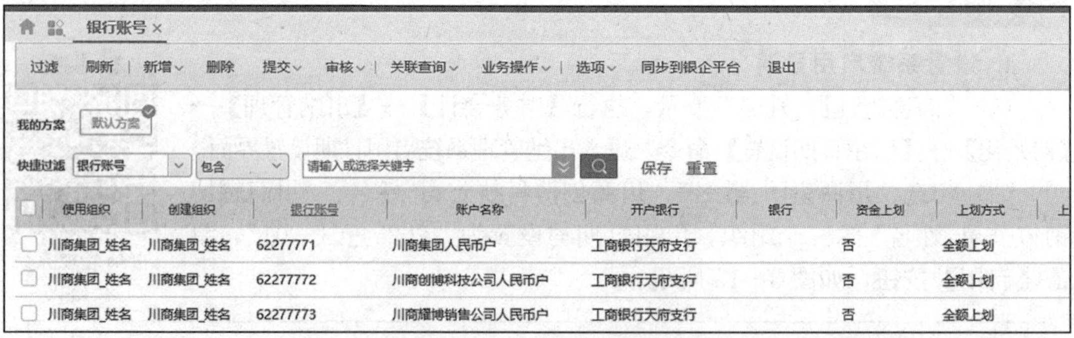

图 3-15　银行账号信息查询

（2）新增内部账户信息。

1）“信息管理员_姓名”登录，切换到“川商集团_姓名”组织，并执行【财务会计】→【出纳管理】→【基础资料】→【内部账户】命令，打开内部账户界面。

2）单击【新增】按钮，进入内部账户新增界面，在“基本”页签下选择“在资金组织开设”，内部账号为“学号.002”，账户名称为“耀博销售公司收付账户”，对应组织选择“川商耀博销售公司_姓名”，在“透支策略”页签下选择“不控制”。如图 3－16 所示。

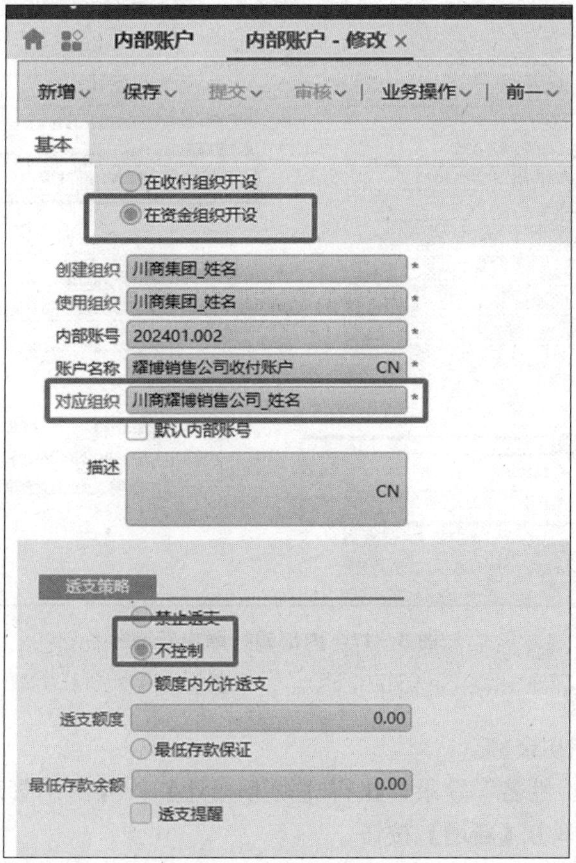

图 3－16　内部账户新增

3）信息录入完成后，依次单击【保存】→【提交】→【审核】按钮。

4）内部账户新增、审核完成后，执行【业务操作】→【分配】命令，把通过集团建立好的“耀博销售公司收付账户”分配给“川商耀博销售公司_姓名”，勾选“分配后自动审核”，然后单击【确定】按钮完成分配。

（3）新增内部银行账户信息。

1）“信息管理员_姓名”登录，切换到“川商集团_姓名”组织，并执行【财务会计】→【出纳管理】→【基础资料】→【银行账号】命令，打开银行账号界面。

2）单击【新增】按钮，进入银行账号新增界面，银行账号输入“62277774”，开户银行选择“工商银行天府支行”，账户名称输入“耀博销售公司收付账户”，账户收支属性选择“收支”，在“上划规则”页签下勾选“资金上划”，上划方式选择“手工”，内部账户选择“耀博销售公司收付账户”。如图 3－17 所示。

3）信息录入完成后，依次单击【保存】→【提交】→【审核】按钮。

4）由集团创建内部银行账户后分配给“川商耀博销售公司_姓名”的组织。

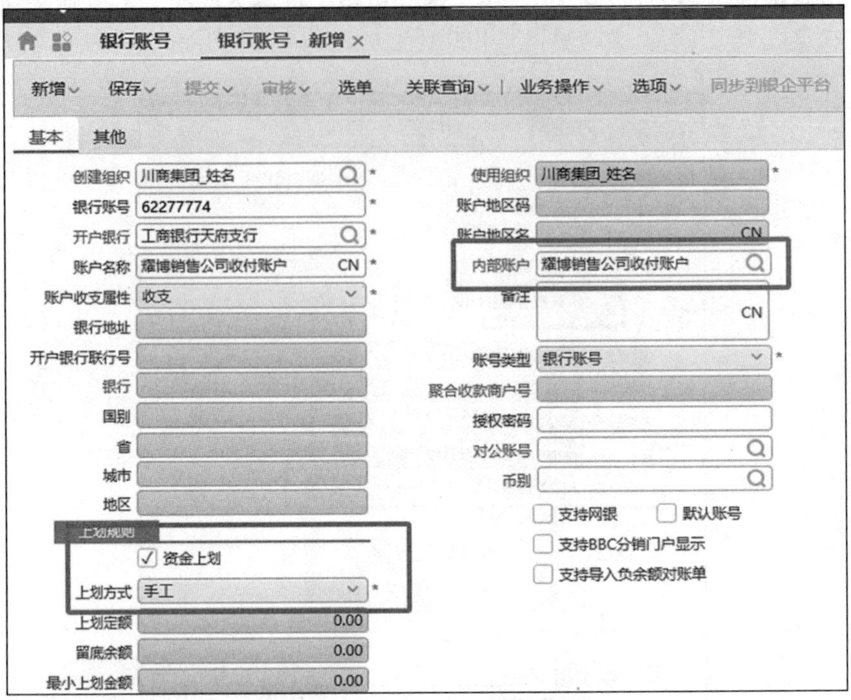

图 3-17　内部银行账户新增

3. 录入初始余额

（1）录入现金期初余额。

1）"信息管理员_姓名"登录，执行【财务会计】→【出纳管理】→【初始化】→【现金期初】命令，单击【新增】按钮。

2）进入新增界面，收款组织选择"川商集团_姓名"，期初余额为 125 163.00，如图 3-18 所示。

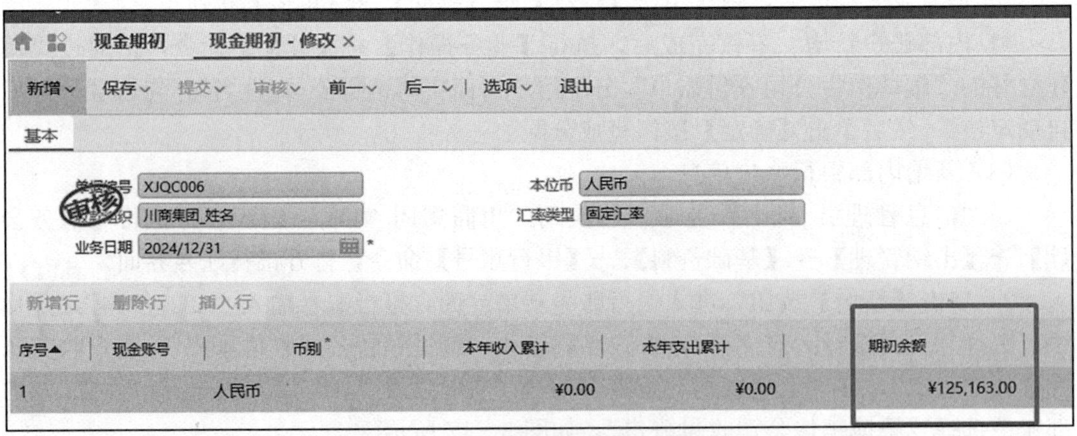

图 3-18　川商集团现金期初余额录入

3）新增完成后，依次单击【保存】→【提交】→【审核】按钮。

4）参照以上步骤，按照表 3－13 的实验数据录入其他两个组织的现金期初余额，注意选择不同的收款组织，如图 3－19、图 3－20 所示。

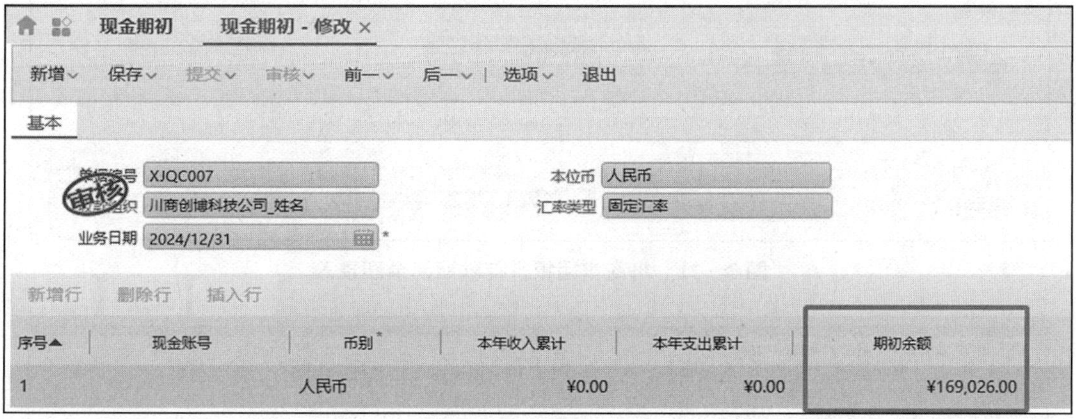

图 3－19 川商创博科技公司现金期初余额录入

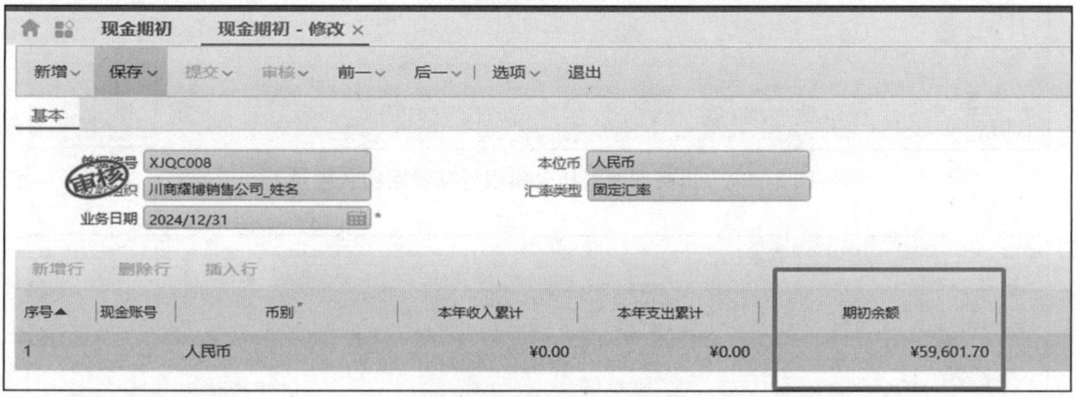

图 3－20 川商耀博销售公司现金期初余额录入

（2）录入银行存款期初余额。

1）“信息管理员_姓名”登录，执行【财务会计】→【出纳管理】→【初始化】→【银行存款期初】命令，单击【新增】按钮。

2）进入新增界面，选择收款组织为“川商集团_姓名”，银行选择“工商银行天府支行”，银行账号为“62277771”，币别为“人民币”，企业方期初余额和银行方期初余额均为“11,044,837.00”。

3）新增完成后，依次单击【保存】→【提交】→【审核】按钮。

4）参照以上步骤，按照表 3－14 的实验数据录入其他两个组织的银行存款期初余额，注意选择不同的收款组织，如图 3－21、图 3－22、图 3－23 所示。

4. 结束初始化

（1）“信息管理员_姓名”登录，执行【财务会计】→【出纳管理】→【初始化】→【出纳管理结束初始化】命令。

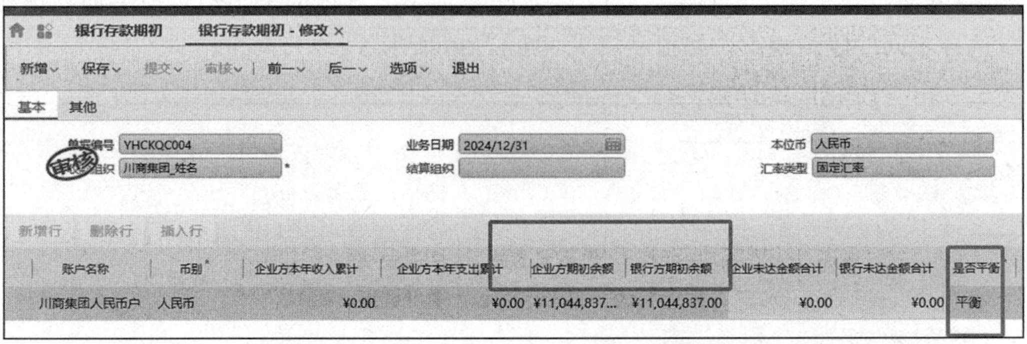

图 3-21　川商集团银行存款期初余额录入

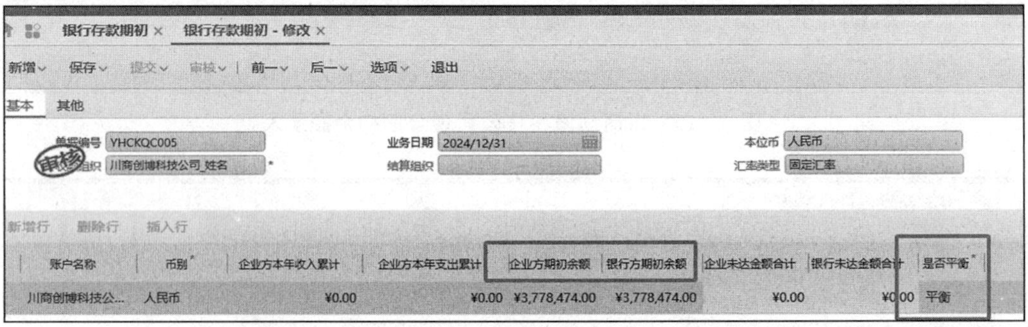

图 3-22　川商创博科技公司银行存款期初余额录入

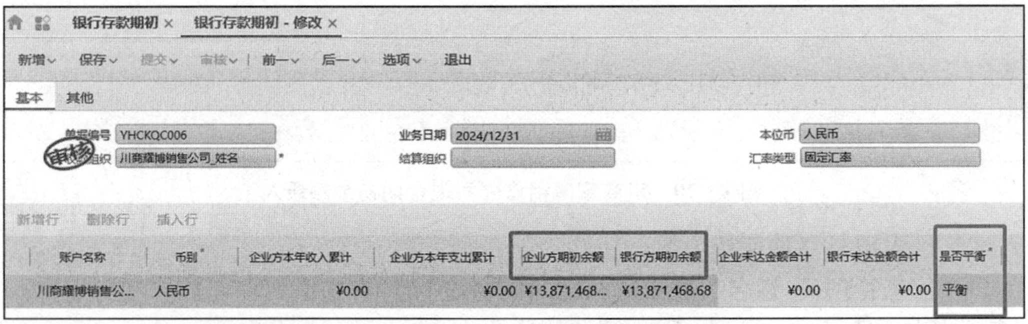

图 3-23　川商耀博销售公司银行存款期初余额录入

(2) 勾选结算组织“川商集团_姓名”“川商创博科技公司_姓名”“川商耀博销售公司_姓名”，单击工具栏上的【结束初始化】按钮，如图 3-24 所示。

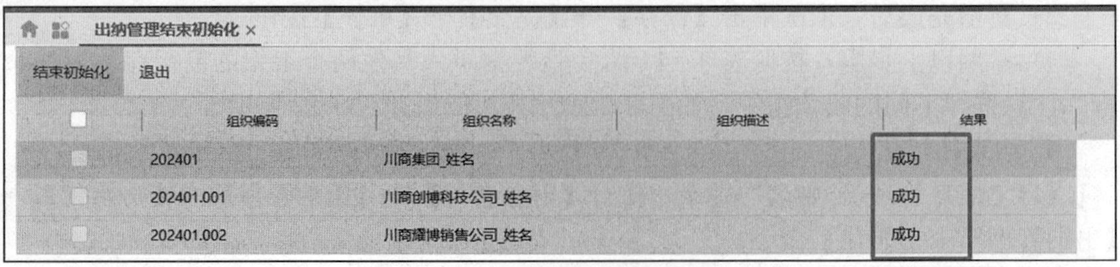

图 3-24　出纳管理系统结束初始化

知识扩展

结束初始化后，现金期初单、银行存款期初单不允许新增或者反审核，但可在系统未结账前反初始化。

第三节 应收系统初始化

实验场景

系统将应收款管理分为四个基本业务环节，构成应收款管理完整的业务循环，包括应收款确认、到期收款、收款核销、期末处理。这四个业务环节基本涵盖了应收款管理日常业务处理流程。应收系统初始化主要针对企业运作中发生的各种应收业务进行期初管理。进行应收日常业务处理前，先要完成应收系统的初始化操作。

实验步骤

（1）设置应收系统启用日期。

（2）录入期初应收单。

（3）结束应收系统初始化。

实验数据

（1）应收系统启用日期设置信息如表 3－15 所示。

表 3－15 应收系统启用日期设置

启用系统	启用组织	启用日期
应收系统	川商创博科技公司_姓名	2025/1/1
	川商耀博销售公司_姓名	2025/1/1

（2）川商创博科技公司期初应收单如表 3－16 所示，川商耀博销售公司期初应收单如表 3－17 所示。

表 3－16 川商创博科技公司期初应收单

结算/收款/销售组织	业务日期	到期日	客户	产品	含税单价	数量	税率	价税合计
川商创博科技公司_姓名	2024/12/1	2025/1/31	川商耀博销售公司_姓名	N 型变压器	32 000.00	16	13%	512 000.00
	2024/12/12	2025/1/31	川商耀博销售公司_姓名	M 型变压器	38 000.00	38	13%	1 444 000.00

表 3-17　川商耀博销售公司期初应收单

结算/收款/销售组织	业务日期	到期日	客户	产品	含税单价	数量	税率	价税合计
川商耀博销售公司_姓名	2024/12/2	2025/1/31	科林电器	N 型变压器	36 000.00	20	13%	720 000.00
	2024/12/14	2025/1/31	中车电机	M 型变压器	42 000.00	34	13%	1 428 000.00

操作指导

视频

应收系统初始化

1. 设置应收系统启用日期

（1）“信息管理员_姓名”登录，执行【财务会计】→【应收款管理】→【初始化】→【启用日期设置】命令。

（2）勾选结算组织“川商创博科技公司_姓名”和“川商耀博销售公司_姓名”，设置启用日期为“2025-01-01”，完成设置后，单击【启用】按钮，如图 3-25 所示。

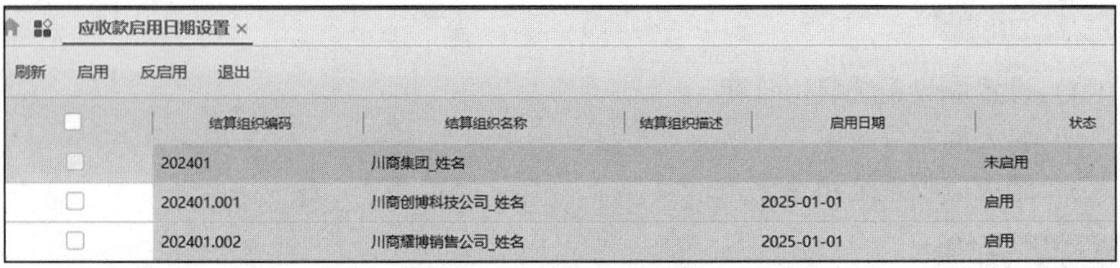

图 3-25　应收系统启用

2. 录入期初应收单

（1）“信息管理员_姓名”登录，执行【财务会计】→【应收款管理】→【初始化】→【期初应收单】命令。

（2）切换到“川商创博科技公司_姓名”组织，按照表 3-16 的实验数据录入，本实验以第一笔业务单据为例进行操作。

（3）新增完成后，依次单击【保存】→【提交】→【审核】按钮，完成期初应收单的录入与审核，如图 3-26 所示。

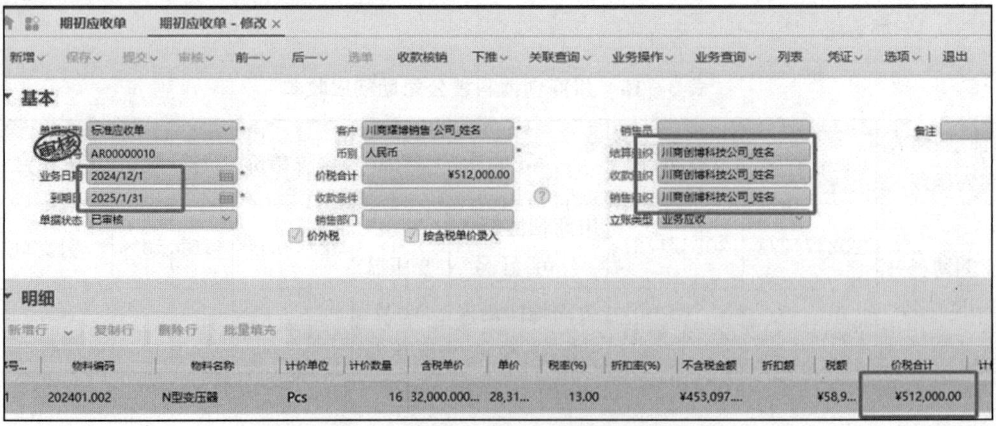

图 3-26　期初应收单录入与审核

（4）参照以上步骤，完成其他客户的期初应收单据数据录入。

（5）川商创博科技公司期初应收单列表如图 3-27 所示，川商耀博销售公司期初应收单列表如图 3-28 所示。

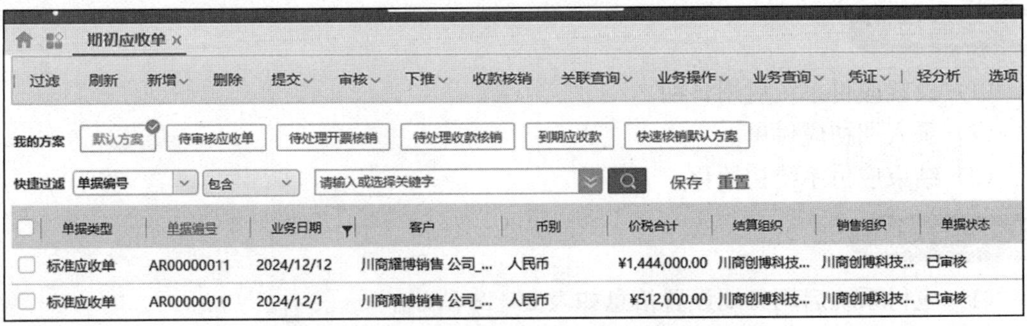

图 3-27 川商创博科技公司期初应收单列表

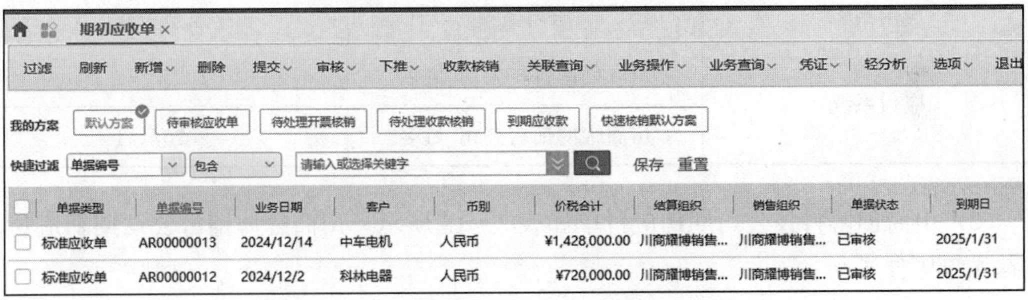

图 3-28 川商耀博销售公司期初应收单列表

3. 结束应收系统初始化

（1）“信息管理员_姓名”登录，切换组织到“川商集团_姓名”，执行【财务会计】→【应收款管理】→【初始化】→【应收款结束初始化】命令。

（2）勾选结算组织为“川商创博科技公司_姓名”和“川商耀博销售公司_姓名”，单击工具栏上的【结束初始化】按钮，如图 3-29 所示。

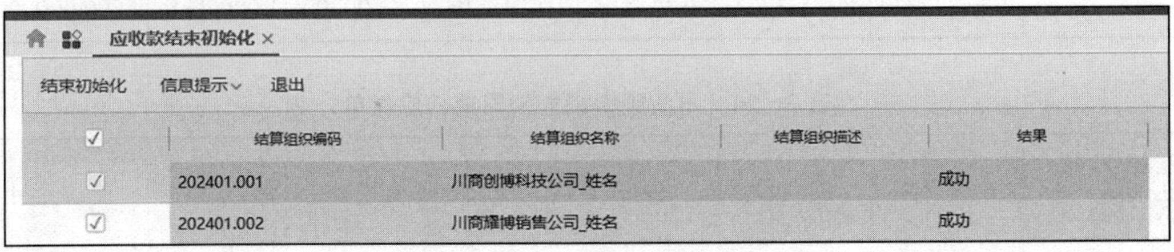

图 3-29 结束应收系统初始化

第四节 应付系统初始化

实验场景

系统将应付款管理分为四个基本业务环节，构成应付款管理完整的业务循环，包括应付款确认、到期付款、付款核销、期末处理。这四个业务环节基本涵盖了应付款管理日常业务处理流程。应付系统初始化主要针对企业运作中发生的各种应付业务进行期初管理。在进行应付日常业务处理前，先要完成应付系统的初始化操作。

实验步骤

（1）设置应付系统启用日期。

（2）录入期初应付单。

（3）结束应付系统初始化。

实验数据

（1）应付系统启用日期设置信息如表 3－18 所示。

表 3－18　应付系统启用日期设置

启用系统	启用组织	启用日期
应付系统	川商创博科技公司_姓名	2025/1/1
	川商耀博销售公司_姓名	2025/1/1

（2）川商创博科技公司期初应付单如表 3－19 所示，川商耀博销售公司期初应付单如表 3－20 所示。

表 3－19　川商创博科技公司期初应付单

结算/收款/销售组织	业务日期	到期日	供应商	产品	含税单价	数量	税率	价税合计
川商创博科技公司_姓名	2024/12/3	2025/1/31	南方中科	铁芯	3 000.00	100	13%	300 000.00
	2024/12/9	2025/1/31	南方中科	初级线圈	500.00	200	13%	100 000.00
	2024/12/14	2025/1/31	威星光电	次级线圈	500.00	1 000	13%	500 000.00

表 3－20　川商耀博销售公司期初应付单

结算/收款/销售组织	业务日期	到期日	供应商	产品	含税单价	数量	税率	价税合计
川商耀博销售公司_姓名	2024/12/1	2025/1/31	川商创博科技公司_姓名	N型变压器	32 000.00	16	13%	512 000.00
	2024/12/12	2025/1/31	川商创博科技公司_姓名	M型变压器	38 000.00	38	13%	1 444 000.00

操作指导

1. 设置应付系统启用日期

视频

应付系统初始化

（1）“信息管理员_姓名”登录，执行【财务会计】→【应付款管理】→【初始化】→【启用日期设置】命令。

（2）勾选结算组织“川商创博科技公司_姓名”和“川商耀博销售公司_姓名”，设置启用日期为“2025－01－01”，完成设置后，单击【启用】按钮，如图 3－30 所示。

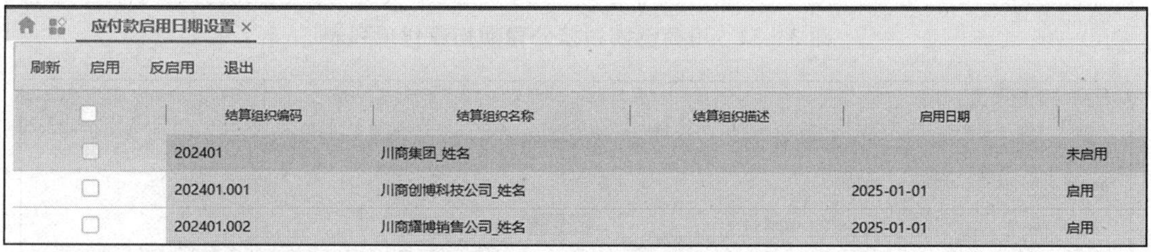

图 3－30 应付系统启用

2. 录入期初应付单

（1）“信息管理员_姓名”登录，执行【财务会计】→【应付款管理】→【初始化】→【期初应付单】命令。

（2）切换到“川商创博科技公司_姓名”的组织，按照表 3－19 的实验数据正确录入，本实验以第一笔业务单据为例进行操作。

（3）新增完成后，依次单击【保存】→【提交】→【审核】按钮，如图 3－31 所示，完成期初应付单的录入与审核。

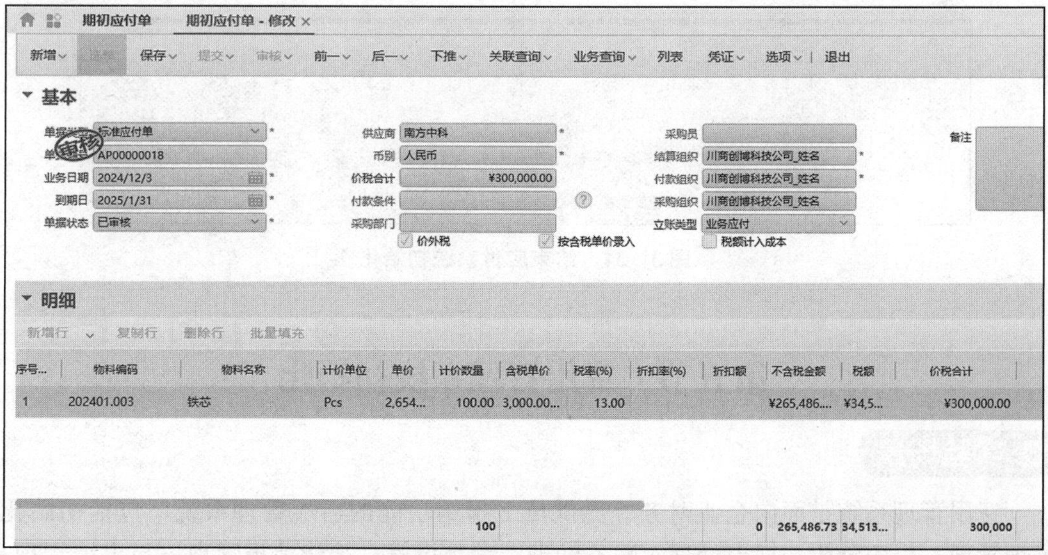

图 3－31 期初应付单录入与审核

（4）参照以上步骤，完成其他供应商的期初应付单数据录入。分别查询川商创博科技公司期初应付单列表、川商耀博销售公司期初应付单列表，如图 3－32、图 3－33 所示。

图 3－32　川商创博科技公司期初应付单列表

图 3－33　川商耀博销售公司期初应付单列表

3. 结束应付系统初始化

（1）“信息管理员_姓名”登录，切换到“川商集团_姓名”，执行【财务会计】→【应付款管理】→【初始化】→【应付款结束初始化】命令。

（2）勾选结算组织为“川商创博科技公司_姓名”和“川商耀博销售公司_姓名”，单击工具栏上的【结束初始化】按钮，如图 3－34 所示。

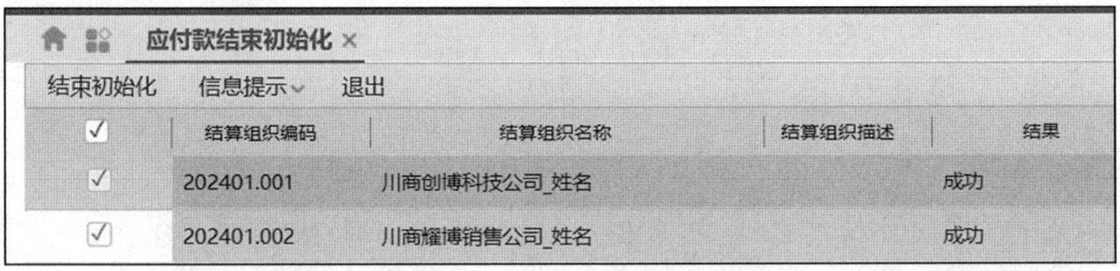

图 3－34　结束应付系统初始化

第五节　费用管理系统初始化

实验场景

费用管理系统是面向企业财务、提供员工报销功能的后端管理系统，包括初始化、核销管理、报表分析、期末处理、账务处理、参数设置、智能填报管理。与出纳管理系统、应付系统无缝集成，帮助企业合理统筹费用，防止浪费和不必要的支出。在进行费用报销日常业务处理前，先要完成费用管理系统的初始化操作。

实验步骤

（1）设置系统启用日期。

（2）结束初始化。

实验数据

系统启用日期设置信息如表 3－21 所示。

表 3－21 系统启用日期设置

启用系统	启用组织	启用日期
费用管理系统	川商创博科技公司_姓名	2025/1/1
	川商耀博销售公司_姓名	2025/1/1

操作指导

1. 设置启用系统日期

视频 费用管理系统初始化

（1）“信息管理员_姓名”登录，执行【财务会计】→【费用管理】→【初始化】→【启用日期设置】命令。

（2）勾选结算组织“川商创博科技公司_姓名”和“川商耀博销售公司_姓名”，设置启用日期为“2025/1/1”，完成设置后，单击【启用】按钮，如图 3－35 所示。

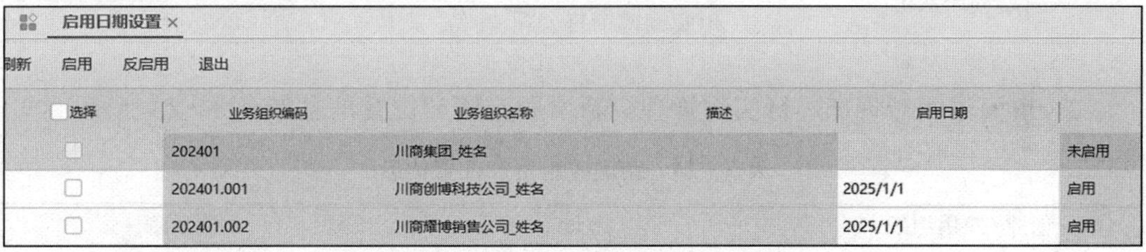

图 3－35 费用管理系统启用日期设置

2. 结束初始化

（1）“信息管理员_姓名”登录，执行【财务会计】→【费用管理】→【初始化】→【结束初始化】命令。

（2）勾选结算组织“川商创博科技公司_姓名”和“川商耀博销售公司_姓名”，单击工具栏上的【结束初始化】按钮，如图 3－36 所示。

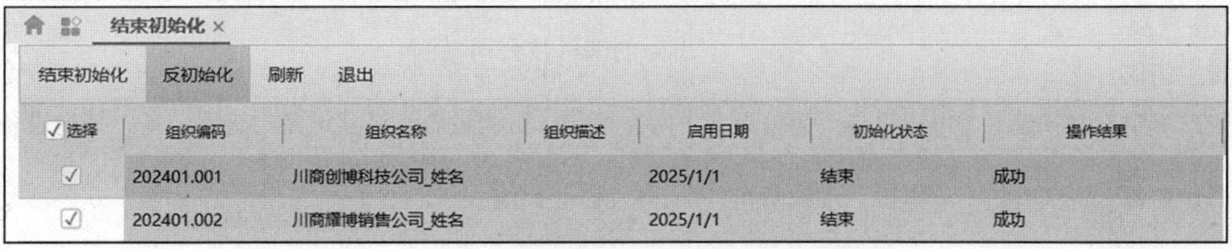

图 3－36 结束费用管理系统初始化

第六节　固定资产系统初始化

实验场景

固定资产系统以资产卡片管理为中心，对从资产购入到资产退出企业的整个生命周期进行管理，能针对资产实物进行全程跟踪，并记录、计量资产的价值变化，记录资产的使用情况和折旧费用的分配情况。在进行固定资产日常业务处理前，先要完成固定资产系统的初始化操作。

实验步骤

（1）设置系统启用日期。

（2）新增固定资产位置。

（3）录入期初固定资产卡片。

实验数据

（1）系统启用日期设置信息如表 3－22 所示。

表 3－22　系统启用日期设置

启用系统	启用组织	启用日期
固定资产系统	川商创博科技公司_姓名	2025/1/1
	川商耀博销售公司 姓名	2025/1/1

（2）川商集团对资产进行实物管理，新增固定资产位置信息如表 3－23 所示。

表 3－23　新增固定资产位置信息

创建/使用组织	地址	分配组织
川商集团_姓名	高新产业园区	川商创博科技公司_姓名
		川商耀博销售公司_姓名
川商集团_姓名	岷东商厦	川商耀博销售公司_姓名

（3）川商创博科技公司和川商耀博销售公司期初固定资产卡片数据如表 3－24、表 3－25 所示。

表 3－24　川商创博科技公司期初固定资产卡片数据

资产/货主组织	川商创博科技公司_姓名							
资产类别	电子设备	电子设备	运输设备	房屋建筑	机器设备	机器设备	机器设备	其他设备
资产名称	打印机	电脑	货车	厂房	绕线机	真空压力浇注设备	绝缘件制作设备	办公家具
单位	台	台	辆	栋	台	台	台	套

续表

数量	2	3	1	1	12	6	1	1
开始使用日期	2024/12/1	2024/12/1	2024/12/1	2024/12/1	2024/12/1	2024/12/1	2024/12/1	2024/12/1
初始化	√	√	√	√	√	√	√	√
会计政策	中国准则会计政策	中国准则会计政策	中国准则会计政策	中国准则会计政策	中国准则会计政策	中国准则会计政策	中国准则会计政策	中国准则会计政策
入账日期	2025/1/1	2025/1/1	2025/1/1	2025/1/1	2025/1/1	2025/1/1	2025/1/1	2025/1/1
未税成本	20 000	18 000	126 000	20 000 000	4 800 000	3 600 000	500 000	16 000
购买单价	10 000	6 000	126 000	20 000 000	400 000	600 000	500 000	16 000
资产位置	高新产业园区	高新产业园区	高新产业园区	高新产业园区	高新产业园区	高新产业园区	高新产业园区	高新产业园区
使用部门	行政部	行政部	生产部	生产部	生产部	生产部	生产部	行政部
费用项目	折旧费用	折旧费用	折旧费用	折旧费用	折旧费用	折旧费用	折旧费用	折旧费用

表 3-25 川商耀博销售公司期初固定资产卡片数据

资产/货主组织	川商耀博销售公司_姓名	
资产类别	电子设备	其他设备
资产名称	电脑	办公家具
单位	台	套
数量	2	1
开始使用日期	2024/12/1	2024/12/1
初始化	√	√
会计政策	中国准则会计政策	中国准则会计政策
入账日期	2025/1/1	2025/1/1
未税成本	12 000	16 000
购买单价	6 000	16 000
资产位置	岷东商厦	岷东商厦
使用部门	销售部	销售部
费用项目	折旧费用	折旧费用

操作指导

1. 设置启用系统日期

视频

固定资产系统初始化

(1)“信息管理员_姓名”登录，执行【资产管理】→【固定资产】→【启用期间设置】→【启用固定资产系统】命令，进入启用固定资产系统界面。

(2)勾选货主组织“川商耀博销售公司_姓名”和“川商创博科技公司_姓名”，系统会根据货主组织找到其适用的会计政策，在需要启用的会计政策下设置启用时间，设置启用年度为“2025”，启用期间为“1”。

（3）完成设置后，单击【启用】按钮，启用成功后如图 3－37 所示。

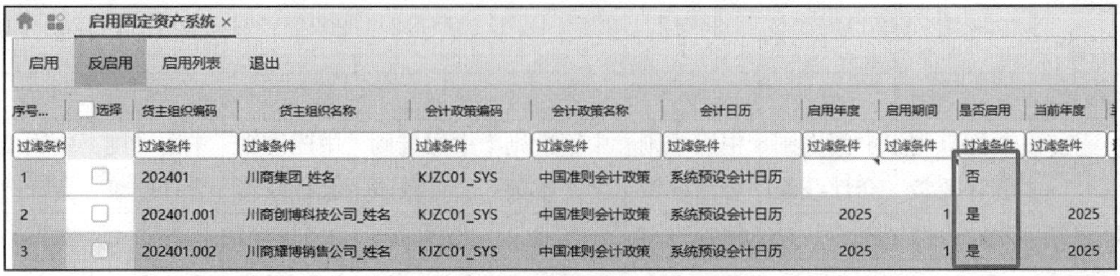

图 3－37　固定资产系统启用

2. 新增固定资产位置

（1）“信息管理员_姓名”登录，切换组织为“川商集团_姓名”，执行【资产管理】→【固定资产】→【基础资料】→【资产位置】命令，打开资产位置新增界面。

（2）单击【新增】按钮，新增“高新产业园区”的资产位置。

（3）新增完成后，依次单击【保存】→【提交】→【审核】按钮。

（4）执行【业务操作】→【分配】命令，在“待分配组织”页签下勾选“川商创博科技公司_姓名”和“川商耀博销售公司_姓名”，并勾选“分配后自动审核”，单击【确定】按钮，如图 3－38 所示。

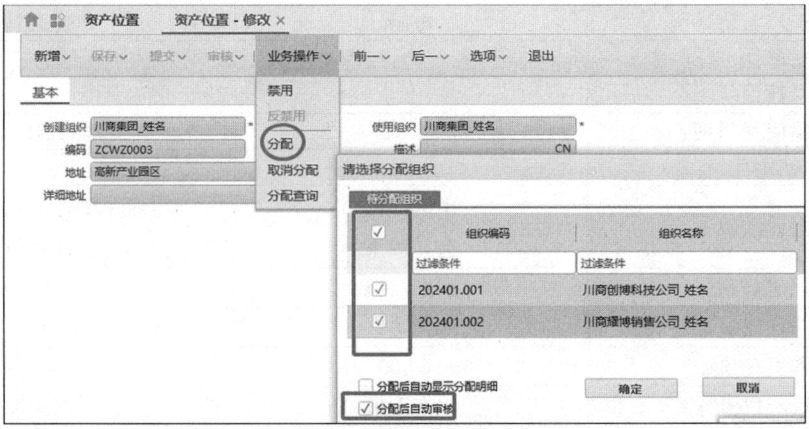

图 3－38　新增固定资产位置

（5）参照以上步骤，新增表 3－23 的实验数据中其他资产位置，新增完成后可在资产位置列表中查询到新增的资产位置信息，如图 3－39 所示。

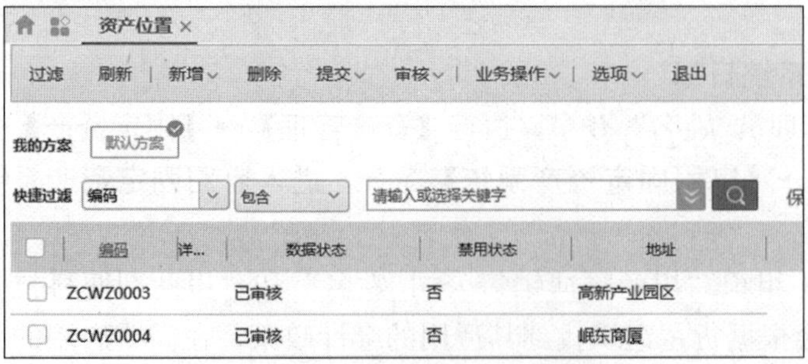

图 3－39　固定资产位置信息

3. 录入期初固定资产卡片

（1）"信息管理员_姓名"登录，切换组织为"川商创博科技公司_姓名"，执行【资产管理】→【固定资产】→【日常管理】→【初始化卡片】命令，打开初始化卡片界面。

（2）单击【新增】按钮，新增固定资产"打印机"，根据表 3－24 的实验数据录入资产卡片信息。

"基本信息"页签中：资产组织选择"川商创博科技公司_姓名"，资产类别为"电子设备"，资产名称为"打印机"，计量单位为"台"，开始使用日期为"2024－12－01"。

"财务信息"页签中，会计政策选择"中国准则会计政策"，入账日期为"2025－01－01"，未税成本为"20,000"，资产原值为"20,000"。

"实物信息"页签中，录入资产编码，选择资产位置为"高新产业园区"。

"使用分配"页签中，录入资产编码，使用部门选择"行政部"，费用项目为"折旧费用"。

（3）录入完成后，依次单击【保存】→【提交】→【审核】按钮，具体界面如图 3－40 所示。

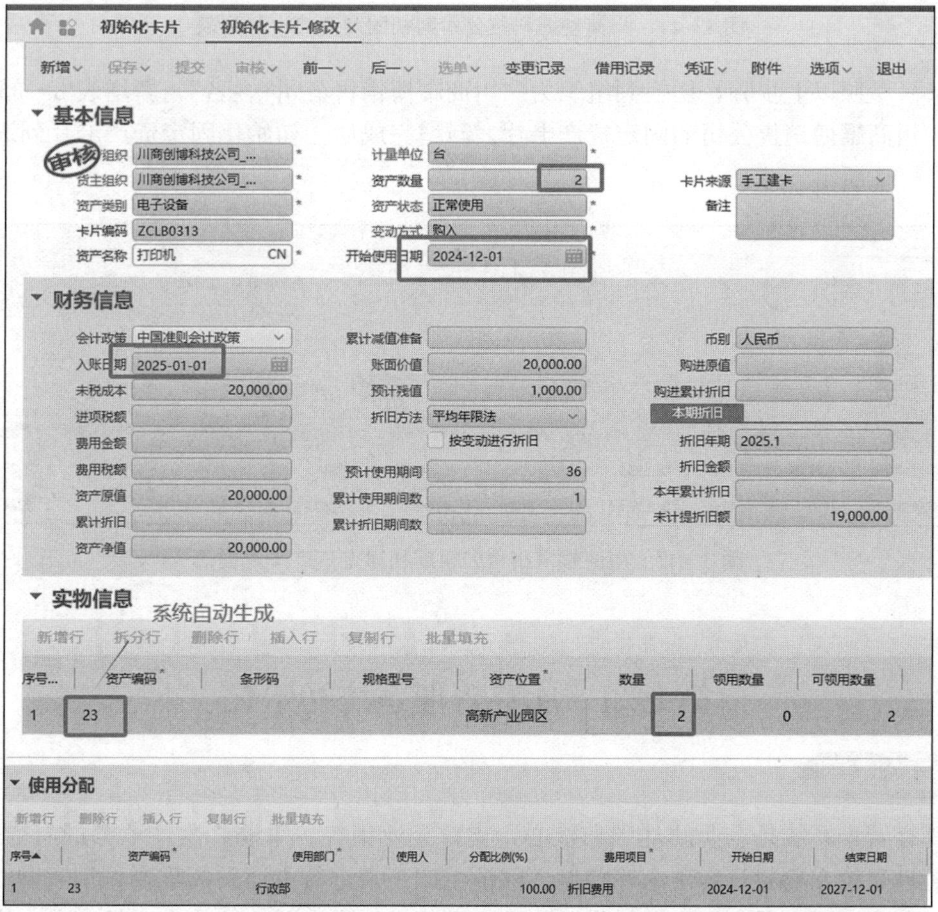

图 3－40　期初固定资产卡片的录入

（4）参照以上步骤，依次新增表 3－24 的实验数据中其他资产卡片。新增完成后，初始化固定资产卡片列表界面如图 3－41 所示。

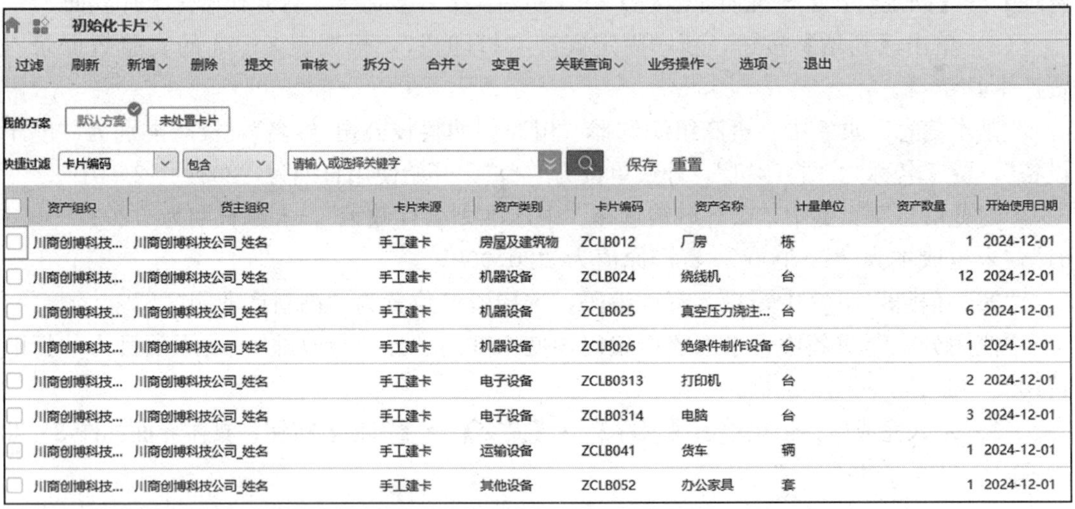

资产组织	货主组织	卡片来源	资产类别	卡片编码	资产名称	计量单位	资产数量	开始使用日期
川商创博科技...	川商创博科技公司_姓名	手工建卡	房屋及建筑物	ZCLB012	厂房	栋	1	2024-12-01
川商创博科技...	川商创博科技公司_姓名	手工建卡	机器设备	ZCLB024	绕线机	台	12	2024-12-01
川商创博科技...	川商创博科技公司_姓名	手工建卡	机器设备	ZCLB025	真空压力浇注...	台	6	2024-12-01
川商创博科技...	川商创博科技公司_姓名	手工建卡	机器设备	ZCLB026	绝缘件制作设备	台	1	2024-12-01
川商创博科技...	川商创博科技公司_姓名	手工建卡	电子设备	ZCLB0313	打印机	台	2	2024-12-01
川商创博科技...	川商创博科技公司_姓名	手工建卡	电子设备	ZCLB0314	电脑	台	3	2024-12-01
川商创博科技...	川商创博科技公司_姓名	手工建卡	运输设备	ZCLB041	货车	辆	1	2024-12-01
川商创博科技...	川商创博科技公司_姓名	手工建卡	其他设备	ZCLB052	办公家具	套	1	2024-12-01

图 3－41　川商创博科技公司期初固定资产卡片列表

（5）参照以上步骤，切换到组织为“川商耀博销售公司_姓名”，新增表 3－25 实验数据中川商耀博销售公司的固定资产卡片。新增完成后，初始化固定资产卡片列表界面如图 3－42 所示。

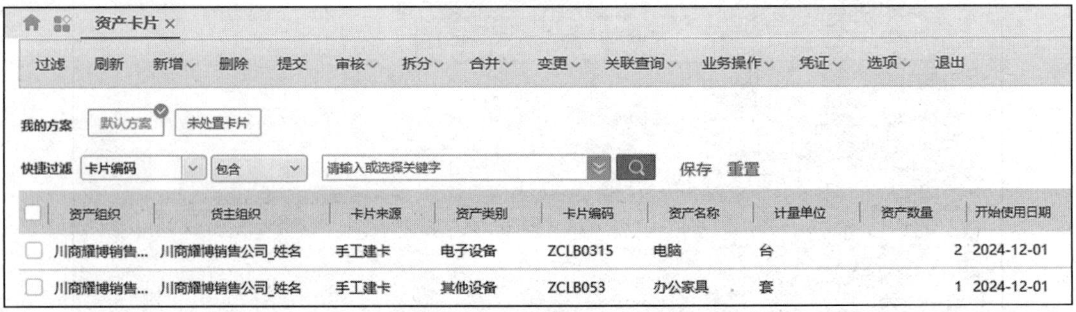

资产组织	货主组织	卡片来源	资产类别	卡片编码	资产名称	计量单位	资产数量	开始使用日期
川商耀博销售...	川商耀博销售公司_姓名	手工建卡	电子设备	ZCLB0315	电脑	台	2	2024-12-01
川商耀博销售...	川商耀博销售公司_姓名	手工建卡	其他设备	ZCLB053	办公家具	套	1	2024-12-01

图 3－42　川商耀博销售公司期初固定资产卡片列表

第七节　库存管理系统初始化

实验场景

库存管理系统是企业的基础和核心，支撑企业销售、采购、生产业务的有效运作。库存管理系统在物料日常出入库控制、保证生产正常进行方面发挥重要作用，同时可将库存控制在合理水平，为企业提供准确的库存信息，为企业快速响应市场变化、满足市场需求、提高企业竞争力提供了有力保证。在库存管理系统处理日常业务前，先要完成库存管理系统的初始化操作。

实验步骤

（1）设置系统启用日期。

（2）录入初始库存。

（3）结束初始化。

实验数据

（1）系统启用日期设置信息如表 3－26 所示。

表 3－26　系统启用日期设置

启用系统	启用组织	启用日期
库存管理系统	川商创博科技公司_姓名	2025/1/1
	川商耀博销售公司_姓名	2025/1/1

（2）川商创博科技公司原料仓初始库存如表 3－27 所示，川商创博科技公司产成品仓初始库存如表 3－28 所示。

表 3－27　川商创博科技公司原料仓初始库存

库存组织	仓库	物料	期初数量
川商创博科技公司_姓名	原料仓	铁芯	113
川商创博科技公司_姓名	原料仓	初级线圈	170
川商创博科技公司_姓名	原料仓	次级线圈	180

表 3－28　川商创博科技公司产成品仓初始库存

库存组织	仓库	物料	期初数量
川商创博科技公司_姓名	产成品仓	M 型变压器	220
川商创博科技公司_姓名	产成品仓	N 型变压器	250

操作指导

1. 设置系统启用日期

视频

库存管理系统初始化

（1）“信息管理员_姓名”登录，执行【供应链】→【库存管理】→【初始化】→【启用库存管理】命令，进入启用库存管理界面。

（2）勾选组织“川商创博科技公司_姓名”和“川商耀博销售公司_姓名”，设置库存启用时间为“2025/1/1”，单击【保存】按钮，如图 3－43 所示。

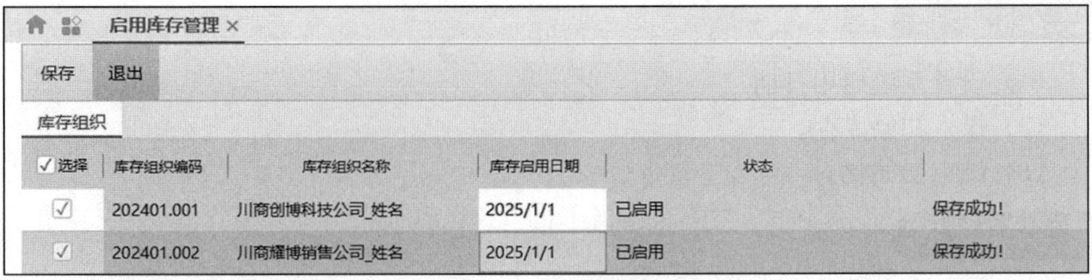

图 3-43　启用库存系统

2. 录入初始库存

（1）“信息管理员_姓名”登录，切换到“川商创博科技公司_姓名”，执行【供应链】→【库存管理】→【初始化】→【初始库存】命令，进入初始库存界面。

（2）仓库选择“原料仓”，根据表 3-27 的实验数据，录入各物料的期初数量。

（3）录入完成后，依次单击【保存】→【提交】→【审核】按钮，如图 3-44 所示。

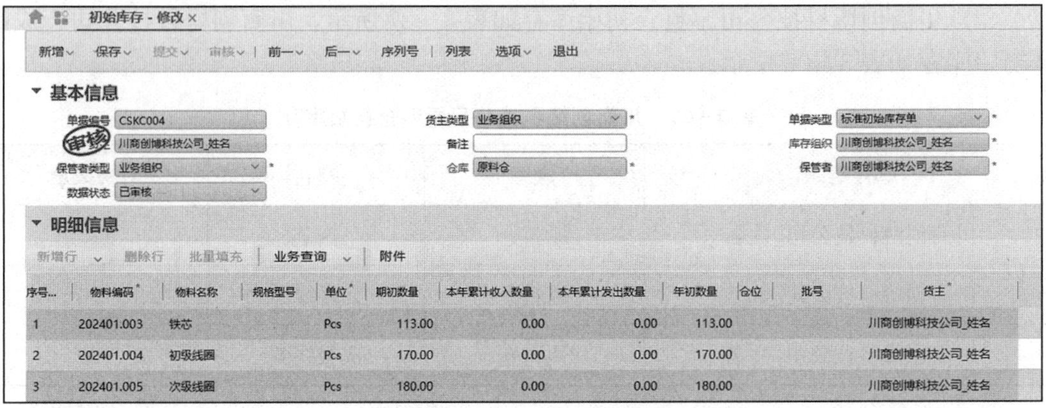

图 3-44　初始库存录入并审核完成界面（1）

（4）参照以上步骤，根据表 3-28 的实验数据，完成其他仓库的初始库存录入，如图 3-45 所示。

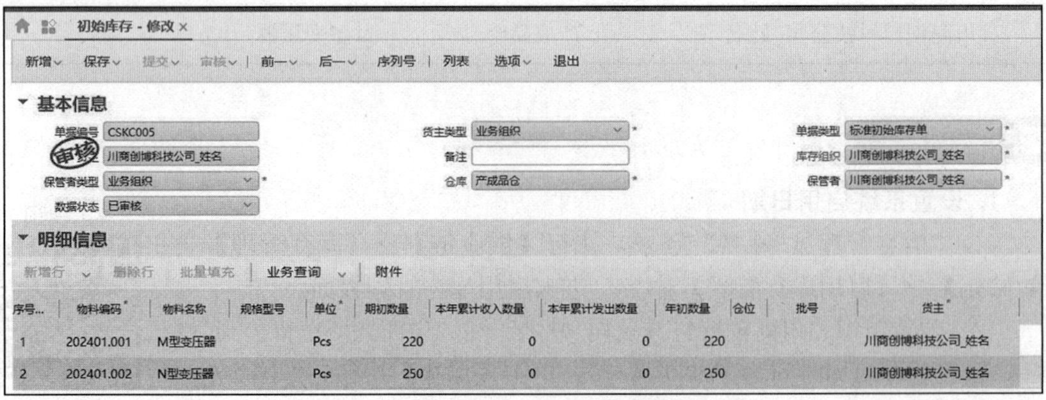

图 3-45　初始库存录入并审核完成界面（2）

3. 结束初始化

（1）“信息管理员_姓名”登录，执行【供应链】→【库存管理】→【初始化】→【库存管理结束初始化】命令。

（2）勾选“川商创博科技公司_姓名”和“川商耀博销售公司_姓名”组织，单击工具栏上的【结束初始化】按钮，如图 3－46 所示。

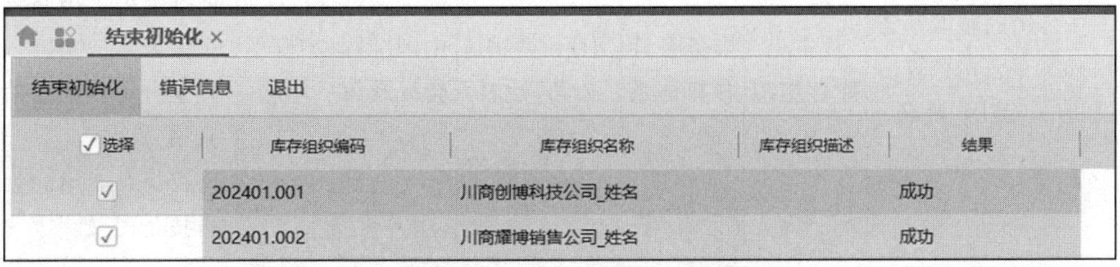

图 3－46　结束库存管理系统初始化

第八节　存货核算系统初始化

实验场景

存货核算是指企业存货价值（即成本）的计量。存货核算系统用于工商业企业存货出入库核算、存货出入库凭证处理、核算报表查询、期初期末库存余额处理及相关资料的维护。在存货核算系统处理日常业务前，先要完成存货核算系统的初始化操作。

实验步骤

（1）新增核算范围。

（2）启用存货核算系统。

（3）录入初始数据。

（4）结束初始化。

实验数据

（1）川商集团为了进行企业存货价值（即成本）的计量，须在存货核算系统启用前对存货核算范围进行设置，川商集团存货核算范围信息如表 3－29 所示。

表 3－29　存货核算范围信息

核算范围编码	核算范围名称	划分依据	核算体系	核算组织	会计政策	计价方法	核算范围
学号.001	川商创博科技公司核算范围_姓名	货主＋库存组织	财务会计核算体系	川商创博科技公司_姓名	中国准则会计政策	加权平均法	货主：川商创博科技公司_姓名 库存组织：川商创博科技公司_姓名

续表

核算范围编码	核算范围名称	划分依据	核算体系	核算组织	会计政策	计价方法	核算范围
学号.002	川商耀博销售公司核算范围_姓名	货主+库存组织	财务会计核算体系	川商耀博销售公司_姓名	中国准则会计政策	加权平均法	货主：川商耀博销售公司_姓名 库存组织：川商耀博销售公司_姓名 货主：川商耀博销售公司_姓名 库存组织：川商创博科技公司_姓名

知识扩展

核算范围是指在“核算体系+核算组织+会计政策”的总核算维度下，将存货划分为若干个空间范围，每个空间范围都有单独的计价方法，从而形成若干个价值序列，分别进行存货核算。划分依据有货主、库存组织、仓库、货主+库存组织及货主+仓库。

货主为当前核算组织下的业务组织，库存组织可选范围为当前核算体系的所有库存组织。

（2）存货核算系统启用时间设置信息如表3-30所示。

表3-30　系统启用时间设置

启用系统	启用组织	启用会计期间
存货核算系统	川商创博科技公司_姓名	2025/1/1
	川商耀博销售公司_姓名	2025/1/1

（3）川商创博科技公司在启用存货核算系统后，使用获取存货核算数据的功能，核算出科技公司的初始存货数据，如表3-31所示。

表3-31　川商创博科技公司初始核算数据

核算体系	核算组织	物料	期初数量	期初金额
财务会计核算体系	川商创博科技公司_姓名	铁芯	113	300 000.00
财务会计核算体系	川商创博科技公司_姓名	初级线圈	170	75 000.00
财务会计核算体系	川商创博科技公司_姓名	次级线圈	180	80 000.00
财务会计核算体系	川商创博科技公司_姓名	M型变压器	220	5 907 500.00
财务会计核算体系	川商创博科技公司_姓名	N型变压器	250	5 907 500.00

操作指导

1. 新增核算范围

视频

存货核算系统初始化

（1）“信息管理员_姓名”登录，执行【成本管理】→【存货核算】→【基础资料】→【核算范围】命令，进入存货核算范围界面。

（2）单击【新增】按钮，根据表 3-29 的实验数据录入信息。

核算范围编码为“学号.001”，核算范围名称为“川商创博科技公司核算范围_姓名”，计价方法为“加权平均法”，核算组织名称为“川商创博科技公司_姓名”，划分依据选择“货主+库存组织”。在“核算范围”页签中，货主名称选择“川商创博科技公司_姓名”，库存组织名称选择“川商创博科技公司_姓名”。

（3）录入完成后，依次单击【保存】→【提交】→【审核】按钮，如图 3-47 所示。

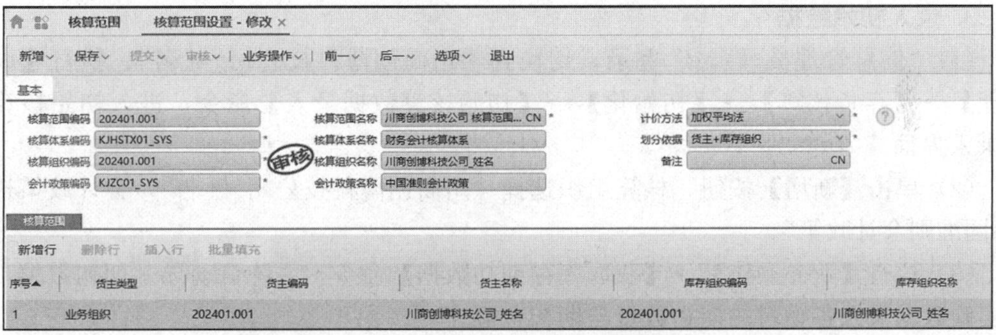

图 3-47 川商创博科技公司核算范围设置与审核

（4）参照以上步骤，根据表 3-29 的实验数据，新增“川商耀博销售公司_姓名”的核算范围。

注意：销售公司“核算范围”页签下有两组数据，录入完货主名称为“川商耀博销售公司_姓名”，库存组织为“川商耀博销售公司_姓名”的数据后，需单击【新增行】按钮，在第 2 行中，货主名称选择“川商耀博销售公司_姓名”，库存组织名称选择“川商创博科技公司_姓名”。

（5）所有数据均录入完毕后，依次单击【保存】→【提交】→【审核】按钮，如图 3-48 所示。

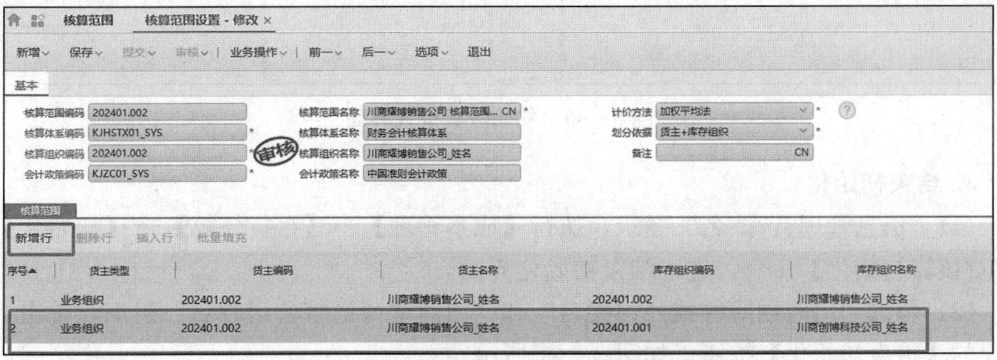

图 3-48 川商耀博销售公司核算范围设置与审核

2. 启用存货核算系统

（1）“信息管理员_姓名”登录，执行【成本管理】→【存货核算】→【初始化】→【启用存货核算系统】命令，进入启用存货核算系统界面。

（2）勾选“川商创博科技公司_姓名”和“川商耀博销售公司_姓名”组织，并设置启用会计年度为“2025”，启用会计期间为“1”，单击【启用】按钮，如图 3－49 所示。

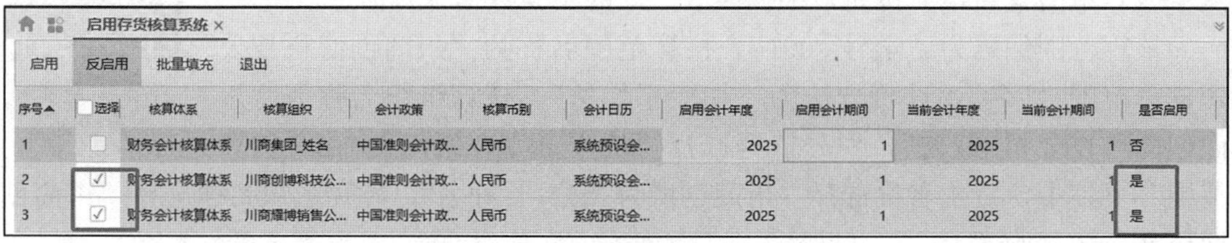

图 3－49　存货核算系统启用设置

3. 录入初始数据

（1）“信息管理员_姓名”登录，切换到“川商创博科技公司_姓名”，执行【成本管理】→【存货核算】→【初始化】→【初始核算数据录入】命令，进入初始核算数据录入界面。

（2）单击【新增】按钮，核算组织选择“川商创博科技公司_姓名”，会计政策选择“中国准则会计政策”。

（3）执行【业务操作】→【获取库存期初数据】命令，系统自动导入期初数据，根据实验数据录入各物料的期初数量与期初金额。

（4）单击【保存】按钮，如图 3－50 所示。

图 3－50　初始数据录入界面

4. 结束初始化

（1）“信息管理员_姓名”登录，执行【成本管理】→【存货核算】→【初始化】→【存货核算初始化】命令，进入结束初始化界面。

（2）勾选“川商创博科技公司姓名”和“川商耀博销售公司姓名”组织，单击工具栏上的【结束初始化】按钮，如图 3－51 所示。

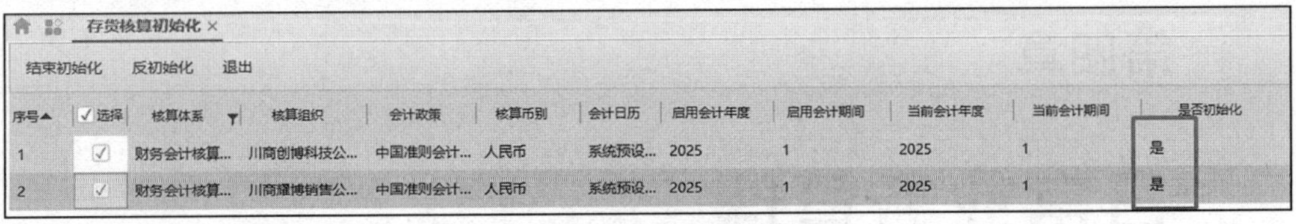

图 3-51 结束存货核算系统初始化

学思践悟

会计人员的职业责任

会计人员必须严格遵守国家的财经法律、法规和会计制度，确保所有会计活动都在法律框架内进行。同时，了解和掌握最新的会计准则和政策，及时调整会计处理方法，以符合法规要求。

会计人员要确保会计信息的准确性，准确记录企业的经济活动，包括收入、支出、资产和负债等；维护财务记录的完整性，建立和维护完整的会计档案，包括原始凭证、记账凭证、账簿、报表等。

会计人员在进行财务分析时，要提供有价值的财务分析报告，为企业的决策和规划提供支持。同时，会计人员要参与制定和执行企业的内部控制制度，确保财务活动的合规性和有效性。

会计人员在履行职责时，要坚守诚信原则，不参与任何形式的欺诈、虚假陈述或操纵财务数据的活动，并且积极配合外部审计和内部审计工作，提供所需的会计资料和信息。

除此之外，会计人员要不断学习最新的会计准则、法规和会计技术，提高自身的专业素养和业务能力。这些责任共同构成了会计人员职业发展的基础，也是确保企业财务健康、稳定和合规运行的重要保障。

思考讨论

1. 通用的财务软件必须经过初始化设置吗？
2. 简述系统初始化设置的主要作用。
3. 简述系统初始化设置的主要流程。
4. 设置自动转账模板有哪些作用？如何进行自动转账模板的设置？
5. 简述应收系统、应付系统、固定资产系统、存货核算系统初始数据与总账初始数据的关联。

第四章

日常业务管理

学习目标

1. 掌握集团企业不同业务的处理方法，包括采购业财一体化处理方法、销售业财一体化处理方法、集团资金管控处理方法、生产成本业财一体化处理方法、资产处理及调拨业财一体化处理方法、税务处理方法。

2. 理解企业与供应商之间业务往来账款的核算与管理，记录采购业务及其他业务所形成的往来款项，处理应付款项的支付业务，从而实现对采购和应付款的管理。

3. 理解企业与客户之间业务往来账款的核算与管理，记录销售业务及其他业务所形成的往来款项，处理应收款项的收回业务，从而实现对销售和应收款的管理。

4. 掌握固定资产增减变动的处理方法、折旧计算和生成凭证的方法。

5. 熟悉出纳管理的工作内容，掌握资金变动以及出纳管理系统的相关操作要求。

6. 能够自动生成凭证并传递给总账系统。

7. 培养认真细致、德技兼修的职业素养；树立正确的价值观、金钱观，培养自律意识，倡导“守诚信，崇正义”。

实验概述

本章从集团企业日常业务出发，讲解不同业务场景下的采购和销售业务、员工报销、资产处理、资金管理、生产与库存等不同类型业务的处理流程和财务处理方法。企业日常业务管理涉及财务、供应链等相关环节，常用的模块有总账管理、采购管理、销售管理、应收款管理、应付款管理、出纳管理、资产管理、费用管理、智能会计平台等。

第一节 采购业务

采购管理模块作为企业管理软件中的重要功能模块，通过对企业采购全流程的管理，可以帮助企业降低采购成本、提高采购效率以及加强对供应商的管理和合作，是企业实现采购数字化、智能化管理的重要途径。

企业中存在多种类型的采购业务，操作步骤相仿，主要包括：采购订单管理、采购付款管理、采购入库管理，发票管理等。本节介绍了一般采购业务、支付定金的采购业务、采购退料业务、集中采购业务 4 种企业常见的采购业务案例和操作流程。

一、一般采购业务

实验场景

标准采购（一般采购）指企业向供应商购买符合质量要求的正常生产运营所需要的物资，即生产性物料的常规采购。标准采购是企业最常见的一种采购业务类型，适用于各种工业和商业企业。标准采购通常情况下就是赊购，即购销双方利用商业信用进行购销交易。

实验步骤

（1）川商创博科技公司（以下简称科技公司）采购员新增采购订单。

（2）科技公司仓管员根据采购订单下推生成采购入库单。

（3）科技公司会计员进行采购入库单核算。

（4）科技公司会计员根据采购入库单生成应付单。

（5）科技公司会计员根据应付单下推生成采购增值税专用发票。

（6）科技公司会计员根据业务单据生成凭证。

对应的一般采购业务流程如图 4－1 所示。

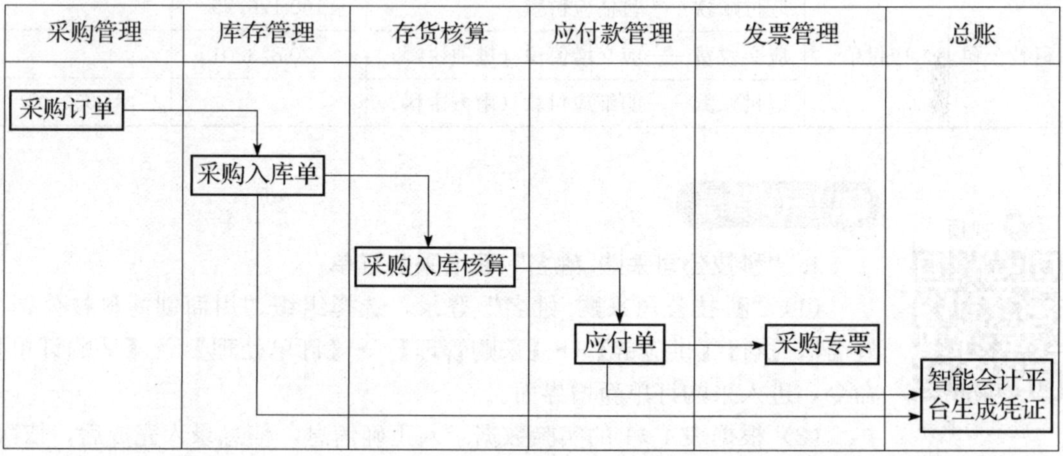

图 4－1　一般采购业务流程

实验数据

2025 年 1 月 1 日，科技公司从南方中科购入原材料一批，2025 年 1 月 6 日到货办理原料仓入库，应付款到期日为 2025 年 2 月 1 日。

（1）采购订单数据如表 4－1 所示。

表 4-1　采购订单

采购组织	供应商	采购日期	交货日期	物料名称	采购数量	税率	含税单价
川商创博科技公司_姓名	南方中科	2025/1/1	2025/1/6	铁芯	50	13%	3 100.00
				初级线圈	50	13%	520.00

（2）采购入库单数据如表 4-2 所示。

表 4-2　采购入库单

入库时间	物料名称	仓库
2025/1/6	铁芯	原料仓
	初级线圈	原料仓

（3）应付单业务日期：2025/1/6；到期日：2025/2/1。

（4）采购增值税专用发票业务日期：2025/1/6；发票日期：2025/1/6。

（5）凭证数据如表 4-3 所示。

表 4-3　凭证数据

对应组织	凭证来源	会计科目	借方金额	贷方金额
科技公司	采购入库单	原材料（铁芯）	137 168.14	
		原材料（初级线圈）	23 008.85	
		应付账款——暂估应付款		160 176.99
科技公司	应付单	应付账款——暂估应付款	160 176.99	
		应交税费——应交增值税（进项税额）	20 823.01	
		应付账款——明细应付款（南方中科）		181 000.00

操作指导

视频

一般采购业务

1. “科技公司采购_姓名”新增采购订单

（1）“科技公司采购_姓名”登录，选择组织“川商创博科技公司_姓名”，执行【供应链】→【采购管理】→【订单处理】→【采购订单】命令，进入采购订单新增界面。

（2）根据表 4-1 的实验数据录入正确信息，信息录入完成后，依次单击【保存】→【提交】→【审核】按钮，如图 4-2 所示。

2. “科技公司仓管_姓名”根据采购订单下推生成采购入库单

（1）“科技公司仓管_姓名”登录，选择组织“川商创博科技公司_姓名”，执行【供应链】→【采购管理】→【订单处理】→【采购订单列表】命令。

（2）选择前面提交的采购订单，单击【下推】按钮，选择“采购入库单”，勾选“整单转换”，单击【确定】按钮，下推生成采购入库单，将业务日期修改为“2025/1/6”，仓库为“原料仓”。如图 4-3 所示。

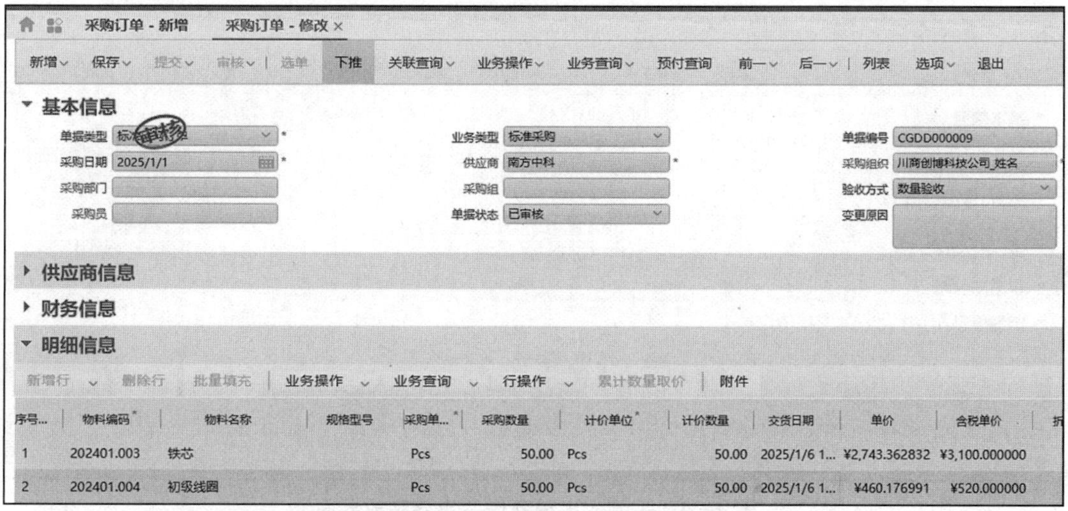

图 4-2　采购订单新增并审核完成界面

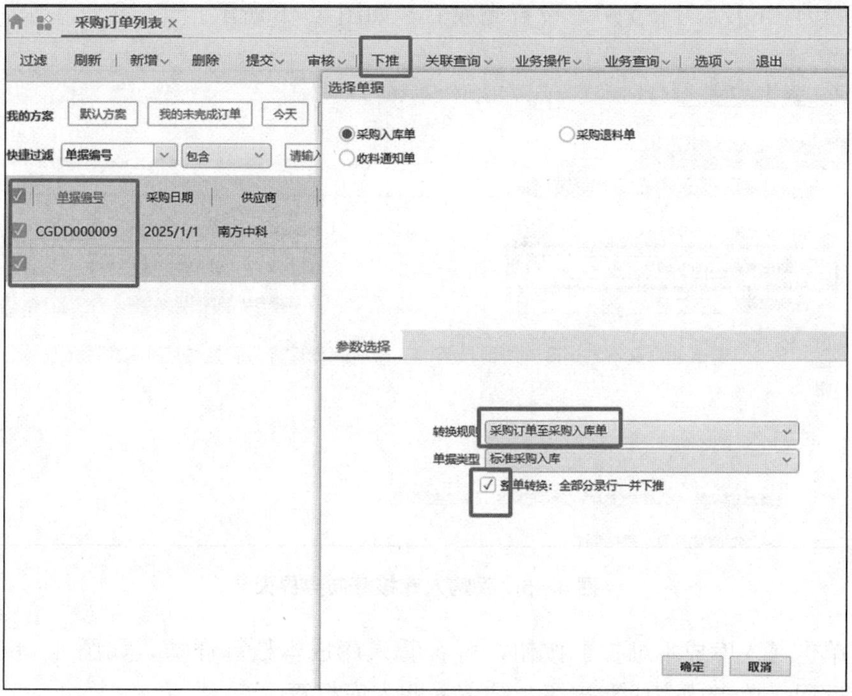

图 4-3　采购订单下推生成采购入库单

（3）信息录入完成后，依次单击【保存】→【提交】→【审核】按钮，如图 4-4 所示。

3. “科技公司会计_姓名”进行采购入库核算

（1）“科技公司会计_姓名”登录，选择组织“川商创博科技公司_姓名”，执行【成本管理】→【存货核算】→【存货核算】→【采购入库核算】命令，进入采购核算向导界面。

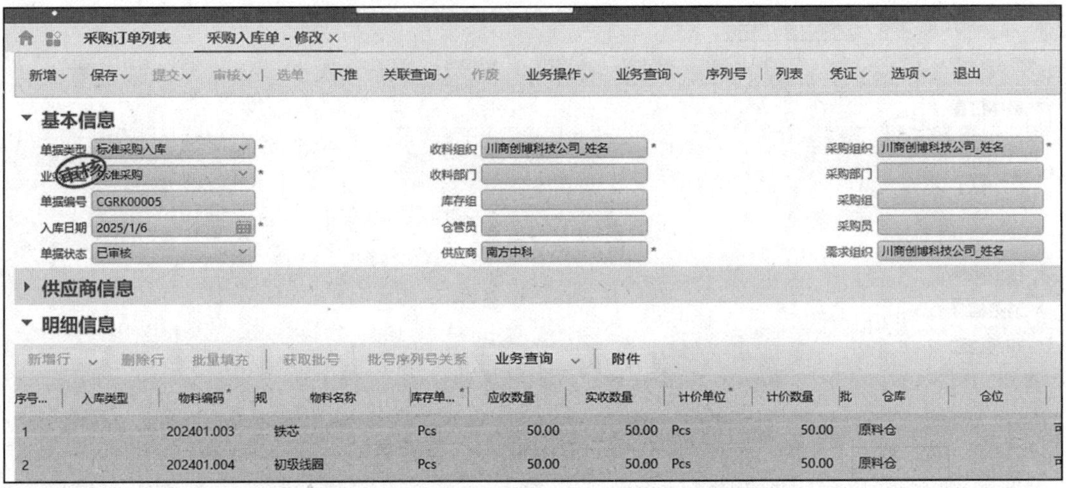

图 4-4　采购入库单新增并审核完成界面

(2) 选择核算体系编码为“KJHSTX01_SYS”，核算组织编码为“学号 .001”，会计政策编码为“KJZC01_SYS”，设置完成后，如图 4-5 所示。

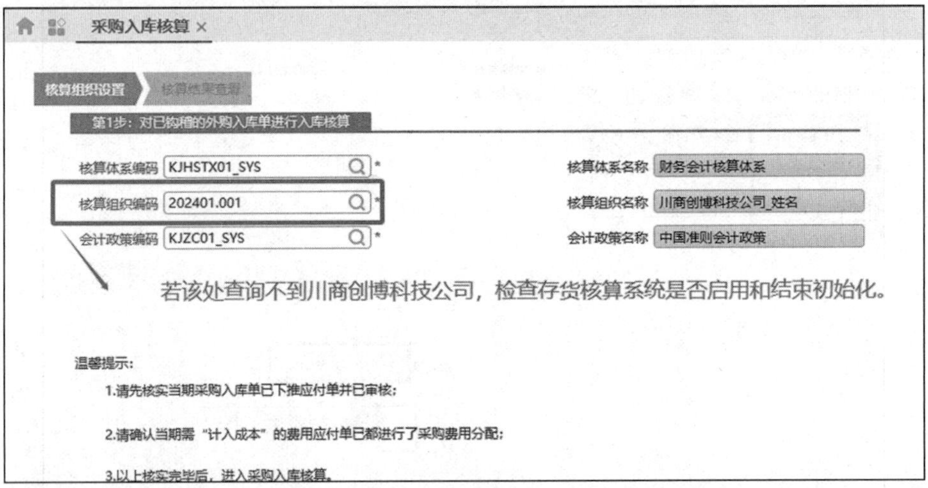

图 4-5　采购入库核算向导界面

(3) 单击【入库成本维护】按钮，可查看入库成本核算详情，如图 4-6 所示，查看完毕后返回，单击【完成】按钮，结束采购入库核算。

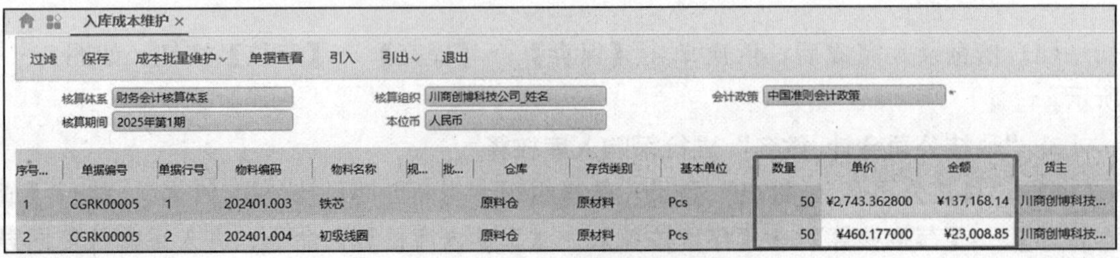

图 4-6　入库成本核算

4. “科技公司会计_姓名”根据采购入库单生成应付单

（1）“科技公司会计_姓名”登录，选择组织“川商创博科技公司_姓名”，执行【财务会计】→【应付款管理】→【采购应付】→【应付单列表】命令。

（2）单击【选单】按钮，选择相应的采购入库单，修改应付单的业务日期为“2025/1/6”，单据的到期日为“2025/2/1”。

（3）信息录入完成后，依次单击【保存】→【提交】→【审核】按钮，如图 4－7 所示。

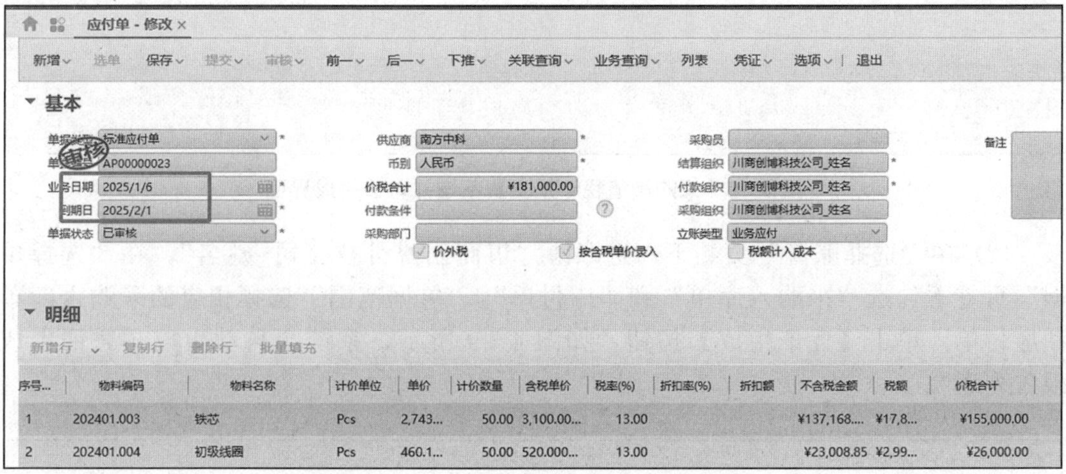

图 4－7　应付单新增并审核完成界面

> **注意：**
>
> 因为系统参数设置的差异，部分系统在完成采购入库单审核后会自动生成对应的应付单。在这种情况下，不需要通过选单的形式新增应付单，只需要在应付单列表中双击对应的应付单，按照实验数据修改信息即可，后续的操作类似。

5. “科技公司会计_姓名”根据应付单下推生成采购增值税专用发票

（1）“科技公司会计_姓名”登录，选择组织“川商创博科技公司_姓名”，执行【财务会计】→【应付款管理】→【采购应付】→【应付单列表】命令。

（2）选择刚刚审核的供应商为“南方中科”的应付单，单击【下推】按钮，合并下推生成“采购增值税专用发票”，修改业务日期为“2025/1/6”，发票日为“2025/1/6”。

（3）信息录入完成后，依次单击【保存】→【提交】→【审核】按钮，如图 4－8 所示。

6. “科技公司会计_姓名”根据业务单据生成凭证

（1）“科技公司会计_姓名”登录，选择组织“川商创博科技公司_姓名”，执行【财务会计】→【智能会计平台】→【财务处理】→【凭证生成】命令，进入凭证生成界面。

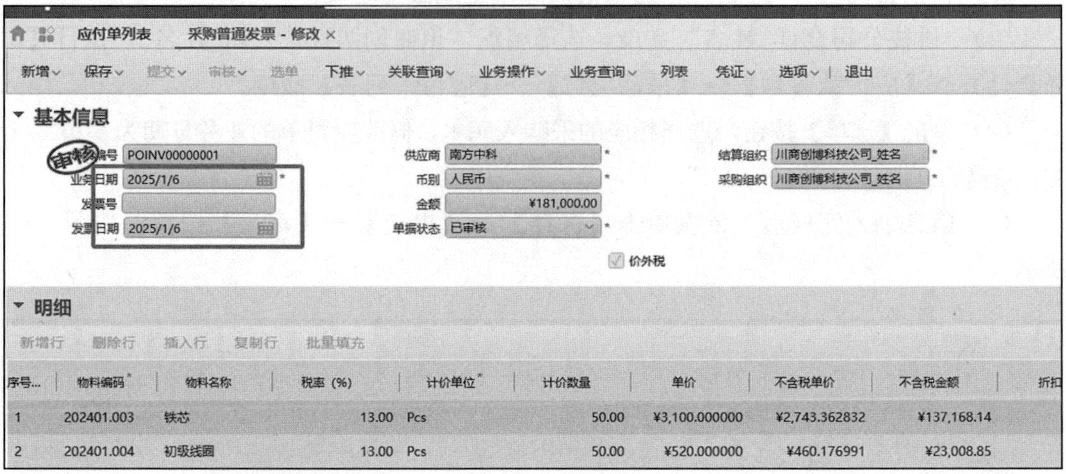

图 4-8　采购增值税专用发票新增并审核完成界面

（2）在“选择账簿”页签下勾选账簿“川商创博科技公司_姓名”，在“选择单据”页签下勾选“采购入库单”和“应付单”，“单据范围”选择相应的采购入库单和应付单，单击【凭证生成】按钮，如图 4-9 所示，系统会自动生成“凭证生成报告列表”。

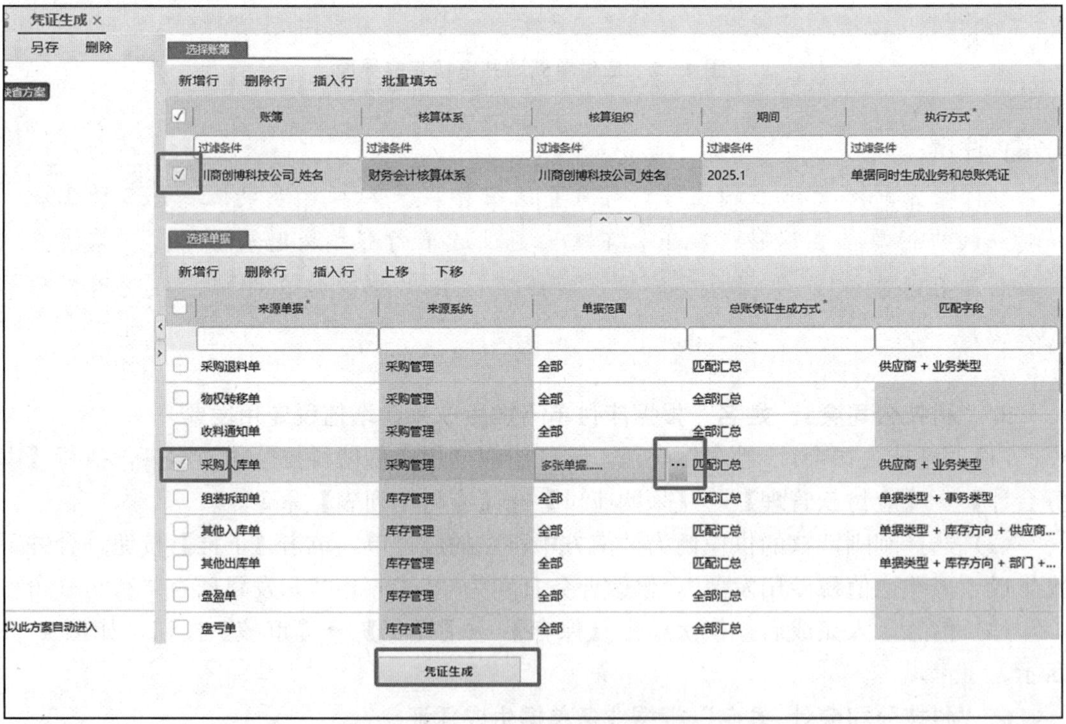

图 4-9　凭证生成界面

（3）凭证生成后，执行【财务会计】→【智能会计平台】→【财务处理】→【总账凭证查询】命令，选择审核状态为“创建”的凭证，并对刚创建的凭证进行核对，如图 4－10 所示。

日期	会计年度	期间	凭证字	凭证号	摘要	科目编码	科目全名	币别	原币金额	借方金额	贷方金额
2025/1/6	2025	1	记	1	单据号CGRK00005的普通采购…	1403	原材料	人民币	¥137,168.14	¥137,168.14	
					单据号CGRK00005的普通采购…	1403	原材料	人民币	¥23,008.85	¥23,008.85	
					单据号CGRK00005的普通采购…	2202.01	应付账款_暂估应付款	人民币	¥160,176.99		¥160,176.99
2025/1/6	2025	1	记	2	单据AP00000023的应付单	2202.01	应付账款_暂估应付款	人民币	¥160,176.99	¥160,176.99	
					单据AP00000023的应付单	2221.01.01	应交税费_应交增值税_进项税额	人民币	¥20,823.01	¥20,823.01	
					单据AP00000023的应付单	2202.02	应付账款_明细应付款	人民币	¥181,000.00		¥181,000.00

图 4－10　总账凭证查询界面

二、支付定金的采购业务

实验场景

支付定金的采购是企业常见的一种采购业务类型，适用于各种工业和商业企业。先预付后下订单，即先向供应商支付一定金额作为预付款，然后下达采购订单。在采购订单上选择预付类型的付款单，审核采购订单后占用预付款。

实验步骤

（1）科技公司会计员新增付款单。

（2）科技公司采购员新增采购订单。

（3）科技公司仓管员根据采购订单下推生成采购入库单。

（4）科技公司会计员进行采购入库核算。

（5）科技公司会计员根据采购入库单生成应付单。

（6）科技公司会计员根据应付单下推生成采购增值税专用发票。

（7）科技公司会计员根据业务单据生成凭证。

对应的支付定金的采购业务流程如图 4－11 所示。

实验数据

2025 年 1 月 2 日，科技公司从威星光电购入一批次级线圈，支付 20%的预付款 4 080 元后，2025 年 1 月 6 日到货办理原料仓入库，应付款到期日为 2025 年 2 月 1 日。

（1）付款单数据如表 4－4 所示。

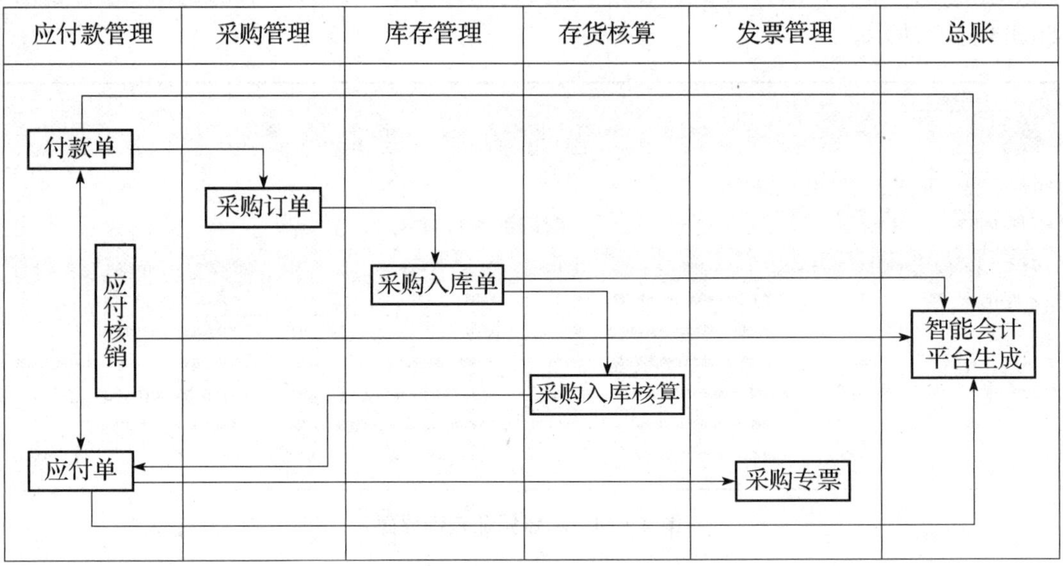

图 4-11　支付定金的采购业务流程

表 4-4　付款单

业务日期	付款组织	往来单位	收款单位	结算方式	付款用途	应付金额	我方银行账号
2025/1/2	川商创博科技公司_姓名	威星光电	威星光电	网银支付	预付款	4 080	62277772

（2）采购订单数据如表 4-5 所示。

表 4-5　采购订单

采购日期	供应商	物料名称	采购数量	税率	应付比例	含税单价	是否预付	预付单号
2025/1/2	威星光电	次级线圈	40	13%	20%	510	是	付款单号

（3）采购入库单上的入库时间：2025/1/8；入料仓库：原料仓。

（4）应付单业务日期：2025/1/8；到期日：2025/2/1。

（5）采购增值税专用发票业务日期：2025/1/8；发票日期：2025/1/8。

（6）凭证数据如表 4-6 所示。

表 4-6　凭证数据

对应组织	凭证来源	会计科目	借方金额	贷方金额
科技公司	采购入库单	原材料（次级线圈）	18 053.10	
		应付账款——暂估应付款		18 053.10
	付款单	预付账款（威星光电）	4 080.00	
		银行存款		4 080.00

续表

对应组织	凭证来源	会计科目	借方金额	贷方金额
科技公司	应付核销单	应付账款——明细应付款（威星光电）	4 080.00	
		预付账款（威星光电）		4 080.00
	应付单	应付账款——暂估应付款	18 053.10	
		应交税费——应交增值税（进项税额）	2 346.90	
		应付账款——明细应付款（威星光电）		20 400.00

操作指导

视频

支付定金的采购业务

1. “科技公司会计_姓名”新增付款单

（1）“科技公司会计_姓名”登录，选择组织“川商创博科技公司_姓名”，执行【财务会计】→【应付款管理】→【付款】→【付款单列表】命令，进入付款单列表。

（2）单击【新增】按钮，进入付款单新增界面，根据表 4－4 的实验数据录入单据信息。

（3）信息录入完成后，依次单击【保存】→【提交】→【审核】按钮，如图 4－12 所示。

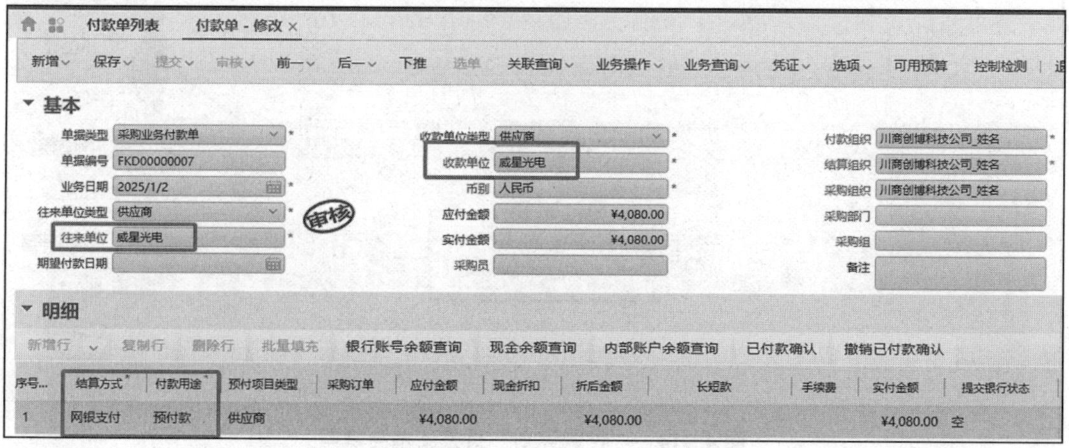

图 4－12　付款单新增并审核完成界面

2. “科技公司采购_姓名”新增采购订单

（1）“科技公司采购_姓名”登录，选择组织“川商创博科技公司_姓名”，执行【供应链】→【采购管理】→【订单处理】→【采购订单】命令，进入采购订单新增界面。

（2）根据表 4－5 的实验数据录入单据信息，将采购日期修改为“2025/1/2”，交货日期修改为“2025/1/6”，依次单击【保存】→【提交】→【审核】按钮，如图 4－13 所示。

（3）单击右侧蓝色箭头，勾选“付款计划”，在“付款计划”页签下，与付款单号关联，勾选预付选项，录入应付比例“20%”，如图 4－14 所示，然后依次单击【保存】→【提交】→【审核】按钮。

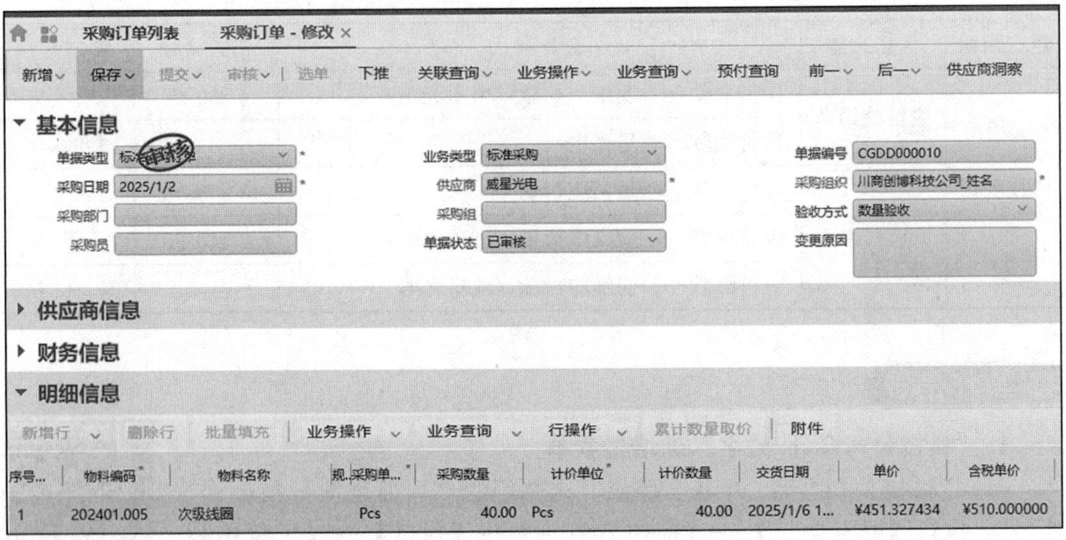

图 4-13 采购订单新增并审核完成界面

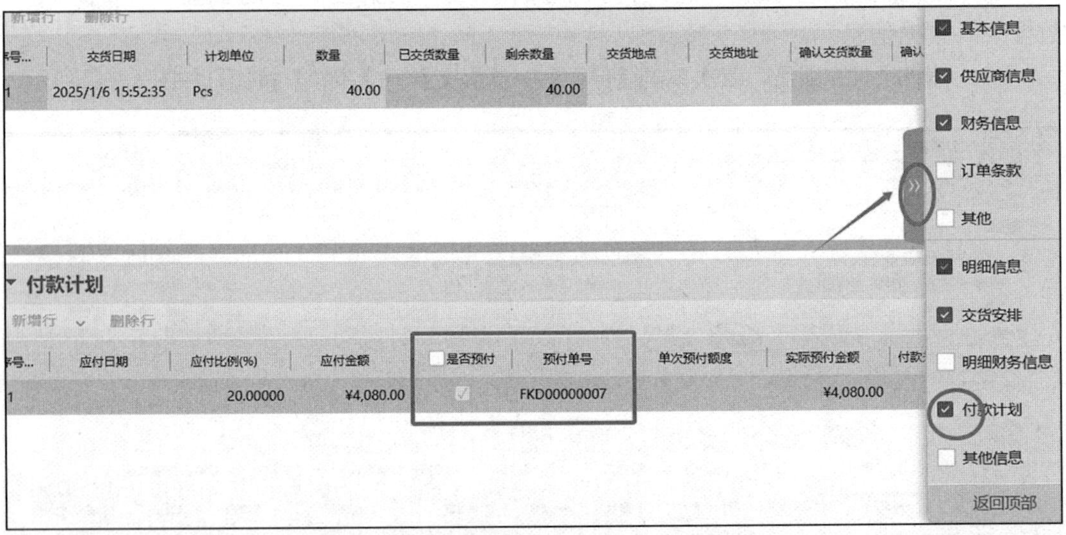

图 4-14 “付款计划”页签新增与填写

注意：

一定要在付款计划位置下关联预付单号。

3. “科技公司仓管_姓名”根据采购订单下推生成采购入库单

（1）“科技公司仓管_姓名”登录，选择组织“川商创博科技公司_姓名”，执行【供应链】→【采购管理】→【订单处理】→【采购订单列表】命令。

（2）选择前面提交的采购订单，下推生成采购入库单，入库日期修改为“2025/1/8”，仓库选择“原料仓”，完成采购入库单的新增。

（3）信息录入完成后，依次单击【保存】→【提交】→【审核】按钮，如图4－15所示。

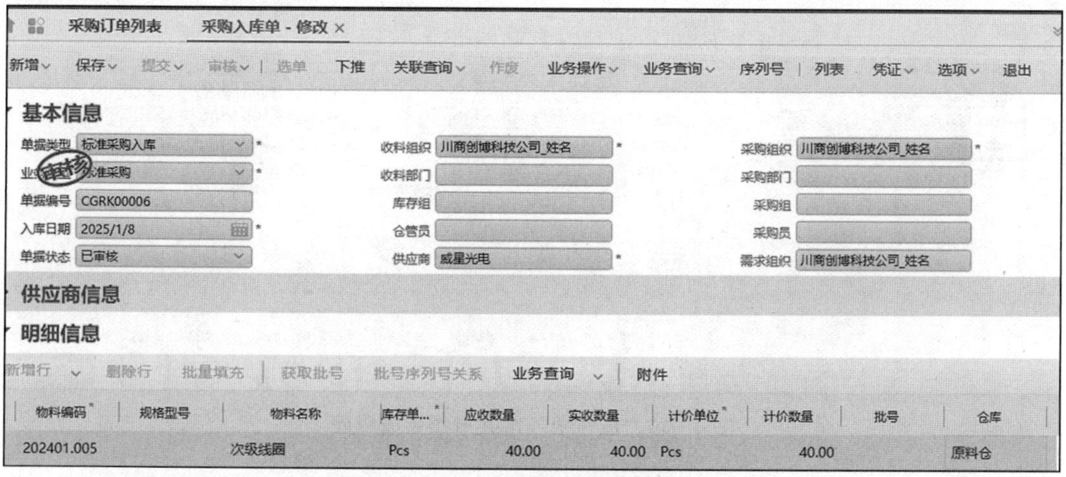

图4－15　采购入库单新增并审核完成界面

4. “科技公司会计_姓名”进行采购入库核算

（1）“科技公司会计_姓名”登录，选择组织“川商创博科技公司_姓名”，执行【成本管理】→【存货核算】→【存货核算】→【采购入库核算】命令，进入采购核算向导界面。

（2）选择核算体系编码为“KJHSTX01_SYS”，核算组织编码为“学号.001”，会计政策编码为“KJZC01_SYS”，设置好后，单击【下一步】按钮进入核算结果查看界面，单击【入库成本维护】按钮可查看入库核算成本详情，如图4－16所示，查看完毕后返回“采购入库核算”页签，单击【完成】按钮。

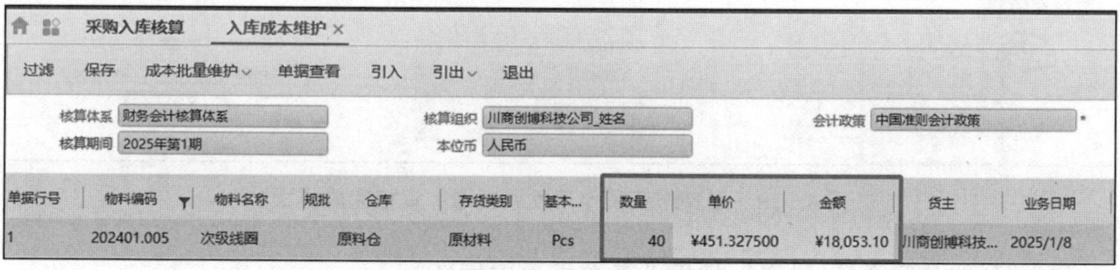

图4－16　入库成本核算界面

5. “科技公司会计_姓名”根据采购入库单生成应付单

（1）“科技公司会计_姓名”登录，选择组织“川商创博科技公司_姓名”，执行【财务会计】→【应付款管理】→【采购应付】→【应付单】命令，进入应付单新增界面。

（2）单击【选单】按钮，选择相应的采购入库单，将业务日期修改为“2025/1/8”，到期日修改为“2025/2/1”。

（3）信息录入完成后，依次单击【保存】→【提交】→【审核】按钮，如图4－17所示。

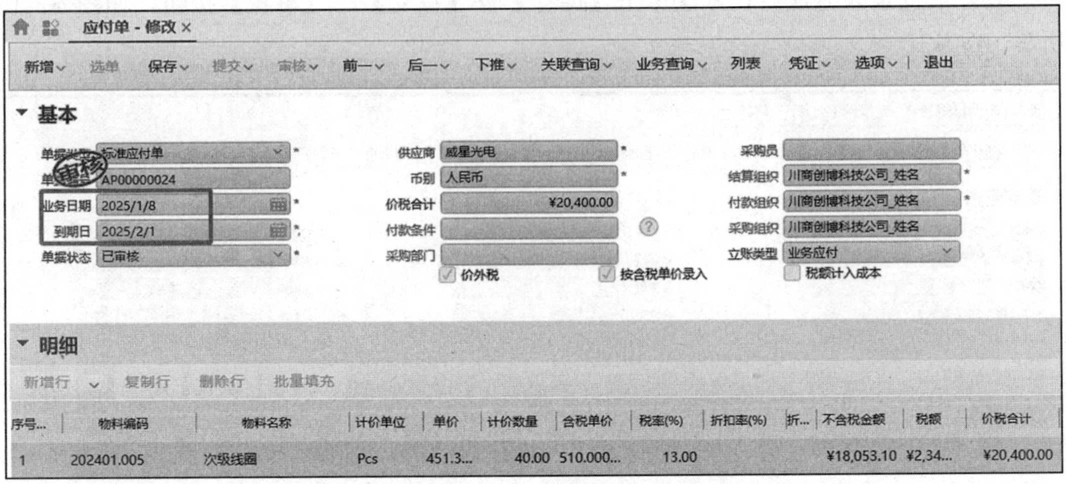

图 4-17 应付单新增并审核完成界面

6. “科技公司会计_姓名”根据应付单下推生成采购增值税专用发票

（1）“科技公司会计_姓名”登录，选择组织“川商创博科技公司_姓名”，执行【财务会计】→【应付款管理】→【采购应付】→【应付单列表】命令。

（2）选择相应的应付单并下推生成“采购增值税专用发票”，将业务日期修改为“2025/1/8”，发票日期修改为“2025/1/8”。

（3）信息录入完成后，依次单击【保存】→【提交】→【审核】按钮，如图 4-18 所示。

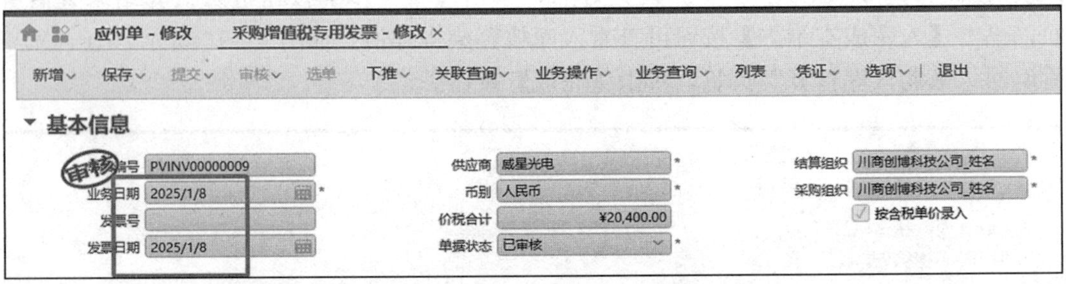

图 4-18 采购增值税专用发票新增并审核完成界面

7. “科技公司会计_姓名”根据业务单据生成凭证

（1）“科技公司会计_姓名”登录，选择组织“川商创博科技公司_姓名”，执行【财务会计】→【智能会计平台】→【财务处理】→【凭证生成】命令，进入凭证生成界面。

（2）在“选择账簿”页签下勾选账簿“川商创博科技公司_姓名”，在“选择单据”页签下勾选“采购入库单”“付款单”“应付核销单”“应付单”，“单据范围”选择相应的采购入库单和应付单、付款单及应付核销单，单击【凭证生成】按钮，系统会自动生成“凭证生成报告列表”。

（3）凭证生成后，执行【财务会计】→【智能会计平台】→【财务处理】→【总账凭证查询】命令，选择审核状态为“创建”的凭证，并对刚创建的凭证进行核对，如图 4－19 所示。

日期	会计年度	期间	凭证字	凭证号	摘要	科目编码	科目全名	币别	原币金额	借方金额	贷方金额
2025/1/8	2025	1	记	3	单据YFHXD00000002 的核销单	2202.02	应付账款_明细应付款	人民币	¥4,080.00	¥4,000.00	
					单据YFHXD00000002 的核销单	1123	预付账款	人民币	¥4,080.00		¥4,080.00
2025/1/8	2025	1	记	4	单据AP00000024的应付单	2202.01	应付账款_暂估应付款	人民币	¥18,053.10	¥18,053.10	
					单据AP00000024的应付单	2221.01.01	应交税费_应交增值税_进项税额	人民币	¥2,346.90	¥2,346.90	
					单据AP00000024的应付单	2202.02	应付账款_明细应付款	人民币	¥20,400.00		¥20,400.00
2025/1/8	2025	1	记	5	单据号CGRK00006的普通采购...	1403	原材料	人民币	¥18,053.10	¥18,053.10	
					单据号CGRK00006的普通采购...	2202.01	应付账款_暂估应付款	人民币	¥18,053.10		¥18,053.10
2025/1/2	2025	1	记	6	FKD00000007采购业务付款单...	1123	预付账款	人民币	¥4,080.00	¥4,080.00	
					FKD00000007采购业务付款单...	1002	银行存款	人民币	¥4,080.00		¥4,080.00

图 4－19　总账凭证查询界面

三、采购退料业务

实验场景

采购退料是企业常见的一种采购业务类型。采购退料是指在收货过程中或收货后，因为各种原因将料品退给供应商的一种业务行为。退料单就是记录退料信息的业务单据。

实验步骤

（1）科技公司采购员新增采购订单。

（2）科技公司仓管员根据采购订单下推生成收料通知单。

（3）科技公司仓管员在原材料入库前进行质量检查，对不合格的原材料进行退料扣款，根据收料通知单下推生成采购退料单。

（4）科技公司仓管员把剩下的合格原材料办理入库，根据收料通知单下推生成采购入库单。

（5）科技公司会计员进行采购入库核算。

（6）科技公司会计员根据采购入库单生成应付单。

（7）科技公司会计员根据应付单下推生成采购增值税专用发票。

（8）科技公司会计员根据业务单据生成凭证。

对应的采购退料业务流程如图 4－20 所示。

实验数据

2025 年 1 月 5 日，科技公司从南方中科购入原材料一批。2025 年 1 月 10 日上午入库前进行质量检查，有 2 件不合格，办理退料扣款，剩下的原材料办理原料仓入库。2025 年 1 月 10 日下午，供应商根据实收数量开具发票送达科技公司，应付款到期日为 2025 年 2 月 5 日。

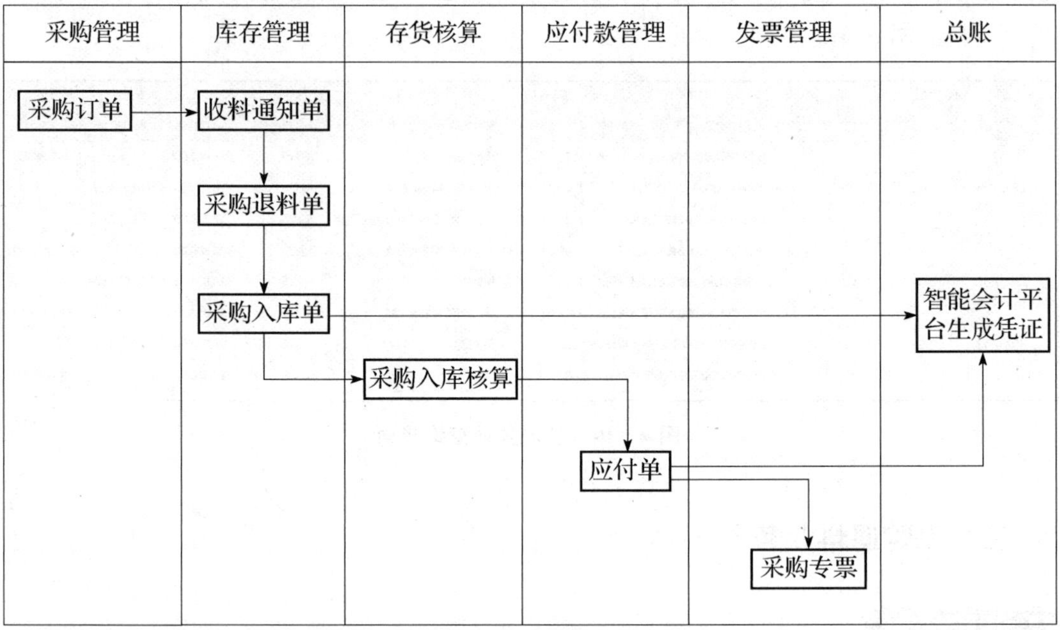

图 4－20　采购退料业务流程

（1）采购订单数据如表 4－7 所示。

表 4－7　采购订单

采购日期	交货日期	供应商	物料名称	含税单价	采购数量	税率
2025/1/5	2025/1/10	南方中科	铁芯	3 000	60	13%

（2）收料通知单上的收料日期：2025/1/10；仓库：原料仓。
（3）采购退料单上的退料日期：2025/1/10；实退数量：2。
（4）采购入库单上的入库日期：2025/1/10。
（5）应付单业务日期：2025/1/10；到期日：2025/2/5。
（6）采购增值税专用发票业务日期：2025/1/10；发票日期：2025/1/10。
（7）凭证数据如表 4－8 所示。

表 4－8　凭证数据

对应组织	凭证来源	会计科目	借方金额	贷方金额
科技公司	采购入库单	原材料（铁芯）	153 982.30	
		应付账款——暂估应付款		153 982.30
科技公司	应付单	应付账款——暂估应付款	153 982.30	
		应交税费——应交增值税（进项税额）	20 017.70	
		应付账款——明细应付款（南方中科）		174 000.00

操作指导

1. “科技公司采购_姓名”新增采购订单

视频

采购退料业务

（1）“科技公司采购_姓名”登录，选择组织“川商创博科技公司_姓名”，执行【供应链】→【采购管理】→【订单处理】→【采购订单】命令，进入采购订单新增界面。

（2）根据表4-7的实验数据录入单据信息，信息录入完成后，依次单击【保存】→【提交】→【审核】按钮，如图4-21所示。

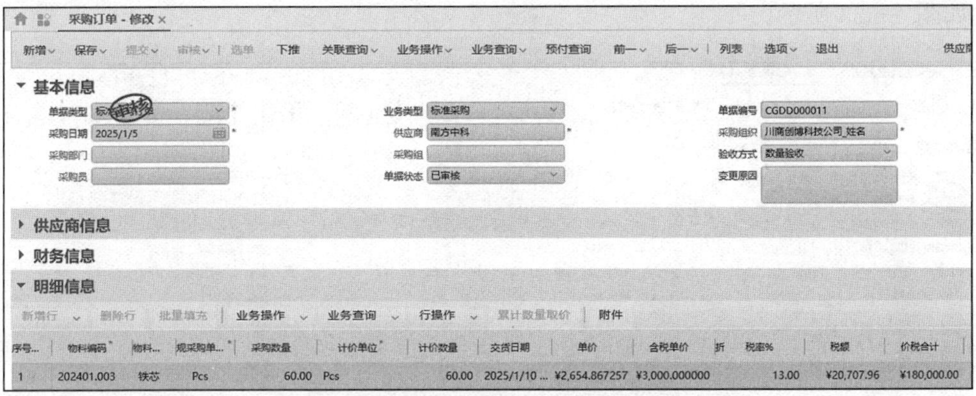

图4-21 采购订单新增并审核完成界面

2. “科技公司仓管_姓名”根据采购订单下推生成收料通知单

（1）“科技公司仓管_姓名”登录，选择组织“川商创博科技公司_姓名”，执行【供应链】→【采购管理】→【采购申请】→【采购订单列表】命令。

（2）选择前面提交的采购订单，下推生成收料通知单，单击【确定】按钮后，进入收料通知单生成界面，根据实验数据录入正确的信息后，将收料日期与到货日期修改为“2025/1/10”，仓库修改为“原料仓”。

（3）依次单击【保存】→【提交】→【审核】按钮，如图4-22所示。

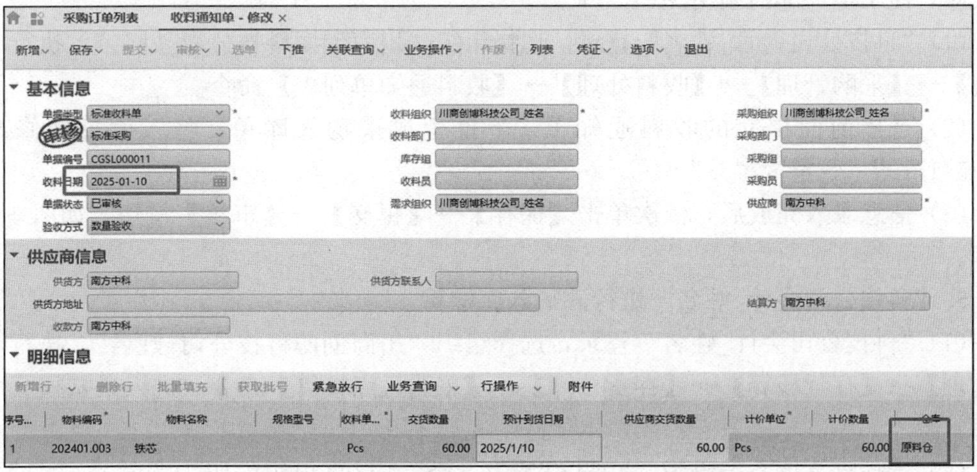

图4-22 收料通知单新增并审核完成界面

3. “科技公司仓管_姓名”根据收料通知单下推生成采购退料单

科技公司的质检部门对供应商所送达的原材料进行质检，发现有不合格的原材料。科技公司仓管需要将不合格的原材料退还给供应商，并在系统中记录退料信息，以避免后续与供应商结算时出现差异。

（1）“科技公司仓管_姓名”登录，在刚刚审核收料通知单的界面，选择前面提交的收料通知单，单击【下推】按钮，下推生成采购退料单，单击【确定】按钮后，进入退料单新增界面，将退料日期修改为“2025/1/10”，实退数量为“2”。

（2）根据实验数据录入正确的信息后，依次单击【保存】→【提交】→【审核】按钮，如图 4－23 所示。

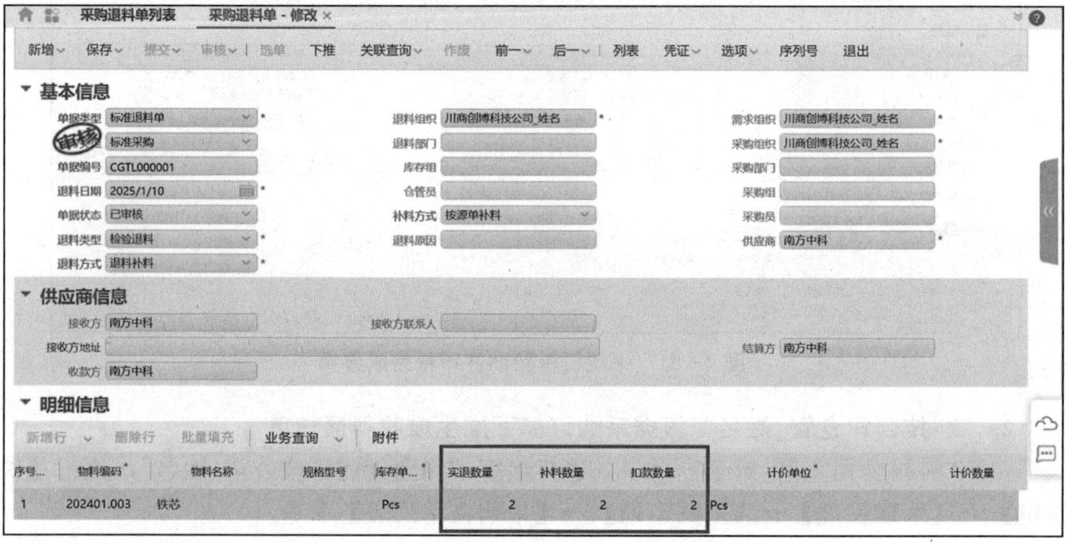

图 4－23　采购退料单新增并审核完成界面

4. “科技公司仓管_姓名”根据收料通知单下推生成采购入库单

经质检部门检验合格的物料才能入库，因此，科技公司仓管员将检验合格的物料正式入库，便于生产部门领用。

（1）“科技公司仓管_姓名”登录，选择组织“川商创博科技公司_姓名”，执行【供应链】→【采购管理】→【收料处理】→【收料通知单列表】命令。

（2）选择前面提交的收料通知单，下推生成采购入库单，将入库日期修改为“2025/1/10”，数量为“58”。

（3）信息录入完成后，依次单击【保存】→【提交】→【审核】按钮，如图 4－24 所示。

5. “科技公司会计_姓名”进行采购入库核算

（1）“科技公司会计_姓名”登录，选择组织“川商创博科技公司_姓名”，执行【成本管理】→【存货核算】→【存货核算】→【采购入库核算】命令，进入采购核算向导界面。

（2）选择核算体系编码为“KJHSTX01_SYS”，核算组织编码为“学号 .001”，会

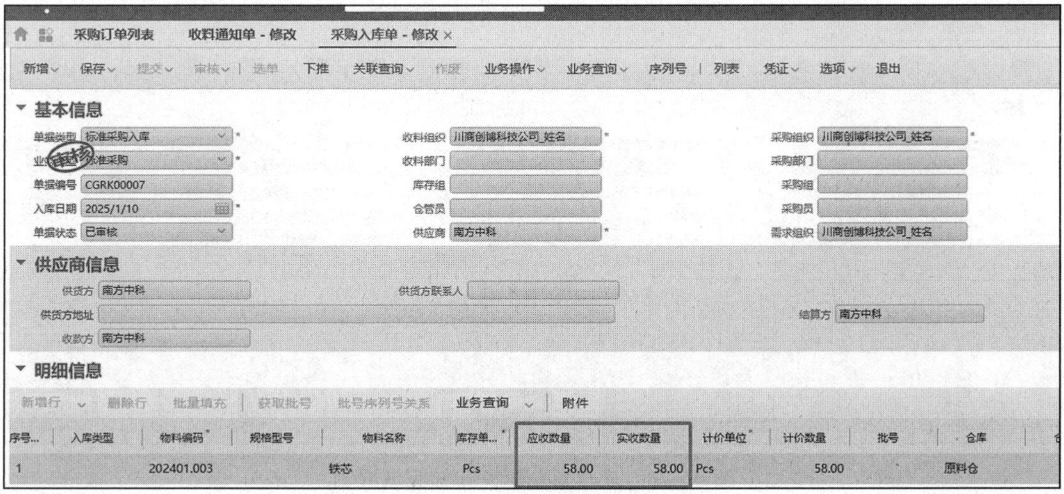

图 4-24　采购入库单新增并审核完成界面

计政策编码为“KJZC01_SYS”，设置好后，单击【下一步】按钮进入核算结果查看界面，单击【入库成本维护】按钮，在过滤窗口界面选择刚入库的物料名称“铁芯”，可查看本案例中的采购入库核算成本详情，如图 4-25 所示。

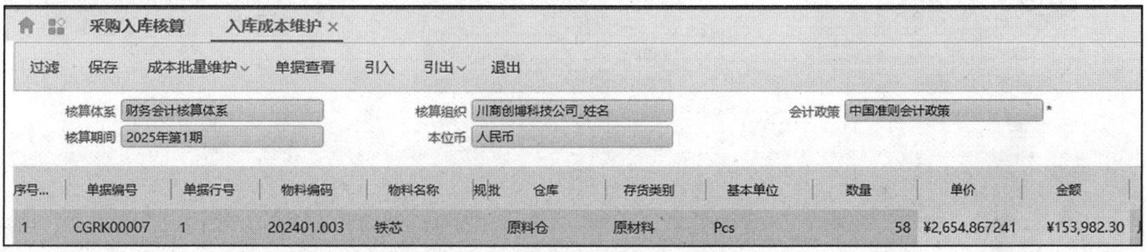

图 4-25　采购入库核算界面

6. “科技公司会计_姓名”根据采购入库单生成应付单

（1）“科技公司会计_姓名”登录，选择组织“川商创博科技公司_姓名”，执行【财务会计】→【应付款管理】→【采购应付】→【应付单】命令，进入应付单新增界面。

（2）单击【选单】，选择对应的采购入库单，点击【确定】按钮。将业务日期修改为“2025/1/10”，到期日修改为“2025/2/5”。

（3）信息录入完成后，依次单击【保存】→【提交】→【审核】按钮，如图 4-26 所示。

7. “科技公司会计_姓名”根据应付单下推生成采购增值税专用发票

（1）“科技公司会计_姓名”登录，在刚刚审核应付单的界面，单击【下推】按钮，下推生成“采购增值税专用发票”，业务日期修改为“2025/1/10”，发票日期修改为“2025/1/10”。

（2）信息录入完成后，依次单击【保存】→【提交】→【审核】按钮，如图 4-27 所示。

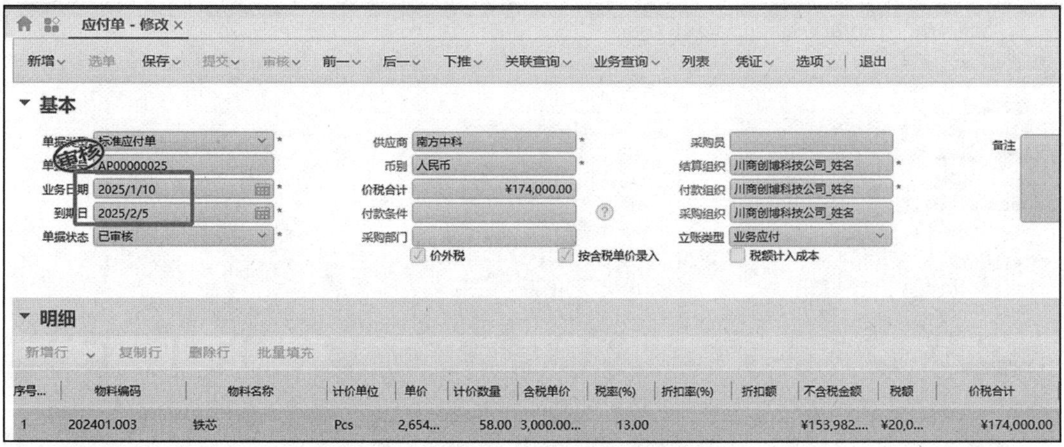

图 4-26 应付单新增并审核完成界面

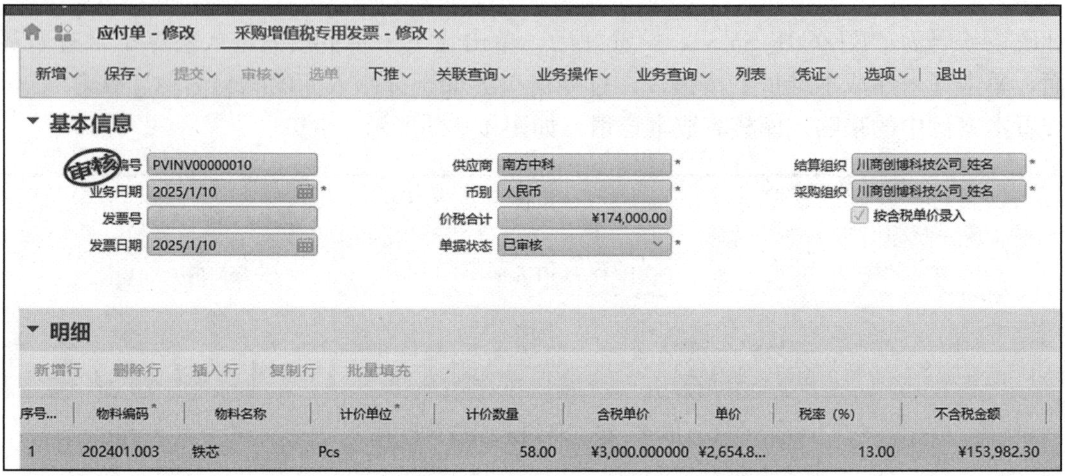

图 4-27 采购增值税专用发票新增并审核完成界面

8. “科技公司会计_姓名”根据业务单据生成凭证

（1）“科技公司会计_姓名”登录，选择组织“川商创博科技公司_姓名”，执行【财务会计】→【智能会计平台】→【财务处理】→【凭证生成】命令，进入凭证生成界面。

（2）在“选择账簿”页签下勾选账簿“川商创博科技公司_姓名”，在“选择单据”页签下勾选“采购入库单”和“应付单”，“单据范围”选择相应的采购入库单和应付单，单击【凭证生成】按钮，如图 4-28 所示，系统会自动生成“凭证生成报告列表”。

（3）凭证生成后，执行【财务会计】→【智能会计平台】→【财务处理】→【总账凭证查询】命令，选择审核状态为“创建”的凭证，并对刚创建的凭证进行核对，如图 4-29 所示。

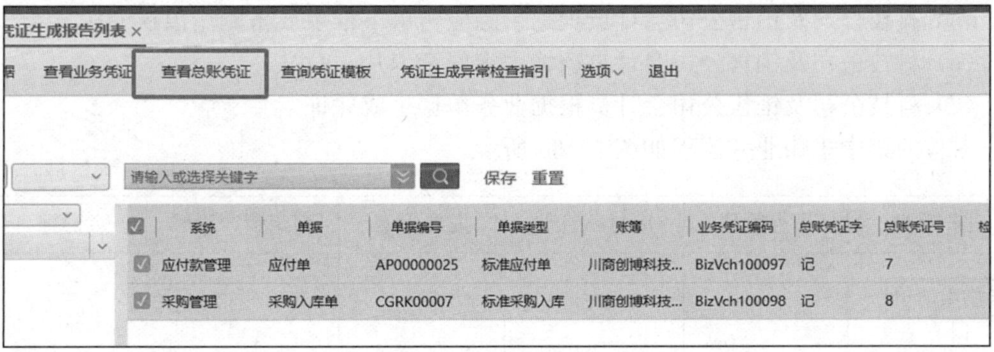

图 4－28　凭证生成界面

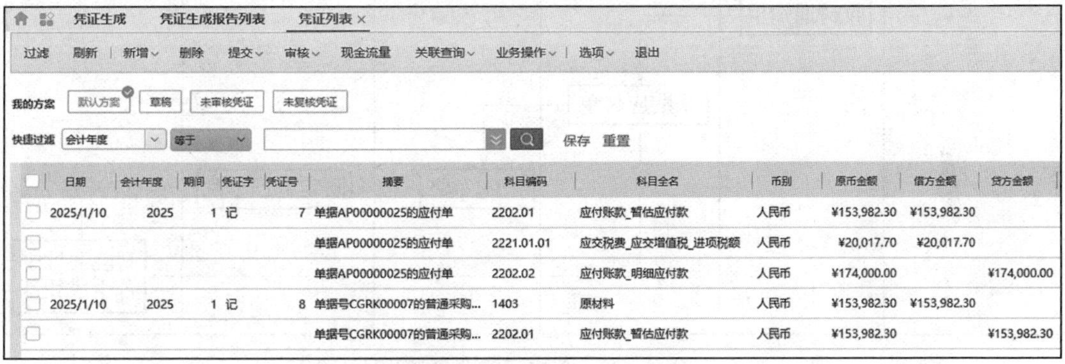

图 4－29　总账凭证查询界面

四、集中采购业务

实验场景

集中采购业务由相关的多个组织共同完成，体现了多组织之间的业务协同。集中采购业务包括申请、订单、收料入库、结算四个环节，分别由不同的业务组织处理，系统将这些业务组织定义为需求组织、采购组织、收料组织、结算组织。四个组织之间存在如下协同关系：需求组织是采购需求的提出者，通常情况下也是物料的所有者，即货主；采购组织是采购业务的执行者，由需求组织委托进行采购业务；收料组织是物料的保管者，由需求组织委托进行库存业务；结算组织是对外结算开票的主体，由需求组织委托与供应商进行结算。

实验步骤

（1）科技公司集中进行采购申请。

（2）科技公司采购员根据采购申请单下推生成采购订单。

（3）科技公司仓管员根据采购订单下推生成收料通知单。

（4）科技公司及川商耀博销售公司（以下简称销售公司）会计员根据收料通知单生成采购应付单。

(5) 科技公司及销售公司会计员根据采购应付单下推生成采购增值税专用发票。

(6) 科技公司及销售公司会计员新增固定资产卡片。

(7) 科技公司及销售公司会计员根据业务单据生成凭证。

对应的集中采购业务流程如图 4-30 所示。

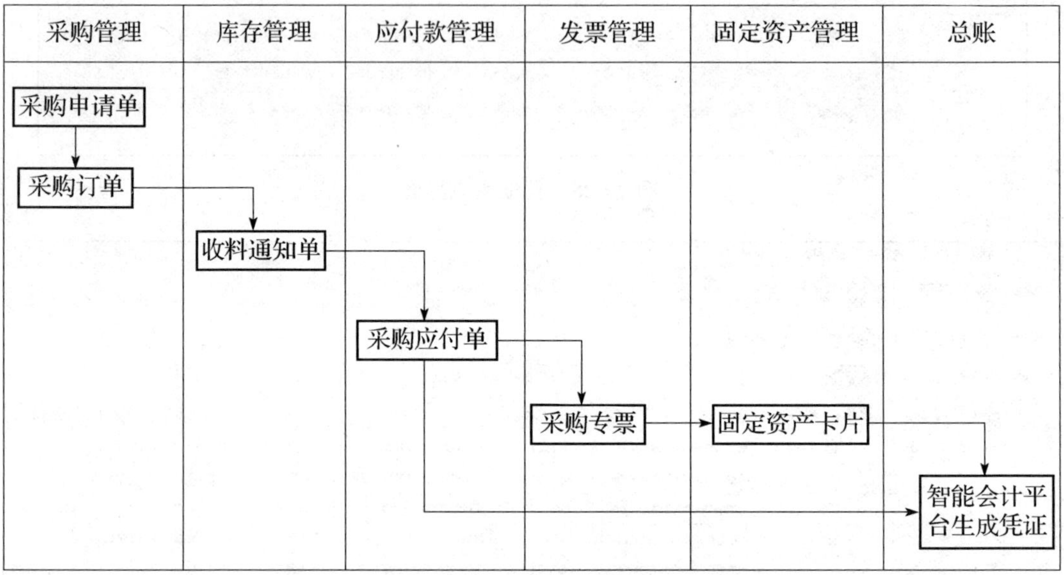

图 4-30 集中采购业务流程

实验数据

2025 年 1 月 1 日，信息部根据各公司新入职人员的报备情况，集中申请采购一批电脑供新员工使用。其中，川商创博科技公司财务处使用 5 台，川商耀博销售公司销售部使用 5 台。电脑含税单价为 5 500 元，税率为 13%，供应商为威星光电。2025 年 1 月 4 日到货后，马上投入高新产业园区使用，应付款到期日为 2025 年 2 月 1 日。

(1) 采购申请单申请组织：川商创博科技公司_姓名；采购申请单数据如表 4-9 所示。

表 4-9 采购申请单数据

单据类型	需求组织	采购组织	收料组织	物料编码	名称	单位	数量	申请日期	预计到货日期/建议采购日期
资产采购申请单	川商创博科技公司_姓名	川商创博科技公司_姓名	川商创博科技公司_姓名	学号.006	电脑	Pcs	5	2025/1/1	2025/1/4
	川商耀博销售公司_姓名	川商创博科技公司_姓名	川商耀博销售公司_姓名	学号.006	电脑	Pcs	5	2025/1/1	2025/1/4

（2）采购订单申请组织：川商创博科技公司_姓名；采购日期：2025/1/1；采购订单数据如表 4－10 所示。

表 4－10 采购订单数据

供应商	税率	含税单价	需求组织	结算组织
威星光电	13%	5 500.00	川商创博科技公司_姓名	川商创博科技公司_姓名
威星光电	13%	5 500.00	川商耀博销售公司_姓名	川商耀博销售公司_姓名

（3）收料通知单上的收料日期：2025/1/4；预计到货日期：2025/1/4；收料通知单数据如表 4－11 所示。

表 4－11 收料通知单数据

物料编码	名称	收料单位	交货数量	供应商交货数量	收料组织
学号.006	电脑	Pcs	5	5	川商创博科技公司_姓名
学号.006	电脑	Pcs	5	5	川商耀博销售公司_姓名

（4）采购应付单上的业务日期：2025/1/4；到期日：2025/2/1。

（5）采购增值税专用发票上的业务日期：2025/1/4；发票日期：2025/1/4。

（6）新增的固定资产卡片信息如表 4－12 和表 4－13 所示。

表 4－12 新增的固定资产卡片信息（1）

资产组织	资产类别	开始使用日期	入账日期	资产位置	数量	使用部门	费用项目
川商创博科技公司_姓名	电子设备	2025/1/4	2025/1/4	高新产业园区	5	财务处	折旧费用

表 4－13 新增的固定资产卡片信息（2）

资产组织	资产类别	开始使用日期	入账日期	资产位置	数量	使用部门	费用项目
川商耀博销售公司_姓名	电子设备	2025/1/4	2025/1/4	岷东商厦	5	销售部	折旧费用

（7）凭证数据如表 4－14 所示。

表 4－14 凭证数据

对应组织	凭证来源	会计科目	借方金额	贷方金额
科技公司	应付单	应付账款——暂估应付款	24 336.28	
		应交税费——应交增值税（进项税额）	3 163.72	
		应付账款——明细应付款（威光星电）		27 500.00
	固定资产卡片	固定资产/电子设备	24 336.28	
		应付账款——暂估应付款		24 336.28

续表

对应组织	凭证来源	会计科目	借方金额	贷方金额
销售公司	应付单	应付账款——暂估应付款	24 336.28	
		应交税费——应交增值税（进项税额）	3 163.72	
		应付账款——明细应付款（威光星电）		27 500.00
	固定资产卡片	固定资产/电子设备	24 336.28	
		应付账款——暂估应付款		24 336.28

操作指导

1. “信息管理员_姓名”新增采购申请单

视频

集中采购业务

（1）“信息管理员_姓名”登录，切换到组织“川商创博科技公司_姓名”，执行【供应链】→【采购管理】→【采购申请】→【采购申请单】命令，进入采购申请单新增界面。

（2）单据类型选择“资产采购申请单”，依据表 4－9 的实验数据录入需求组织、物料、数量、到货日期等信息，需特别注意在明细信息中对应的需求组织分别为“川商创博科技公司_姓名”“川商耀博销售公司_姓名”，对应的收料组织分别为“川商创博科技公司_姓名”“川商耀博销售公司_姓名”。两笔采购业务的采购组织均为“川商创博科技公司_姓名”，到货日期为“2025/1/4”，如图 4－31 所示。

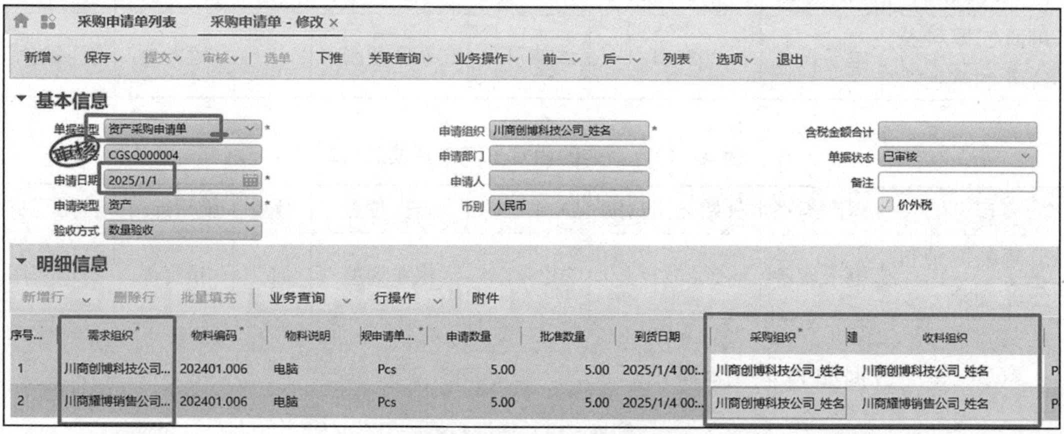

图 4－31　新增采购申请单

（3）信息填写完成后单击【保存】按钮，系统若提示“建议采购日期不能小于当前日期”，单击【是】即可继续保存，然后依次单击【提交】→【审核】按钮。

2. “科技公司采购_姓名”根据采购申请单下推生成采购订单

（1）“科技公司采购_姓名”登录，选择组织“川商创博科技公司_姓名”，执行【供应链】→【采购管理】→【采购申请】→【采购申请单列表】命令。

（2）选中前面的资产采购申请单，单击【下推】按钮。选择“采购订单”，勾选

“整单转换”，合并下推生成采购订单，进入采购订单生成界面。在“基本信息”页签中，将采购日期修改为“2025/1/1”，供应商选择“威星光电”；在“明细信息”页签中，录入含税单价“￥5,500”，税率13%，确认需求组织、收料组织、结算组织，注意结算组织分别为“川商创博科技公司_姓名”“川商耀博销售公司_姓名”。

（3）依次单击【保存】→【提交】→【审核】按钮，如图4-32所示。

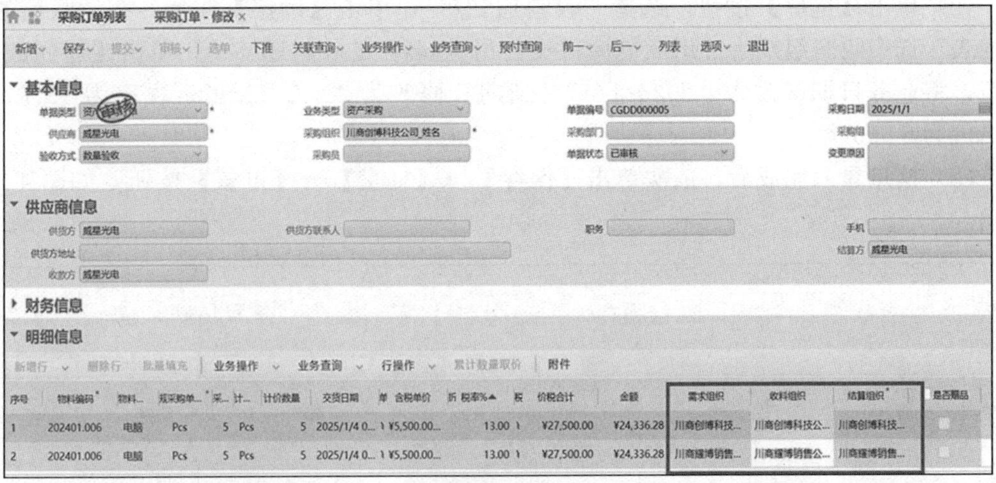

图4-32　采购订单新增并审核完成界面

3.“科技公司仓管_姓名”根据采购订单下推生成收料通知单

（1）“科技公司仓管_姓名”登录，选择组织“川商创博科技公司_姓名”，执行【供应链】→【采购管理】→【订单处理】→【采购订单列表】命令。

（2）选择前面提交的采购订单，下推生成“收料通知单”，勾选“整单转换”，单击【确定】后，进入收料通知单新增界面；选中序号“1”，收料组织为“川商创博科技公司_姓名”，将下方“收料日期”和“预计到货日期”修改为“2025/1/4”，依次单击【保存】→【提交】→【审核】按钮，具体如图4-33所示。

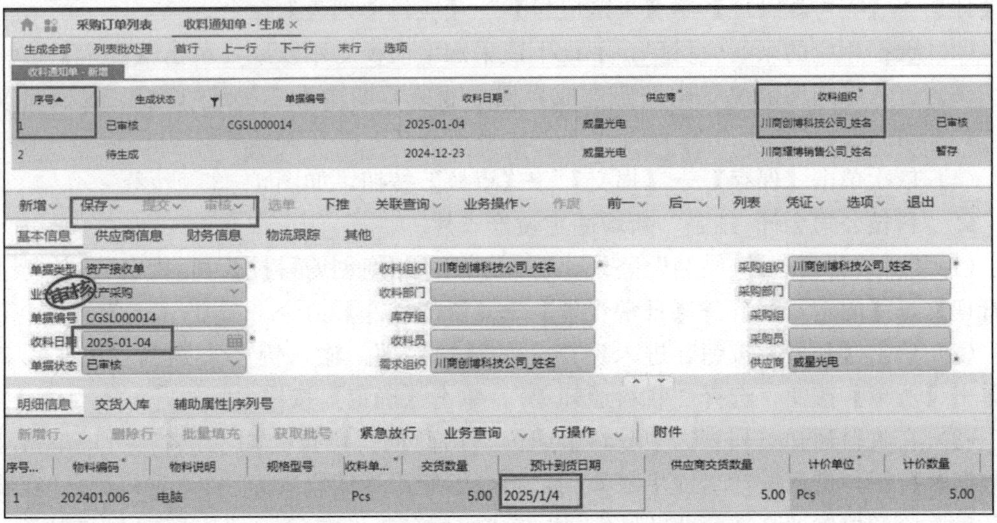

图4-33　收料通知单新增并审核完成界面

（3）按照同样的方法，选中序号“2”，将下方“收料日期”和“预计到货日期”修改为“2025/1/4”，依次单击【保存】→【提交】→【审核】按钮。

4. “科技公司会计_姓名”根据收料通知单生成采购应付单

（1）“科技公司会计_姓名”登录，选择组织“川商创博科技公司_姓名”，执行【财务会计】→【应付款管理】→【采购应付】→【应付单】命令。

（2）单击【选单】按钮，选择“收料通知单”，单击【确定】按钮，在“收料通知单列表”选中收料组织为“川商创博科技公司_姓名”的收料通知单，单击【返回数据】按钮，将业务日期修改为“2025/1/4”，到期日修改为“2025/2/1”，税率为13%，含税单价为5 500元。

（3）信息录入完成后，依次单击【保存】→【提交】→【审核】按钮，如图4-34所示。

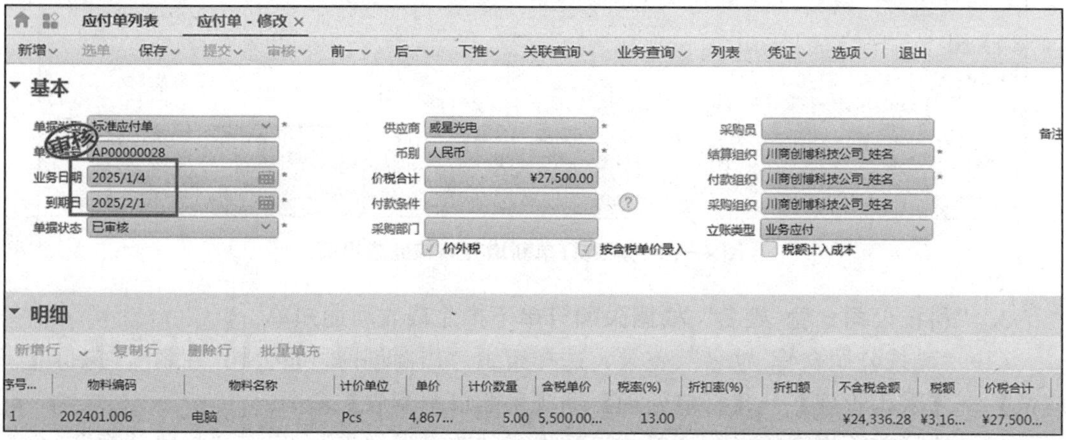

图4-34 川商创博科技公司采购应付单新增并审核完成界面

5. “科技公司会计_姓名”根据采购应付单下推生成采购增值税专用发票

（1）“科技公司会计_姓名”登录，选择组织“川商创博科技公司_姓名”，执行【财务会计】→【应付款管理】→【采购应付】→【应付单列表】命令。

（2）选择相应的采购应付单，下推生成采购增值税专用发票，单击【确定】按钮。

（3）进入采购增值税专用发票生成界面，业务日期输入“2025/1/4”，发票日期输入“2025/1/4”。

（4）依次单击【保存】→【提交】→【审核】按钮，如图4-35所示。

6. “科技公司会计_姓名”新增固定资产卡片

（1）“科技公司会计_姓名”登录，选择组织“川商创博科技公司_姓名”，执行【资产管理】→【固定资产】→【日常管理】→【资产卡片】命令。

（2）单击【新增】按钮，进入资产卡片新增界面，输入资产类别为“电子设备”，再单击【选单】按钮，选择“收料通知单”，单击【确定】按钮。

（3）在收料通知单列表选中收料组织为“川商创博科技公司_姓名”行，单击【返回数据】按钮，进入资产卡片生成界面，将开始使用日期修改为“2025/1/4”，“实物信息”录入资产位置“高新产业园区”，下方“使用分配”页签下使用部门为“财务处”，

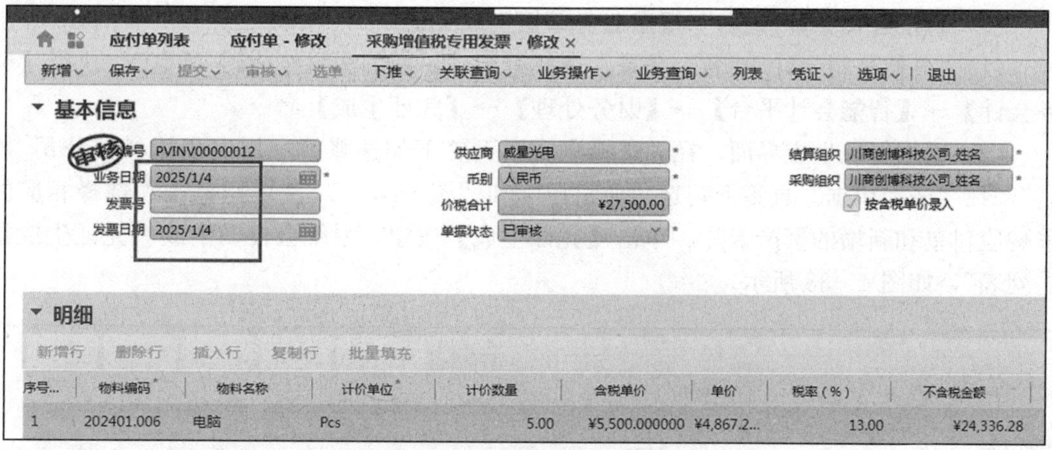

图 4-35 川商创博科技公司采购增值税专用发票新增并审核完成界面

费用项目为“折旧费用”，依次单击【保存】→【提交】→【审核】按钮，如图 4-36、图 4-37 所示。

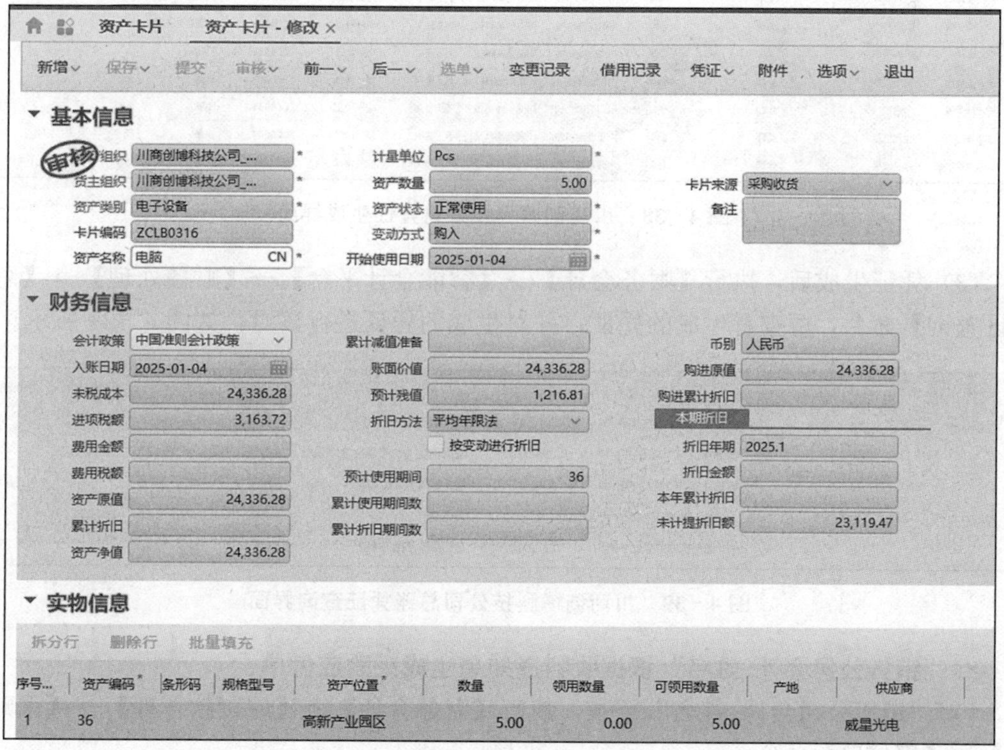

图 4-36 川商创博科技公司固定资产卡片界面

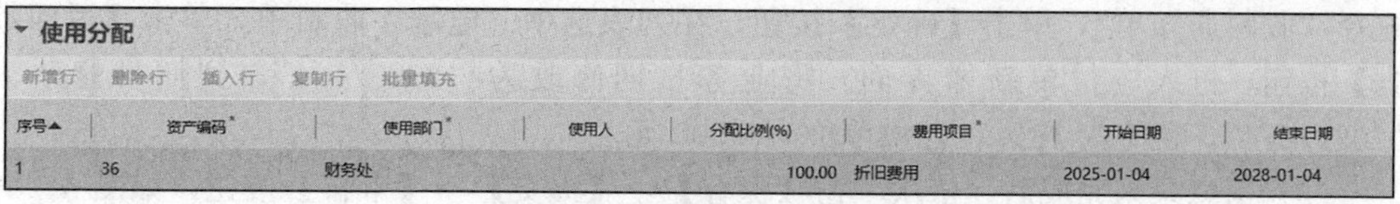

图 4-37 使用分配页签

7. “科技公司会计_姓名”根据业务单据生成凭证

（1）“科技公司会计_姓名”登录，选择组织“川商创博科技公司_姓名”，执行【财务会计】→【智能会计平台】→【财务处理】→【凭证生成】命令。

（2）进入凭证生成界面，在“选择账簿”页签下勾选账簿“川商创博科技公司_姓名”，在“选择单据”页签下勾选“应付单”和“资产卡片”，“单据范围”选择相应的采购应付单和新增的资产卡片，单击【凭证生成】按钮，系统会自动生成“凭证生成报告列表”，如图 4－38 所示。

图 4－38　川商创博科技公司凭证生成界面

（3）凭证生成后，执行【财务会计】→【智能会计平台】→【财务处理】→【总账凭证查询】命令，可查看生成的凭证，并对生成的凭证进行核对，如图 4－39 所示。

日期	会计年度	期间	凭证字	凭证号	摘要	科目编码	科目全名	币别	原币金额	借方金额	贷方金额
2025/1/4	2025	1	记	9	单据AP00000026的应付单	2202.01	应付账款_暂估应付款	人民币	¥24,336.28	¥24,336.28	
					单据AP00000026的应付单	2221.01.01	应交税费_应交增值税_进项税额	人民币	¥3,163.72	¥3,163.72	
					单据AP00000026的应付单	2202.02	应付账款_明细应付款	人民币	¥27,500.00		¥27,500.00
2025/1/4	2025	1	记	10	卡片编码ZCLB0316的卡片	1601	固定资产	人民币	¥24,336.28	¥24,336.28	
					卡片编码ZCLB0316的卡片	2202.01	应付账款_暂估应付款	人民币	¥24,336.28		¥24,336.28

图 4－39　川商创博科技公司总账凭证查询界面

8. “销售公司会计_姓名”根据收料通知单生成采购应付单

（1）“销售公司会计_姓名”登录，执行【财务会计】→【应付款管理】→【采购应付】→【应付单】命令。

（2）将“采购组织”切换为“川商创博科技公司_姓名”，然后单击【选单】按钮，选择“收料通知单”，单击【确定】按钮，在列表选中“电脑”收料单，单击【返回数据】按钮，进入应付单新增界面。将业务日期修改为“2025/1/4”，到期日修改为“2025/2/1”，税率为 13%，含税单价为 5 500 元。

（3）信息录入完成后，依次单击【保存】→【提交】→【审核】按钮，如图 4－40 所示。

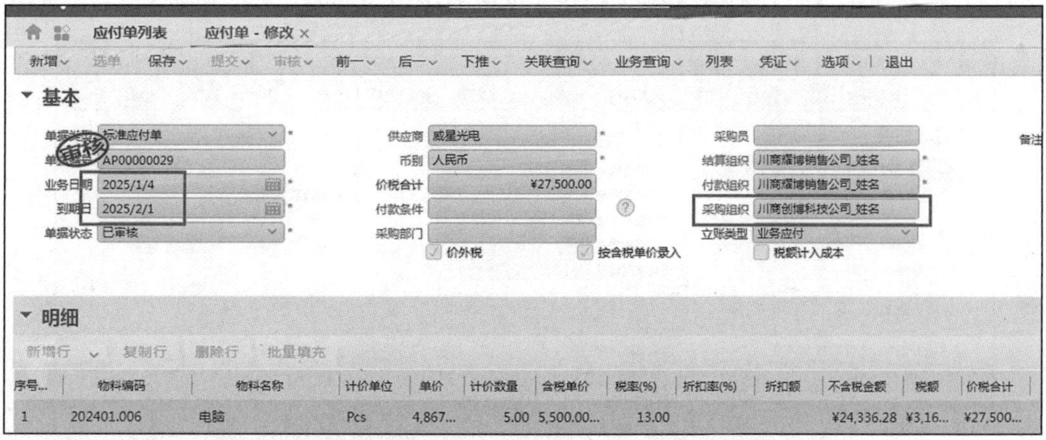

图 4 - 40　川商耀博销售公司采购应付单新增并审核完成界面

9. “销售公司会计_姓名”根据采购应付单下推生成采购增值税专用发票

（1）“销售公司会计_姓名”登录，选择组织“川商耀博销售公司_姓名”，执行【财务会计】→【应付款管理】→【采购应付】→【应付单列表】命令。

（2）选择相应的采购应付单，下推生成采购增值税专用发票，进入采购增值税专用发票生成界面，业务发生日期输入“2025/1/4”，发票日期输入“2025/1/4”。

（3）依次单击【保存】→【提交】→【审核】按钮，如图 4 - 41 所示。

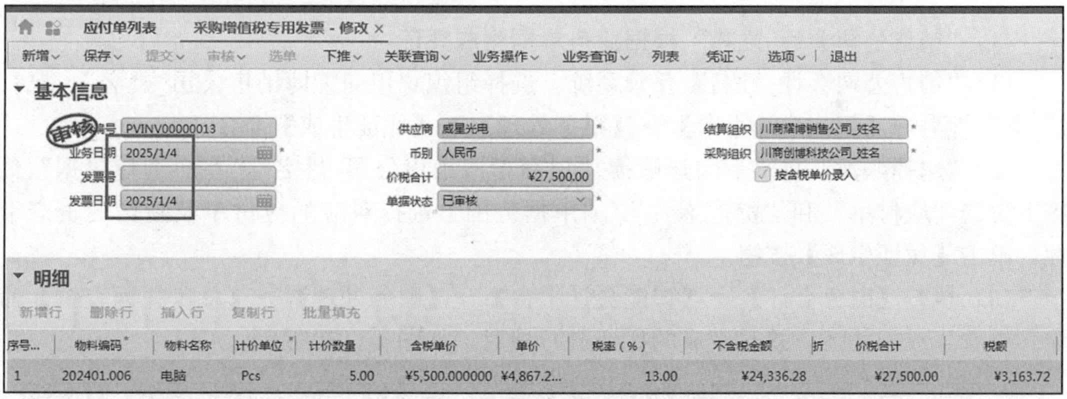

图 4 - 41　川商耀博销售公司采购增值税专用发票新增并审核完成界面

10. “销售公司会计_姓名”新增固定资产卡片

（1）“销售公司会计_姓名”登录，选择组织“川商耀博销售公司_姓名”，执行【资产管理】→【固定资产】→【日常管理】→【资产卡片】命令。

（2）单击【新增】按钮，进入资产卡片新增界面，资产类别选择“电子设备”，再单击【选单】按钮，选择“收料通知单”，单击【确定】按钮。

（3）在收料通知单列表选中收料组织为“川商耀博销售公司_姓名”，单击【返回数据】按钮，进入资产卡片生成界面，将开始使用日期修改为“2025/1/4”，“实物信息”录入资产位置“岷东商厦”，下方“使用分配”页签下使用部门为“销售部”，费用项目为“折旧费用”。

（4）依次单击【保存】→【提交】→【审核】按钮，如图 4－42 所示。

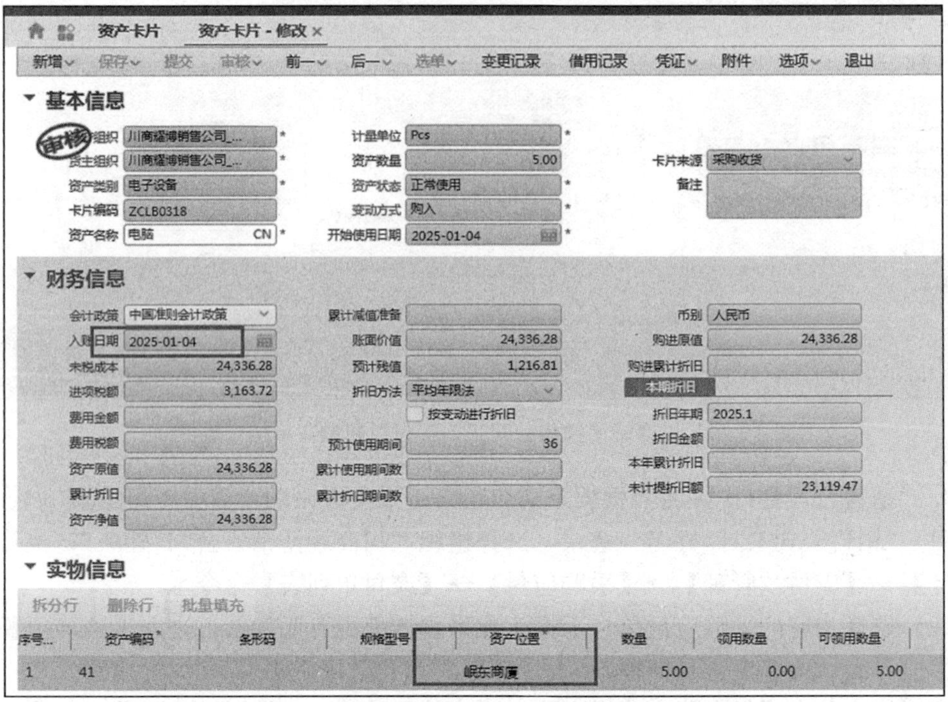

图 4－42　川商耀博销售公司——固定资产卡片界面

11. “销售公司会计_姓名”根据业务单据生成凭证

（1）“销售公司会计_姓名”登录系统，选择组织“川商耀博销售公司_姓名”，执行【财务会计】→【智能会计平台】→【财务处理】→【凭证生成】命令。

（2）“选择账簿”页签下勾选账簿“川商耀博销售公司_姓名”，在“选择单据”页签下勾选“应付单”和“资产卡片”，“单据范围”选择对应的应付单及新增的资产卡片，单击【凭证生成】按钮。

（3）执行【财务会计】→【智能会计平台】→【财务处理】→【总账凭证查询】命令，查看生成的凭证，并对生成的凭证进行核对，如图 4－43 所示。

日期	会计年度	期间	凭证字	凭证号	摘要	科目编码	科目全名	币别	原币金额	借方金额	贷方金额
2025/1/4	2025	1	记	1	单据AP00000029的应付单	2202.01	应付账款_暂估应付款	人民币	¥24,336.28	¥24,336.28	
					单据AP00000029的应付单	2221.01.01	应交税费_应交增值税_进项税额	人民币	¥3,163.72	¥3,163.72	
					单据AP00000029的应付单	2202.02	应付账款_明细应付款	人民币	¥27,500.00		¥27,500.00
2025/1/4	2025	1	记	2	卡片编码ZCLB0318的卡片	1601	固定资产	人民币	¥24,336.28	¥24,336.28	
					卡片编码ZCLB0318的卡片	2202.01	应付账款_暂估应付款	人民币	¥24,336.28		¥24,336.28

图 4－43　川商耀博销售公司总账凭证查询界面

第二节　销售业务

销售是企业与客户之间的桥梁，企业通过销售业务将生产的产品或服务转化为货币形式，从而实现盈利。企业中存在多种类型的销售业务，操作步骤相仿，主要包括销售订单管理、收款管理、销售出库管理、发票管理等。

本节主要介绍集中销售业务、寄售业务、收取定金的销售业务三种具有典型代表的销售业务案例和操作流程。

一、集中销售业务

实验场景

集中销售是常见的跨组织业务，科技公司生产的产品由销售公司销售，销售公司与客户进行集中结算，再通过跨组织间结算完成科技公司与销售公司之间的结算。

实验步骤

（1）销售公司销售员新增销售订单。
（2）销售公司销售员根据销售订单下推生成发货通知单。
（3）科技公司仓管员根据发货通知单下推生成销售出库单。
（4）科技公司会计员进行出库成本核算。
（5）科技公司会计员新增组织间结算清单。
（6）科技公司会计员通过应收组织间结算单生成应收单。
（7）销售公司会计员通过应付组织间结算单生成应付单。
（8）销售公司会计员通过销售订单生成销售应收单。
（9）销售公司会计员根据销售应收单下推生成销售增值税专用发票。
（10）销售公司会计员进行出库成本核算。
（11）销售公司会计员根据业务单据生成凭证。
（12）科技公司会计员根据业务单据生成凭证。

对应的集中销售业务流程如图 4－44 所示。

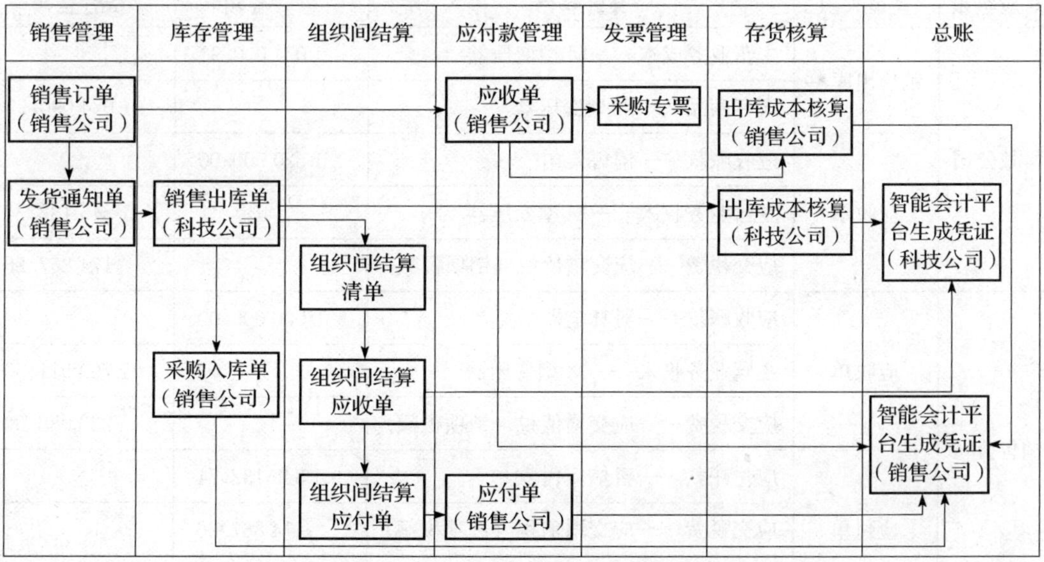

图 4－44　集中销售业务流程

实验数据

2025年1月3日，销售公司销售一批机器人给科林电器，从产成品仓调货，日期为2025年1月15日上午10点，出库后销售公司结转销售成本1 345 132.74元，应收款到期日为2025年2月9日。

（1）销售订单数据如表4－15所示。

表4－15　销售订单数据

销售组织	客户	销售员	日期	库存组织
川商耀博销售公司_姓名	科林电器	周楠	2025/1/3	川商创博科技公司_姓名
产品名称	**数量**	**含税单价**	**要货日期**	**税率**
M型变压器	40	50 000.00	2025/1/15	13%

（2）发货通知单业务日期：2025/1/15；发货组织：川商创博科技公司_姓名。

（3）销售出库单业务日期：2025/1/15；仓库：产成品仓。

（4）组织间结算单应收单业务日期：2025/1/15；到期日：2025/2/9。

（5）销售应收单业务日期：2025/1/15；到期日：2025/2/9；结算组织：川商耀博销售公司_姓名。

（6）销售增值税专用发票业务日期：2025/1/15；发票日期：2025/1/15。

（7）组织间结算单生成的应收单、应付单业务日期：2025/1/15；到期日：2025/1/31；结算组织：川商耀博销售公司_姓名。

（8）凭证数据如表4－16所示。

表4－16　凭证数据

对应组织	凭证来源	会计科目	借方金额	贷方金额
科技公司	销售出库单	主营业务成本——M型变压器	1 074 090.91	
		库存商品——M型变压器		1 074 090.91
	应收单	应收账款——销售公司	1 520 000.00	
		主营业务收入——M型变压器		1 345 132.74
		应交税费——应交增值税（销项税额）		174 867.26
销售公司	应收单	应收账款——科林电器	2 000 000.00	
		主营业务收入——M型变压器		1 769 911.50
		应交税费——应交增值税（销项税额）		230 088.50
	应付单	应付账款——暂估应付款	1 345 132.74	
		应交税费——应交增值税（进项税额）	174 867.26	
		应付账款——明细应付款（科技公司）		1 520 000.00

续表

对应组织	凭证来源	会计科目	借方金额	贷方金额
销售公司	销售出库单	主营业务成本——M型变压器	1 345 132.74	
		库存商品——M型变压器		1 345 132.74
	采购入库单	库存商品——M型变压器	1 345 132.74	
		应付账款——暂估应付款		1 345 132.74

操作指导

1. “销售公司销售_姓名”新增销售订单

视频　集中销售业务

（1）“销售公司销售_姓名”登录，选择组织“川商耀博销售公司_姓名”，执行【供应链】→【销售管理】→【订单处理】→【销售订单】命令，进入销售订单新增界面。

（2）根据表4-15的实验数据录入相关信息，注意库存组织修改为“川商创博科技公司_姓名”。

（3）信息录入完成后，依次单击【保存】→【提交】→【审核】按钮，如图4-45所示。

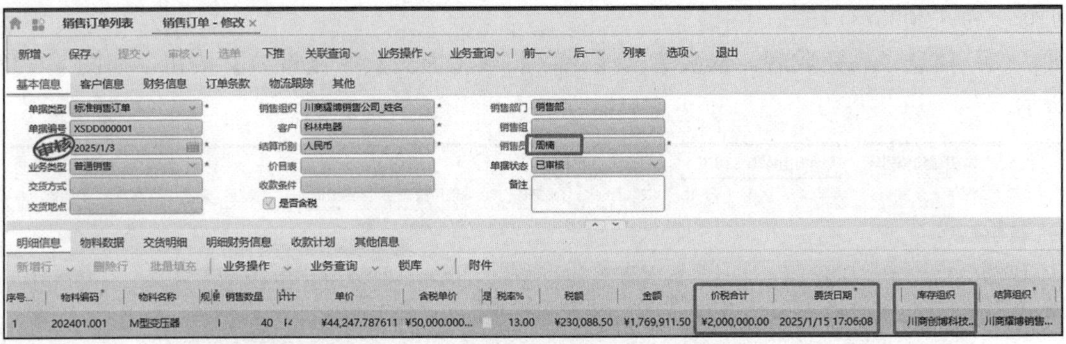

图4-45　销售订单新增并审核完成界面

注意：

若“销售员”没有办法选到“周楠”，请检查基础资料中销售员（业务员）的操作是否完成。

2. “销售公司销售_姓名”根据销售订单下推生成发货通知单

（1）“销售公司销售_姓名”登录，在刚刚审核销售订单的界面，单击【下推】按钮，下推生成发货通知单，单击【确定】按钮后，进入发货通知单新增界面。

（2）将业务日期修改为“2025/1/15”，发货组织修改为“川商创博科技公司_姓名”，仓库修改为“产成品仓”。

（3）信息录入完成后，依次单击【保存】→【提交】→【审核】按钮，如图4-46所示。

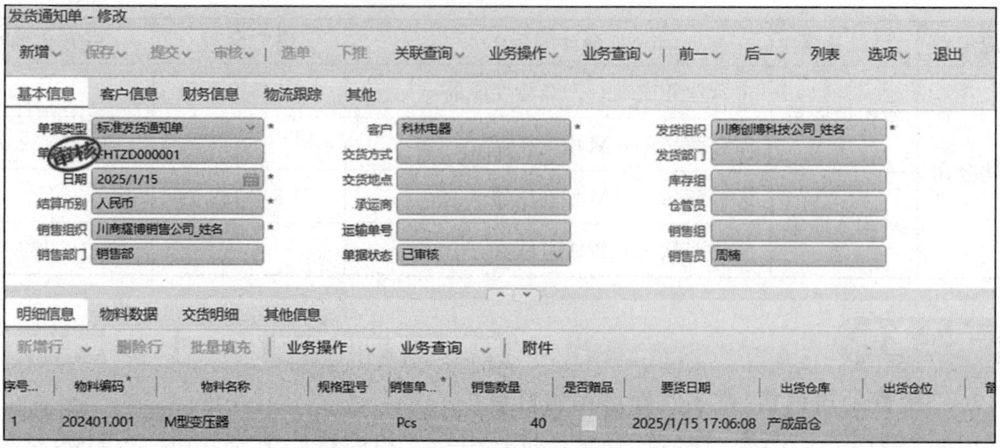

图 4-46 发货通知单新增并审核完成界面

3. “科技公司仓管_姓名”根据发货通知单下推生成销售出库单

（1）“科技公司仓管_姓名”登录，选择组织“川商创博科技公司_姓名”，执行【供应链】→【销售管理】→【出货处理】→【发货通知单列表】命令，进入发货通知单列表界面。

（2）选择相关的发货通知单，单击【下推】按钮，下推生成销售出库单，将业务日期修改为“2025/1/15”。

（3）信息录入完成后，依次单击【保存】→【提交】→【审核】按钮，如图 4-47 所示。

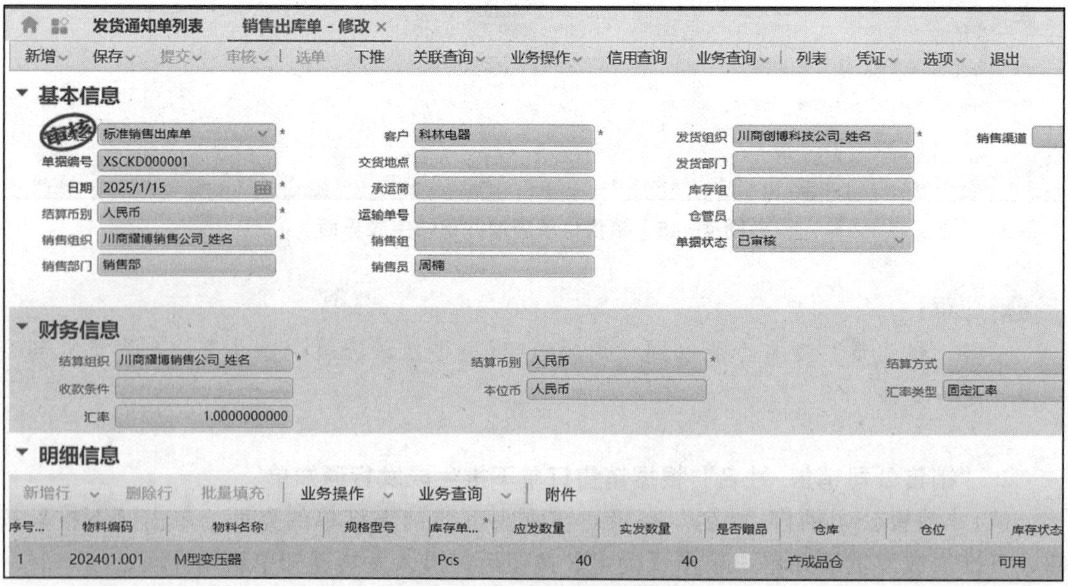

图 4-47 销售出库单新增并审核完成界面

4. “科技公司会计_姓名”进行出库成本核算

（1）“科技公司会计_姓名”登录，选择组织“川商创博科技公司_姓名”，执行【成本管理】→【存货核算】→【存货核算】→【出库成本核算】命令，进入出库成本核算向导界面。

（2）选择核算体系为“财务会计核算体系”，核算组织为“川商创博科技公司_姓名”，会计政策为“中国准则会计政策”。设置好后，单击【下一步】按钮，采用系统默认的参数设置。再单击【下一步】按钮，系统自动进行核算，完成核算后，在该界面还可对核算报表进行查询，单击【核算单据查询】按钮进行查重，并核对数据，如图 4－48 所示。

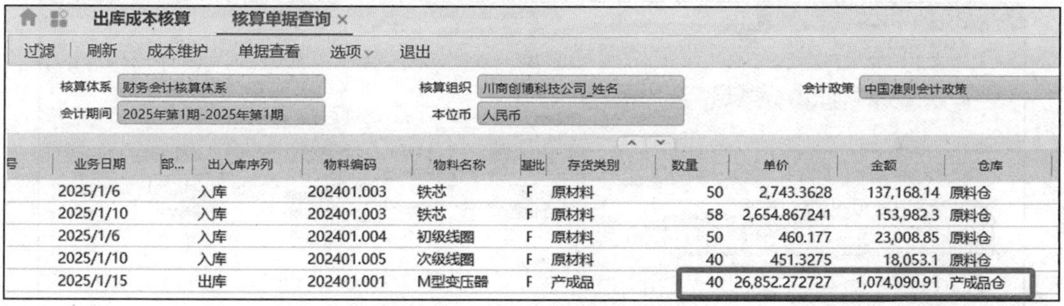

图 4－48　核算单据查询界面

（3）核对数据无误后，返回出库成本核算界面，单击【完成】按钮，完成出库成本核算。

5. “科技公司会计_姓名”新增组织间结算单

（1）“科技公司会计_姓名”登录，选择组织“川商创博科技公司_姓名”，执行【供应链】→【组织间结算】→【结算清单】→【创建结算清单】命令，进入创建结算清单向导界面。

（2）在“组织间结算范围”页签下，选择会计核算体系为“财务会计核算体系”，核算组织为“川商创博科技公司_姓名”；在“结算业务时间选择”页签下，起始时间修改为“2025/1/1”，截止日期修改为“2025/1/31”；在“结算目标选择”页签下，勾选“创建应收结算清单_物料”和“创建应付结算清单_物料”，如图 4－49 所示。

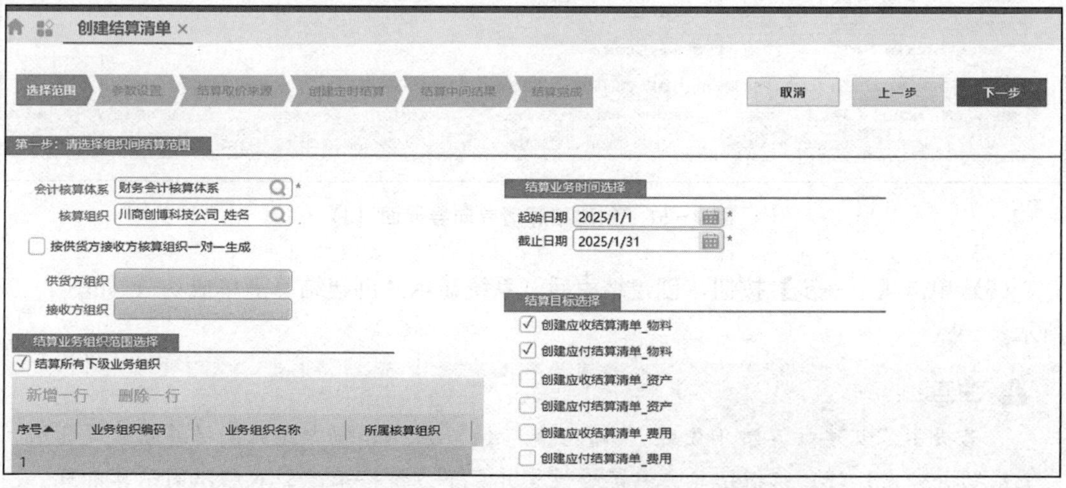

图 4－49　创建结算清单向导界面（1）

(3) 设置完成后，单击【下一步】按钮，进入参数设置界面，勾选“结算业务对方组织自动生成结算清单”“有结算价格的应收结算清单自动审核”“审核结算应收清单联动审核应付结算清单”。

(4) 单击【下一步】按钮，进入结算取价来源界面，在该界面选择需要更改的跨组织业务进行取价来源的修改，跨组织采购的取价来源选择“结算价目表”，跨组织销售的取价来源选择“结算价目表”，如图 4-50 所示。

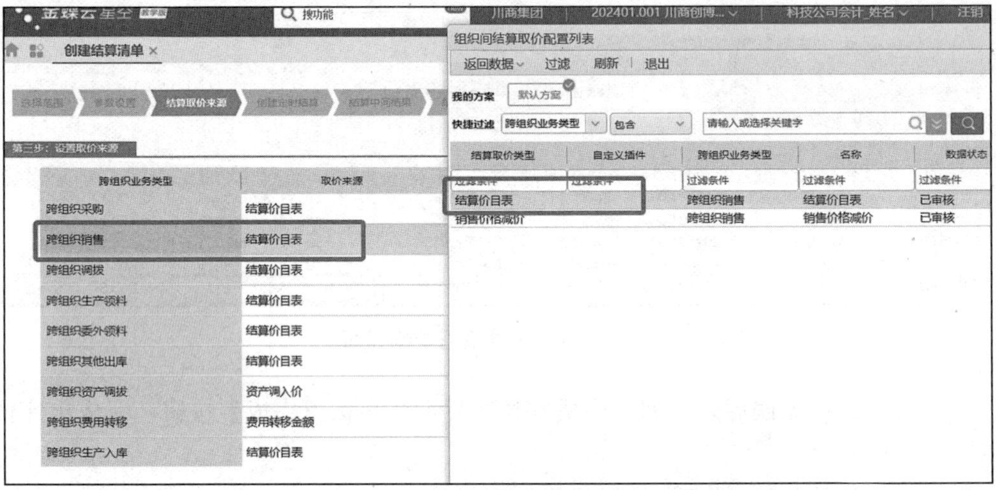

图 4-50　创建结算清单向导界面（2）

(5) 单击【下一步】按钮，系统创建“川商创博科技公司”核算组织下的结算数据，如图 4-51 所示。

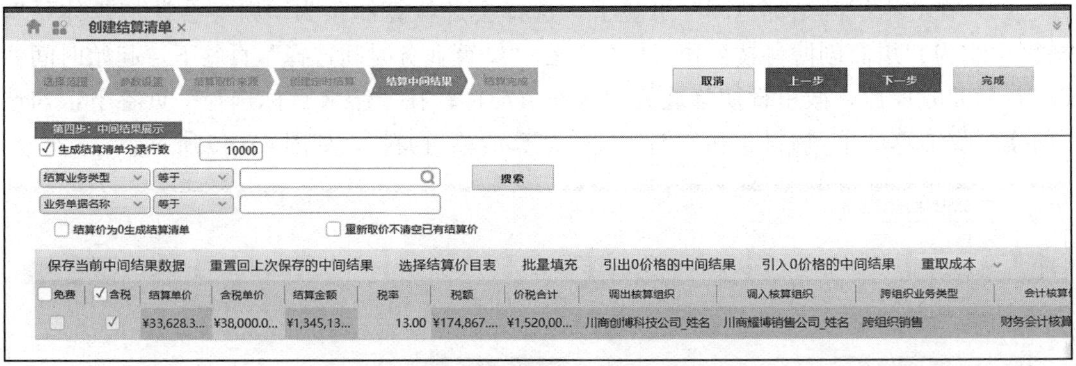

图 4-51　创建结算清单向导界面（3）

(6) 单击【下一步】按钮，创建结束后，系统显示“创建结算清单成功”，如图 4-52 所示。

注意：

若提示“创建结算清单失败”，请检查：(1) 系统管理中组织间结算价目是否设置成功并分发；(2) 组织结算关系是否设置并在下方价格来源引入组织间结算价目。

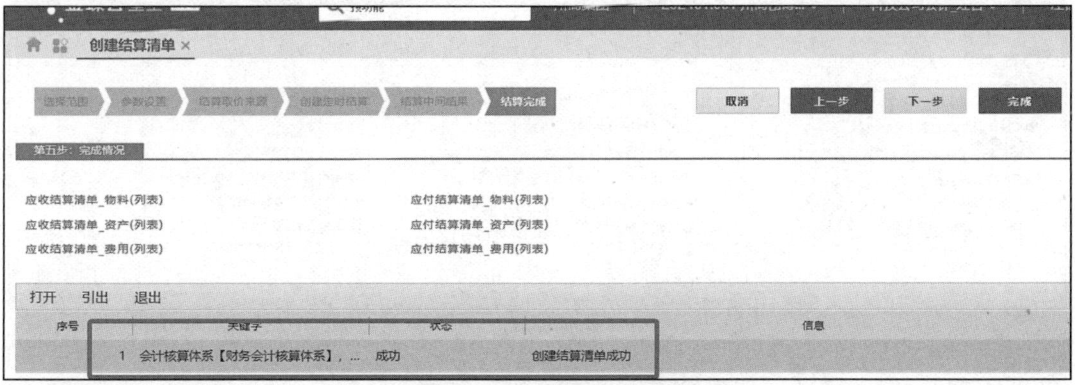

图 4-52 创建结算清单向导界面（4）

6. “科技公司会计_姓名”通过应收组织间结算单生成应收单

（1）“科技公司会计_姓名”登录，选择组织“川商创博科技公司_姓名”，执行【财务会计】→【应收款管理】→【销售应收】→【应收单】命令，进入应收单新增界面。

（2）单击【选单】按钮，选择“应收结算清单_物料”，单击【确定】按钮，选择相应的物料结算清单；在“应收单”界面根据实验数据录入信息。

（3）信息录入完成后，依次单击【保存】→【提交】→【审核】按钮，如图 4-53 所示。

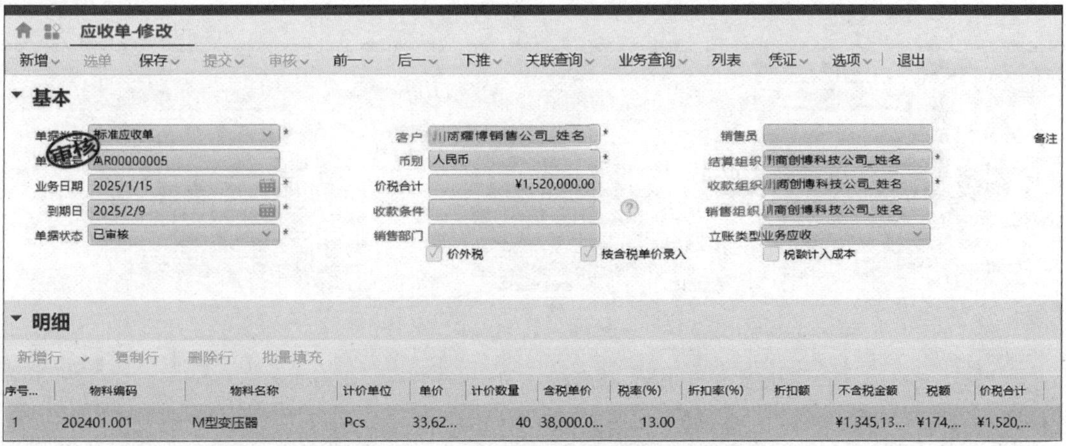

图 4-53 应收单新增并审核完成界面

7. “销售公司会计_姓名”通过应付组织间结算单生成应付单

（1）“销售公司会计_姓名”登录，选择组织“川商耀博销售公司_姓名”，执行【财务会计】→【应付款管理】→【采购应付】→【应付单】命令，进入应付单新增界面。

（2）单击【选单】按钮，选择相应的“应付结算清单_物料”，单击【确定】按钮，并根据实验数据录入信息。

（3）信息录入完成后，依次单击【保存】→【提交】→【审核】按钮，如图 4-54 所示。

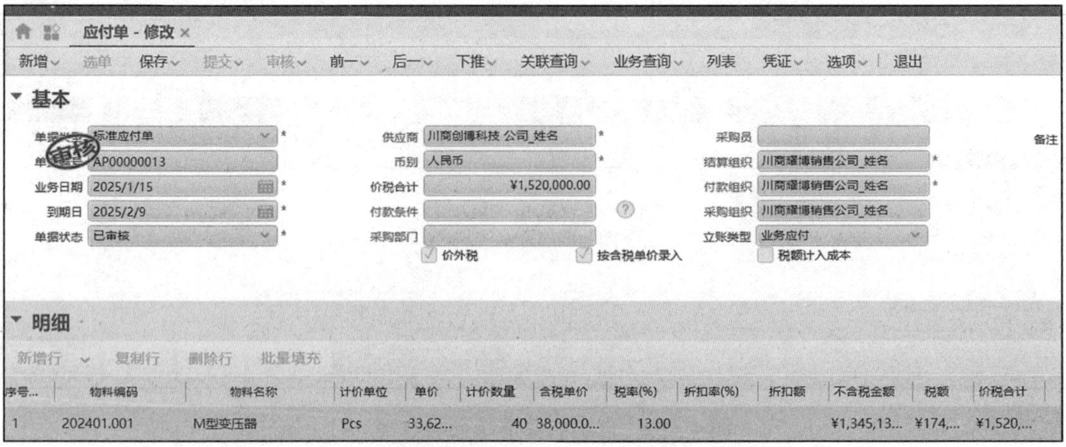

图 4-54　销售公司应付单新增并审核完成界面

8. “销售公司会计_姓名”通过销售订单生成销售应收单

（1）“销售公司会计_姓名”登录，选择组织“川商耀博销售公司_姓名”，执行【财务会计】→【应收款管理】→【销售应收】→【应收单】命令，进入应收单新增界面。

（2）单击【选单】按钮，选择相应的销售订单，单击【确定】按钮，根据实验数据录入信息，产品名称为“M 型变压器”，含税单价为 50 000 元，数量为 40，税率为 13%。

（3）信息录入完成后，依次单击【保存】→【提交】→【审核】按钮，如图 4-55 所示。

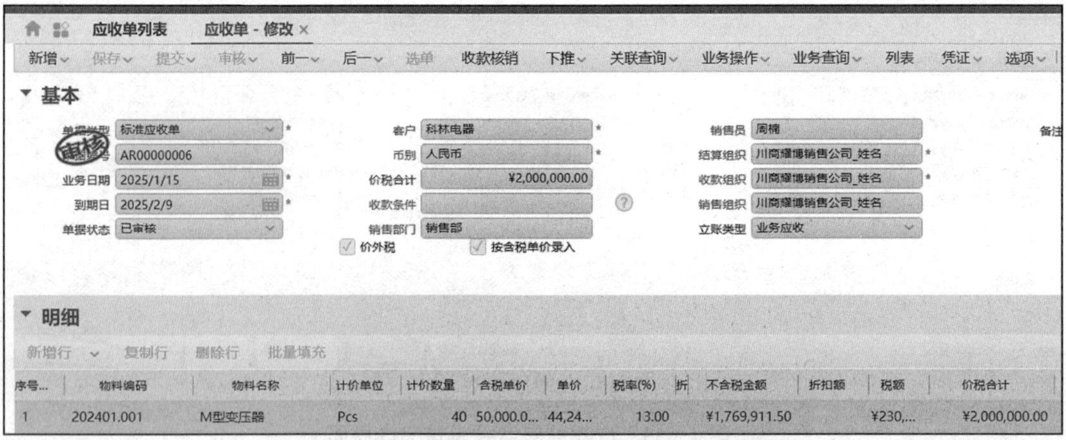

图 4-55　销售公司应收单新增并审核完成界面

9. “销售公司会计_姓名”根据销售应收单下推生成销售增值税专用发票

（1）“销售公司会计_姓名”登录，在刚刚审核应收单的界面，单击【下推】按钮，下推生成“销售增值税专用发票”，业务日期修改为“2025/1/15”，发票日期修改为“2025/1/15”。

（2）信息录入完成后，依次单击【保存】→【提交】→【审核】按钮，如图 4-56 所示。

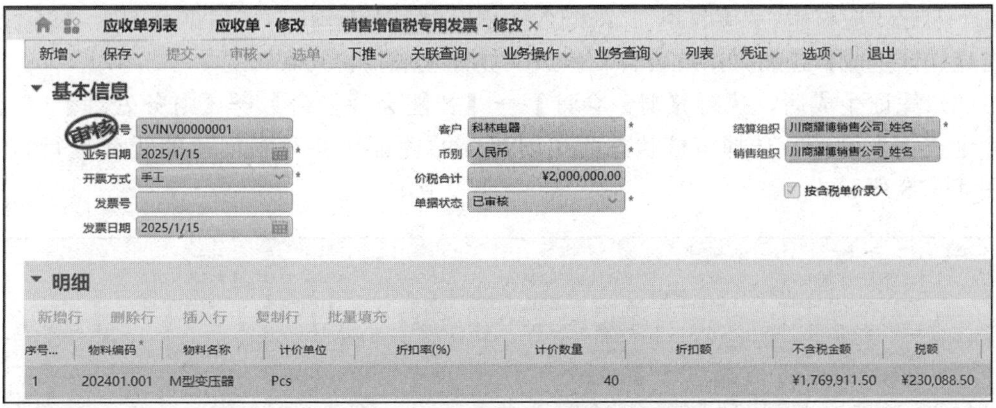

图 4－56　销售增值税专用发票新增并审核完成界面

10. “销售公司会计_姓名”进行出库成本核算

（1）“销售公司会计_姓名”登录，选择组织“川商耀博销售公司_姓名”，执行【成本管理】→【存货核算】→【存货核算】→【出库成本核算】命令，进入出库成本核算向导界面。

（2）选择核算体系为“财务会计核算体系”，核算组织为“川商耀博销售公司_姓名”，会计政策为“中国准则会计政策”，设置好后，单击【下一步】按钮，采用系统默认的参数设置。再次单击【下一步】按钮，系统自动进行核算。

（3）完成核算后，可对核算报表进行查询，如单击【核算单据查询】按钮进行查看，如图 4－57 所示，查看完成后，返回出库成本核算引导界面，单击【完成】按钮，完成出库成本核算。

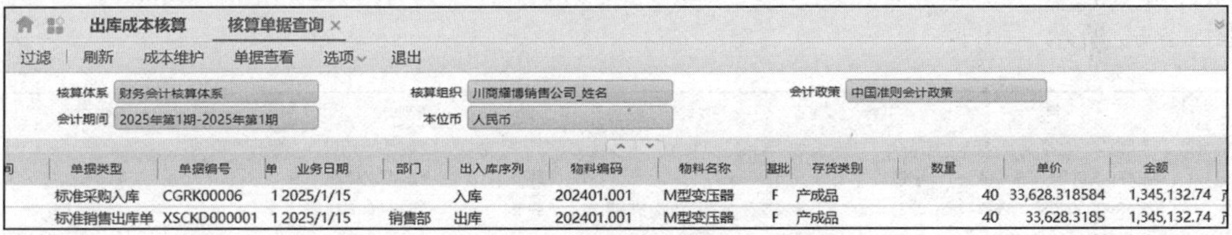

图 4－57　核算单据查询界面

知识扩展

出库成本核算是指根据物料的入库成本及期初余额按照确定的计价方法核算出其出库成本。每次出库核算都会将上次出库核算产生的出库成本调整单删除后重新生成。

11. “销售公司会计_姓名”根据业务单据生成凭证

（1）“销售公司会计_姓名”登录，选择组织“川商耀博销售公司_姓名”，执行【财务会计】→【智能会计平台】→【财务处理】→【凭证生成】命令，进入凭证生成界面。

（2）在“选择账簿”页签下勾选账簿“川商耀博销售公司_姓名”，在“选择单据”

页签下勾选“应付单”“应收单”“采购入库单”“销售出库单”，“单据范围”可以不选，单击【凭证生成】按钮，系统会自动生成“凭证生成报告列表”。

（3）凭证生成后，执行【财务会计】→【智能会计平台】→【财务处理】→【总账凭证查询】命令，选择审核状态为“创建”的凭证，并对刚创建的凭证进行核对，如图 4－58 所示。

凭证号	摘要	科目编码	科目全名	币别	原币金额	借方金额	贷方金额
3	单据AP00000013的应付单	2202.01	应付账款_暂估应付款	人民币	¥1,345,132.74	¥1,345,132.74	
	单据AP00000013的应付单	2221.01.01	应交税费_应交增值税_进项税额	人民币	¥174,867.26	¥174,867.26	
	单据AP00000013的应付单	2202.02	应付账款_明细应付款	人民币	¥1,520,000.00		¥1,520,000.00
4	单据AR00000006 的应收单	1122	应收账款	人民币	¥2,000,000.00	¥2,000,000.00	
	单据AR00000006的应收单	6001	主营业务收入	人民币	¥1,769,911.50		¥1,769,911.50
	单据AR00000006的应收单	2221.01.02	应交税费_应交增值税_销项税额	人民币	¥230,088.50		¥230,088.50
5	单据号CGRK00006的普通采购...	1405	库存商品	人民币	¥1,345,132.74	¥1,345,132.74	
	单据号CGRK00006的普通采购...	2202.01	应付账款_暂估应付款	人民币	¥1,345,132.74		¥1,345,132.74
6	单据号XSCKD000001的销售出...	6401	主营业务成本	人民币	¥1,345,132.74	¥1,345,132.74	
	单据号XSCKD000001的销售出...	1405	库存商品	人民币	¥1,345,132.74		¥1,345,132.74

图 4－58　销售公司总账凭证查询界面

12. “科技公司会计_姓名”根据业务单据生成凭证

（1）“科技公司会计_姓名”登录，选择组织“川商创博科技公司_姓名”，执行【财务会计】→【智能会计平台】→【财务处理】→【凭证生成】命令，进入凭证生成界面。

（2）在“选择账簿”页签下勾选账簿“川商创博科技公司_姓名”，在“选择单据”页签下勾选“应收单”和“销售出库单”，“单据范围”选择相应的销售出库单和内部应收单，单击【凭证生成】按钮，系统会自动生成“凭证生成报告列表”。

（3）凭证生成后，执行【财务会计】→【智能会计平台】→【财务处理】→【总账凭证查询】命令，选择审核状态为“创建”的凭证，并对刚创建的凭证进行核对，如图 4－59 所示。

凭证号	摘要	科目编码	科目全名	币别	原币金额	借方金额	贷方金额
11	单据AR00000005 的应收单	1122	应收账款	人民币	¥1,520,000.00	¥1,520,000.00	
	单据AR00000005的应收单	6001	主营业务收入	人民币	¥1,345,132.74		¥1,345,132.74
	单据AR00000005的应收单	2221.01.02	应交税费_应交增值税_销项税额	人民币	¥174,867.26		¥174,867.26
12	单据号XSCKD000002的销售出...	6401	主营业务成本	人民币	¥1,074,090.91	¥1,074,090.91	
	单据号XSCKD000002的销售出...	1405	库存商品	人民币	¥1,074,090.91		¥1,074,090.91

图 4－59　科技公司总账凭证查询界面

注意：

科技公司生成凭证时，“销售出库单”可以不选择核算范围。

二、寄售业务

实验场景

寄售（委托代销）是指由寄售人（委托人或货主）先将准备销售的货物运往寄售

地，委托当地的代销人（受托人）按照寄售协议规定的条件，代替寄售人在当地市场上进行销售。货物售出后，再由代销人按协议规定的方式与寄售人结算货款的一种贸易方式。

实验步骤

（1）科技公司销售员新增销售订单。

（2）科技公司销售员根据销售订单下推生成发货通知单。

（3）科技公司仓管员根据发货通知单生成直接调拨单。

（4）科技公司销售员根据直接调拨单生成寄售结算单。

（5）科技公司仓管员根据寄售结算单下推生成销售出库单。

（6）科技公司会计员进行出库成本核算。

（7）科技公司会计员根据寄售结算单生成销售应收单。

（8）科技公司会计员根据销售应收单下推生成销售增值税专用发票。

（9）科技公司会计员根据业务单据生成凭证。

对应的寄售业务流程如图 4－60 所示。

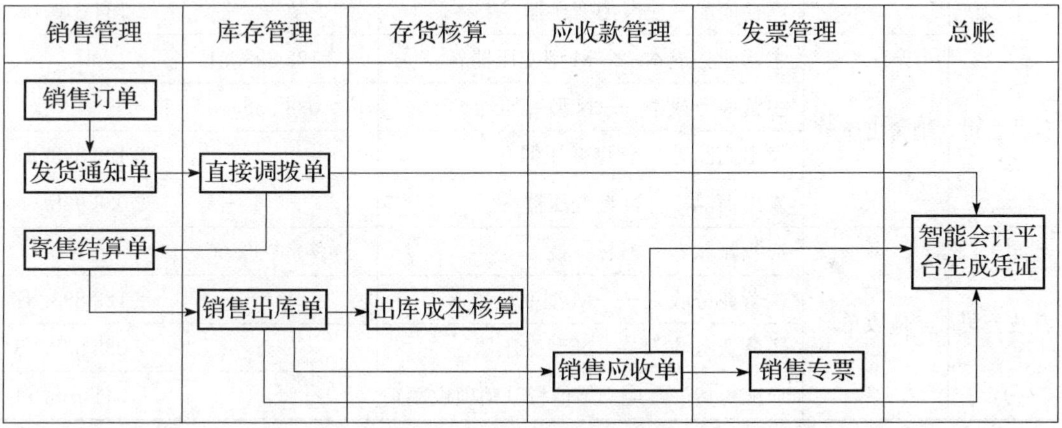

图 4－60　寄售业务流程

实验数据

2025 年 1 月 9 日，科技公司将一批机器人交给格林科技寄售，当天将产品从产成品仓发往客户仓。1 月 15 日，寄售商品销售完毕进行结算，并确认应收款，应收到期日为 2 月 9 日。

（1）销售订单。单据类型：寄售销售订单；客户：格林科技；业务日期：2025/1/9；销售员：董文文；要货日期：2025/1/9。销售订单明细数据如表 4－17 所示。

表 4－17　销售订单明细数据

产品	含税单价	数量	税率
M 型变压器	50 000.00	48	13%
N 型变压器	48 000.00	48	13%

（2）发货通知单业务日期：2025/1/9。

（3）寄售直接调拨单业务日期：2025/1/9；调出仓库：产成品仓；调入仓库：客户仓。

（4）寄售结算单业务日期：2025/1/15；M 型变压器结算数量：48 台，N 型变压器型结算数量：48 台。

（5）寄售出库单业务日期：2025/1/15；仓库：客户仓。

（6）销售应收单业务日期：2025/1/15；到期日：2025/2/9。

（7）销售增值税专用发票业务日期：2025/1/15；发票日期：2025/1/15。

（8）凭证数据如表 4－18 所示。

表 4－18　凭证数据

对应组织	凭证来源	会计科目	借方金额	贷方金额
科技公司	直接调拨单	发出商品——M 型变压器	1 288 909.09	
		发出商品——N 型变压器	1 134 240.00	
		库存商品——M 型变压器		1 288 909.09
		库存商品——N 型变压器		1 134 240.00
科技公司	销售出库单	主营业务成本——M 型变压器	2 123 893.81	
		主营业务成本——N 型变压器	2 038 938.05	
		发出商品——M 型变压器		2 123 893.81
		发出商品——N 型变压器		2 038 938.05
科技公司	应收单	应收账款——格林科技	4 704 000.00	
		主营业务收入——M 型变压器		2 123 893.81
		主营业务收入——N 型变压器		2 038 938.05
		应交税费——应交增值税（销项税额）		541 168.14

视频

寄售业务

操作指导

1. “科技公司销售_姓名”新增销售订单

（1）“科技公司销售_姓名”登录，选择组织“川商创博科技公司_姓名”，执行【供应链】→【销售管理】→【订单处理】→【销售订单】命令，进入销售订单新增界面。

（2）选择单据类型为“寄售销售订单”，客户为“格林科技”，根据表 4－17 的实验数据录入相关信息。

（3）信息录入完成后，依次单击【保存】→【提交】→【审核】按钮，如图 4－61 所示。

2. “科技公司销售_姓名”根据销售订单下推生成发货通知单

（1）“科技公司销售_姓名”登录，在刚刚审核销售订单的界面，单击【下推】按

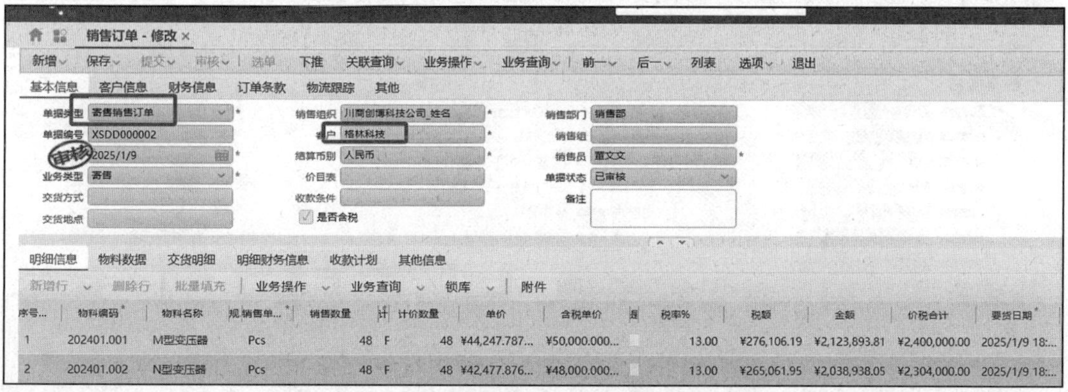

图 4-61 销售订单新增并审核完成界面

钮，下推生成发货通知单，单击【确定】按钮后，进入发货通知单新增界面。

（2）业务日期修改为“2025/1/9”，依次单击【保存】→【提交】→【审核】按钮，如图 4-62 所示。

图 4-62 发货通知单新增并审核完成界面

3. “科技公司仓管_姓名”根据发货通知单生成直接调拨单

（1）“科技公司仓管_姓名”登录，选择组织“川商创博科技公司_姓名”，执行【供应链】→【销售管理】→【出货管理】→【发货通知单列表】命令，进入发货通知单列表。

（2）勾选相应的发货通知单，单击标签栏的【下推】按钮，下推生成“直接调拨单”，并根据实验数据完成直接调拨单的填写，修改业务日期与调出、调入仓库信息。

（3）信息录入完成后，依次单击【保存】→【提交】→【审核】按钮，如图 4-63 所示。

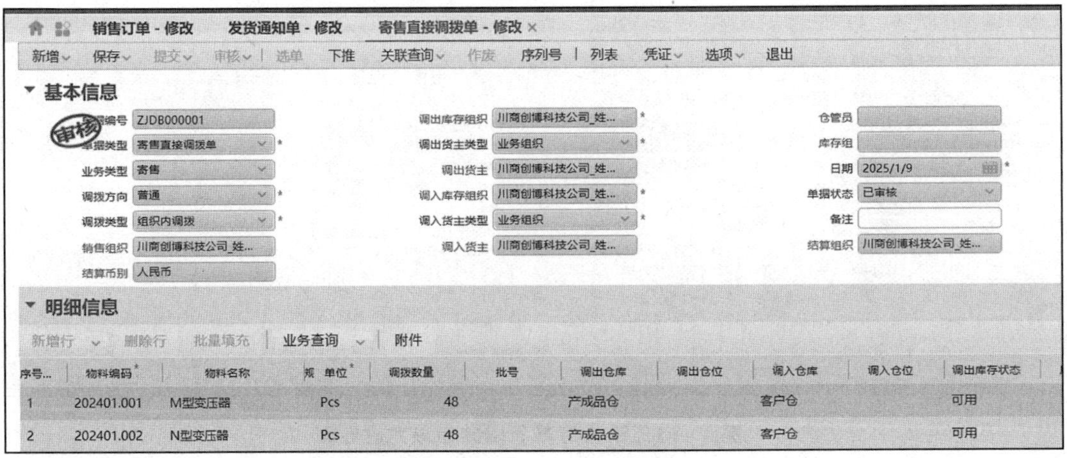

图 4-63　直接调拨单新增并审核完成界面

> **注意：**
>
> 若“调入仓库”选择中无“客户仓”，则需要检查基础资料设置仓库信息中的“客户仓”对应的仓库属性是否是“客户仓库”。

4. “科技公司销售_姓名”根据直接调拨单生成寄售结算单

（1）“科技公司销售_姓名”登录，选择组织“川商创博科技公司_姓名”，执行【销售管理】→【寄售】→【寄售结算单】命令，进入寄售结算单新增界面。

（2）单击【选单】的【发出选单】按钮，选择“直接调拨单”，根据实验数据完成寄售结算单的信息录入，修改业务日期为“2025/1/15”。

（3）信息录入完成后，依次单击【保存】→【提交】→【审核】按钮，如图 4-64 所示。

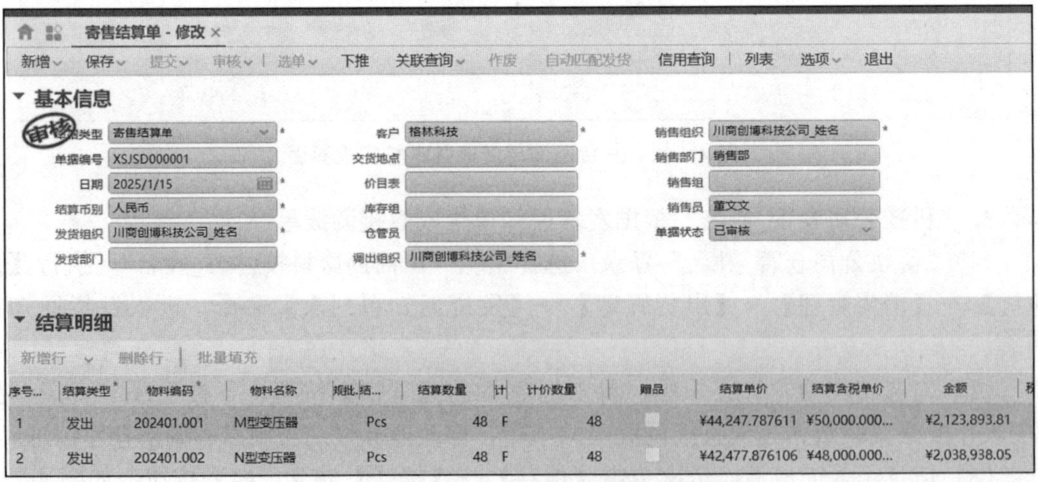

图 4-64　寄售结算单新增并审核完成界面

5. “科技公司仓管_姓名”根据寄售结算单下推生成销售出库单

（1）“科技公司仓管_姓名”登录，选择组织“川商创博科技公司_姓名”，执行【销售管理】→【寄售】→【寄售结算单列表】命令，进入寄售结算单列表界面。

（2）选择上述的寄售结算单，单击标签栏的【下推】按钮，下推生成“销售出库单”，修改业务日期为“2025/1/15”。

（3）信息录入完成后，依次单击【保存】→【提交】→【审核】按钮，如图 4-65 所示。

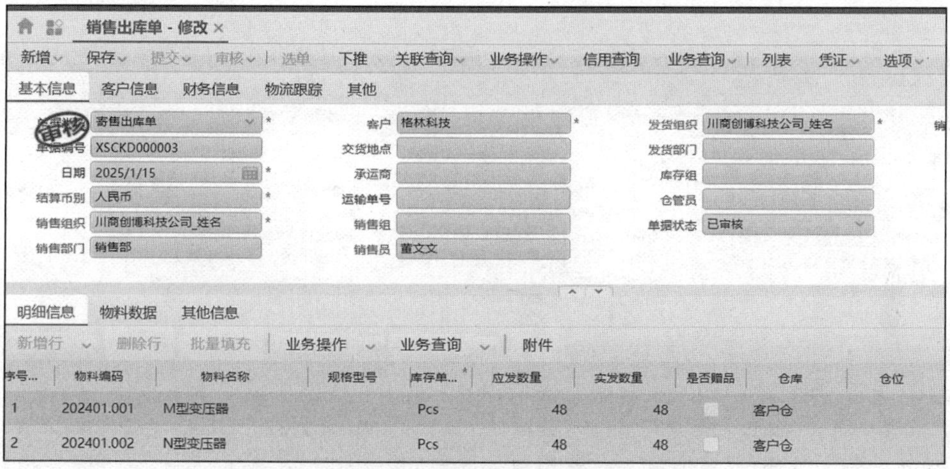

图 4-65　销售出库单新增并审核完成界面

6. “科技公司会计_姓名”进行出库成本核算

（1）“科技公司会计_姓名”登录，选择组织“川商创博科技公司_姓名”，执行【成本管理】→【存货核算】→【存货核算】→【出库成本核算】命令，进入出库成本核算向导界面。

（2）选择核算体系为“财务会计核算体系”，核算组织为“川商创博科技公司_姓名”，会计政策为“中国准则会计政策”，设置好后，单击【下一步】按钮，采用系统默认的参数设置，再单击【下一步】按钮，系统自动进行核算。完成核算后，可对核算报表进行查询，如单击【核算单据查询】按钮进行查看，如图 4-66 所示。

图 4-66　出库存货核算查询界面

7. “科技公司会计_姓名”根据寄售结算单生成销售应收单

(1)“科技公司会计_姓名”登录，选择组织“川商创博科技公司_姓名”，执行【财务会计】→【应收款管理】→【销售应收】→【应收单】命令，进入应收单新增界面。

(2)单击【选单】按钮，选择相应的“寄售结算单”，单击【确定】按钮，并根据实验数据录入信息。

(3)信息录入完成后，依次单击【保存】→【提交】→【审核】按钮，如图 4－67 所示。

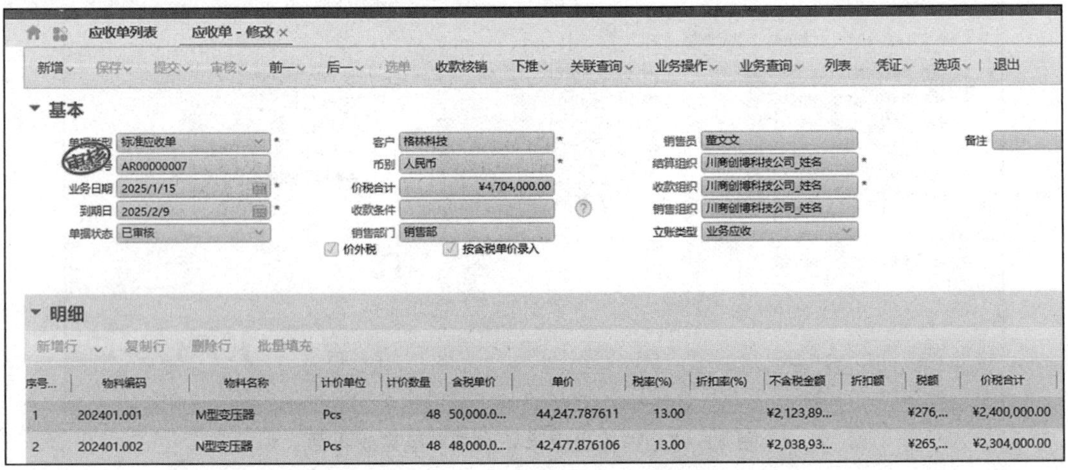

图 4－67　应收单新增并审核完成界面

8. “科技公司会计_姓名”根据销售应收单下推生成销售增值税专用发票

(1)“科技公司会计_姓名”登录，在刚刚审核应收单的界面，单击【下推】按钮，下推生成“销售增值税专用发票”。

(2)根据实验数据录入信息，信息录入完成后，依次单击【保存】→【提交】→【审核】按钮，如图 4－68 所示。

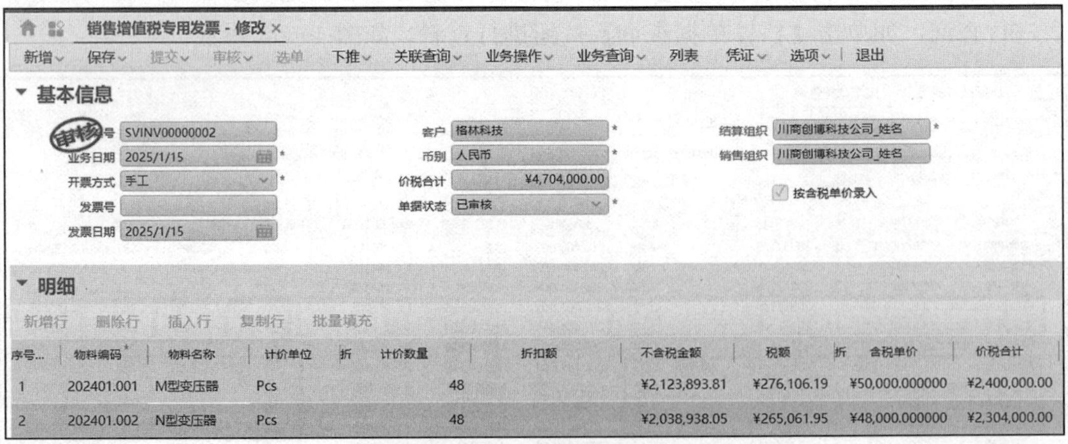

图 4－68　销售增值税专用发票新增并审核完成界面

9. “科技公司会计_姓名”根据业务单据生成凭证

（1）“科技公司会计_姓名”登录，选择组织“川商创博科技公司_姓名”，执行【财务会计】→【智能会计平台】→【财务处理】→【凭证生成】命令，进入凭证生成界面。

（2）在“选择账簿”页签下勾选账簿“川商创博科技公司_姓名”，在“选择单据”页签下勾选“直接调拨单”“销售出库单”“应收单”，“单据范围”选择相应的直接调拨单、销售出库单和应收单，单击【凭证生成】按钮，系统会自动生成“凭证生成报告列表”。

（3）凭证生成后，执行【财务会计】→【智能会计平台】→【财务处理】→【总账凭证查询】命令，选择审核状态为“创建”的凭证，并对刚创建的凭证进行核对，如图 4－69 所示。

凭证号	摘要	科目编码	科目全名	币别	原币金额	借方金额	贷方金额
13	单据AR00000007 的应收单	1122	应收账款	人民币	¥4,704,000.00	¥4,704,000.00	
	单据AR00000007的应收单	6001	主营业务收入	人民币	¥4,162,831.86		¥4,162,831.86
	单据AR00000007的应收单	2221.01.02	应交税费_应交增值税_销项税额	人民币	¥541,168.14		¥541,168.14
14	单据号ZJDB000001的直接调拨...	1406	发出商品	人民币	¥2,423,149.09	¥2,423,149.09	
	单据号ZJDB000001的直接调拨...	1405	库存商品	人民币	¥1,288,909.09		¥1,288,909.09
	单据号ZJDB000001的直接调拨...	1405	库存商品	人民币	¥1,134,240.00		¥1,134,240.00
15	单据号XSCKD000003的销售出...	6401	主营业务成本	人民币	¥2,423,149.09	¥2,423,149.09	
	单据号XSCKD000003的销售出...	1406	发出商品	人民币	¥2,423,149.09		¥2,423,149.09

图 4－69　总账凭证查询界面

注意：

由于凭证模板、平台参数等方面细节设置差异，因此智能会计平台生成的凭证的同一会计科目会存在按照明细科目分别列示金额或者合并金额到一起的情况，只要总额相等均正确。

三、收取定金的销售业务

实验场景

收取定金的销售业务是企业常见的一种销售业务类型。在销售业务执行过程中，先向客户收取一定比例的款项，再进行交易。通过管理订单收款计划，保障企业的利益。

实验步骤

（1）科技公司会计员新增收款单。

（2）科技公司销售员新增销售订单，在订单上选中预收单建立关联，维护预付款金额。

（3）科技公司仓管员根据销售订单生成销售出库单。

（4）科技公司会计员进行出库成本核算。

（5）科技公司会计员根据销售订单生成销售应收单。

（6）科技公司会计员根据销售应收单下推生成销售增值税专用发票。

（7）科技公司会计员根据业务单据生成凭证。

对应的收取定金的销售业务流程如图 4－70 所示。

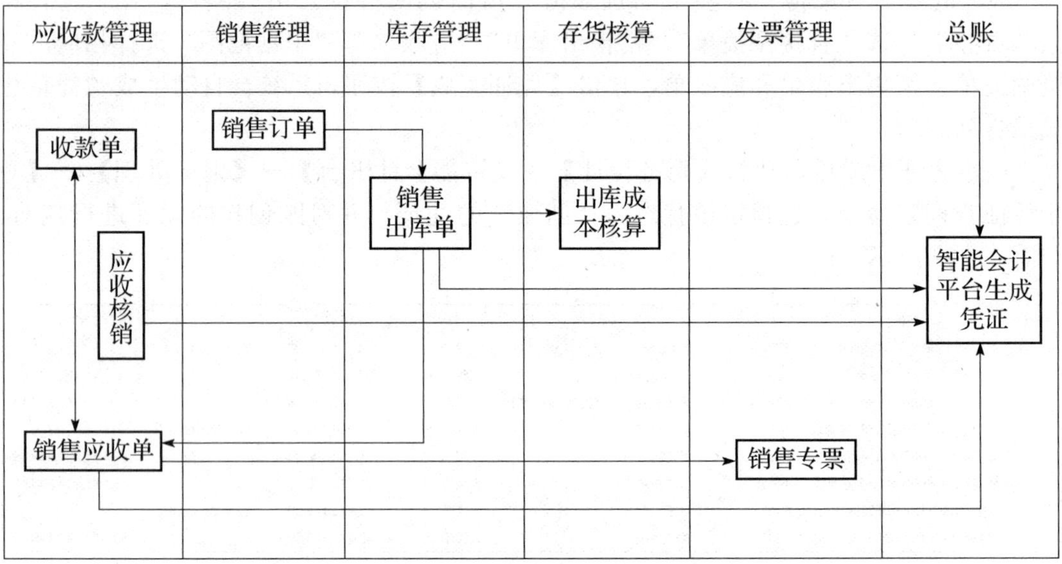

图 4－70　收取定金的销售业务流程

实验数据

2025 年 1 月 3 日，川商创博科技公司销售一批变压器给中车电机，通过网银收取 20％的定金 576 000 元，2025 年 1 月 10 日从产成品仓发货。

（1）收款单明细如表 4－19 所示。

表 4－19　收款单明细

业务日期	付款单位	往来单位	收款组织
2025/1/3	中车电机	中车电机	川商创博科技公司_姓名
收款用途	**应收金额**	**我方银行账号**	**结算方式**
预收款	576 000.00	62277772	网银支付

（2）销售订单相关信息如表 4－20 所示。

表 4－20　销售订单相关信息

销售组织	业务日期	销售员	客户	物料名称	含税单价
川商创博科技公司_姓名	2025/1/3	董文文	中车电机	N 型变压器	48 000.00
数量	**税率**	**要货日期/计划发货日期**	**是否预收**	**应收比例**	**关联单号**
60	13％	2025/1/10	是	20％	收款单号

（3）销售出库单业务日期：2025/1/10；仓库：产成品仓。

（4）应收单业务日期：2025/1/10；到期日：2025/2/3。

（5）销售增值税专用发票业务日期：2025/1/10；发票日期：2025/1/10。

（6）凭证数据如表4-21所示。

表4-21　凭证数据

对应组织	凭证来源	会计科目	借方金额	贷方金额
科技公司	收款单	银行存款	576 000.00	
		预收账款		576 000.00
科技公司	销售出库单	主营业务成本——N型变压器	1 417 800.00	
		库存商品——N型变压器		1 417 800.00
科技公司	应收单	应收账款——中车电机	2 880 000.00	
		主营业务收入——N型变压器		2 548 672.57
		应交税费——应交增值税（销项税额）		331 327.43
科技公司	应收核销	预收账款	568 000.00	
		应收账款——中车电机		568 000.00

操作指导

1. “科技公司会计_姓名”新增收款单

视频

收取定金的销售业务

（1）“科技公司会计_姓名”登录，选择组织“川商创博科技公司_姓名”，执行【财务会计】→【应收款管理】→【收款】→【收款单列表】命令，进入收款单列表。

（2）单击【新增】按钮，进入收款单新增界面，根据表4-19的实验数据录入单据信息。

（3）信息录入完成后，依次单击【保存】→【提交】→【审核】按钮，如图4-71所示。

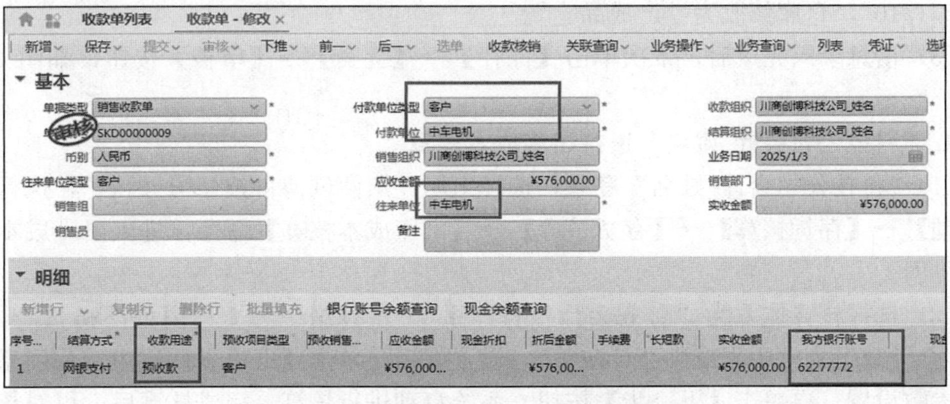

图4-71　收款单新增并审核完成界面

2. “科技公司销售_姓名”新增销售订单

（1）“科技公司销售_姓名”登录，选择组织“川商创博科技公司_姓名”，执行【供应链】→【销售管理】→【订单处理】→【销售订单】命令，进入销售订单新增界面。

（2）根据表 4-20 的实验数据录入相关信息，注意在“收款计划”页签中，与收款单号关联，勾选预收选项，录入应收比例“20%”，单击【新增行】按钮，录入应收比例“80%”，系统会自动算出金额。

（3）信息录入完成后，依次单击【保存】→【提交】→【审核】按钮，如图 4-72 所示。

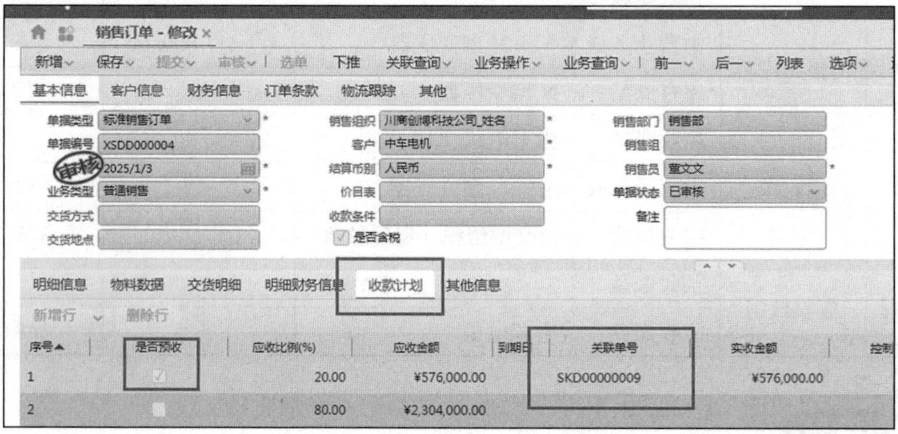

图 4-72　销售订单新增并审核完成界面

> **注意：**
> 在填制销售订单时，一定要在收款计划处关联之前的收款单。

3. “科技公司仓管_姓名”根据销售订单生成销售出库单

（1）“科技公司仓管_姓名”登录，选择组织“川商创博科技公司_姓名”，执行【供应链】→【销售管理】→【出货处理】→【销售出库单】命令，进入销售出库单新增界面。

（2）单击【选单】按钮，选择相应的销售订单，单击【确定】按钮，将日期修改为“2025/1/10”，仓库修改为“产成品仓”。

（3）信息录入完成后，依次单击【保存】→【提交】→【审核】按钮，如图 4-73 所示。

4. “科技公司会计_姓名”进行出库成本核算

（1）“科技公司会计_姓名”登录，选择组织“川商创博科技公司_姓名”，执行【成本管理】→【存货核算】→【存货核算】→【出库成本核算】命令，进入出库成本核算向导界面。

（2）选择核算体系为“财务会计核算体系”，核算组织为“川商创博科技公司_姓名”，会计政策为“中国准则会计政策”，设置好后，单击【下一步】按钮，采用系统默认的参数设置，再单击【下一步】按钮，系统自动进行核算。完成核算后，可对核算报表进行查询，如单击【核算单据查询】按钮进行查看，如图 4-74 所示。

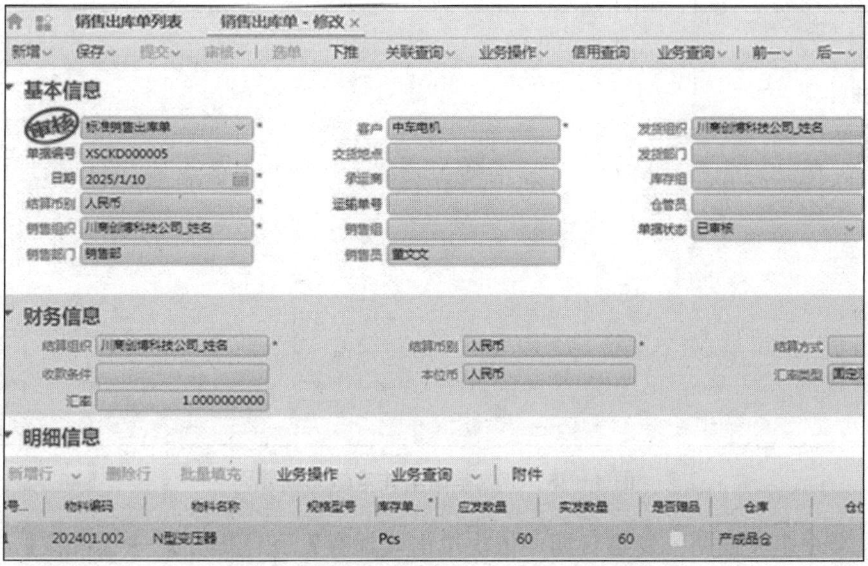

图 4－73　销售出库单新增并审核完成界面

会...	单据类型	单单	业务日期	部门	出入库序列	物料编码	物料名称	基批	存货类别	数量	单价	金额	仓库
2...	标准采购入库	C 1	2025/1/10		入库	202401.003	铁芯	F	原材料	58	2,654.867241	153,982.3	原料仓
2...	标准采购入库	C 2	2025/1/6		入库	202401.004	初级线圈	F	原材料	50	460.177	23,008.85	原料仓
2...	寄售直接调拨单	Z 1	2025/1/9		出库	202401.001	M型变压器	F	产成品	48	26,852.272727	1,288,909.09	产成品仓
2...	寄售直接调拨单	Z 1	2025/1/9		入库	202401.001	M型变压器	F	产成品	48	26,852.272727	1,288,909.09	客户仓
2...	标准销售出库单	X 1	2025/1/15		出库	202401.001	M型变压器	F	产成品	40	26,852.272727	1,074,090.91	产成品仓
2...	寄售出库单	X 1	2025/1/15	销售部	出库	202401.001	M型变压器	F	产成品	48	26,852.272727	1,288,909.09	客户仓
2...	寄售直接调拨单	Z 2	2025/1/9		出库	202401.002	N型变压器	F	产成品	48	23,630	1,134,240	产成品仓
2...	寄售直接调拨单	Z 2	2025/1/9		入库	202401.002	N型变压器	F	产成品	48	23,630	1,134,240	客户仓
2...	标准销售出库单	X 1	2025/1/10	销售部	出库	202401.002	N型变压器	F	产成品	60	23,630	1,417,800	产成品仓
2...	寄售出库单	X 2	2025/1/15	销售部	出库	202401.002	N型变压器	F	产成品	48	23,630	1,134,240	客户仓
2...	标准采购入库	C 1	2025/1/10		入库	202401.005	次级线圈	F	原材料	40	451.3275	18,053.1	原料仓

图 4－74　出库成本核算单据查询界面

5. “科技公司会计_姓名”根据销售订单新增销售应收单

（1）“科技公司会计_姓名”登录，选择组织“川商创博科技公司_姓名”，执行【财务会计】→【应收款管理】→【销售应收】→【应收单】命令，进入应收单新增界面。

（2）单击【选单】按钮，选择相应的销售订单，单击【确定】按钮，将业务日期修改为“2025/1/10”，到期日修改为“2025/2/3”。

（3）信息录入完成后，依次单击【保存】→【提交】→【审核】按钮，如图 4－75 所示。

6. “科技公司会计_姓名”根据销售应收单下推生成销售增值税专用发票

（1）“科技公司会计_姓名”登录，在刚刚审核应收单的界面，单击【下推】按钮，下推生成“销售增值税专用发票”。

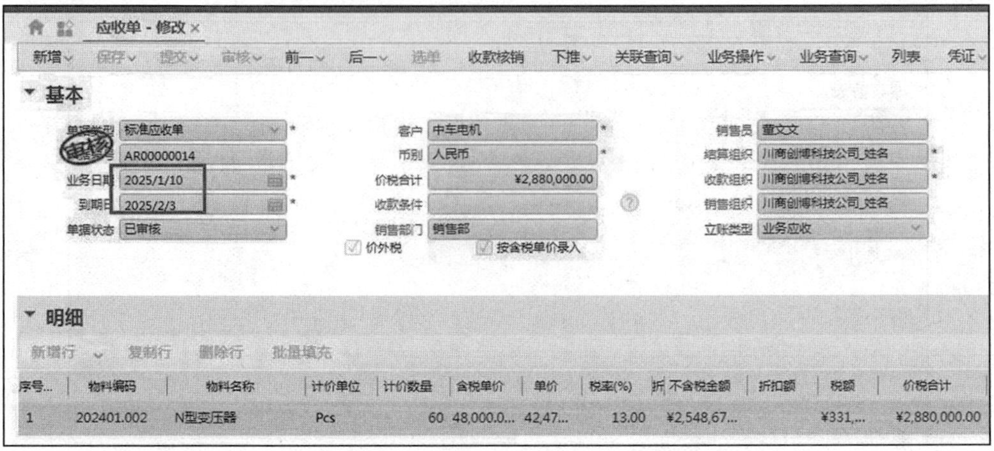

图 4－75 应收单新增并审核完成界面

（2）修改业务日期、发票日期，依次单击【保存】→【提交】→【审核】按钮，如图 4－76 所示。

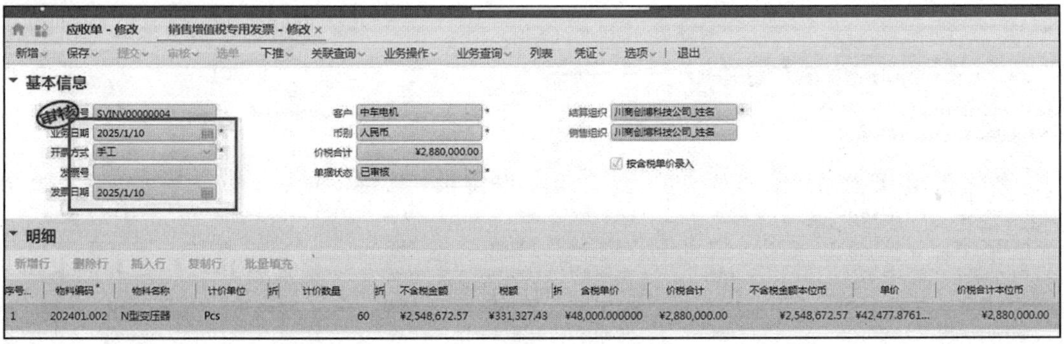

图 4－76 销售增值税专用发票新增并审核完成界面

7. “科技公司会计_姓名”根据业务单据生成凭证

（1）“科技公司会计_姓名”登录，选择组织“川商创博科技公司_姓名”，执行【财务会计】→【智能会计平台】→【财务处理】→【凭证生成】命令，进入凭证生成界面。

（2）在“选择账簿”页签下勾选账簿“川商创博科技公司_姓名”，在“选择单据”页签下勾选“应收核销单”“应收单”“收款单”“销售出库单”，“单据范围”选择相应的应收核销单、应收单、收款单、销售出库单，单击【凭证生成】按钮，系统会自动生成“凭证生成报告列表”。

（3）凭证生成后，执行【财务会计】→【智能会计平台】→【财务处理】→【总账凭证查询】命令，选择审核状态为“创建”的凭证，并对刚创建的凭证进行核对，如图 4－77 所示。

日期	会...	期间	凭...	凭...	摘要	科目编码	科目全名	币别	原币金额	借方金额	贷方金额
2025/1/14	2025	1	记	16	单据YS...	2203	预收账款	人民币	¥576,000.00	¥576,000.00	
					单据YS...	1122	应收账款	人民币	¥576,000.00		¥576,000.00
2025/1/13	2025	1	记	17	单据AR...	1122	应收账款	人民币	¥2,880,000.00	¥2,880,000.00	
					单据AR...	6001	主营业务收入	人民币	¥2,548,672.57		¥2,548,672.57
					单据AR...	2221.01.02	应交税费_应交增值税_销项税额	人民币	¥331,327.43		¥331,327.43
2025/1/14	2025	1	记	18	SKD00...	1002	银行存款	人民币	¥576,000.00	¥576,000.00	
					SKD00...	2203	预收账款	人民币	¥576,000.00		¥576,000.00
2025/1/13	2025	1	记	19	单据号...	6401	主营业务成本	人民币	¥1,417,800.00	¥1,417,800.00	
					单据号...	1405	库存商品	人民币	¥1,417,800.00		¥1,417,800.00

图 4-77 总账凭证查询界面

第三节 资金管理业务

资金管理是企业或组织对资金流动进行日常控制和管理的活动，主要包含收款、付款、票据管理等。本节介绍集团内部资金下拨、资金上划业务，企业日常收付款业务中的取现、缴纳税费、发放工资、支付货款、收到货款、应收票据处理案例和操作流程。

一、资金下拨

实验场景

资金组织根据资金预算，或者根据审批通过的成员单位资金请款单，由资金组织发起资金调拨，将资金组织母账户资金下拨到各成员单位账户。

实验步骤

（1）集团公司会计员新增资金调拨单。
（2）销售公司会计员进行收款。
（3）集团公司会计员根据业务单据生成凭证。
（4）销售公司会计员根据业务单据生成凭证。

对应的资金下拨业务流程如图 4-78 所示。

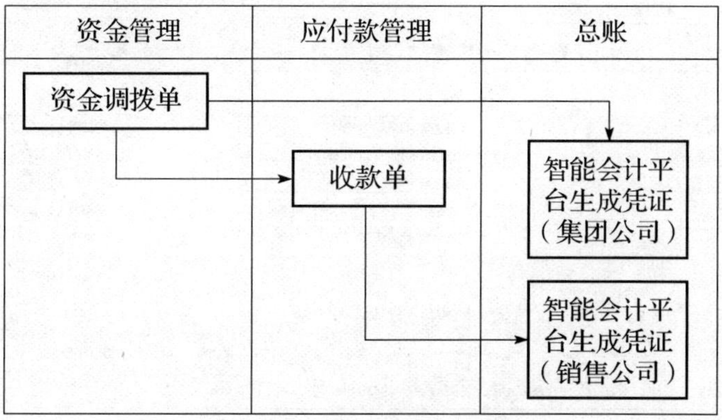

图 4-78 资金下拨业务流程

实验数据

2025 年 1 月 1 日，集团公司下拨一笔资金给川商耀博销售公司，金额为 30 000 元。

（1）资金调拨单信息如表 4－22 所示。

表 4－22　资金调拨单信息

“基本”页签			
业务日期	资金组织	结算方式	银行账号
2025/1/1	川商集团_姓名	网银支付	62277771
“明细”页签			
借入组织	单位账号	账户名称	金额
川商耀博销售公司_姓名	62277774	耀博销售公司收付账户	30 000

（2）凭证数据如表 4－23 所示。

表 4－23　凭证数据

对应组织	凭证来源	会计科目	借方金额	贷方金额
集团公司	资金调拨付款单	其他应收款——统收款/川商耀博销售公司	30 000.00	
		银行存款		30 000.00
销售公司	资金调拨收款单	银行存款	30 000.00	
		其他应付款——统支款/川商集团		30 000.00

视频

资金下拨

操作指导

1. “集团公司会计_姓名”新增资金调拨单

（1）“集团公司会计_姓名”登录，选择组织“川商集团_姓名”，执行【财务会计】→【出纳管理】→【日常处理】→【资金调拨单】命令，进入资金调拨单列表。

（2）单击【新增】按钮，根据表 4－22 的实验数据录入单据相关信息。

（3）信息录入完成后，依次单击【保存】→【提交】→【审核】按钮，如图 4－79 所示。

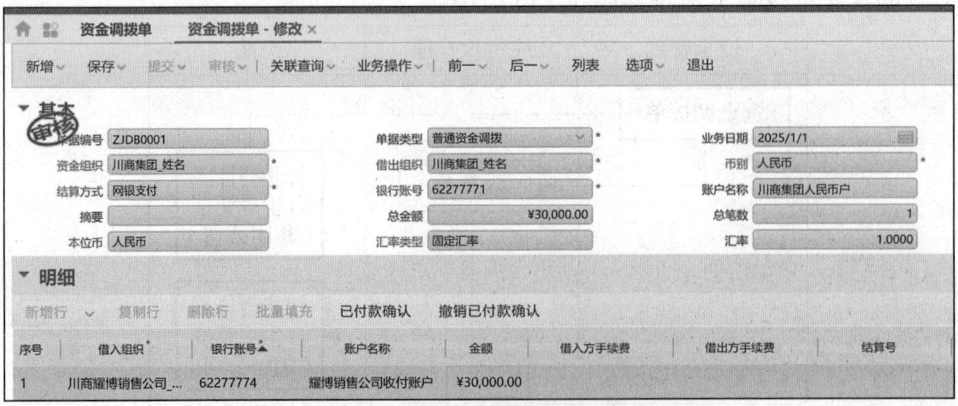

图 4－79　资金调拨单新增并审核完成界面

知识扩展

资金调拨单用于记录企业子公司或利润中心之间的资金拆借业务，包括银行存款资金拆借、资金内部账号资金拆借、收付内部账号资金拆借。

2. “销售公司会计_姓名”进行收款

在资金调拨单审核完成后，系统会自动生成对应成员单位的付款单和收款单（对应的单据类型：资金调拨），以供成员单位查询资金调拨数据。

“销售公司会计_姓名”登录，选择组织“川商耀博销售公司_姓名”，执行【财务会计】→【出纳管理】→【日常处理】→【收款单】命令，查看对应的资金调拨收款单，如图 4－80 所示。

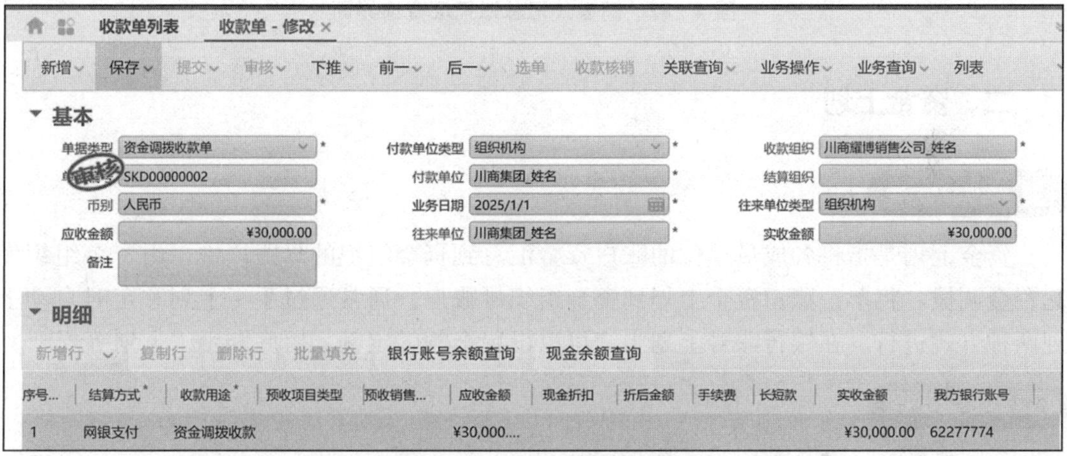

图 4－80　收款单查询界面

3. “集团公司会计_姓名”根据业务单据生成凭证

（1）“集团公司会计_姓名”登录，选择组织“川商集团公司_姓名”，执行【财务管理】→【智能会计平台】→【财务处理】→【凭证生成】命令，进入凭证生成界面。

（2）在“选择账簿”页签下勾选账簿“川商集团_姓名”，在“选择单据”页签下勾选“付款单”，单击【凭证生成】按钮，系统会自动生成“凭证生成报告列表”。

（3）凭证生成后，执行【财务会计】→【智能会计平台】→【财务处理】→【总账凭证查询】命令，选择审核状态为“创建”的凭证，并对刚创建的凭证进行核对，如图 4－81 所示。

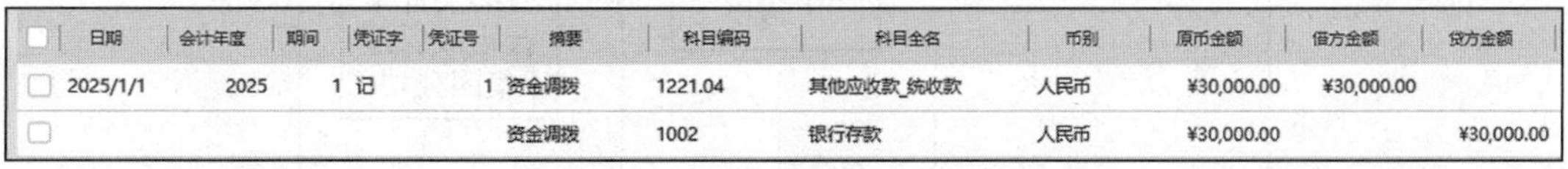

	日期	会计年度	期间	凭证字	凭证号	摘要	科目编码	科目全名	币别	原币金额	借方金额	贷方金额
☐	2025/1/1	2025	1	记	1	资金调拨	1221.04	其他应收款_统收款	人民币	¥30,000.00	¥30,000.00	
☐						资金调拨	1002	银行存款	人民币	¥30,000.00		¥30,000.00

图 4－81　集团总账凭证查询界面

4. “销售公司会计_姓名”根据业务单据生成凭证

（1）“销售公司会计_姓名”登录，选择组织“川商耀博销售公司_姓名”，执行【财务会计】→【智能会计平台】→【财务处理】→【凭证生成】命令，进入凭证生成界面。

（2）在“选择账簿”页签下勾选账簿“川商耀博销售公司_姓名”，在“选择单据”页签下勾选“收款单”，单击【凭证生成】按钮，系统会自动生成“凭证生成报告列表”。

（3）凭证生成后，执行【财务会计】→【智能会计平台】→【财务处理】→【总账凭证查询】命令，选择审核状态为“创建”的凭证，并对刚创建的凭证进行核对，如图 4－82 所示。

☐	日期	会计年度	期间	凭证字	凭证号	摘要	科目编码	科目全名	币别	原币金额	借方金额	贷方金额
☐	2025/1/1	2025	1	记	7	资金调拨	1002	银行存款	人民币	¥30,000.00	¥30,000.00	
☐						资金调拨	2241.04	其他应付款_统支款	人民币	¥30,000.00		¥30,000.00

图 4－82　销售公司总账凭证查询界面

二、资金上划

实验场景

资金上划是指将各成员单位的账户资金汇总到资金组织的母账户中，由资金组织发起资金调拨，将单位账户资金上划到资金组织母账户。通常通过手工上划和定时自动上划两种方式进行。在银行账号上划中，可以设置全额、定额、留底和手工上划等规则。

实验步骤

（1）集团公司会计员新增资金调拨单。

（2）销售公司会计员进行付款。

（3）集团公司会计员根据业务单据生成凭证。

（4）销售公司会计员根据业务单据生成凭证。

对应的资金上划业务流程如图 4－83 所示。

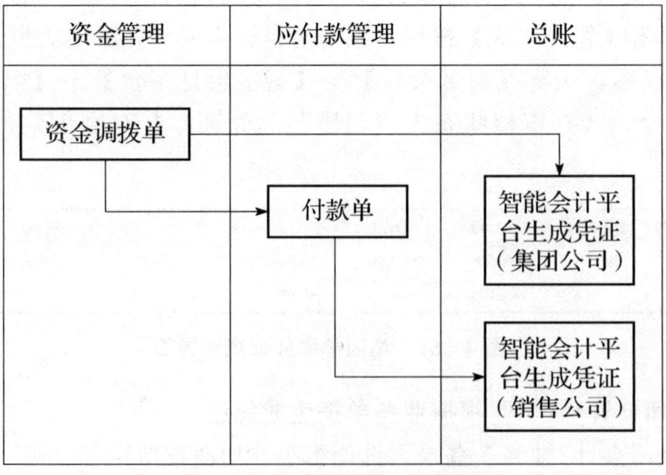

图 4－83　资金上划业务流程

实验数据

2025 年 1 月 17 日，集团公司根据资金管理规定，要求销售公司上划资金 20 000 元。

（1）资金调拨单数据如表 4－24 所示。

表 4－24　资金调拨单数据

“基本”页签			
业务日期	资金组织/借出组织	结算方式	银行账号
2025/1/17	川商耀博销售公司_姓名	网银支付	62277774
“明细”页签			
借入组织	银行账号	账户名称	金额
川商集团_姓名	62277771	川商集团人民币户	20 000

（2）凭证数据如表 4－25 所示。

表 4－25　凭证数据

对应组织	凭证来源	会计科目	借方金额	贷方金额
集团公司	资金调拨收款单	银行存款	20 000.00	
		其他应付款——统支款/川商耀博销售公司		20 000.00
销售公司	资金调拨付款单	其他应收款——统收款/川商集团	20 000.00	
		银行存款		20 000.00

操作指导

1. “集团公司会计_姓名”新增资金调拨单

视频　资金上划

（1）“集团公司会计_姓名”登录，选择组织“川商耀博销售公司_姓名”，执行【财务会计】→【出纳管理】→【日常处理】→【资金调拨单】命令，进入资金调拨单列表。

（2）单击【新增】按钮，根据表 4－24 的实验数据录入单据相关信息。

（3）信息录入完成后，依次单击【保存】→【提交】→【审核】按钮，如图 4－84 所示。

图 4－84　资金调拨单新增并审核完成界面

2. “销售公司会计_姓名”进行付款

在资金调拨单审核完成后，系统会自动生成对应成员单位的付款单和收款单（对应的单据类型：资金调拨），以供成员单位查询资金调拨数据。

“销售公司会计_姓名”登录，选择组织“川商耀博销售公司_姓名”，执行【财务会计】→【出纳管理】→【日常处理】→【付款单】命令，查看对应的资金调拨付款单，如图 4－85 所示。

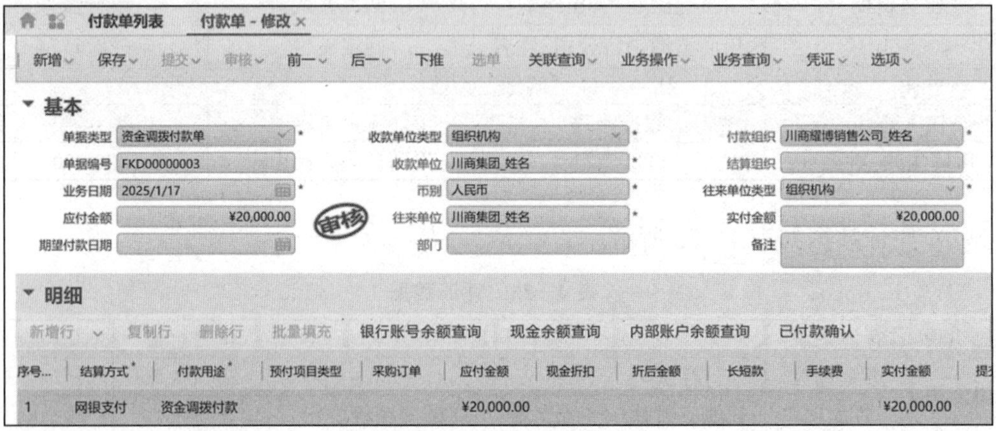

图 4－85　付款单查询界面

3. “集团公司会计_姓名”根据业务单据生成凭证

（1）“集团公司会计_姓名”登录，选择组织“川商集团_姓名”，执行【财务会计】→【智能会计平台】→【财务处理】→【凭证生成】命令，进入凭证生成界面。

（2）在“选择账簿”页签下勾选账簿“川商集团公司_姓名”，在“选择单据”页签下勾选“收款单”，单击【凭证生成】按钮，系统自动生成“凭证生成报告列表”。

（3）执行【财务会计】→【智能会计平台】→【财务处理】→【总账凭证查询】命令，选择审核状态为“创建”的凭证，并对刚创建的凭证进行核对，如图 4－86 所示。

日期	会计年度	期间	凭证字	凭证号	摘要	科目编码	科目全名	币别	原币金额	借方金额	贷方金额
2025/1/17	2025	1	记	2	资金调拨	1002	银行存款	人民币	¥20,000.00	¥20,000.00	
					资金调拨	2241.04	其他应付款_统支款	人民币	¥20,000.00		¥20,000.00

图 4－86　集团总账凭证查询界面

4. “销售公司会计_姓名”根据业务单据生成凭证

（1）“销售公司会计_姓名”登录，选择组织“川商耀博销售公司_姓名”，执行【财务会计】→【智能会计平台】→【财务处理】→【凭证生成】命令，进入凭证生成界面。

（2）在“选择账簿”页签下勾选账簿“川商耀博销售公司_姓名”，在“选择单据”页签下勾选“付款单”，“单据范围”选择相应的单据，单击【凭证生成】按钮。

（3）凭证生成后，执行【财务会计】→【智能会计平台】→【财务处理】→【总账凭证查询】命令，选择审核状态为“创建”的凭证，并对刚创建的凭证进行核对，如图 4－87 所示。

	日期	会计年度	期间	凭证字	凭证号	摘要	科目编码	科目全名	币别	原币金额	借方金额	贷方金额
☐	2025/1/17	2025	1	记	8	资金调拨	1221.04	其他应收款_统收款	人民币	¥20,000.00	¥20,000.00	
☐						资金调拨	1002	银行存款	人民币	¥20,000.00		¥20,000.00

图 4-87 销售公司总账凭证查询界面

三、取现

实验场景

企业日常的存现、取现业务主要是通过现金存取单来实现的。企业资金在库存现金和银行存款两种形式之间发生互转。

实验步骤

（1）科技公司出纳员新增现金存取单。

（2）科技公司会计员生成凭证。

对应的取现业务流程如图 4-88 所示。

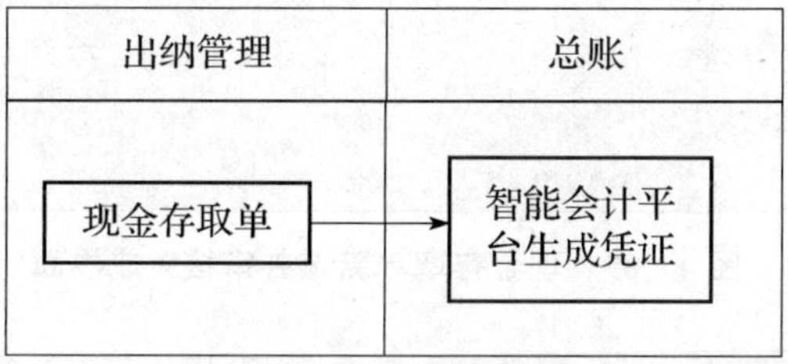

图 4-88 取现业务流程

实验数据

（1）2025 年 1 月 14 日，川商创博科技公司从工商银行天府支行提现 6 000 元备用金用于日常经营。取款单相关信息如表 4-26 所示。

表 4-26 取款单相关信息

单据类型	业务日期	开户银行	银行账号	金额
取款	2025/1/14	工商银行天府支行	62277772	6 000.00

（2）凭证数据如表 4-27 所示。

表 4-27 凭证数据

对应组织	凭证来源	会计科目	借方金额	贷方金额
科技公司	现金存取单	库存现金	6 000.00	
		银行存款		6 000.00

操作指导

视频

取现

1. “科技公司出纳_姓名”新增现金存取单

（1）“科技公司出纳_姓名”登录，选择组织“川商创博科技公司_姓名”，执行【财务会计】→【出纳管理】→【日常处理】→【现金存取单】命令，进入现金存取单界面。

（2）单击【新增】按钮，进入现金存取单新增界面，根据表 4－26 的实验数据录入单据信息。

（3）信息录入完成后，依次单击【保存】→【提交】→【审核】按钮，如图 4－89 所示。

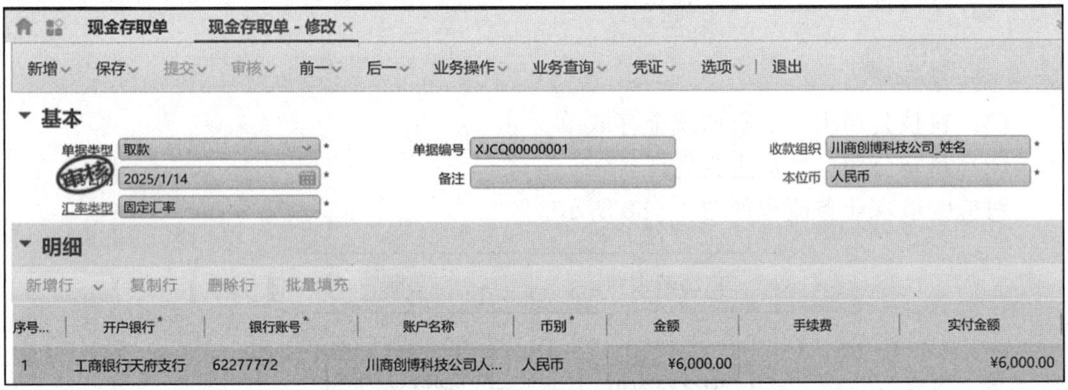

图 4－89　现金存取单新增并审核完成界面

> **注意：**
> 操作时“单据类型”要改为“取款”。

2. “科技公司会计_姓名”生成凭证

（1）“科技公司会计_姓名”登录，选择组织“川商创博科技公司_姓名”，执行【财务会计】→【智能会计平台】→【财务处理】→【凭证生成】命令，进入凭证生成界面。

（2）勾选账簿“川商创博科技公司_姓名”，来源单据为“现金存取单”，“单据范围”页签下选择“取款”，单击【凭证生成】按钮，系统会自动生成“凭证生成报告列表”。

（3）凭证生成后，执行【财务会计】→【智能会计平台】→【财务处理】→【总账凭证查询】命令，选择审核状态为“创建”的凭证，并对刚创建的凭证进行核对，如图 4－90 所示。

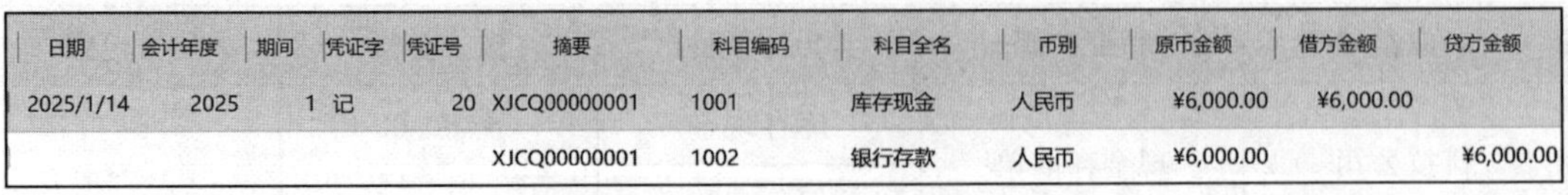

日期	会计年度	期间	凭证字	凭证号	摘要	科目编码	科目全名	币别	原币金额	借方金额	贷方金额
2025/1/14	2025	1	记	20	XJCQ00000001	1001	库存现金	人民币	¥6,000.00	¥6,000.00	
					XJCQ00000001	1002	银行存款	人民币	¥6,000.00		¥6,000.00

图 4－90　总账凭证查询界面

四、缴纳税费

实验场景

向税务局缴纳上个月增值税税金，在总账中编制该笔业务的凭证。

实验步骤

销售公司会计员录入相关凭证。

实验数据

2025 年 1 月 10 日，川商耀博销售公司缴纳上个月增值税税金 282 070.38 元。凭证数据如表 4 - 28 所示。

表 4 - 28　凭证数据

对应组织	凭证来源	会计科目	借方金额	贷方金额
销售公司	凭证录入	应交税费——未交增值税	282 070.38	
		银行存款		282 070.38

操作指导

视频

缴纳税费

(1) “销售公司会计_姓名”登录，选择组织“川商耀博销售公司_姓名”，执行【财务会计】→【总账】→【凭证管理】→【凭证录入】命令，进入凭证录入界面。

(2) 根据表 4 - 28 的实验数据录入凭证信息，摘要录入“缴纳增值税”。

(3) 信息录入完成后，单击【保存】按钮，如图 4 - 91 所示。

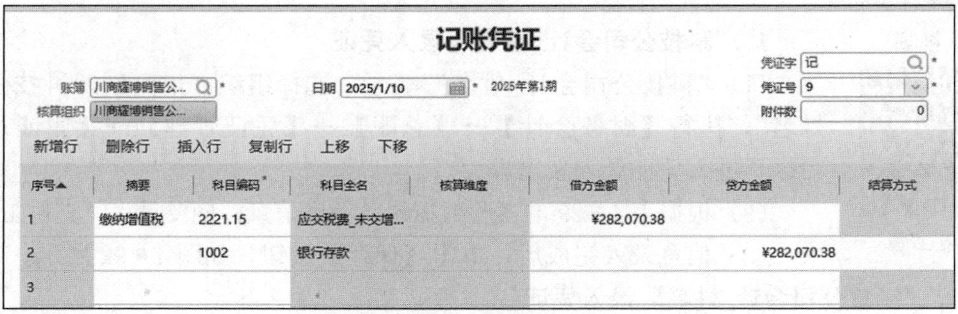

图 4 - 91　凭证新增界面

五、发放工资

实验场景

发放工资是基于计提工资的结果，通常在每月的最后一天或次月的前几天进行。发放工资时，企业会从“应付职工薪酬”账户中扣除已计提的社保和个税，将剩余金额支付给员工。

实验步骤

（1）科技公司会计员录入凭证。

（2）销售公司会计员录入凭证。

实验数据

2025 年 1 月 15 日，川商创博科技公司发放工资 688 508 元，川商耀博销售公司发放工资 27 520 元。

凭证数据如表 4－29 所示。

表 4－29　凭证数据

对应组织	会计科目	借方金额	贷方金额
川商创博科技公司	应付职工薪酬	784 900.00	
	银行存款		688 508.00
	其他应付款——社保		96 035.00
	应交税费——代扣个人所得税		357.00
川商耀博销售公司	应付职工薪酬	32 000.00	
	银行存款		27 520.00
	其他应付款——社保		4 480.00

操作指导

视频

发放工资

1. “科技公司会计_姓名”录入凭证

（1）“科技公司会计_姓名”登录，选择组织“川商创博科技公司_姓名”，执行【财务会计】→【总账】→【凭证管理】→【凭证录入】命令，进入凭证录入新增界面。

（2）根据表 4－29 的实验数据录入凭证信息，摘要录入“支付工资”。

（3）信息录入完成后，单击【保存】按钮，如图 4－92 所示。

2. “销售公司会计_姓名”录入凭证

（1）“销售公司会计_姓名”登录，选择组织“川商耀博销售公司_姓名”，执行【财务会计】→【总账】→【凭证管理】→【凭证录入】命令，进入凭证录入新增界面。

（2）根据表 4－29 的实验数据录入凭证信息，摘要录入“支付工资”。

（3）信息录入完成后，依次单击【保存】→【提交】→【审核】按钮，如图 4－93 所示。

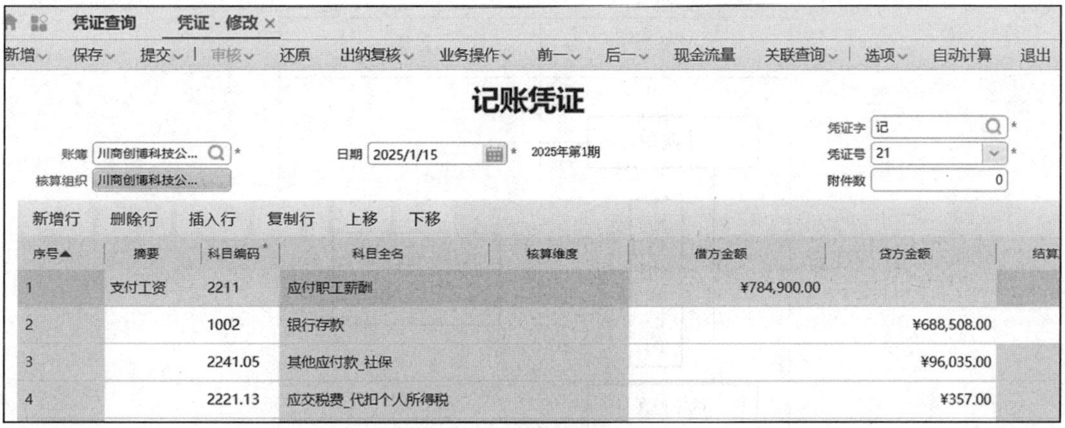

图 4-92　科技公司新增凭证

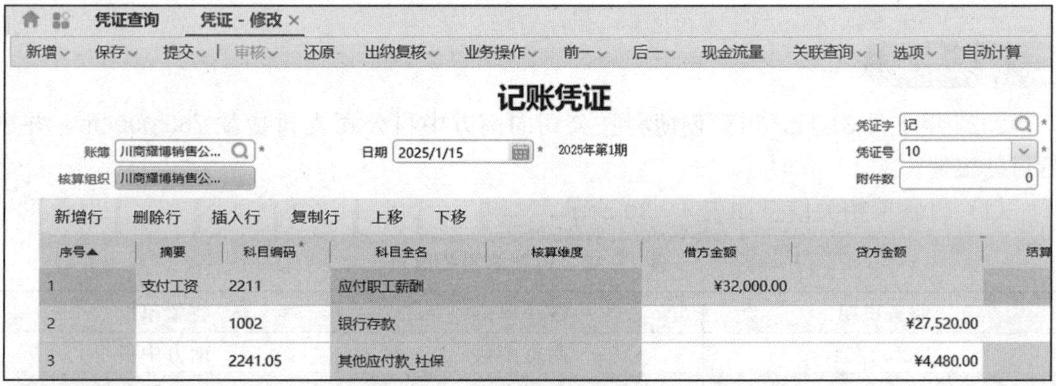

图 4-93　销售公司新增凭证

六、支付货款

实验场景

采购业务付款通过采购业务类型的付款单处理。用户可以通过关联对应的应付单进行付款处理，也支持手工新增相应的付款单进行付款处理。采购业务付款的付款单，付款用途可以为预付款或者采购付款。如果企业同时启用了应付系统，采购业务付款将影响应付账款的余额，并参与应付系统的应付付款核销。

实验步骤

（1）科技公司会计员新增付款单。

（2）科技公司会计员进行应付付款核销。

（3）科技公司会计员根据相关业务单据生成凭证。

对应的支付货款业务流程如图 4-94 所示。

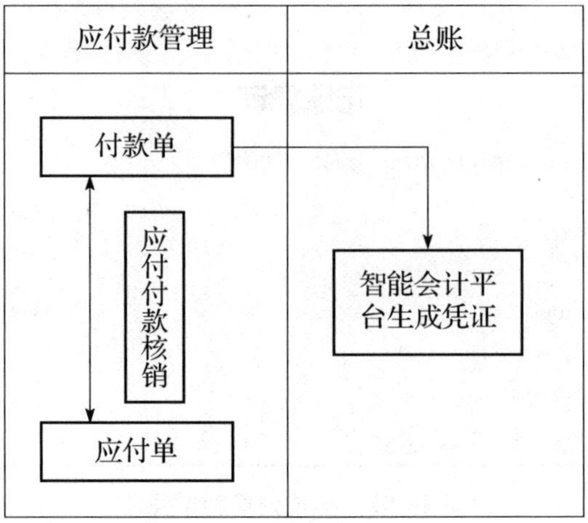

图 4-94　支付货款业务流程

实验数据

2025 年 1 月 31 日，川商创博科技公司向南方中科公司支付货款 755 000 元，并进行付款核销。

（1）付款单相关信息如表 4-30 所示。

表 4-30　付款单相关信息

业务日期	往来单位	收款单位
2025/1/31	南方中科	南方中科
结算方式	**应付金额**	**我方银行账号**
网银支付	755 000.00	62277772

（2）凭证数据如表 4-31 所示。

表 4-31　凭证数据

对应组织	凭证来源	会计科目	借方金额	贷方金额
科技公司	付款单	应付账款——明细（南方中科）	755 000.00	
		银行存款		755 000.00

操作指导

视频

支付货款

1. “科技公司会计_姓名”新增付款单

（1）“科技公司会计_姓名”登录，选择组织“川商创博科技公司_姓名”，执行【财务会计】→【应付款管理】→【付款】→【付款单列表】命令，进入付款单列表界面。

（2）单击【新增】按钮，进入付款单新增界面，根据表 4-30 的实验数据录入单据信息。

（3）信息录入完成后，依次单击【保存】→【提交】→【审核】按钮，如图 4－95 所示。

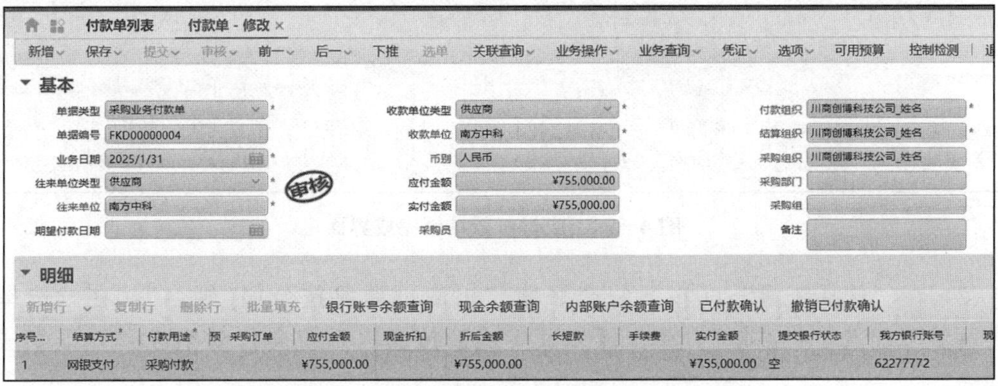

图 4－95　付款单新增并审核完成界面

2.“科技公司会计_姓名”进行应付付款核销

（1）“科技公司会计_姓名”登录，选择组织“川商创博科技公司_姓名”，执行【财务会计】→【应付款管理】→【应付付款】→【应付付款核销】命令，进入应付付款核销界面，如图 4－96 和图 4－97 所示，单击【下一步】按钮，直至核销完成。

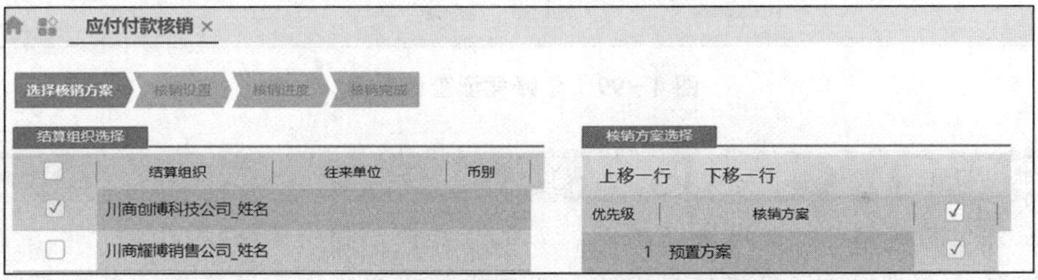

图 4－96　应付付款核销选择核销方案界面

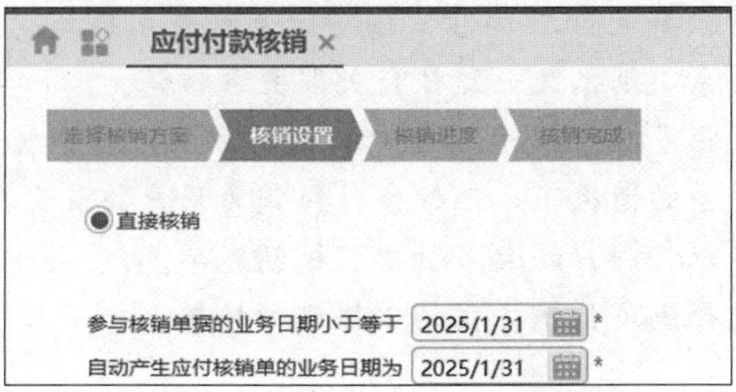

图 4－97　应付付款核销设置界面

（2）单击【查看核销信息】按钮，可以查看核销结果，如图 4－98 所示。

3.“科技公司会计_姓名”根据相关业务单据生成凭证

（1）“科技公司会计_姓名”登录，选择组织“川商创博科技公司_姓名”，执行【财务会计】→【智能会计平台】→【财务处理】→【凭证生成】命令，进入凭证生成界面。

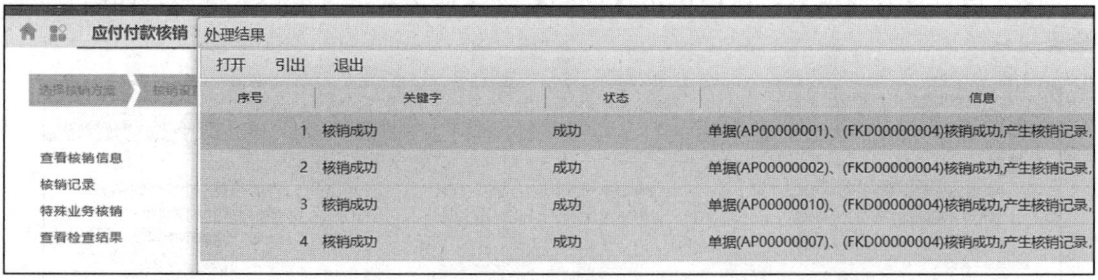

图 4-98　应付付款核销完成界面

（2）在“选择账簿”页签下勾选账簿“川商创博科技公司_姓名”，在“选择单据”页签下勾选“付款单”，单击【凭证生成】按钮，系统会自动生成“凭证生成报告列表”。

（3）凭证生成后，执行【财务会计】→【智能会计平台】→【财务处理】→【总账凭证查询】命令，选择审核状态为“创建”的凭证，并对刚创建的凭证进行核对，如图 4-99 所示。

图 4-99　总账凭证查询界面

知识扩展

应付付款核销包括关联关系核销、匹配条件核销和手工核销。

关联关系是指通过单据转换功能，根据上游单据生成下游单据，在下游单据审核时，系统会自动执行核销。例如通过应付单生成付款单，在付款单审核时，系统会自动对应付单和付款单进行应付付款核销。关联关系核销是优先级最高的核销，如果单据间有关联关系，则系统一定执行关联关系核销。

匹配条件核销是指系统根据用户选择的核销方案，对系统单据进行批量核销。在单据间没有关联关系的情况下，匹配条件核销为用户的最主要核销方式。通过匹配条件核销，应该可以将用户的大多数单据核销完毕。

手工核销可以选择满足核销方案的单据进行核销。

七、收到货款

实验场景

销售业务收款通过销售业务类型的收款单处理。用户可以通过关联对应的应收单进行收款处理，也支持手工新增相应的收款单进行收款处理。销售业务收款的收款单，收款用途可以为预收款或者销售收款。如果企业同时启用了应收系统，销售业务收款将影响应收账款的余额，并参与应收系统的应收收款核销。

实验步骤

（1）销售公司会计员新增收款单。

（2）销售公司会计员进行应收收款核销。

（3）销售公司会计员根据相关单据生成凭证。

对应的收到货款业务流程如图 4－100 所示。

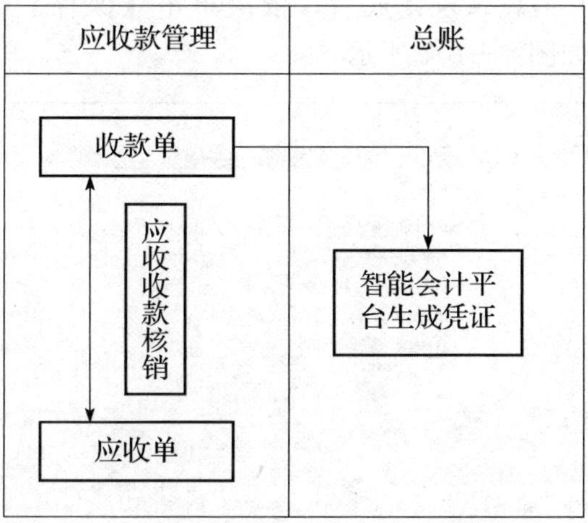

图 4－100　收到货款业务流程

实验数据

2025 年 1 月 31 日，川商耀博销售公司收到科林电器货款 200 000 元，并进行收款核销。

（1）收款单相关信息如表 4－32 所示。

表 4－32　收款单相关信息

业务日期	往来单位	付款单位	结算方式	收款金额	我方银行账号
2025/1/31	科林电器	科林电器	网银支付	200 000	62277773

（2）凭证数据如表 4－33 所示。

表 4－33　凭证数据

对应组织	凭证来源	会计科目	借方余额	贷方余额
销售公司	收款单	银行存款	200 000.00	
		应收账款——科林电器		200 000.00

操作指导

1. “销售公司会计_姓名”新增收款单

视频

收到货款

（1）“销售公司会计_姓名”登录，选择组织“川商耀博销售公司_姓名”，执行【财务会计】→【应收款管理】→【收款】→【收款单列表】命令，进入收款单列表界面。

（2）单击【新增】按钮，进入收款单新增界面，根据表 4－32 的实验数据录入单据信息。

（3）信息录入完成后，依次单击【保存】→【提交】→【审核】按钮，如图 4－101 所示。

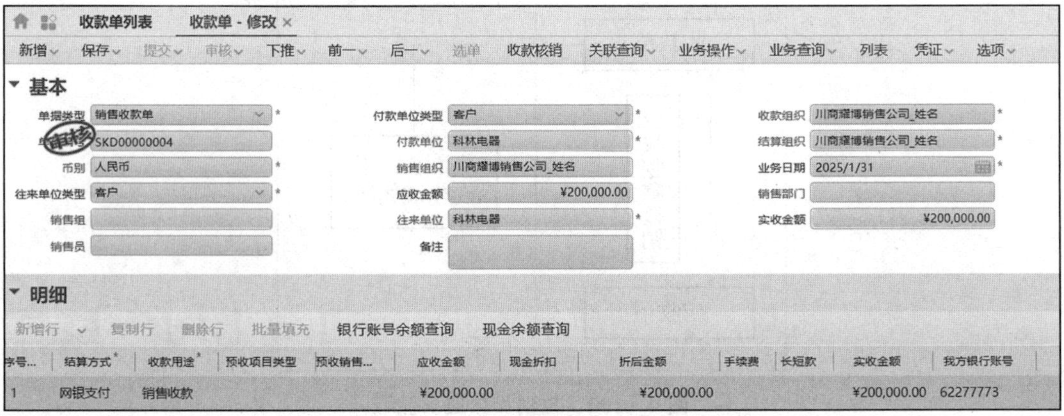

图 4－101　收款单新增并审核完成界面

2. “销售公司会计_姓名”进行应收收款核销

（1）“销售公司会计_姓名”登录，选择组织“川商耀博销售公司_姓名”，执行【财务会计】→【应收款管理】→【应收收款】→【应收收款核销】命令，进入应收收款核销界面，如图 4－102、图 4－103 所示，单击【下一步】按钮，直至核销完成。

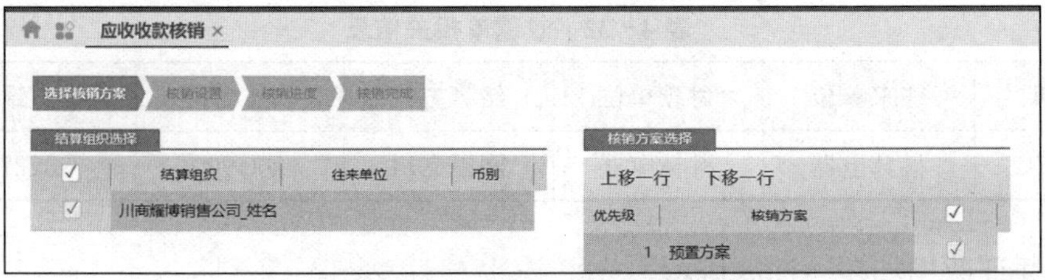

图 4－102　应收收款核销选择核销方案界面

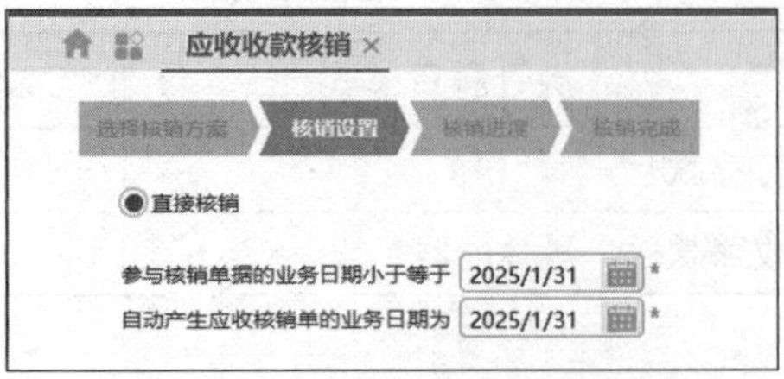

图 4－103　应收收款核销设置界面

（2）单击【查看核销信息】按钮，可以查看核销结果，如图 4－104 所示。

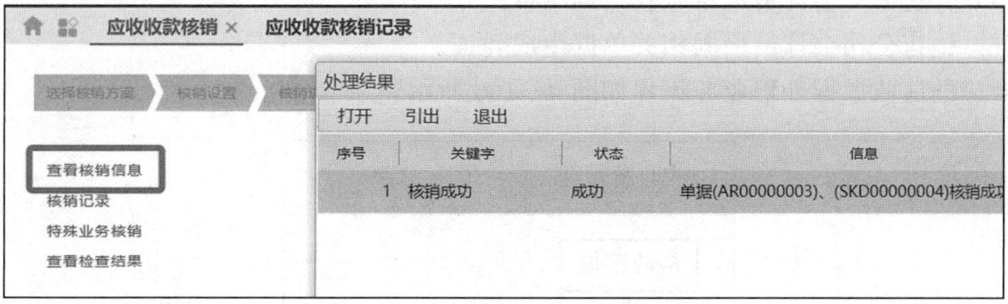

图 4－104　应收收款核销完成界面

3. “销售公司会计_姓名”根据相关单据生成凭证

（1）“销售公司会计_姓名”登录，选择组织“川商耀博销售公司_姓名”，执行【财务会计】→【智能会计平台】→【财务处理】→【凭证生成】命令，进入凭证生成界面。

（2）在“选择账簿”页签下勾选账簿“川商耀博销售公司_姓名”，在“选择单据”页签下勾选“收款单”，单击【凭证生成】按钮，系统会自动生成“凭证生成报告列表”。

（3）凭证生成后，执行【财务会计】→【智能会计平台】→【财务处理】→【总账凭证查询】命令，选择审核状态为“创建”的凭证，并对刚创建的凭证进行核对，如图 4－105 所示。

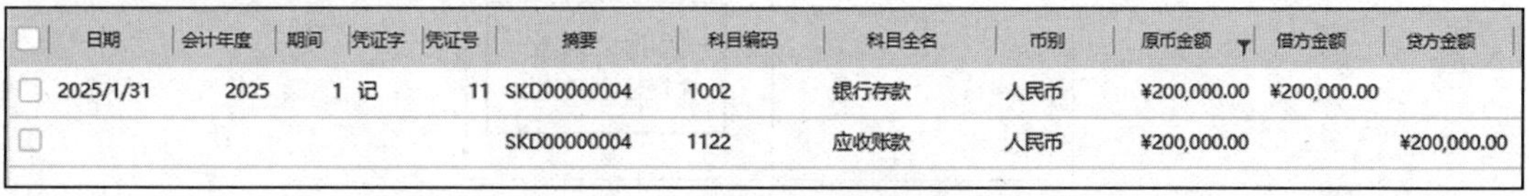

日期	会计年度	期间	凭证字	凭证号	摘要	科目编码	科目全名	币别	原币金额	借方金额	贷方金额
2025/1/31	2025	1	记	11	SKD00000004	1002	银行存款	人民币	¥200,000.00	¥200,000.00	
					SKD00000004	1122	应收账款	人民币	¥200,000.00		¥200,000.00

图 4－105　总账凭证查询界面

八、应收票据处理

实验场景

企业通过票据类结算方式进行收款时，会收到对方签发或者背书的应收票据，包括银行承兑汇票和商业承兑汇票。企业需要在系统中维护所接收到的应收票据，同时进行收款处理；系统支持存在票据类结算方式的收款单，引用相应的应收票据进行收款处理，并支持多笔收款业务合并签发一笔应收票据进行结算的应用场景。系统支持企业进行应收票据的贴现、背书、背书退回、到期收款及退票等后续结算业务处理。应收票据的每一次结算业务处理，均由系统自动产生一张应收票据结算单与之对应，并据此应收票据结算单进行应收票据结算业务的账务处理。

实验步骤

（1）销售公司会计员新增应收票据。

（2）销售公司会计员完成收款。

（3）销售公司会计员进行应收票据贴现。

（4）销售公司会计员进行应收票据结算。

（5）销售公司会计员根据相关单据生成凭证。

对应的应收票据处理业务流程如图 4－106 所示。

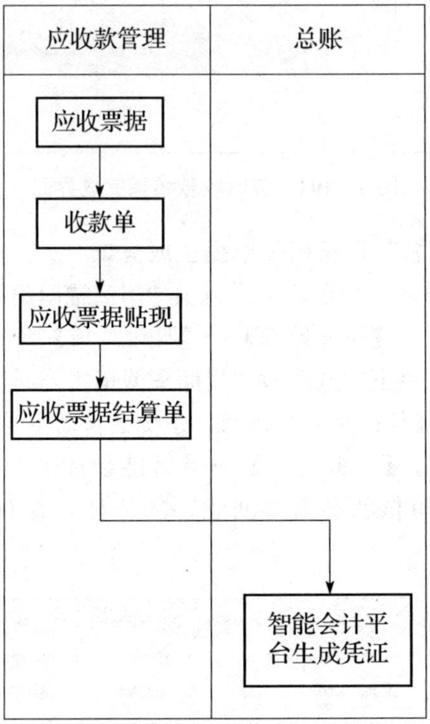

图 4－106　应收票据处理业务流程

实验数据

2025 年 1 月 31 日，川商耀博销售公司收到中车电机开出的银行承兑汇票 256 000 元，支付货款，将应收票据计入中车电机的应收款。在完成收款后，当天持应收票据向银行贴现，票面利率为 4%，贴现率为 9.998%，获得银行存款。月末，进行应收收款核销。

（1）应收票据信息如表 4－34 所示。

表 4－34　应收票据信息

票据类型	币别	票据号	签发日期	到期日
银行承兑汇票	人民币	202501001	2025/1/30	2025/3/31
票面金额	**票面利率**	**出票人**	**承兑人**	**承兑日期**
256 000	4%	中车电机	工商银行天府支行	2025/3/31
收款组织	**往来单位类型**	**往来单位**	**结算组织**	**收票日**
川商耀博销售公司	客户	中车电机	川商耀博销售公司	2025/1/31

（2）收款单业务日期：2025/1/31。

（3）贴现信息如表 4－35 所示。

表 4－35 贴现信息

贴现日期	收款银行账号	收款银行	贴现率
2025/1/31	62277773	工商银行天府支行	9.998%

（4）凭证数据如表 4－36 所示。

表 4－36 凭证数据

对应组织	凭证来源	会计科目	借方金额	贷方金额
销售公司	收款单	应收票据——中车电机	256 000.00	
		应收账款——中车电机		256 000.00
销售公司	应收票据结算单	银行存款	253 483.99	
		财务费用——其他	2 516.01	
		应收票据——中车电机		256 000.00

操作指导

视频

应收票据处理

1. “销售公司会计_姓名”新增应收票据

（1）“销售公司会计_姓名”登录，选择组织“川商耀博销售公司_姓名”，执行【财务会计】→【出纳管理】→【日常处理】→【应收票据】命令。

（2）单击【新增】按钮，根据表 4－34 的实验数据录入单据信息。

（3）信息录入完成后，依次单击【保存】→【提交】→【审核】按钮，如图 4－107 所示。

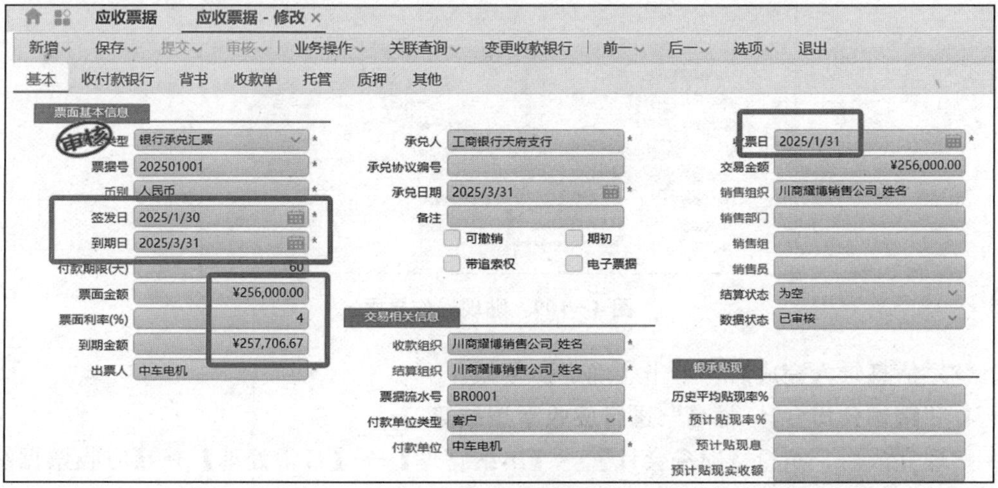

图 4－107 应收票据新增并审核完成界面

注意：

填制“票面利率”时，只要在框里填“4”即可。

2. “销售公司会计_姓名”完成收款

在审核完应收票据后，系统会自动生成收款单。

在录入收款信息后，依次单击【保存】→【提交】→【审核】按钮，如图 4－108 所示。

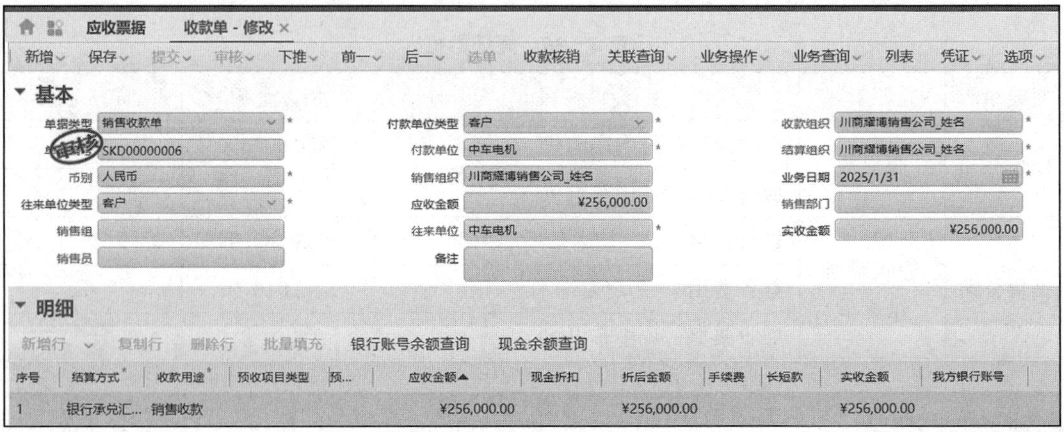

图 4－108　收款单新增并审核完成界面

3. “销售公司会计_姓名”进行应收票据贴现

（1）“销售公司会计_姓名”登录，选择组织“川商耀博销售公司_姓名”，执行【财务会计】→【出纳管理】→【日常处理】→【应收票据】命令，进入应收票据界面。

（2）勾选本案例新增的应收票据，执行【结算操作】→【贴现】命令。进入贴现界面，根据表 4－35 的实验数据录入贴现信息。贴现日期为“2025/1/31”，收款银行为“工商银行天府支行”，收款账号为“62277773”，贴现率为 9.998％，如图 4－109 所示。

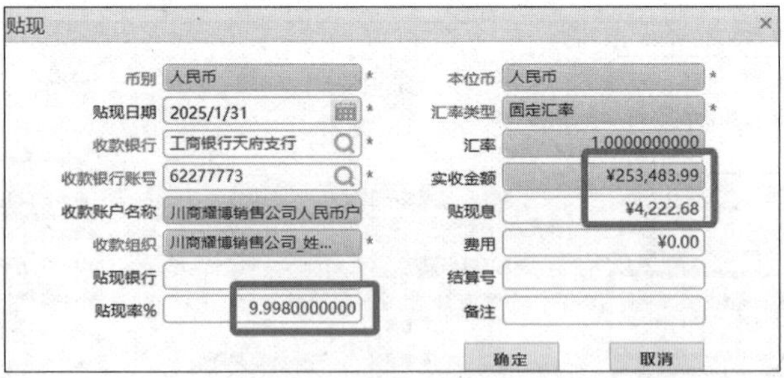

图 4－109　贴现操作界面

（3）信息录入完成后，单击【确定】按钮。

4. “销售公司会计_姓名”进行应收票据结算

贴现完成后，执行【财务会计】→【出纳管理】→【日常处理】→【应收票据结算单】命令，进入应收票据结算单界面，查看应收票据处理情况，如图 4－110 所示。

图 4－110 应收票据结算单查询界面

知识扩展

企业对持有的应收票据进行任意的结算业务处理，系统都会自动产生一张应收票据结算单与之对应，并作为结算业务入账的依据。应收票据结算单均由结算业务操作自动产生，不支持手工新增，系统只提供查询功能。

5. “销售公司会计_姓名”根据相关单据生成凭证

（1）“销售公司会计_姓名”登录，选择组织“川商耀博销售公司_姓名”，执行【财务会计】→【智能会计平台】→【财务处理】→【凭证生成】命令，进入凭证生成界面。

（2）在“选择账簿”页签下勾选账簿“川商耀博销售公司_姓名”，在“选择单据”页签下勾选“收款单”和“应收票据结算单”，单击【凭证生成】按钮，系统会自动生成“凭证生成报告列表”。

（3）凭证生成后，执行【财务会计】→【智能会计平台】→【财务处理】→【总账凭证查询】命令，选择审核状态为“创建”的凭证，并对刚创建的凭证进行核对，如图 4－111 所示。

日期	会计年度	期间	凭证字	凭证号	摘要	科目编码	科目全名	币别	原币金额	借方金额	贷方金额
2025/1/31	2025	1	记	12	SKD00000006	1121	应收票据	人民币	¥256,000.00	¥256,000.00	
					SKD00000006	1122	应收账款	人民币	¥256,000.00		¥256,000.00
2025/1/31	2025	1	记	13	单据号BRJS0001的票据...	1002	银行存款	人民币	¥253,483.99	¥253,483.99	
					单据号BRJS0001的票据...	1121	应收票据	人民币	¥256,000.00		¥256,000.00
					单据号BRJS0001的票据...	6603.06	财务费用_其他	人民币	¥2,516.01	¥2,516.01	

图 4－111 总账凭证查询界面

第四节 员工借款与费用报销业务

费用报销是个人或单位因公务活动产生费用，通过提交原始单据向公司申请报销，以获取相应的经济补偿。费用报销业务常见的两种情况是先个人垫付费用后进行报销和先借款后报销，本节介绍了这两种情况的案例和操作流程。

一、费用报销业务

实验场景

费用报销系统面向企业全员及财务报销人员，提供完整的费用报销流程，支持从费用申请、借款到费用报销、退款，以及费用二次分配与移转业务。它与出纳、应付系统无缝集成，精细化的个人往来管理可帮助企业合理统筹费用，防止浪费和不必要的支出。

实验步骤

（1）科技公司会计员新增费用报销单。

（2）科技公司会计员根据费用报销单生成其他应付单。

（3）科技公司会计员根据相关单据生成凭证。

对应的费用报销业务流程如图 4－112 所示。

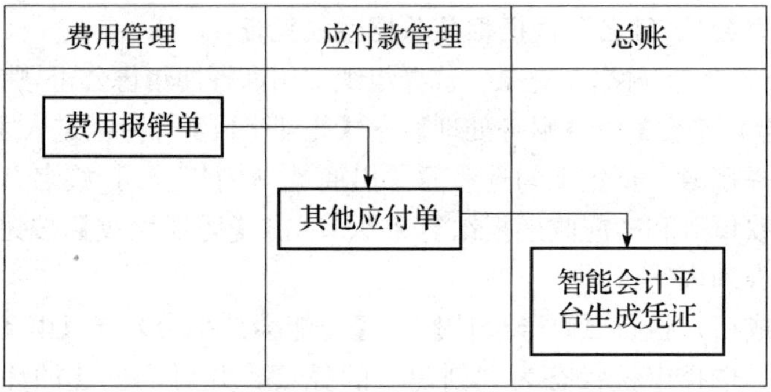

图 4－112　费用报销业务流程

实验数据

2025 年 1 月 7 日，川商创博科技公司行政部杜成申请报销业务招待费 800 元，财务部计划下月付款。

（1）费用报销单相关信息如表 4－37 所示。

表 4－37　费用报销单相关信息

申请人	申请部门	申请日期	费用承担部门	往来单位类型
杜成	行政部	2025/1/7	行政部	员工
费用项目	**费用金额**	**结算方式**	**报销事由**	**往来单位**
业务招待费	800	现金	接待来宾餐费	杜成

（2）其他应付款业务日期：2025/1/7；到期日：2025/1/7。

（3）凭证数据如表 4－38 所示。

表 4－38 凭证数据

对应组织	凭证来源	会计科目	借方金额	贷方金额
科技公司	其他应付款	管理费用/行政部/业务招待费	800.00	
		其他应付款——员工往来/杜成		800.00

操作指导

视频

费用报销业务

1. “科技公司会计_姓名”新增费用报销单

（1）“科技公司会计_姓名”登录，选择组织“川商创博科技公司_姓名”，执行【财务会计】→【人人报销】→【费用报销】→【费用报销单】命令，进入费用报销单新增界面。

（2）根据表 4－37 的实验数据录入相关信息。注意在“付款信息”页签下，选择结算方式为“现金”。信息录入完成后，依次单击【保存】→【提交】→【审核】按钮，如图 4－113 所示。

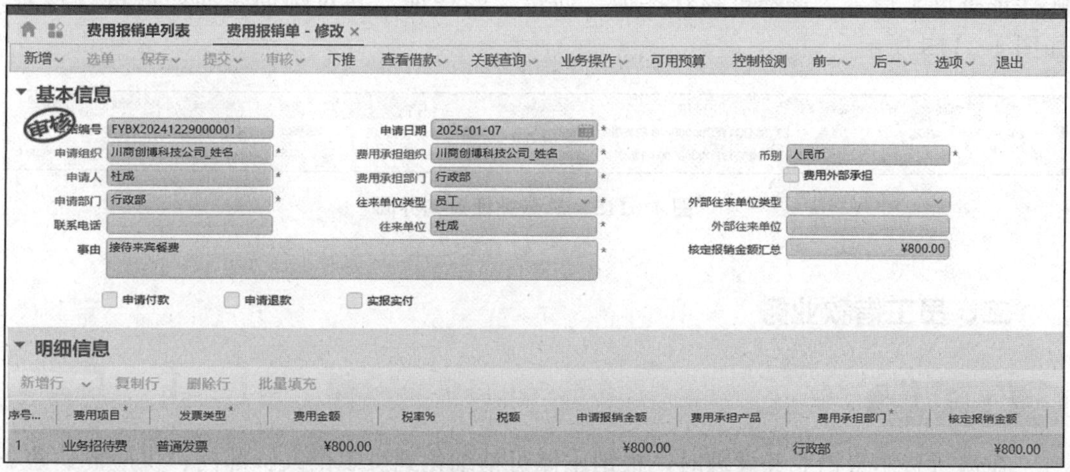

图 4－113 费用报销单新增并审核完成界面

知识扩展

人人报销系统是面向企业员工，提供所有报销功能的系统，支持先申请（可借款或者不借款）后报销、直接报销、通过历史借款余额进行报销、费用移转。

2. “科技公司会计_姓名”根据费用报销单生成其他应付单

“科技公司会计_姓名”新增完成费用报销单并审核后，系统会同步生成并审核其他应付单，可以在费用报销单审核完成的界面单击【关联查询】的【下查】按钮，查询到费用报销的其他应付单，如图 4－114 所示。

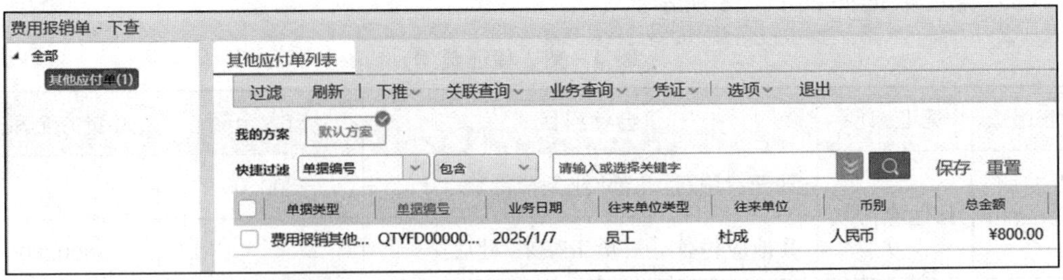

图 4-114 自动生成的费用报销单的其他应付单查询界面

3. “科技公司会计_姓名”根据相关单据生成凭证

（1）“科技公司会计_姓名”登录，选择组织“川商创博科技公司_姓名”，执行【财务会计】→【智能会计平台】→【财务处理】→【凭证生成】命令，进入凭证生成界面。

（2）在“选择账簿”页签下勾选账簿“川商创博科技公司_姓名”，在“选择单据”页签下勾选“其他应付单”，单击【凭证生成】按钮，系统会自动生成“凭证生成报告列表”。

（3）凭证生成后，执行【财务会计】→【智能会计平台】→【财务处理】→【总账凭证查询】命令，选择审核状态为“创建”的凭证，并对刚创建的凭证进行核对，如图 4-115 所示。

日期	会计年度	期间	凭证字	凭证号	摘要	科目编码	科目全名	币别	原币金额	借方金额	贷方金额
2025/1/7	2025	1	记	23	单据QTYFD00000003 的其他...	6602	管理费用	人民币	¥800.00	¥800.00	
					单据QTYFD00000003 的其他...	1221.03	其他应收款_员工往来	人民币	¥800.00		¥800.00

图 4-115 总账凭证查询界面

二、员工借款业务

实验场景

在进行费用报销业务处理时，报销主体可精细化到员工个人、部门、供应商、客户及其他往来单位，报销确认的所有费用统一自动传送到应付系统的其他应付单，企业可进行完整的往来管理。通过对从申请到报销的完整流程管理，企业费用报销人员、报销申请人可精准地跟踪每一笔费用借款、报销进展、付款等情况。

实验步骤

（1）科技公司会计员新增费用申请单。

（2）科技公司会计员根据费用申请单下推生成付款单。

（3）科技公司会计员根据相关单据生成凭证。

对应的员工借款业务流程如图 4-116 所示。

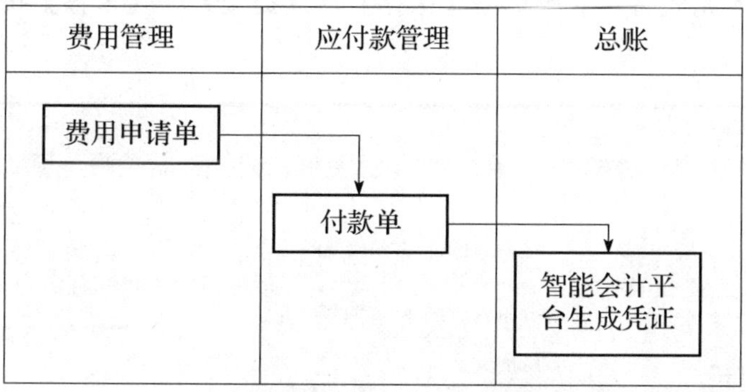

图 4 - 116　员工借款业务流程

实验数据

2025 年 1 月 21 日，川商创博科技公司采购部李艾出差借备用金，共计借款 7 000 元。当天，川商创博科技公司根据该笔费用报销单付款。

（1）费用申请单相关信息如表 4 - 39 所示。

表 4 - 39　费用申请单相关信息

申请日期	申请人	申请部门	申请借款	结算方式	预计还款日
2025/1/21	李艾	采购部	√	现金	2025/2/20
往来单位类型	**往来单位**	**申请事由**	**费用项目**	**申请金额**	**费用承担部门**
员工	李艾	申请出差，参加博览会	差旅费	7 000	采购部

（2）付款单业务日期：2025/1/21；付款用途：费用借款。

（3）凭证数据如表 4 - 40 所示。

表 4 - 40　凭证数据

对应组织	凭证来源	会计科目	借方金额	贷方金额
科技公司	付款单	其他应收款——员工往来/李艾	7 000.00	
		库存现金		7 000.00

操作指导

视频

员工借款业务

1. “科技公司会计_姓名”新增费用申请单

（1）“科技公司会计_姓名”登录，选择组织“川商创博科技公司_姓名”，执行【财务会计】→【人人报销】→【费用申请】→【费用申请单】命令，进入费用申请单新增界面。

（2）根据表 4 - 39 的实验数据录入相关信息。

(3) 信息录入完成后，依次单击【保存】→【提交】→【审核】按钮，如图 4－117 所示。

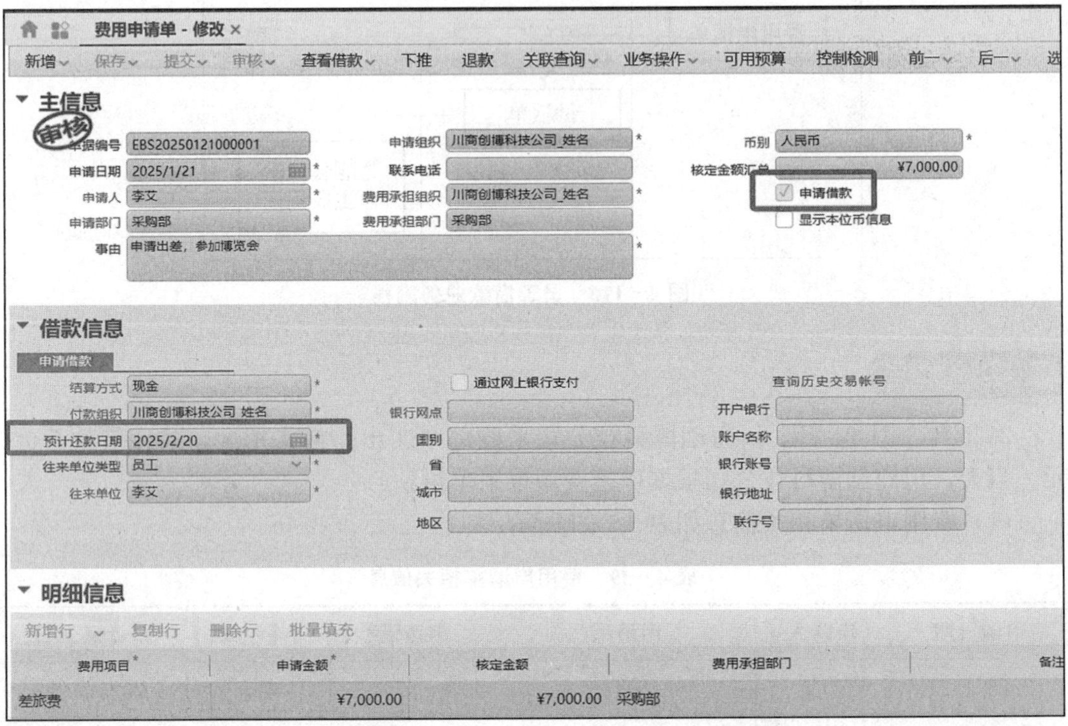

图 4－117 费用申请单新增并审核完成界面

> **注意：**
>
> (1) 要勾选“申请借款”字样。若勾选，此单为费用借款单据，此时系统自动显示“申请借款”页签，申请人需将“申请借款”相关信息补充完整。若不勾选，此单为费用申请单据。
>
> (2)“预计还款日期”申请借款时必录，是后续报表分析的重要依据。

> **知识扩展**
>
> 借款人可直接在菜单上点击“退款”按钮进行退款，当申请单的借款需要全额退回时，不再需要专业财务人员从申请单下推生成付款退款单进行操作，借款人可直接自行退款。

2. “科技公司会计_姓名”根据费用申请单下推生成付款单

(1)“科技公司会计_姓名”登录，在刚刚审核费用申请单的界面，单击【下推】按钮，下推生成付款单，单击【确定】按钮。

(2) 进入付款单新增界面，将业务日期修改为“2025/1/21”，依次单击【保存】→【提交】→【审核】按钮，如图 4－118 所示。

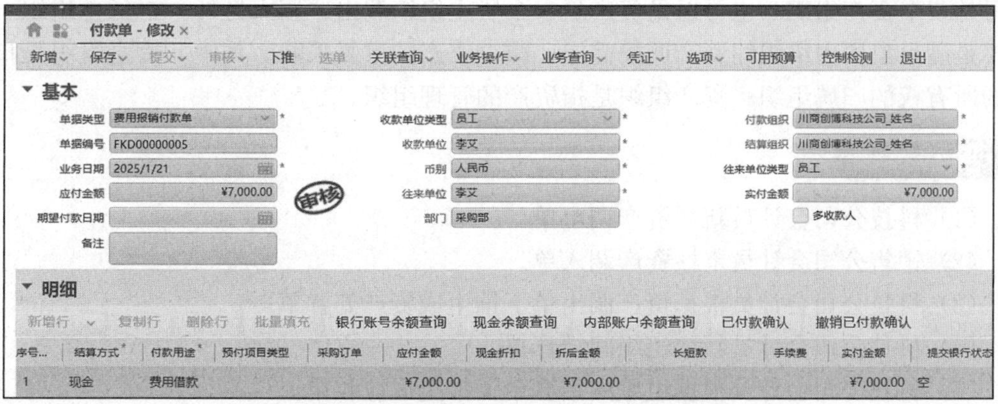

图 4-118　付款单新增并审核完成界面

3. “科技公司会计_姓名”根据相关单据生成凭证

(1)“科技公司会计_姓名”登录，选择组织“川商创博科技公司_姓名”，执行【财务会计】→【智能会计平台】→【财务处理】→【凭证生成】命令，进入凭证生成界面。

(2) 在“选择账簿”页签下勾选账簿“川商创博科技公司_姓名”，在“选择单据”页签下勾选“付款单”，“单据范围”选择刚刚审核完的付款单编号，单击【凭证生成】按钮，系统会自动生成“凭证生成报告列表”。

(3) 凭证生成后，执行【财务会计】→【智能会计平台】→【财务处理】→【总账凭证查询】命令，选择审核状态为“创建”的凭证，并对刚创建的凭证进行核对，如图 4-119 所示。

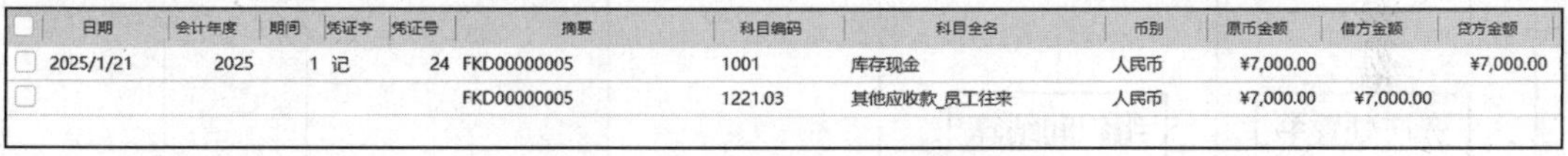

	日期	会计年度	期间	凭证字	凭证号	摘要	科目编码	科目全名	币别	原币金额	借方金额	贷方金额
	2025/1/21	2025	1	记	24	FKD00000005	1001	库存现金	人民币	¥7,000.00		¥7,000.00
						FKD00000005	1221.03	其他应收款_员工往来	人民币	¥7,000.00	¥7,000.00	

图 4-119　总账凭证查询界面

第五节　固定资产业务

固定资产是指企业为生产产品、提供劳务、出租或者经营管理而持有的、使用时间超过 12 个月的非货币性资产，包括房屋、建筑物、机器、机械、运输工具以及其他与生产经营活动有关的设备、器具、工具等。本节介绍了资产调拨、资产盘点、计提折旧、盘亏资产处置四种最常见的日常业务处理案例和操作流程。

一、资产调拨

实验场景

资产调拨是企业中常见的应用业务类型。调拨可以是资产从一个资产组织调出，调入另外一个资产组织，也可以是资产从一个货主组织调出，调入另外一个货主组织。其主要是满足集团内组织间资产调拨需求，减少资产的重复采购。其中，货主组织是指资产的所有权的归属组织；资产组织是指资产的管理组织。

实验步骤

(1) 科技公司会计员新增资产调出单。

(2) 销售公司会计员审核资产调入单。

(3) 科技公司会计员根据资产调出单下推生成资产处置单。

(4) 科技公司会计员新增组织间结算单。

(5) 科技公司会计员根据组织间结算单下推生成应收单。

(6) 销售公司会计员根据资产调入单下推生成资产卡片。

(7) 销售公司会计员根据组织间结算单下推生成应付单。

(8) 科技公司会计员及销售公司会计员根据相关单据生成凭证。

对应的资产调拨业务流程如图 4-120 所示。

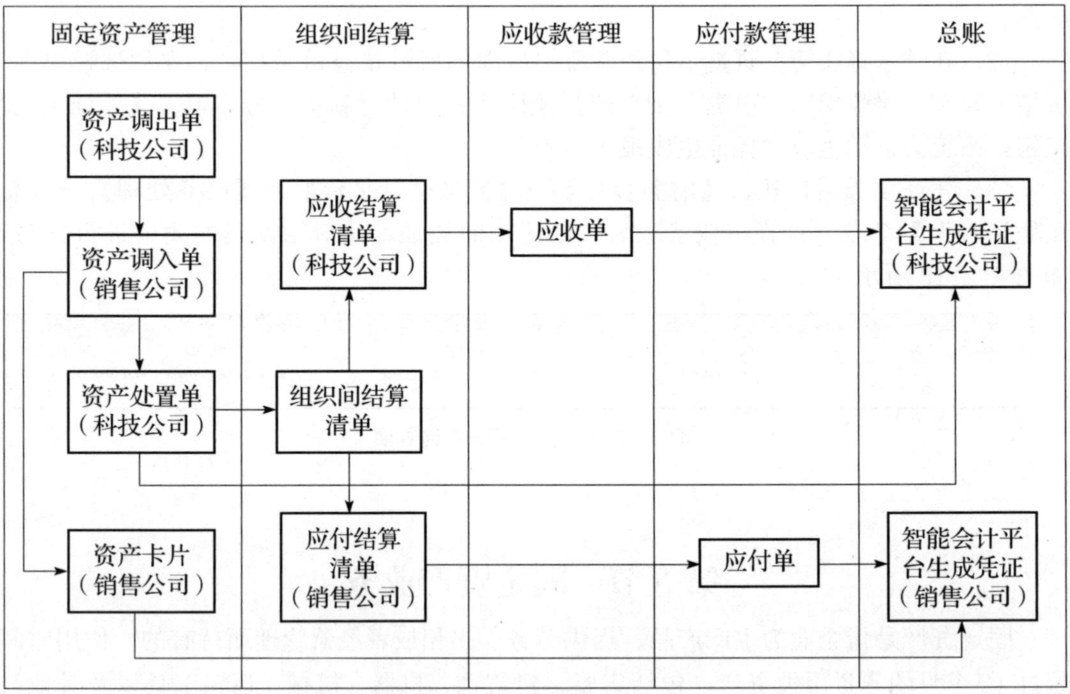

图 4-120 资产调拨业务流程

实验数据

2025 年 1 月 16 日，集团进行固定资产调拨，将川商创博科技公司行政部的 2 台打印机调拨到川商耀博销售公司销售部。

(1) 资产调出单相关信息如表 4-41 所示。

表 4-41　资产调出单相关信息

调出日期	调出资产组织	调入资产组织	卡片名称	数量
2025/1/16	川商创博科技公司_姓名	川商耀博销售公司_姓名	打印机	2

（2）资产处置单业务日期：2025/1/16；清理费用：0；残值收入：0。

（3）应收单业务日期：2025/1/16；到期日：2025/2/16。

（4）固定资产卡片信息：

变动方式：调入。

资产位置：岷东商厦。

使用部门：销售部。

费用项目：折旧费。

（5）应付单业务日期：2025/1/16；到期日：2025/2/16。

（6）凭证数据如表 4-42 所示。

表 4-42　凭证数据

对应组织	凭证来源	会计科目	借方余额	贷方余额
科技公司	资产处置单	固定资产清理	19 472.22	
		累计折旧/电子设备	527.78	
		固定资产/电子设备		20 000.00
科技公司	应收单	应收账款（销售公司）	19 472.22	
		固定资产清理		19 472.22
销售公司	资产卡片	固定资产/电子设备	20 000.00	
		应付账款——暂估应付款		19 472.22
		累计折旧/电子设备		527.78
销售公司	应付单	应付账款——暂估应付款	19 472.22	
		应付账款——明细应付款（科技公司）		19 472.22

操作指导

视频

资产调拨

1. “科技公司会计_姓名”新增资产调出单

（1）“科技公司会计_姓名”登录，选择组织“川商创博科技公司_姓名”，执行【资产管理】→【固定资产】→【日常管理】→【资产调出】命令，进入资产调出单界面。

（2）单击【新增】按钮，进入资产调出单新增界面，根据表 4-41 的实验数据录入单据信息。

（3）信息录入完成后，依次单击【保存】→【提交】→【审核】按钮，如图 4-121 所示。

2. “销售公司会计_姓名”审核资产调入单

（1）“销售公司会计_姓名”登录，选择组织“川商耀博销售公司_姓名”，执行【资产管理】→【固定资产】→【日常管理】→【资产调入】命令，进入资产调入单界面。

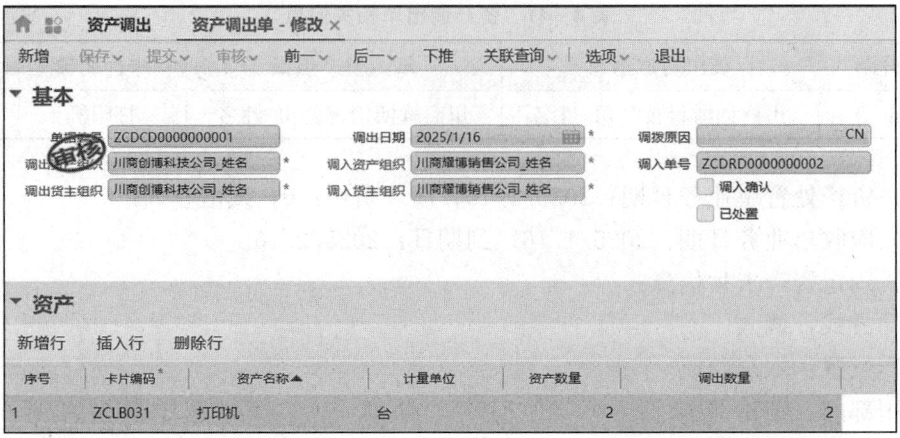

图 4-121　资产调出单新增并审核完成界面

（2）选择刚刚从科技公司调出的资产，检查无误后，勾选单据，进行提交与审核，如图 4-122 所示。

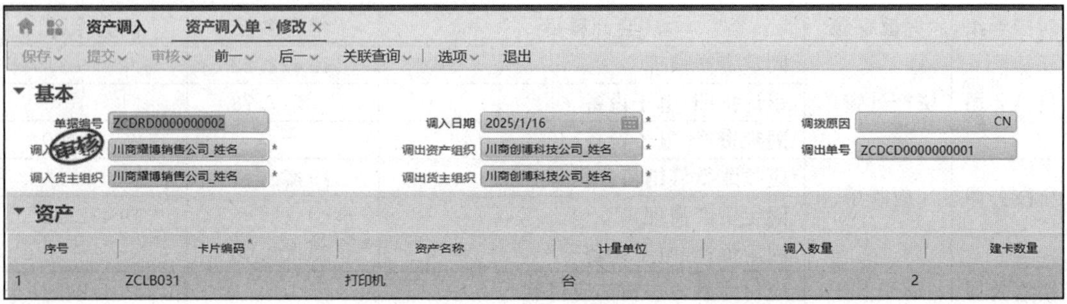

图 4-122　资产调入单审核界面

3. “科技公司会计_姓名”根据资产调出单下推生成资产处置单

（1）“科技公司会计_姓名”登录，选择组织“川商创博科技公司_姓名”，执行【资产管理】→【固定资产】→【日常管理】→【资产调出】命令，进入资产调出单界面。

（2）选择上述资产调出单，单击【下推】按钮，下推生成资产处置单，进入资产处置单新增界面，根据实验数据录入单据的相关信息。

（3）单据信息录入完成后，依次单击【保存】→【提交】→【审核】按钮，如图 4-123 所示。

4. “科技公司会计_姓名”新增组织间结算单

（1）“科技公司会计_姓名”登录，选择组织“川商创博科技公司_姓名”，执行【供应链】→【组织间结算】→【结算清单】→【创建结算清单】命令，进入创建结算清单向导界面。

（2）在“组织间结算范围”页签下，选择会计核算体系为“财务会计核算体系”，核算组织为“川商创博科技公司_姓名”；在“结算业务时间选择”页签下，起始时间修改为“2025/1/1”，截止日期修改为“2025/1/31”；在“结算目标选择”页签下，勾选“创建应收结算清单_资产”和“创建应付结算清单_资产”，如图 4-124 所示。

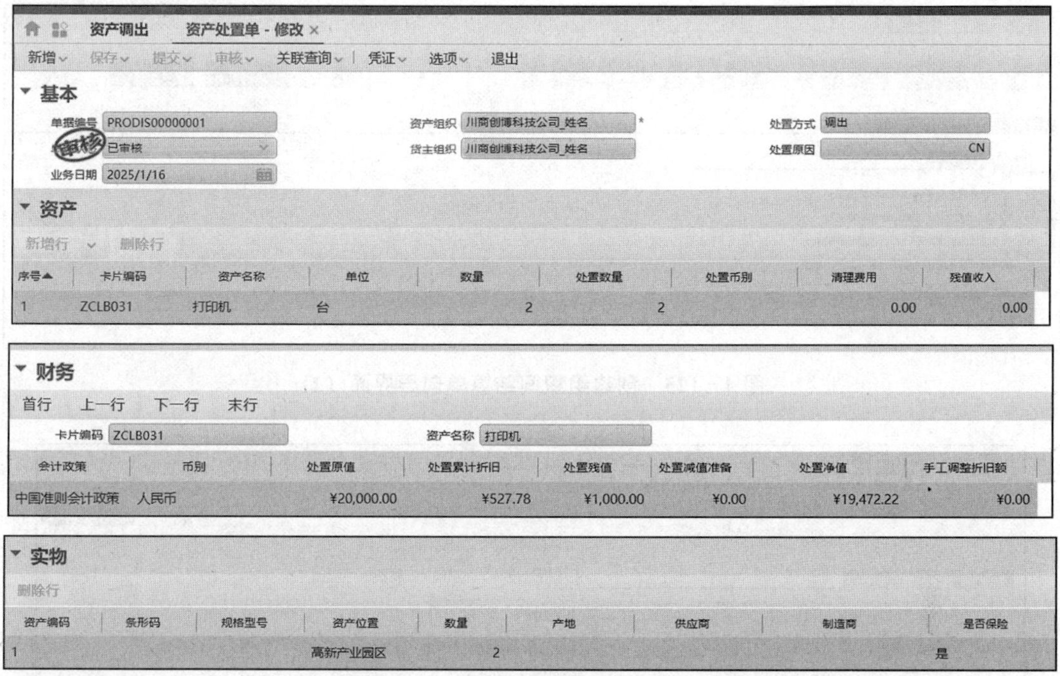

图 4－123　资产处置单新增并审核完成界面

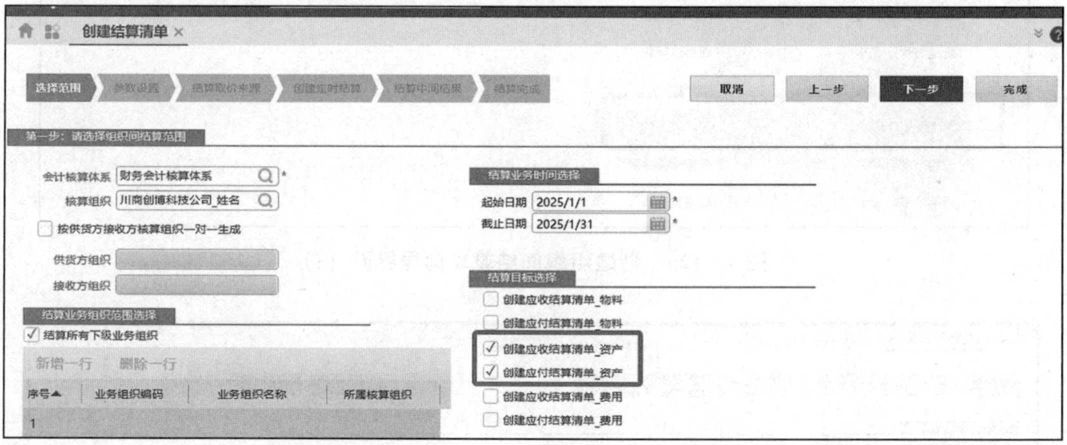

图 4－124　创建组织间结算单向导界面（1）

（3）设置完成后，单击【下一步】按钮，进入参数设置界面，勾选“结算业务对方组织自动生成结算清单”“有结算价格的应收结算清单自动审核”“审核结算应收清单联动审核应付结算清单”，如图 4－125 所示。

（4）单击【下一步】按钮，进入结算取价来源界面，在该界面选择需要更改的跨组织业务取价来源，即“资产调入价”，如图 4－126 所示。

（5）单击【下一步】按钮，系统自动跳过创建定时结算界面，系统自动进入结算中间结果界面，并开始提取数据，创建“川商创博科技公司”核算组织下的结算数据。创建结束后，系统内部会显示出内部结算的所有结果，如图 4－127 所示。

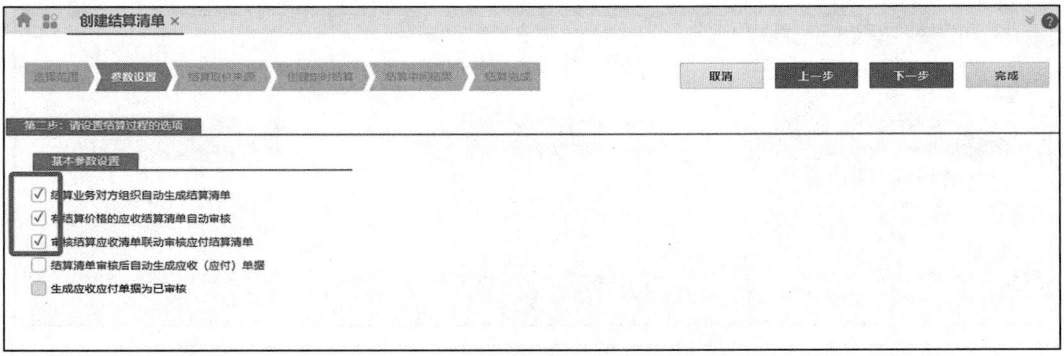

图 4-125　创建组织间结算单向导界面（2）

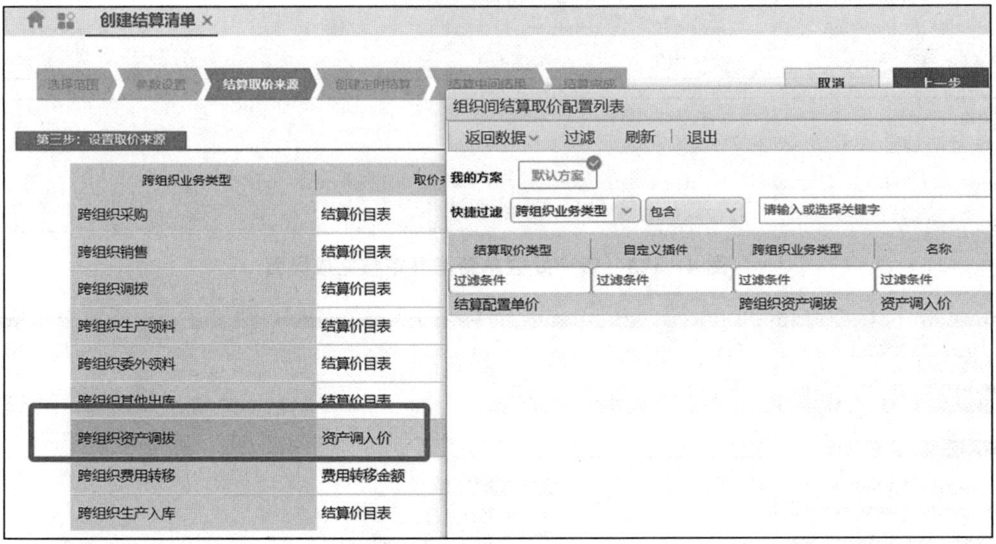

图 4-126　创建组织间结算单向导界面（3）

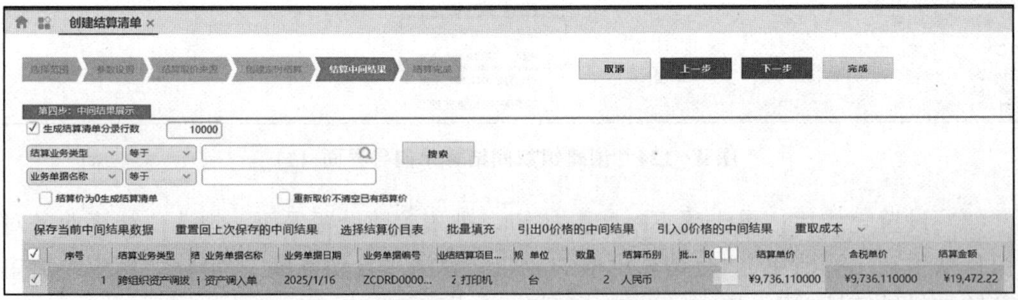

图 4-127　创建组织间结算单向导界面（4）

（6）单击【下一步】按钮，系统会显示“创建结算清单成功”，如图 4-128 所示。

5. “科技公司会计_姓名”根据组织间结算单下推生成应收单

（1）“科技公司会计_姓名”登录，选择组织“川商创博科技公司_姓名”，执行【供应链】→【组织间结算】→【结算清单】→【应收结算清单_资产】命令，进入应收结

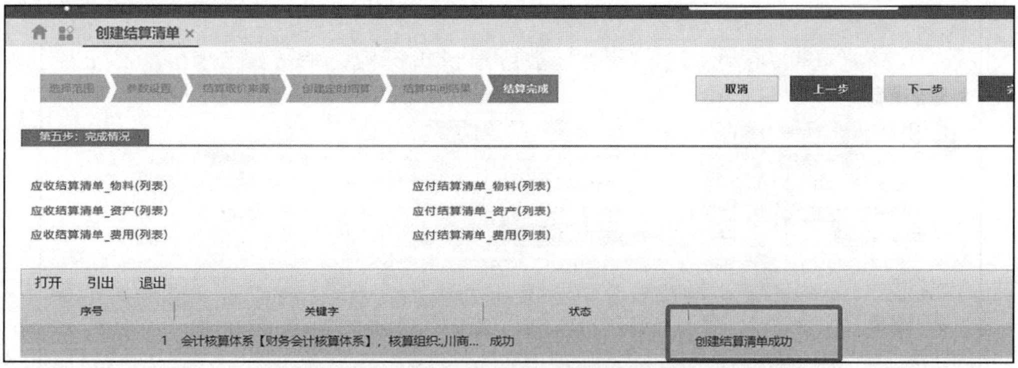

图 4－128 创建组织间结算单向导界面（5）

算清单资产单列表界面。

（2）勾选上述“应收结算清单_资产”，单击【下推】按钮，下推生成“应收单”，将业务日期修改为“2025/1/16”，到期日修改为“2025/2/16”。

（3）信息录入完成后，依次单击【保存】→【提交】→【审核】按钮，如图 4－129 所示。

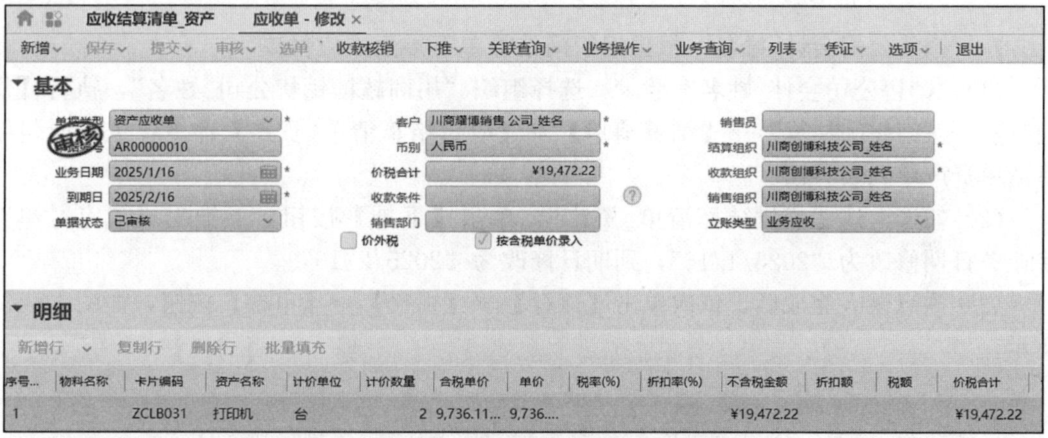

图 4－129 应收单新增并审核完成界面

6. “销售公司会计_姓名”根据资产调入单下推生成资产卡片

（1）“销售公司会计_姓名”登录，选择组织“川商耀博销售公司_姓名”，执行【资产管理】→【固定资产】→【日常管理】→【资产调入】命令，进入资产调入单界面。

（2）勾选上述“资产调入单”，单击【下推】按钮，下推生成“资产卡片”，单击【确定】按钮。

（3）根据实验数据录入资产卡片的信息，变动方式为“调入”，资产位置为“岷东商厦”，使用部门为“销售部”，费用项目为“折旧费”。

（4）单据信息录入完成后，依次单击【保存】→【提交】→【审核】按钮，如图 4－130 所示。

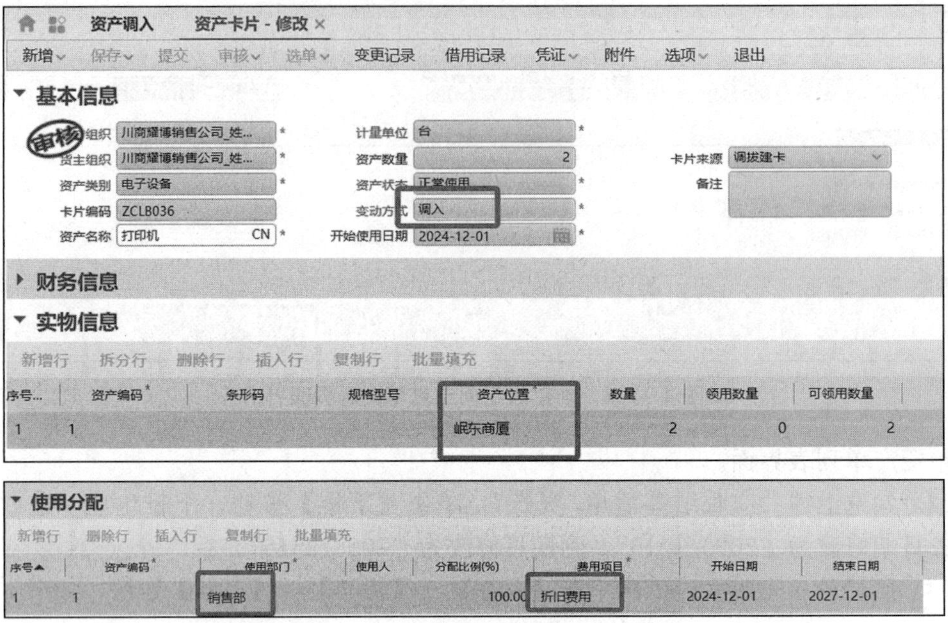

图 4-130　资产卡片新增并审核完成界面

7. “销售公司会计_姓名”根据组织间结算单下推生成应付单

（1）“销售公司会计_姓名”登录，选择组织“川商耀博销售公司_姓名”，执行【供应链】→【组织间结算】→【结算清单】→【应付结算清单_资产】命令，进入应付结算清单资产单列表界面。

（2）勾选上述“应付结算清单_资产”，单击【下推】按钮，下推生成“应付单”，将业务日期修改为“2025/1/16”，到期日修改为“2025/2/16”。

（3）信息录入完成后，依次单击【保存】→【提交】→【审核】按钮，如图 4-131 所示。

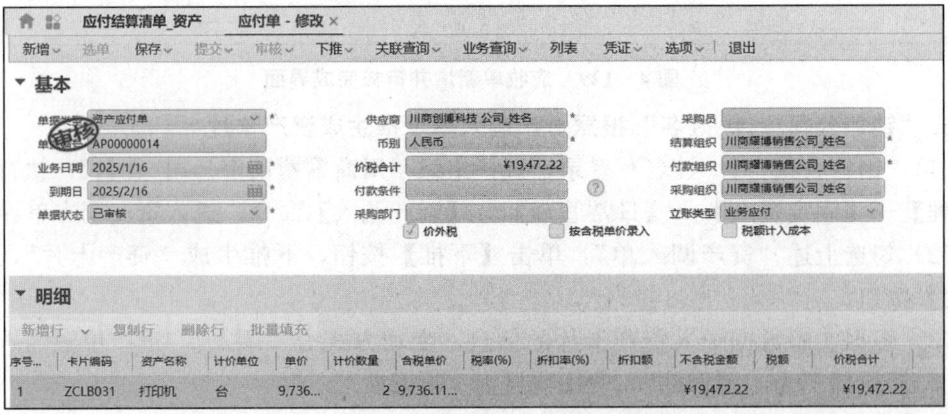

图 4-131　应付单新增并审核完成界面

8. “科技公司会计_姓名”根据相关单据生成凭证

（1）“科技公司会计_姓名”登录，选择组织“川商创博科技公司_姓名”，执行【财务会计】→【智能会计平台】→【财务处理】→【凭证生成】命令，进入凭证生成界面。

（2）在“选择账簿”页签下勾选账簿“川商创博科技公司_姓名”，在“选择单据”页签下勾选“资产处置单”和“应收单”，单击【凭证生成】按钮，系统会自动生成“凭证生成报告列表”。

（3）凭证生成后，执行【财务会计】→【智能会计平台】→【财务处理】→【总账凭证查询】命令，选择审核状态为“创建”的凭证，并对刚创建的凭证进行核对，如图 4－132 所示。

日期	会计年度	期间	凭证字	凭证号	摘要	科目编码	科目全名	币别	原币金额	借方金额	贷方金额
2025/1/16	2025	1	记	25	单据AR00000010 的应收单	1122	应收账款	人民币	¥19,472.22	¥19,472.22	
					单据AR00000010的应收单	1606	固定资产清理	人民币	¥19,472.22		¥19,472.22
2025/1/16	2025	1	记	26	单据编号PRODIS00000001 的...	1606	固定资产清理	人民币	¥19,472.22	¥19,472.22	
					单据编号PRODIS00000001 的...	1602	累计折旧	人民币	¥527.78	¥527.78	
					单据编号PRODIS00000001 的...	1601	固定资产	人民币	¥20,000.00		¥20,000.00

图 4－132　科技公司总账凭证查询界面

9.“销售公司会计_姓名”根据相关单据生成凭证

（1）“销售公司会计_姓名”登录，选择组织“川商耀博销售公司_姓名”，执行【财务会计】→【智能会计平台】→【财务处理】→【凭证生成】命令。

（2）进入凭证生成界面，在“选择账簿”页签下勾选账簿“川商耀博销售公司_姓名”，在“选择单据”页签下勾选“资产卡片”和“应付单”，“单据范围”选择相应的资产卡片和内部应付单，单击【凭证生成】按钮，系统会自动生成“凭证生成报告列表”。

（3）凭证生成后，执行【财务会计】→【智能会计平台】→【财务处理】→【总账凭证查询】命令，选择审核状态为“创建”的凭证，并对刚创建的凭证进行核对，如图 4－133 所示。

日期	会计年度	期间	凭证字	凭证号	摘要	科目编码	科目全名	币别	原币金额	借方金额	贷方金额
2025/1/16	2025	1	记	14	单据AP00000014的应付...	2202.01	应付账款_暂估应付款	人民币	¥19,472.22	¥19,472.22	
					单据AP00000014的应付...	2202.02	应付账款_明细应付款	人民币	¥19,472.22		¥19,472.22
2025/1/16	2025	1	记	15	卡片编码ZCLB036的卡片	1601	固定资产	人民币	¥20,000.00	¥20,000.00	
					卡片编码ZCLB036的卡片	1602	累计折旧	人民币	¥527.78		¥527.78
					卡片编码ZCLB036的卡片	2202.01	应付账款_暂估应付款	人民币	¥19,472.22		¥19,472.22

图 4－133　销售公司总账凭证查询界面

知识扩展

资产从一个资产组织调出，调入另外一个资产组织，货主组织未发生变动，则只需要更新资产卡片的资产组织。

资产从一个货主组织调出，调入另外一个货主组织，调入资产组织对调入单进行确认后，调出资产组织需要对调出资产进行处置，调入资产组织需要对调入资产建卡管理。

二、资产盘点

实验场景

资产是对于整个企业来说的，一般价值较高，因此定期或者不定期的盘点就是企业日常管理的重要工作。资产盘点主要是通过盘点方案，筛选需要盘点的资产范围和时间点。资产盘点后，企业会对资产的盘盈和盘亏进行处理。这是企业保证账实相符的重要工作之一。

实验步骤

（1）科技公司会计员新增资产盘点方案。

（2）科技公司会计员生成盘点表。

（3）科技公司会计员进行资产盘点。

（4）科技公司会计员生成资产盘盈盘亏单。

（5）科技公司会计员根据盘亏单下推生成资产处置单。

（6）科技公司会计员根据相关单据生成凭证。

销售公司的资产盘点操作流程参照科技公司。

对应的资产盘点业务流程如图 4-134 所示。

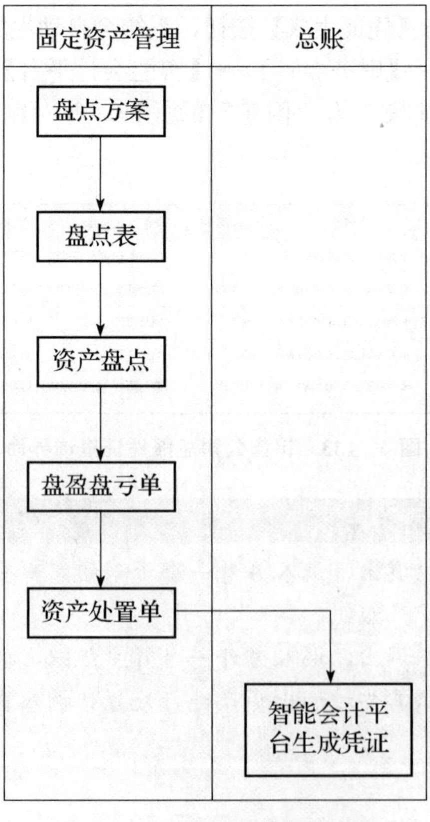

图 4-134　资产盘点业务流程

实验数据

2025 年 1 月 31 日，川商创博科技公司和川商耀博销售公司进行资产盘点。

（1）资产盘点方案如表 4-43 所示。

表 4-43　资产盘点方案

盘点方案编码	盘点方案名称	货主组织
学号.001	川商创博科技公司_姓名	川商创博科技公司_姓名
学号.002	川商耀博销售公司_姓名	川商耀博销售公司_姓名

（2）科技公司的初盘数量如表 4-44 所示。

表 4-44　科技公司的初盘数量

货主组织	资产类别	资产名称	单位	初盘数量
川商创博科技公司_姓名	电子设备	电脑	台	2
川商创博科技公司_姓名	运输设备	货车	辆	1
川商创博科技公司_姓名	房屋建筑	厂房	栋	1
川商创博科技公司_姓名	机器设备	绕线机	台	12
川商创博科技公司_姓名	机器设备	真空压力浇注设备	台	6
川商创博科技公司_姓名	机器设备	绝缘件制作设备	台	1
川商创博科技公司_姓名	其他	办公家具	套	1
川商创博科技公司_姓名	电子设备	电脑	台	5

销售公司的初盘数量如表 4-45 所示。

表 4-45　销售公司的初盘数量

货主组织	资产类别	资产名称	单位	初盘数量
川商耀博销售公司_姓名	电子设备	电脑	台	2
川商耀博销售公司_姓名	其他	办公家具	套	1
川商耀博销售公司_姓名	电子设备	电脑	台	5
川商耀博销售公司_姓名	电子设备	打印机	台	2

（3）凭证数据如表 4 - 46 所示。

表 4 - 46　凭证数据

对应组织	凭证来源	会计科目	借方金额	贷方金额
科技公司	资产处置单	待处理财产损溢	5 841.67	
		累计折旧/电子设备	158.33	
		固定资产/电子设备		6 000.00

视频

资产盘点

操作指导

1. “科技公司会计_姓名”新增资产盘点方案

（1）“科技公司会计_姓名”登录，选择组织“川商创博科技公司_姓名”，执行【资产管理】→【固定资产】→【资产盘点】→【盘点方案】命令，进入盘点方案新增界面。

（2）根据表 4 - 43 的实验数据完成盘点方案的新增，信息录入完成后，依次单击【保存】→【提交】→【审核】按钮，如图 4 - 135 所示。

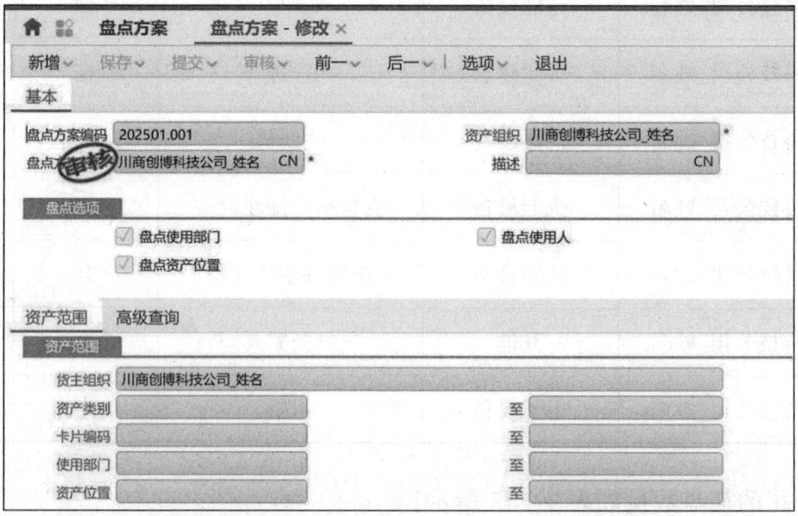

图 4 - 135　盘点方案新增并审核完成界面

> **注意：**
> 设置盘点方案时，注意切换组织。

2. “科技公司会计_姓名”生成盘点表

（1）“科技公司会计_姓名”登录，选择组织“川商创博科技公司_姓名”，执行【资产管理】→【固定资产】→【资产盘点】→【盘点方案】命令。

（2）选择上述建立的盘点方案，如图 4 - 136 所示，单击【生成盘点表】按钮，生成盘点表。

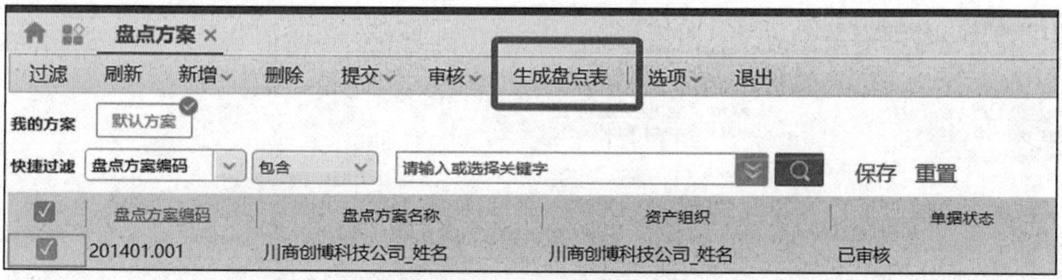

图 4-136　生成盘点表界面

3. “科技公司会计_姓名”进行资产盘点

（1）“科技公司会计_姓名”对科技公司资产进行盘点，执行【资产管理】→【固定资产】→【资产盘点】→【资产盘点表】命令，选择资产盘点表，进入资产盘点表修改界面。

（2）根据表 4-44 的实验数据录入初盘数据，数量录入完成后，提交审核盘点表，如图 4-137 所示，可选择是否复盘，本案例不进行复盘，系统将自动生成盘盈盘亏单。

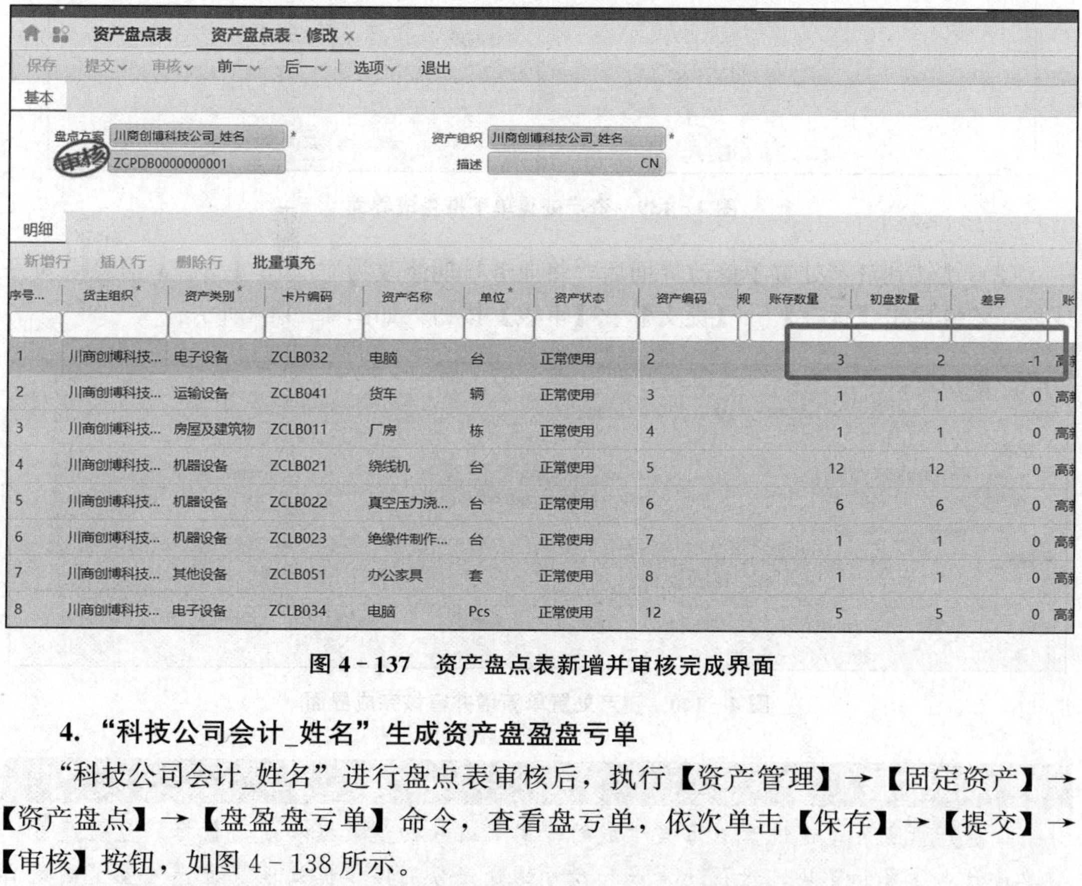

图 4-137　资产盘点表新增并审核完成界面

4. “科技公司会计_姓名”生成资产盘盈盘亏单

“科技公司会计_姓名”进行盘点表审核后，执行【资产管理】→【固定资产】→【资产盘点】→【盘盈盘亏单】命令，查看盘亏单，依次单击【保存】→【提交】→【审核】按钮，如图 4-138 所示。

5. “科技公司会计_姓名”根据盘亏单下推生成资产处置单

（1）“科技公司会计_姓名”进行盘盈盘亏单审核后，退出“修改”界面，勾选已审核的盘亏单，单击【下推】按钮生成资产处置单，如图 4-139 所示。

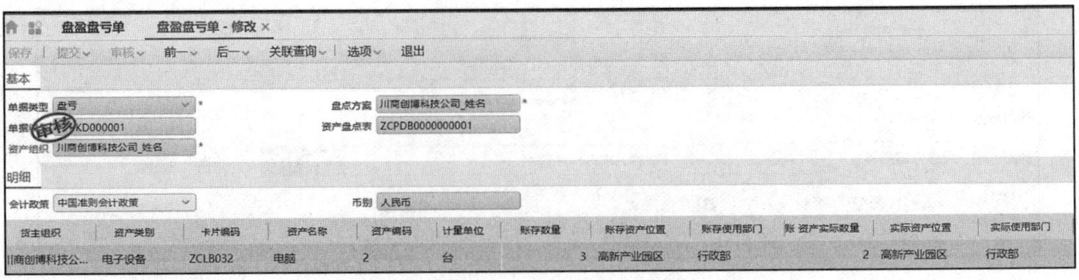

图 4 - 138　盘盈盘亏单新增并审核完成界面

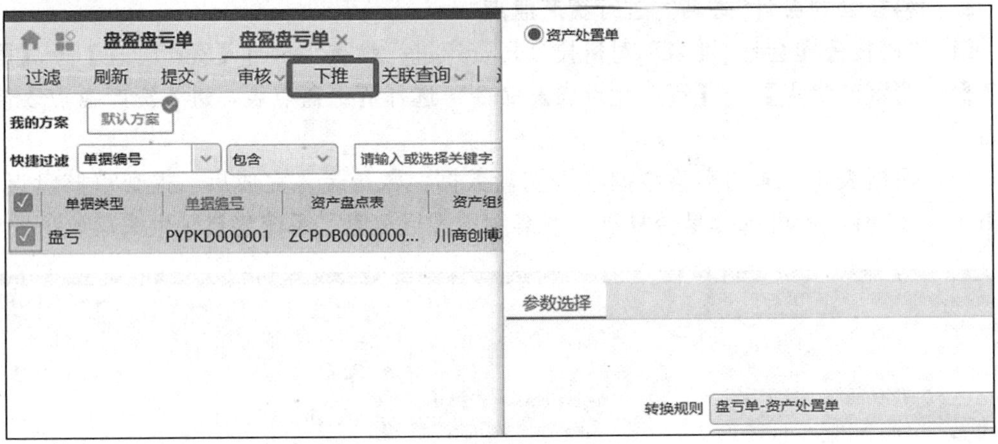

图 4 - 139　资产处置单下推生成界面

（2）跳转到资产处置单修改界面后，将业务日期修改为“2025/1/31”，信息录入完成后，依次单击【保存】→【提交】→【审核】按钮，如图 4 - 140 所示。

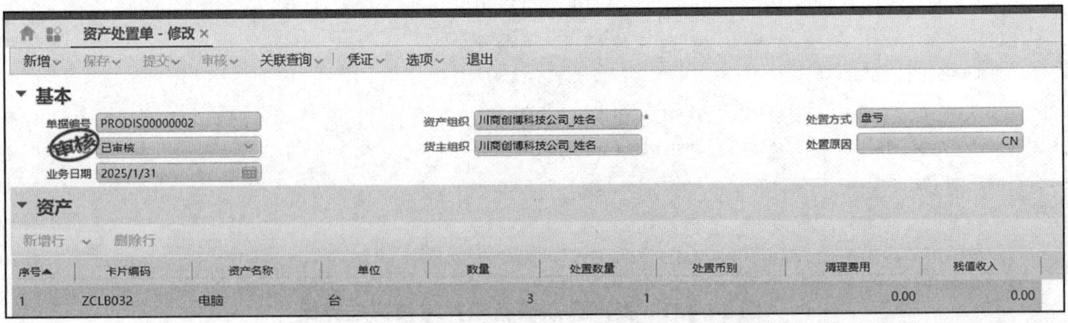

图 4 - 140　资产处置单新增并审核完成界面

知识扩展

资产盘点表是通过盘点方案生成的，用来录入初盘数据和复盘数据。盘盈盘亏单是盘点结果的反映，盘盈的资产和盘亏的资产分别按单据处理。资产处置是固定资产日常业务的一种，由于报废、出售、盘亏等原因，资产已经不存在了，需要对资产进行处置。

6. “销售公司会计_姓名”新增资产盘点方案

（1）“销售公司会计_姓名”登录，选择组织“川商耀博销售公司_姓名”，执行【资产管理】→【固定资产】→【资产盘点】→【盘点方案】命令，进入盘点方案新增界面。

（2）根据表 4－45 的实验数据完成盘点方案的新增，信息录入完成后，依次单击【保存】→【提交】→【审核】按钮，如图 4－141 所示。

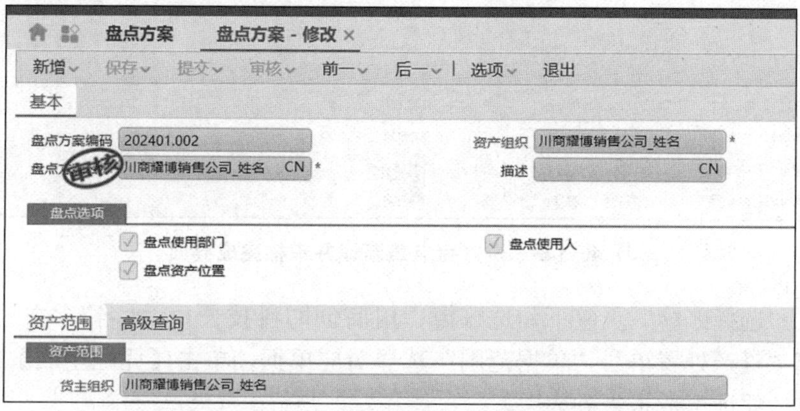

图 4－141　资产盘点方案新增并审核完成界面

7. “销售公司会计_姓名”生成盘点表

（1）“销售公司会计_姓名”登录，选择组织“川商耀博销售公司_姓名”，执行【资产管理】→【固定资产】→【资产盘点】→【盘点方案】命令，选择上述建立的盘点方案。

（2）单击【生成盘点表】按钮，生成盘点表，如图 4－142 所示。

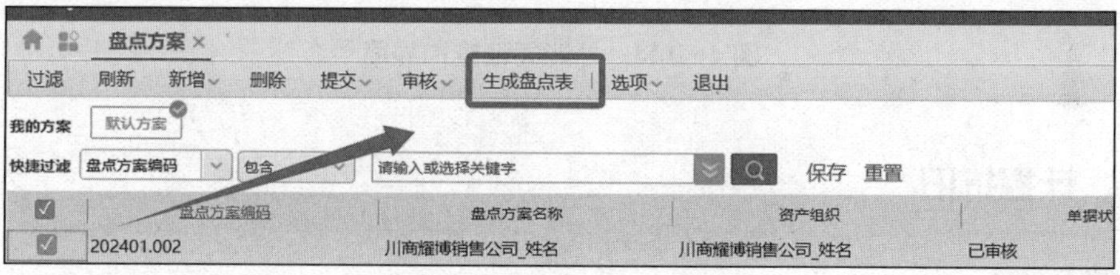

图 4－142　生成盘点表界面

8. “销售公司会计_姓名”进行资产盘点

（1）“销售公司会计_姓名”登录，执行【资产管理】→【固定资产】→【资产盘点】→【资产盘点表】命令，选择资产盘点表，进入资产盘点表修改界面。

（2）根据实验数据录入初盘数据，数据录入完成后，提交审核盘点表，如图 4－143 所示。可选择是否复盘，本案例不进行复盘，由于本案例中盘点数量与账面一致，因此没有生成盘盈盘亏单。

9. “科技公司会计_姓名”根据相关业务单据生成凭证

（1）“科技公司会计_姓名”登录，选择组织“川商创博科技公司_姓名”，执行【财务会计】→【智能会计平台】→【财务处理】→【凭证生成】命令，进入凭证生成界面。

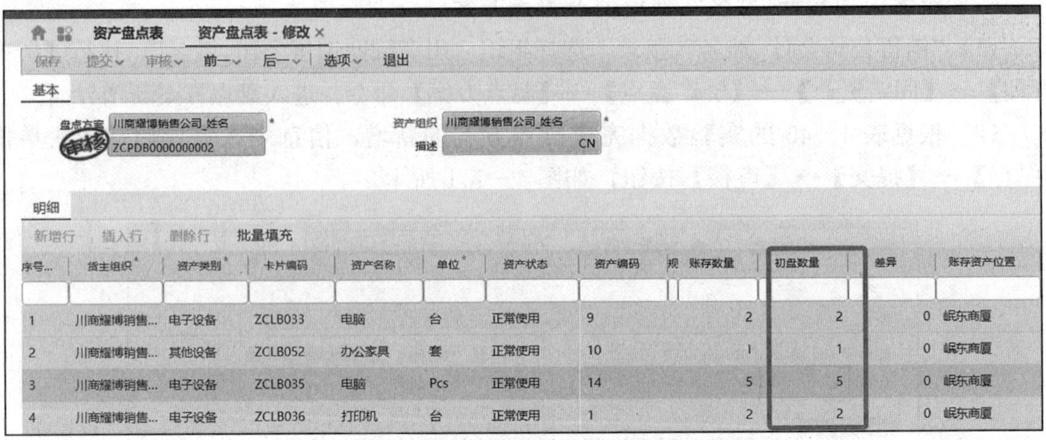

图 4-143　资产盘点表新增并审核完成界面

（2）在“选择账簿”页签下勾选账簿“川商创博科技公司_姓名”，在“选择单据”页签下勾选“资产处置单”，“单据范围”选择对应单据，单击【凭证生成】按钮，系统会自动生成“凭证生成报告列表”。

（3）凭证生成后，执行【财务会计】→【智能会计平台】→【财务处理】→【总账凭证查询】命令，选择审核状态为“创建”的凭证，并对刚创建的凭证进行核对，如图 4-144 所示。

图 4-144　总账凭证查询界面

三、计提折旧

实验场景

金蝶云星空产品提供平均年限法、工作量法、年数总和法和双倍余额递减法四种计提折旧的方法。企业根据自己管理的需要和相关规定，每月月底对固定资产计提折旧，也就是将资产的价值在预计使用年限内分摊到成本中。计提折旧业务涉及多组织管理和会计政策管理，可以采用“会计政策＋货币组织”方式。

实验步骤

（1）科技公司会计员计提固定资产折旧并进行调整。

（2）销售公司会计员计提固定资产折旧并进行调整。

（3）科技公司及销售公司会计员根据相关业务单据生成凭证。

对应的计提折旧业务流程如图 4-145 所示。

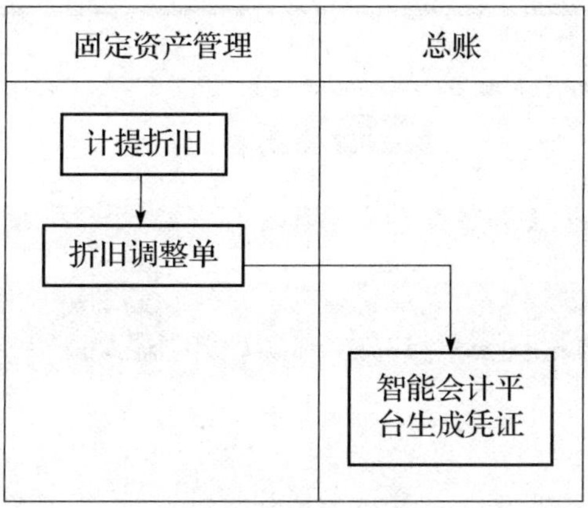

图 4-145 计提折旧业务流程

实验数据

2025 年 1 月 31 日，川商创博科技公司和川商耀博销售公司计提固定资产折旧。相关的凭证数据如表 4-47 所示。

表 4-47 凭证数据

对应组织	凭证来源	会计科目	借方金额	贷方金额
科技公司	折旧调整单	制造费用	152 118.75	
		管理费用	1 256.11	
		累计折旧		153 374.86
销售公司	折旧调整单	销售费用/销售部/折旧费用	570.00	
		累计折旧/电子设备		570.00

操作指导

视频

计提折旧

1. “科技公司会计_姓名”计提固定资产折旧并进行调整

（1）“科技公司会计_姓名”登录，选择组织“川商创博科技公司_姓名”，执行【资产管理】→【固定资产】→【折旧管理】→【计提折旧】命令，依据向导计提固定资产折旧，如图 4-146 和图 4-147 所示。

（2）单击【完成】按钮，完成计提折旧操作，系统会自动生成折旧调整单。

（3）执行【资产管理】→【固定资产】→【折旧管理】→【折旧调整单】命令，检查数据无误后，依次单击【保存】→【提交】→【审核】按钮，如图 4-148 所示。

2. “销售公司会计_姓名”计提固定资产折旧并进行调整

（1）“销售公司会计_姓名”登录，选择组织“川商耀博销售公司_姓名”，执行【资产管理】→【固定资产】→【折旧管理】→【计提折旧】命令，依据向导计提固定资产折旧，系统会自动生成折旧调整单。

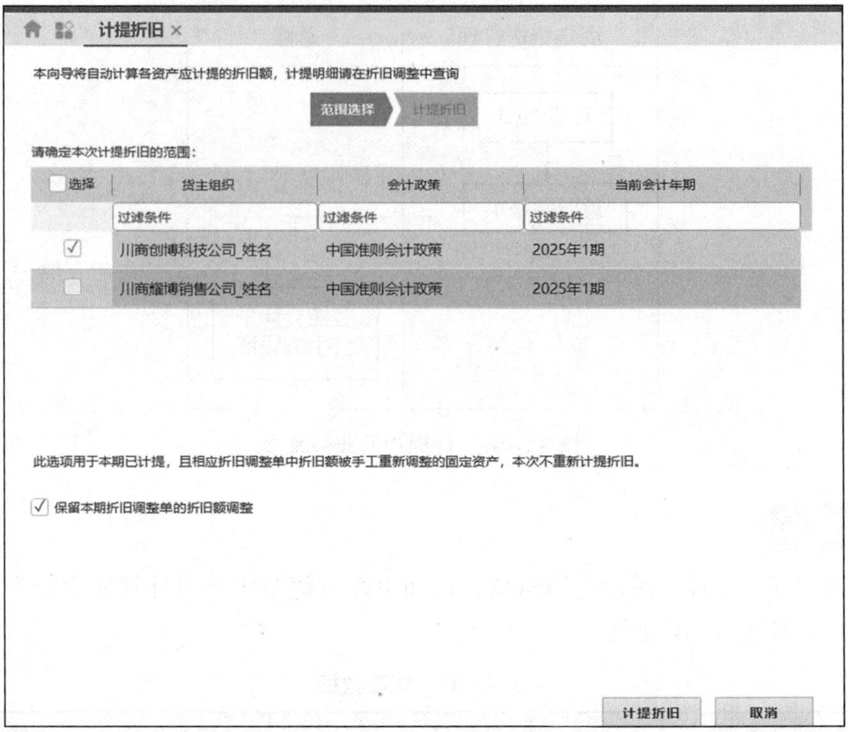

图 4-146　计提折旧范围选择界面

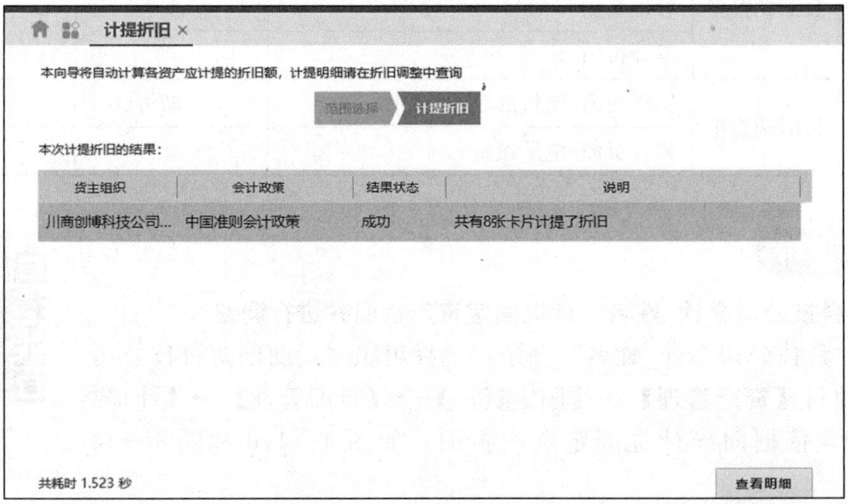

图 4-147　计提折旧

（2）执行【资产管理】→【固定资产】→【折旧管理】→【折旧调整单】命令，选择相应的折旧调整单，检查无误后，依次单击【保存】→【提交】→【审核】按钮，如图 4-149 所示。

3. "科技公司会计_姓名"根据相关单据生成凭证

（1）"科技公司会计_姓名"登录，选择组织"川商创博科技公司_姓名"，执行【财

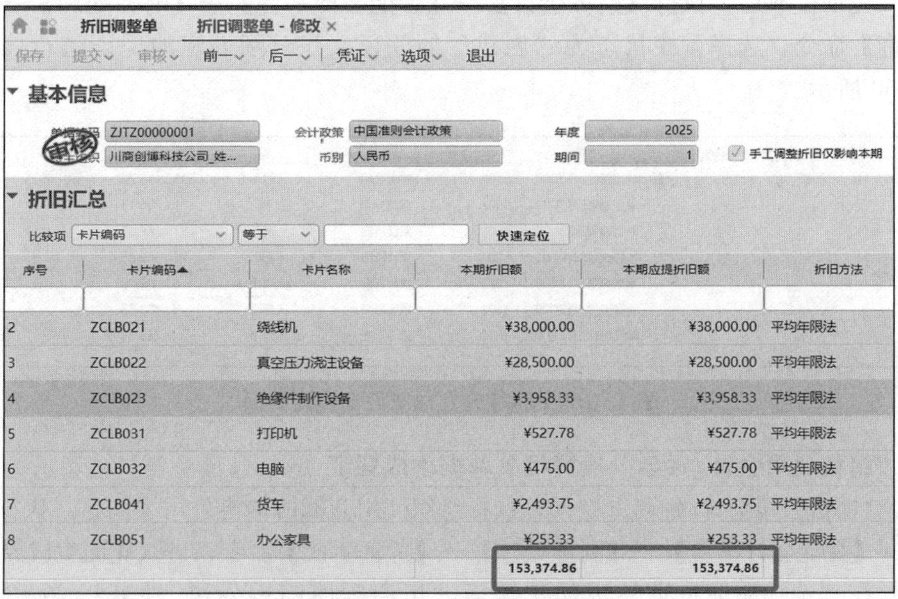

图 4-148　科技公司折旧调整单审核界面

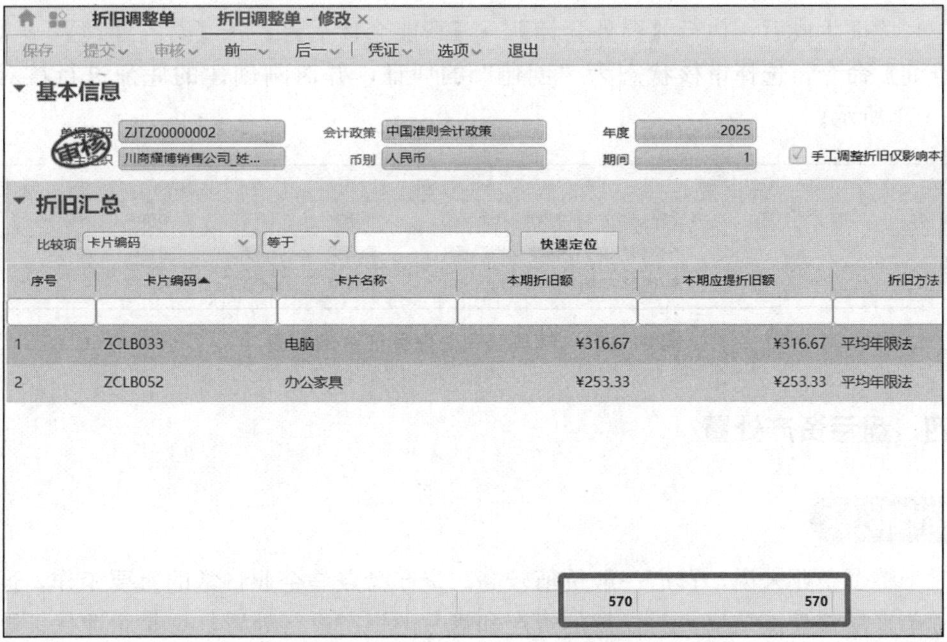

图 4-149　销售公司折旧调整单审核界面

务会计】→【智能会计平台】→【财务处理】→【凭证生成】命令，进入凭证生成界面。

（2）在“选择账簿”页签下勾选账簿“川商创博科技公司_姓名”，在“选择单据”页签下勾选“折旧调整单”，单击【凭证生成】按钮，系统会自动生成“凭证生成报告列表”。

（3）凭证生成后，执行【财务会计】→【智能会计平台】→【财务处理】→【总账凭证查询】命令，选择审核状态为“创建”的凭证，并对刚创建的凭证进行核对，如图 4－150 所示。

日期	会计年度	期间	凭证字	凭证号	摘要	科目编码	科目全名	币别	原币金额	借方金额	贷方金额
2025/1/31	2025	1	记	28	单据编号ZJTZ000...	5101	制造费用	人民币	¥152,118.75	¥152,118.75	
					单据编号ZJTZ000...	6602	管理费用	人民币	¥1,256.11	¥1,256.11	
					单据编号ZJTZ000...	1602	累计折旧	人民币	¥79,166.67		¥79,166.67
					单据编号ZJTZ000...	1602	累计折旧	人民币	¥70,458.33		¥70,458.33
					单据编号ZJTZ000...	1602	累计折旧	人民币	¥1,002.78		¥1,002.78
					单据编号ZJTZ000...	1602	累计折旧	人民币	¥2,493.75		¥2,493.75
					单据编号ZJTZ000...	1602	累计折旧	人民币	¥253.33		¥253.33

图 4－150　科技公司总账凭证查询界面

4. “销售公司会计_姓名”根据相关单据生成凭证

（1）“销售公司会计_姓名”登录，选择组织“川商耀博销售公司_姓名”，执行【财务会计】→【智能会计平台】→【财务处理】→【凭证生成】命令，进入凭证生成界面。

（2）在“选择账簿”页签下勾选账簿“川商耀博销售公司_姓名”，在“选择单据”页签下勾选“折旧调整单”，单击【凭证生成】按钮，系统会自动生成“凭证生成报告列表”。

（3）凭证生成后，执行【财务会计】→【智能会计平台】→【财务处理】→【总账凭证查询】命令，选择审核状态为“创建”的凭证，并对刚创建的凭证进行核对，如图 4－151 所示。

日期	会计年度	期间	凭证字	凭证号	摘要	科目编码	科目全名	币别	原币金额	借方金额	贷方金额
2025/1/31	2025	1	记	16	单据编号ZJTZ00000002的折旧计提	6601	销售费用	人民币	¥570.00	¥570.00	
					单据编号ZJTZ00000002的折旧计提	1602	累计折旧	人民币	¥316.67		¥316.67
					单据编号ZJTZ00000002的折旧计提	1602	累计折旧	人民币	¥253.33		¥253.33

图 4－151　销售公司总账凭证查询界面

四、盘亏资产处置

实验场景

对于整个企业来说，资产一般价值较高。资产盘点是企业日常的重要工作，通过盘盈盘亏单来反映盘点结果，对盘盈的资产和盘亏的资产进行处置，这是企业保证账实相符的重要工作之一。

实验步骤

科技公司会计员对盘亏的资产进行处置，录入相关凭证。

实验数据

2025 年 1 月 31 日，将川商创博科技公司盘亏的固定资产产生的待处理财产损溢

5 841.67 元计入营业外支出，由会计员录入相关的凭证信息。

凭证数据如表 4－48 所示。

表 4－48　凭证数据

对应组织	凭证来源	会计科目	借方金额	贷方金额
科技公司	凭证录入	营业外支出	5 841.67	
		待处理财产损溢		5 841.67

操作指导

视频

盘亏资产处置

“科技公司会计_姓名”登录，选择组织“川商创博科技公司_姓名”，执行【财务会计】→【总账】→【凭证管理】→【凭证录入】命令，进入凭证录入新增界面，根据表 4－48 数据录入凭证信息，摘要填入“盘亏资产处理”，信息录入完成后，单击【保存】按钮，如图 4－152 所示。

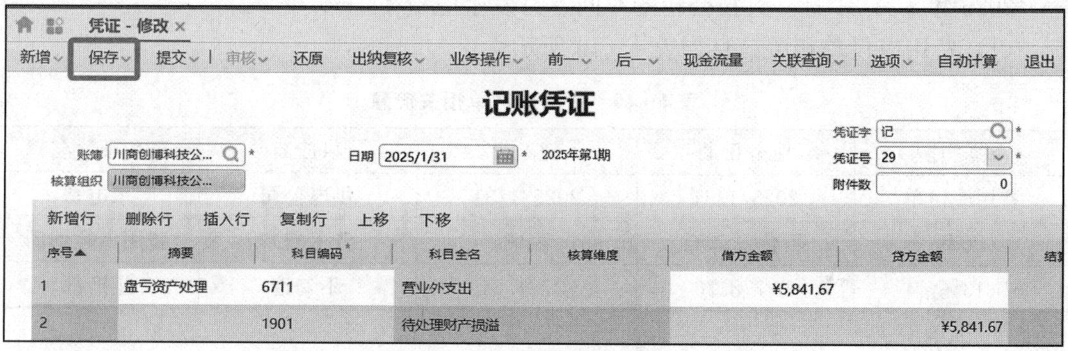

图 4－152　凭证新增界面

第六节　计提与结转业务

计提是按规定的比例计算提取金额并列入对应的科目。结转是指在期末结账时将某一账户的余额或差额转入另一账户。本节介绍企业计提电费、计提工资、结转未交增值税、计提税金及附加的案例和操作流程。

一、计提电费

实验场景

费用归集与核算是企业日常期末处理工作之一。本部分主要介绍企业计提费用业务处理流程。

实验步骤

（1）科技公司会计员计提本月车间电费，并新增费用应付单。

（2）科技公司会计员根据相关单据生成凭证。

对应的计提电费业务流程如图 4－153 所示。

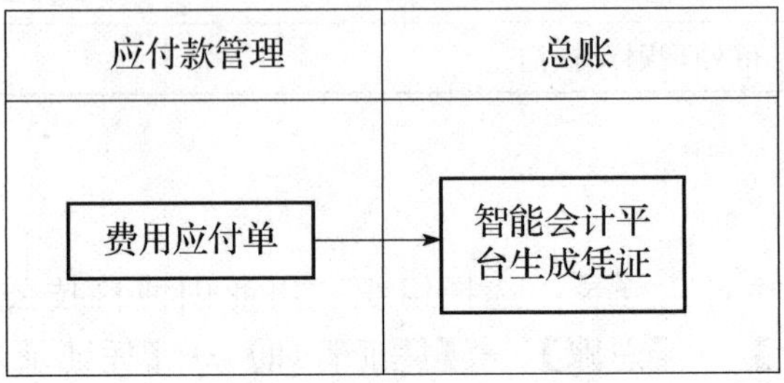

图 4－153　计提电费业务流程

实验数据

2025 年 1 月 31 日，科技公司的车间本月发生电费 41 560.00 元。

（1）费用应付单相关信息如表 4－49 所示。

表 4－49　费用应付单相关信息

单据类型	业务日期	到期日	供应商	费用项目名称
费用应付单	2025/1/31	2025/1/31	供电公司	水电费
税率	**不含税单价**	**税额**	**计入成本**	**费用承担部门**
13%	36 778.76	4 781.24	不勾选	生产部

（2）凭证数据如表 4－50 所示。

表 4－50　凭证数据

对应组织	凭证来源	会计科目	借方金额	贷方金额
科技公司	应付单	制造费用/水电费/生产部	36 778.76	
		应交税费——应交增值税（进项税额）	4 781.24	
		应付账款——明细应付款——供电公司		41 560.00

操作指导

视频

计提电费

1. “科技公司会计_姓名”计提本月车间电费，新增费用应付单

（1）“科技公司会计_姓名”登录，选择组织“川商创博科技公司_姓名”，执行【财务会计】→【应付款管理】→【采购应付】→【应付单】命令，进入应付单新增界面。

（2）根据表 4－49 的实验数据录入单据信息，注意单据类型选择“费用应付单”，不勾选“计入成本”。

（3）信息录入完成后，依次单击【保存】→【提交】→【审核】按钮，如图4-154所示。

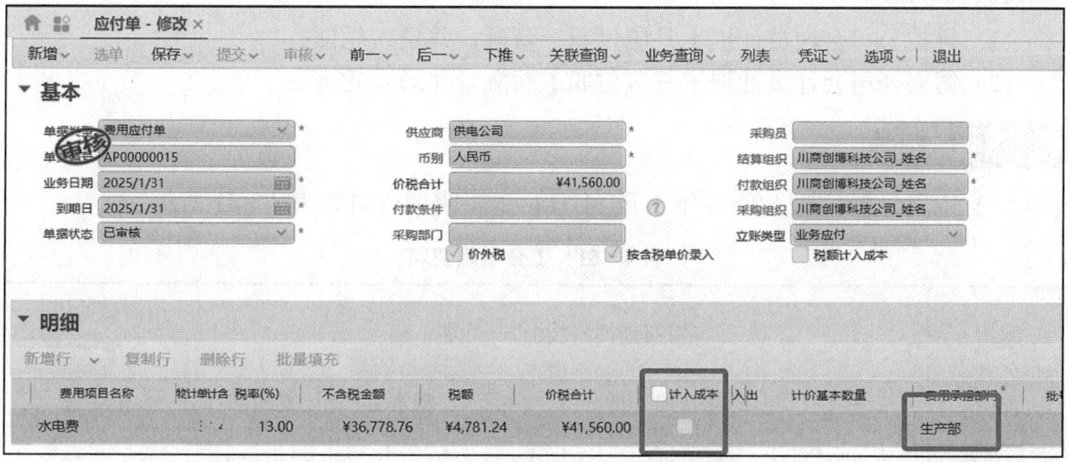

图4-154　应付单新增并审核完成界面

> **注意：**
> “计入成本”处不要打钩。

2.“科技公司会计_姓名”根据相关单据生成凭证

（1）“科技公司会计_姓名”登录，选择组织“川商创博科技公司_姓名”，执行【财务会计】→【智能会计平台】→【财务处理】→【凭证生成】命令，进入凭证生成界面。

（2）在“选择账簿”页签下勾选账簿“川商创博科技公司_姓名”，在“选择单据”页签下勾选“应付单”，单击【凭证生成】按钮，系统自动生成“凭证生成报告列表”。

（3）凭证生成后，执行【财务会计】→【智能会计平台】→【财务处理】→【总账凭证查询】命令，选择审核状态为“创建”的凭证，并对刚创建的凭证进行核对，如图4-155所示。

图4-155　总账凭证查询界

二、计提工资

实验场景

人工费用归集与核算是企业日常期末处理工作之一。本部分主要介绍企业计提员工工资业务处理流程。

实验步骤

（1）科技公司会计员计提本月应付职工薪酬，并录入凭证。

（2）销售公司会计员计提本月应付职工薪酬，并录入凭证。

实验数据

（1）工资计提日期：2025 年 1 月 31 日；工资明细资料如表 4－51 所示。

表 4－51　工资明细资料

组织	川商创博科技公司_姓名					川商耀博销售公司_姓名
部门	生产部工人	生产部管理人员	行政部	财务处	采购部	销售部
金额（元）	913 009.00	34 500.00	54 785.54	80 234.56	35 856.65	54 982.56
合计（元）	1 118 385.75					54 982.56

（2）凭证数据如表 4－52 所示。

表 4－52　凭证数据

对应组织	会计科目	借方金额	贷方金额
科技公司	生产成本/生产部/工资	913 009.00	
	制造费用/生产部/工资	34 500.00	
	管理费用/行政部/工资	54 785.54	
	管理费用/财务处/工资	80 234.56	
	管理费用/采购部/工资	35 856.65	
	应付职工薪酬		1 118 385.75
销售公司	销售费用/销售部/工资	54 982.56	
	应付职工薪酬		54 982.56

操作指导

视频

计提工资

1. “科技公司会计_姓名”计提本月应付职工薪酬并录入凭证

（1）“科技公司会计_姓名”登录，选择组织“川商创博科技公司_姓名”，执行【财务会计】→【总账】→【凭证管理】→【凭证录入】命令，进入凭证录入新增界面。

（2）根据表 4－52 的实验数据录入凭证信息，摘要录入“计提应付职工薪酬”。

（3）信息录入完成后，依次单击【保存】→【提交】→【审核】按钮，如图 4－156 所示。

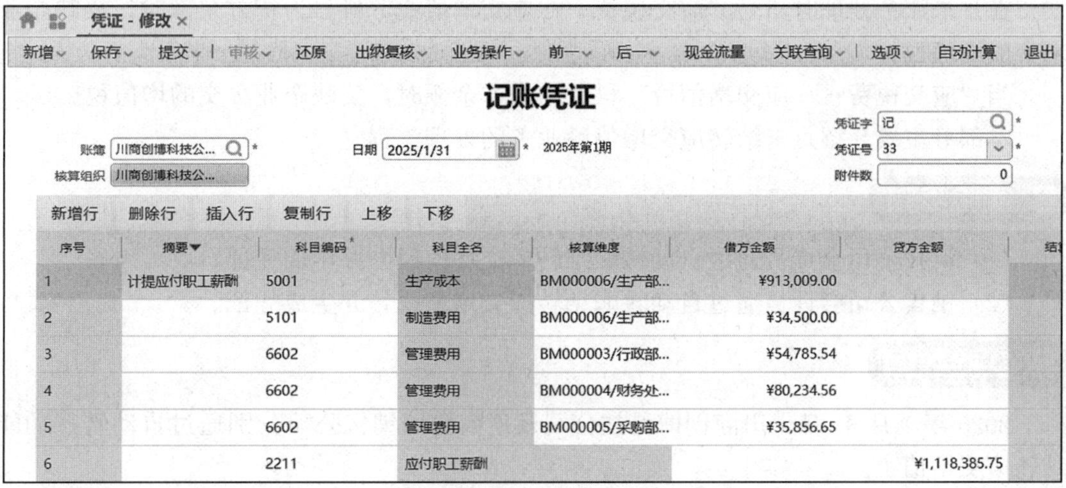

图 4 - 156　科技公司凭证录入界面

2. “销售公司会计_姓名”计提本月应付职工薪酬并录入凭证

（1）“销售公司会计_姓名”登录，选择组织“川商耀博销售公司_姓名”，执行【财务会计】→【总账】→【凭证管理】→【凭证录入】命令，进入凭证录入新增界面。

（2）根据表 4 - 52 的实验数据录入凭证信息，摘要录入“计提应付职工薪酬”。

（3）信息录入完成后，依次单击【保存】→【提交】→【审核】按钮，如图 4 - 157 所示。

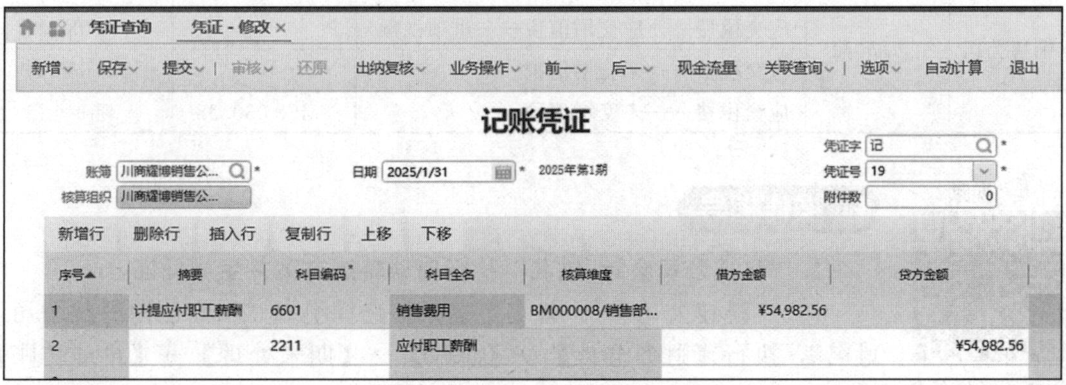

图 4 - 157　销售公司凭证录入界面

三、结转未交增值税

实验场景

应交增值税是指一般纳税人和小规模纳税人因销售货物或者提供加工、修理修配劳务活动而应于本期缴纳的增值税。

在总账中，应交增值税是“应交税费”的二级明细科目，该科目是专门用来核算未交或多交增值税的，平时无发生额。

在月末账务处理时，当“应交税费——应交增值税”科目为贷方余额时，反映企业未交的增值税。

当“应交税费——应交增值税”科目为借方余额时，反映企业多交的增值税。

本部分主要介绍月末结转应交增值税业务的处理流程。

实验步骤

（1）科技公司会计员通过自动转账结转应交增值税，并生成凭证。

（2）销售公司会计员通过自动转账结转应交增值税，并生成凭证。

实验数据

2025 年 1 月 31 日，川商创博科技公司及川商耀博销售公司分别通过自动转账功能结转应交增值税。

凭证数据如表 4 - 53 所示。

表 4 - 53　凭证数据

对应组织	凭证来源	会计科目	借方金额	贷方金额
科技公司	自动转账	应交税费——应交增值税——销项税额	1 047 362.83	
		应交税费——应交增值税——进项税额		51 132.57
		应交税费——未交增值税		1 047 362.83
		应交税费——未交增值税	51 132.57	
销售公司	自动转账	应交税费——应交增值税——销项税额	230 088.50	
		应交税费——应交增值税——进项税额		178 030.98
		应交税费——未交增值税		230 088.50
		应交税费——未交增值税	178 030.98	

视频

结转未交增值税

操作指导

1. “科技公司会计_姓名”执行自动转账方案并生成凭证

（1）“科技公司会计_姓名”登录，选择组织“川商创博科技公司_姓名”，执行【财务会计】→【总账】→【期末处理】→【自动转账】命令，进入期末处理自动转账界面。

（2）勾选“科技公司结转增值税”转账方案，单击【执行】按钮，如图 4 - 158 所示。

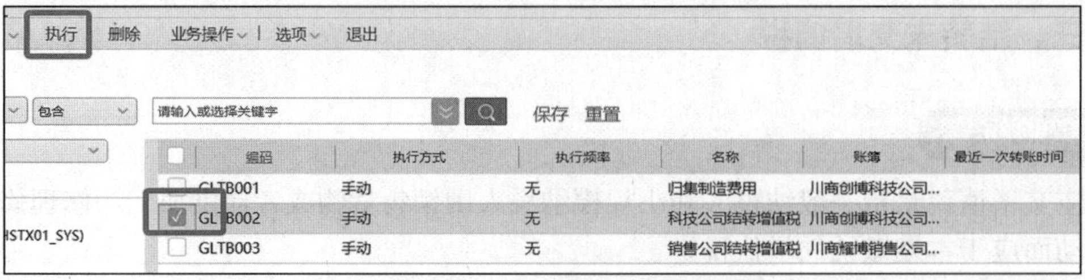

图 4 - 158　执行自动转账方案

（3）系统自动结转应交增值税并生成凭证，凭证信息确认无误后，单击【保存】按钮，如图 4－159 所示。

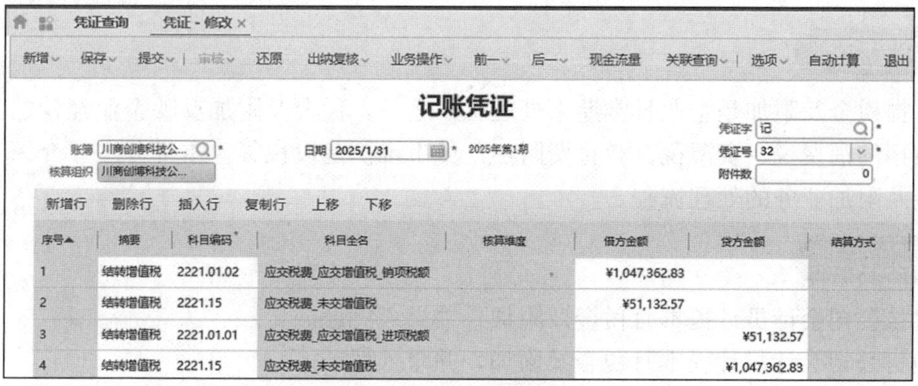

图 4－159　生成记账凭证

2.“销售公司会计_姓名”执行自动转账方案并生成凭证

（1）“销售公司会计_姓名”登录，选择组织“川商耀博销售公司_姓名”，执行【财务会计】→【总账】→【期末处理】→【自动转账】命令，进入期末处理自动转账界面。

（2）勾选“销售公司结转增值税”转账方案，单击【执行】按钮。

（3）系统自动结转应交增值税并生成凭证，单击【查看总账凭证】按钮，凭证信息确认无误后，单击【保存】按钮，如图 4－160 所示。

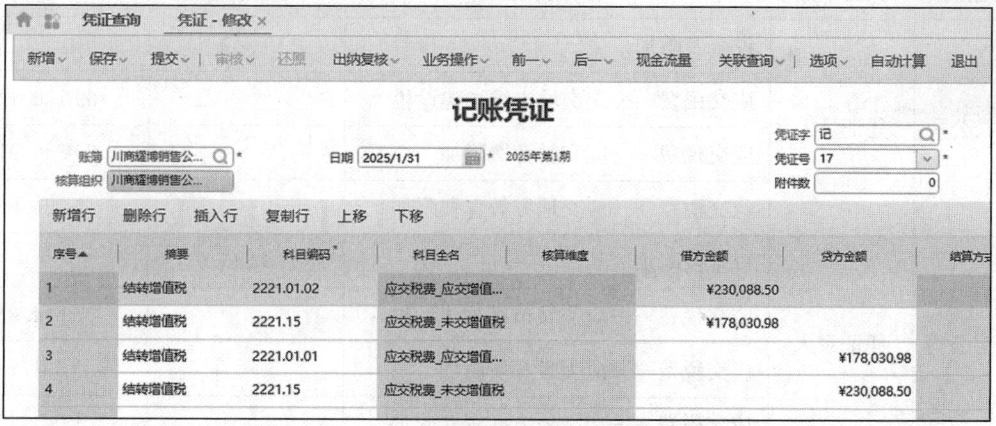

图 4－160　查看生成的记账凭证界面

注意：

如果凭证生成失败，有两个原因：一是已经生成了对应的凭证，无须再生成，可在总账系统凭证查询中查看是否存在该笔凭证；二是自动转账方案设置有误，对照总账初始化中“自动设置转账模板”，检查模板相关信息。

四、计提税金及附加

实验场景

计提税金及附加是企业日常期末处理工作之一，税金及附加反映企业经营的主要业务应负担的消费税、资源税、教育费附加、城市维护建设税等。本部分主要介绍企业计提税金及附加业务的处理流程。

实验步骤

科技公司会计员计提本月税金及附加，并录入凭证。

销售公司会计员计提本月税金及附加，并录入凭证。

实验数据

2025 年 1 月 31 日，科技公司计提税金及附加 119 547.64 元，其中应交城市维护建设税为 69 736.12 元，应交教育费附加为 29 886.91 元，应交地方教育费附加为 19 924.61 元。

2025 年 1 月 31 日，销售公司计提税金及附加 6 246.91 元，其中应交城市维护建设税为 3 644.03 元，应交教育费附加为 1 561.73 元，应交地方教育费附加为 1 041.15 元。

凭证数据如表 4－54 所示。

表 4－54　凭证数据

对应组织	凭证来源	会计科目	借方金额	贷方金额
科技公司	凭证录入	税金及附加	119 547.64	
		应交税费——应交城市维护建设税		69 736.12
		应交税费——应交教育费附加		29 886.91
		应交税费——应交地方教育费附加		19 924.61
销售公司	凭证录入	税金及附加	6 246.91	
		应交税费——应交城市维护建设税		3 644.03
		应交税费——应交教育费附加		1 561.73
		应交税费——应交地方教育费附加		1 041.15

视频

计提税金及附加

操作指导

1. “科技公司会计_姓名”计提本月税金及附加并录入凭证

（1）“科技公司会计_姓名”登录，选择组织“川商创博科技公司_姓名”，执行【财务会计】→【总账】→【凭证管理】→【凭证录入】命令，进入凭证录入新增界面。

（2）根据表 4－54 数据录入凭证信息，摘要录入“计提税金及附加”，信息录入完成后，单击【保存】按钮。如图 4－161 所示。

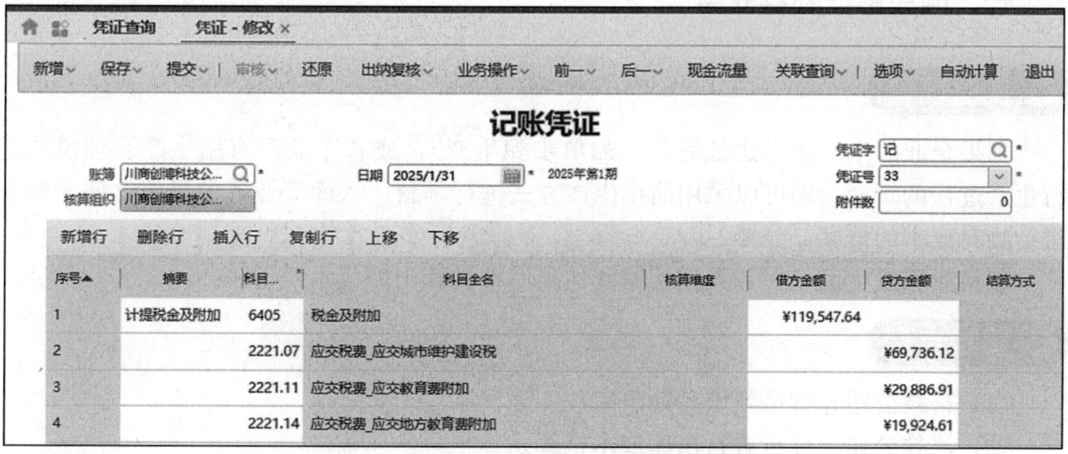

图 4－161　科技公司凭证录入界面

2. “销售公司会计_姓名”计提本月税金及附加并录入凭证

（1）“销售公司会计_姓名”登录，选择组织“川商耀博销售公司_姓名”，执行【财务会计】→【总账】→【凭证管理】→【凭证录入】命令，进入凭证录入新增界面。

（2）根据表 4－54 数据录入凭证信息，摘要录入“计提税金及附加”，信息录入完成后，单击【保存】按钮，如图 4－162 所示。

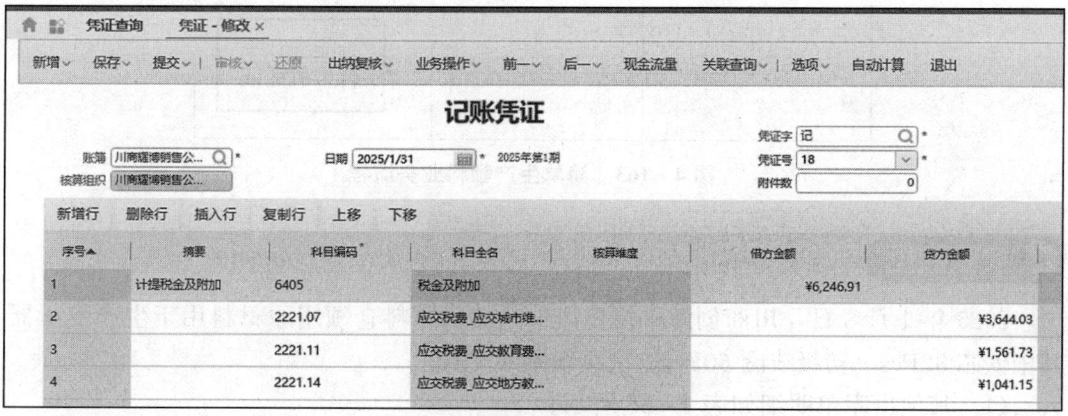

图 4－162　销售公司凭证录入界面

第七节　产品生产与库存业务

产品生产是制造业经营活动的主要过程，是连接购进和销售的中心环节。产品生产过程的业务核算是企业管理中至关重要的一项任务。通过准确、全面地核算产品生产的各项费用，企业能够实现资源的优化配置、盈利能力的提升，并为企业下一阶段的战略决策提供有力的依据。本节介绍简单生产领料业务、结转制造费用、结转入库成本、存货盘点的案例和操作流程。

一、简单生产领料业务

实验场景

如果企业的生产过程比较简单（如单步骤生产），或者企业没有用生产管理模块进行生产过程的管理，则可以采用简单生产方式进行领料、入库等业务的操作，便于财务进行物料成本的核算、分摊。

领料业务发生后，财务人员根据其他出库单核算出库成本、记账。

实验步骤

（1）科技公司仓管员新增其他出库单。

（2）科技公司会计员进行出库成本核算。

（3）科技公司会计员根据业务单据生成凭证。

对应的简单生产领料业务流程如图 4－163 所示。

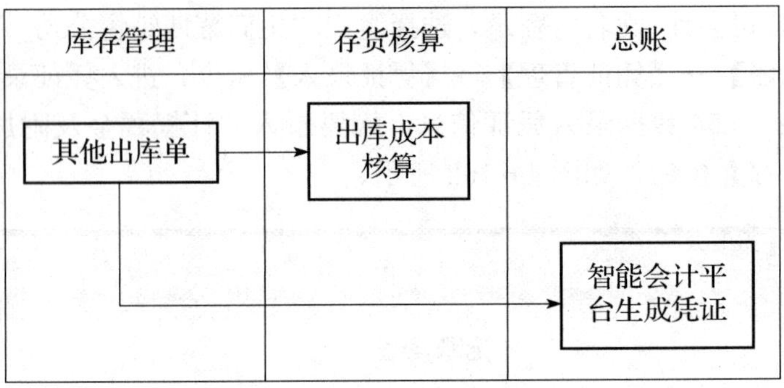

图 4－163　简单生产领料业务流程

实验数据

2025 年 1 月 8 日，川商创博科技公司生产部从原料仓领用原材料用于生产变压器，其中铁芯 32Pcs、初级线圈 60Pcs、次级线圈 60Pcs。

（1）其他出库单明细如表 4－55 所示。

表 4－55　其他出库单明细

业务日期	领料部门	物料名称	申请数量	仓库
2025/1/8	生产部	铁芯	32	原料仓
		初级线圈	60	
		次级线圈	60	

（2）凭证数据如表 4－56 所示。

表 4－56 凭证数据

对应组织	凭证来源	会计科目	借方金额	贷方金额
科技公司	其他出库单	生产成本/生产部/材料成本	139 067.88	
		原材料/铁芯		85 596.44
		原材料/初级线圈		26 729.69
		原材料/次级线圈		26 741.75

操作指导

1. “科技公司仓管_姓名”新增其他出库单

视频

简单生产领料业务

（1）“科技公司仓管_姓名”登录，选择组织“川商创博科技公司_姓名”，执行【供应链】→【库存管理】→【杂收杂发】→【其他出库单】命令，进入其他出库单新增界面。

（2）根据表 4－55 的实验数据录入相关信息。

（3）信息录入完成后，依次单击【保存】→【提交】→【审核】按钮，如图 4－164 所示。

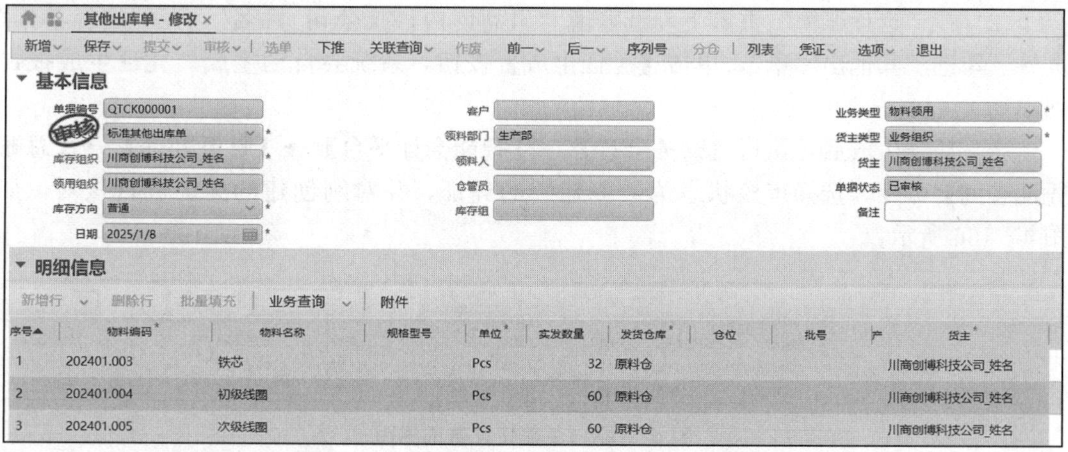

图 4－164 其他出库单新增并审核完成界面

2. “科技公司会计_姓名”进行出库成本核算

（1）“科技公司会计_姓名”登录，选择组织“川商创博科技公司_姓名”，执行【成本管理】→【存货核算】→【存货核算】→【出库成本核算】命令，进入出库成本核算向导界面。

（2）选择核算体系为“财务会计核算体系”，核算组织为“川商创博科技公司_姓名”，会计政策为“中国准则会计政策”，设置好后，单击【下一步】按钮，采用系统默认的参数设置，再单击【下一步】按钮，系统自动进行核算。

（3）完成核算后，可对核算报表进行查询，如单击【核算单据查询】按钮进行查看，如图 4－165 所示。

凭证生成　出库成本核算　核算单据查询 ×

过滤 | 刷新　成本维护　单据查看　选项⌄　退出

核算体系 财务会计核算体系　核算组织 川商创博科技公司_姓名　会计政策 中国准则会计政策

会计期间 2025年第1期-2025年第1期　本位币 人民币

单据类型	单据编号	单	业务日期	部门	出入库序列	物料编码	物料名称	基批	存货类别	数量	单价	金额
标准采购入库	CGRK00002	1	2025/1/6		入库	202401.003	铁芯	P	原材料	50	2,743.3628	137,168.14
标准其他出库单	QTCK000001	1	2025/1/8	生产部	出库	202401.003	铁芯	P	原材料	32	2,674.888869	85,596.44
标准采购入库	CGRK00005	1	2025/1/10		入库	202401.003	铁芯	P	原材料	58	2,654.867241	153,982.3
标准采购入库	CGRK00002	2	2025/1/6		入库	202401.004	初级线圈	P	原材料	50	460.177	23,008.85
标准其他出库单	QTCK000001	2	2025/1/8	生产部	出库	202401.004	初级线圈	P	原材料	60	445.494773	26,729.69
标准其他出库单	QTCK000001	3	2025/1/8	生产部	出库	202401.005	次级线圈	P	原材料	60	445.695909	26,741.75
标准采购入库	CGRK00004	1	2025/1/10		入库	202401.005	次级线圈	P	原材料	40	451.3275	18,053.1
寄售直接调拨单	ZJDB000001	1	2025/1/9		出库	202401.001	M型变压器	P	产成品	48	26,852.272727	1,288,909.09
寄售直接调拨单	ZJDB000001	1	2025/1/9		入库	202401.001	M型变压器	P	产成品	48	26,852.272727	1,288,909.09
标准销售出库单	XSCKD000002	1	2025/1/15		出库	202401.001	M型变压器	P	产成品	40	26,852.272727	1,074,090.91
寄售出库单	XSCKD000003	1	2025/1/15	销售部	出库	202401.001	M型变压器	P	产成品	48	26,852.272727	1,288,909.09
寄售直接调拨单	ZJDB000001	2	2025/1/9		出库	202401.002	N型变压器	P	产成品	48	23,630	1,134,240
寄售直接调拨单	ZJDB000001	2	2025/1/9		入库	202401.002	N型变压器	P	产成品	48	23,630	1,134,240
标准销售出库单	XSCKD000004	1	2025/1/10	销售部	出库	202401.002	N型变压器	P	产成品	60	23,630	1,417,800
寄售出库单	XSCKD000003	2	2025/1/15	销售部	出库	202401.002	N型变压器	P	产成品	48	23,630	1,134,240

图 4－165　出库成本核算查询界面

3. “科技公司会计_姓名”根据业务单据生成凭证

（1）“科技公司会计_姓名”登录，选择组织“川商创博科技公司_姓名”，执行【财务会计】→【智能会计平台】→【财务处理】→【凭证生成】命令，进入凭证生成界面。

（2）在“选择账簿”页签下勾选账簿“川商创博科技公司_姓名”，在“选择单据”页签下勾选“其他出库单”，单击【凭证生成】按钮，系统会自动生成“凭证生成报告列表”。

（3）凭证生成后，执行【财务会计】→【智能会计平台】→【财务处理】→【总账凭证查询】命令，选择审核状态为“创建”的凭证，并对刚创建的凭证进行核对，如图 4－166 所示。

日期	会计年度	期间	凭证字	凭证号	摘要	科目编码	科目全名	币别	原币金额	借方金额	贷方金额
2025/1/8	2025	1	记	34	单据号QTCK000001的其他出…	5001	生产成本	人民币	¥139,067.88	¥139,067.88	
					单据号QTCK000001的其他出…	1403	原材料	人民币	¥85,596.44		¥85,596.44
					单据号QTCK000001的其他出…	1403	原材料	人民币	¥26,729.69		¥26,729.69
					单据号QTCK000001的其他出…	1403	原材料	人民币	¥26,741.75		¥26,741.75

图 4－166　总账凭证查询界面

二、结转制造费用

实验场景

制造费用属于间接成本，是生产成本的一部分，只是在发生时无法直接分配到各个产品项目上，所以，期末要按照一定的分配方法将其结转至生产成本。本部分主要介绍企业期末结转制造费用的处理流程。

实验步骤

科技公司会计员通过自动转账结转本期制造费用，并生成凭证。

实验数据

2025 年 1 月 31 日，科技公司结转生产部当月用于组装的制造费用，其中生产工人工资 152 118.75 元，生产部水电费 36 778.76 元，生产部折旧费用 34 500.00 元。

凭证数据如表 4－57 所示。

表 4－57　凭证数据

对应组织	凭证来源	会计科目	借方金额	贷方金额
科技公司	自动转账	生产成本/组装费用	223 397.51	
		制造费用/工资/生产部		152 118.75
		制造费用/水电费/生产部		36 778.76
		制造费用/折旧费用/生产部		34 500.00

操作指导

视频

结转制造费用

（1）“科技公司会计_姓名”登录，选择组织“川商创博科技公司_姓名”，执行【财务会计】→【总账】→【期末处理】→【自动转账】命令，进入期末处理自动转账界面，选择对应的转账方案并执行，如图 4－167 所示。

图 4－167　执行自动转账方案界面

（2）自动结转制造费用生成记账凭证，凭证信息确认无误后，依次单击【保存】→【提交】→【审核】按钮，如图 4－168 所示。

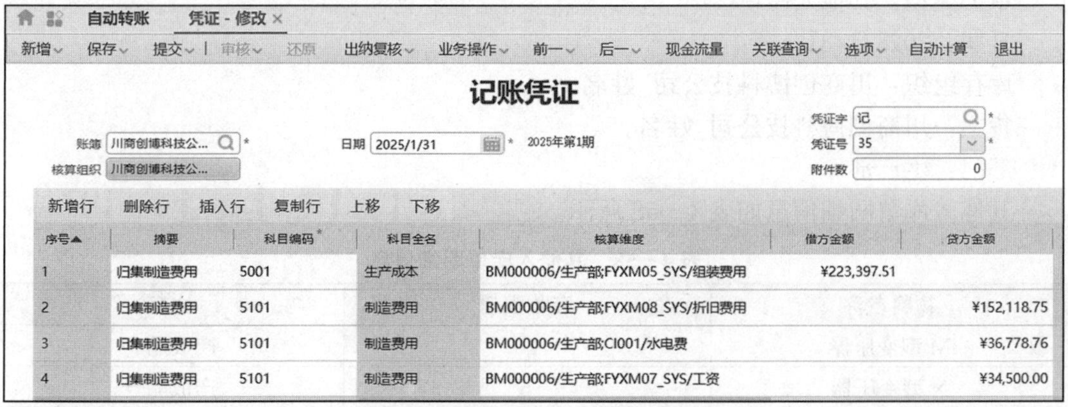

图 4－168　转账凭证生成并审核完成界面

三、结转入库成本

实验场景

产品完工入库后，需要计算产品的入库成本并生成凭证。本部分主要介绍企业期末结转入库成本的处理流程。

实验步骤

（1）科技公司仓管员新增其他入库单。

（2）科技公司会计员进行入库成本维护。

（3）科技公司会计员在智能会计平台上生成凭证。

对应的结转入库成本业务流程如图 4－169 所示。

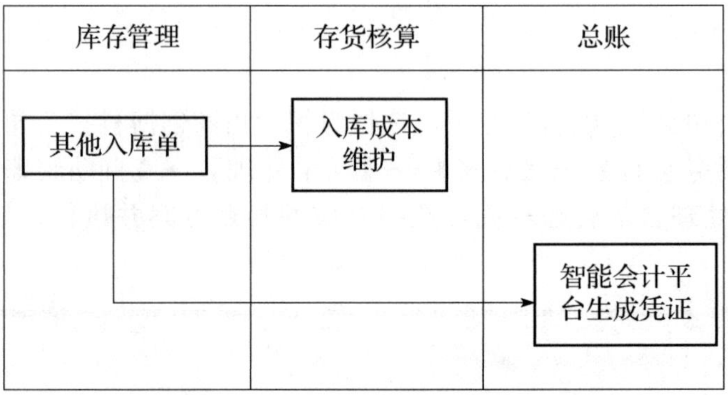

图 4－169　结转入库成本业务流程

实验数据

2025 年 1 月 31 日，32 台完工产品入库，其中 26 台 M 型变压器的成本为 1 041 522.94 元，6 台 N 型变压器的成本 233 951.45 元。

（1）其他入库单信息：

单据类型：其他入库单。

日期：2025/1/31。

库存组织：川商创博科技公司_姓名。

货主：川商创博科技公司_姓名。

部门：生产部。

其他入库单明细信息如表 4－58 所示。

表 4－58　其他入库单明细信息

物料名称	应收数量	仓库
M 型变压器	26	产成品仓
N 型变压器	6	产成品仓

（2）凭证数据如表 4－59 所示。

表 4－59 凭证数据

对应组织	凭证来源	会计科目	借方金额	贷方金额
科技公司	其他入库单	库存商品/M 型变压器	1 041 522.94	
		库存商品/N 型变压器	233 951.45	
		生产成本		1 275 474.39

操作指导

视频

结转入库成本

1. “科技公司仓管_姓名”新增其他入库单

（1）“科技公司仓管_姓名”登录，选择组织“川商创博科技公司_姓名”，执行【供应链】→【库存管理】→【杂收杂发】→【其他入库单】命令，进入其他入库单新增界面。

（2）将日期修改为“2025/1/31”，部门选择“生产部”，单击【新增行】，按照表 4－58 的实验数据录入其他入库单相关信息。

（3）信息录入完成后，依次单击【保存】→【提交】→【审核】按钮，如图 4－170 所示。

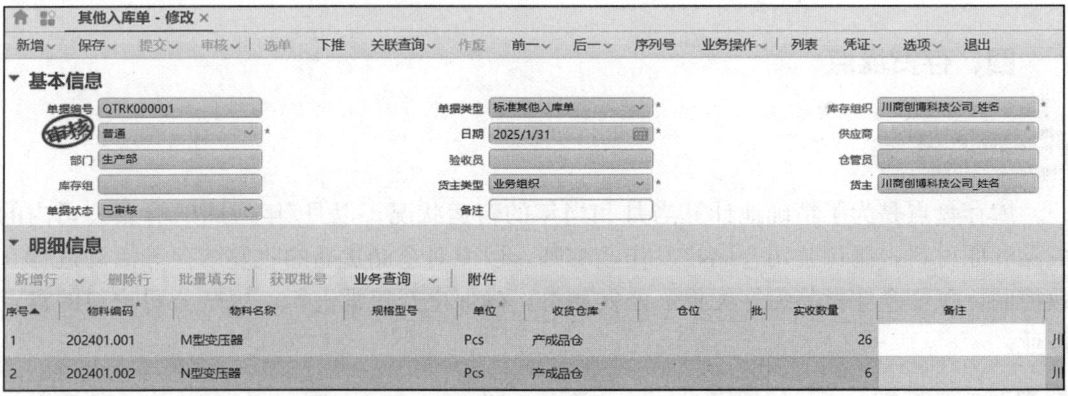

图 4－170 其他入库单新增并审核完成界面

2. “科技公司会计_姓名”进行入库成本维护

（1）“科技公司会计_姓名”登录，选择组织“川商创博科技公司_姓名”，执行【成本管理】→【存货核算】→【入库成本维护】命令。

（2）单据名称选择“其他入库单”，进行入库成本维护，其中 26 台 M 型变压器的成本为 1 041 522.94 元，6 台 N 型变压器的成本为 233 951.45 元，维护完后单击【保存】按钮，如图 4－171 所示。

3. “科技公司会计_姓名”在智能会计平台生成凭证

（1）“科技公司会计_姓名”登录，选择组织“川商创博科技公司_姓名”，执行【财

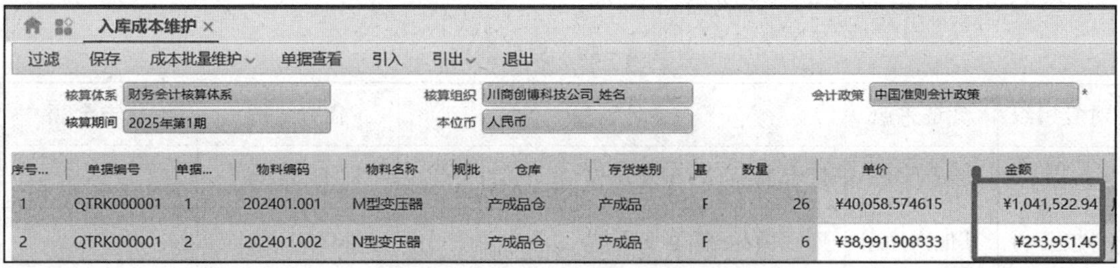

图 4-171 入库成本维护界面

务会计】→【智能会计平台】→【财务处理】→【凭证生成】命令。

（2）选择“其他入库单”，“单据范围”选择对应单据，并生成凭证。

（3）执行【财务会计】→【智能会计平台】→【财务处理】→【总账凭证查询】命令，选择审核状态为“创建”的凭证，并对刚创建的凭证进行核对，如图 4-172 所示。

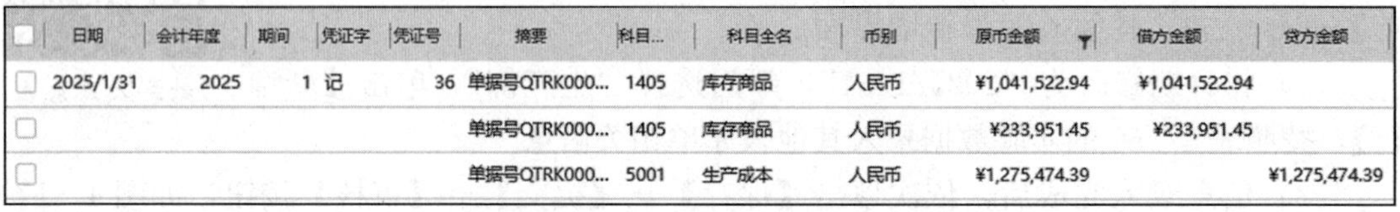

图 4-172 总账凭证查询界面

四、存货盘点

实验场景

库存盘点是为了精确地计算当月和当年的营运状况，以月/年为周期清点公司内的成品和原材料，制订公司仓储收发作业准则，以便对仓储货品的收发结存等活动进行有效控制，保证仓储货品完好无损、账实相符，确保生产正常进行，规范公司物料的盘点作业。

实验步骤

（1）科技公司仓管员新增盘点方案并进行盘点。

（2）科技公司会计员进行出库成本核算。

（3）科技公司会计员在智能会计平台上生成盘亏单凭证。

（4）科技公司会计员新增凭证结转待处理财产损溢。

对应的存货盘点业务流程如图 4-173 所示。

实验数据

2025 年 1 月 31 日，川商创博科技公司进行存货盘点，设置盘点方案名称为“川商创博科技公司 1 月盘点方案”，盘亏的存货经过调查发现是合理损耗，445.7 元计入管理费用。

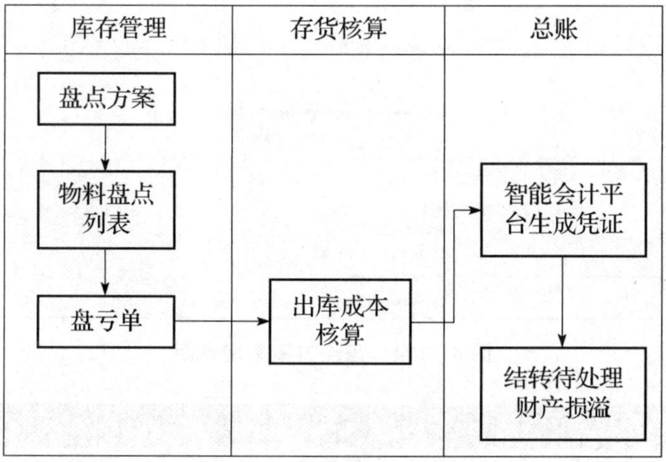

图 4-173　存货盘点业务流程

（1）存货盘点数据如表 4-60 所示。

表 4-60　存货盘点数据

仓库名称	物料名称	盘点数量
原料仓	铁芯	189
原料仓	初级线圈	160
原料仓	次级线圈	159
产成品仓	M 型变压器	158
产成品仓	N 型变压器	148

（2）凭证数据如表 4-61 所示。

表 4-61　凭证数据

对应组织	凭证来源	会计科目	借方金额	贷方金额
科技公司	盘亏单	待处理财产损溢	445.70	
		原材料/次级线圈		445.70
科技公司	凭证录入	管理费用/生产部/材料成本	445.70	
		待处理财产损溢		445.70

操作指导

视频

存货盘点

1. “科技公司仓管_姓名”新增盘点方案

“科技公司仓管_姓名”登录，选择组织“川商创博科技公司_姓名”，执行【供应链】→【库存管理】→【定期盘点】→【盘点方案】命令，新增盘点方案，盘点方案名称为“川商创博科技公司 1 月盘点方案”并提交审核，如图 4-174 所示。

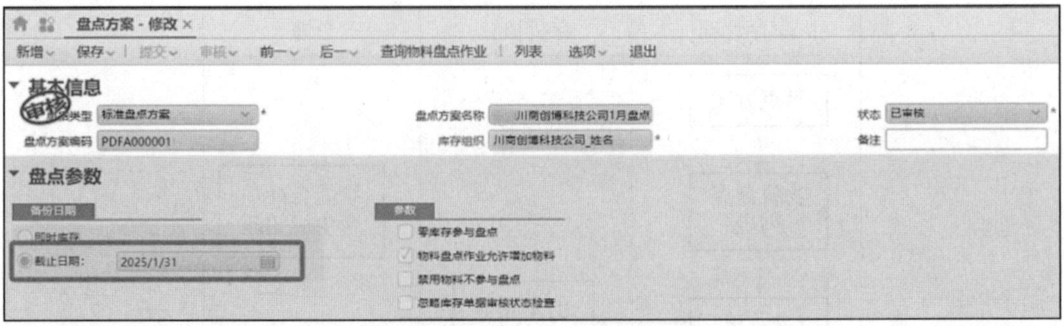

图 4－174　盘点方案新增界面

知识扩展

盘点方案用来确定盘点的范围。盘点即定期或者不定期对实物存货数量和价值进行核对与确认的处理流程，以掌握正确的存货数量和价值，达到实物与账目一致的目的，同时提供准确的库存记录。

2. “科技公司仓管_姓名”在物料盘点作业列表中进行盘点

（1）“科技公司仓管_姓名”登录，选择“川商创博科技公司_姓名”，执行【供应链】→【库存管理】→【定期盘点】→【物料盘点作业列表】命令。

（2）新建盘点方案，按照表 4－60 的实验数据录入具体的盘点数量，依次单击【保存】→【提交】→【审核】按钮，如图 4－175 所示。

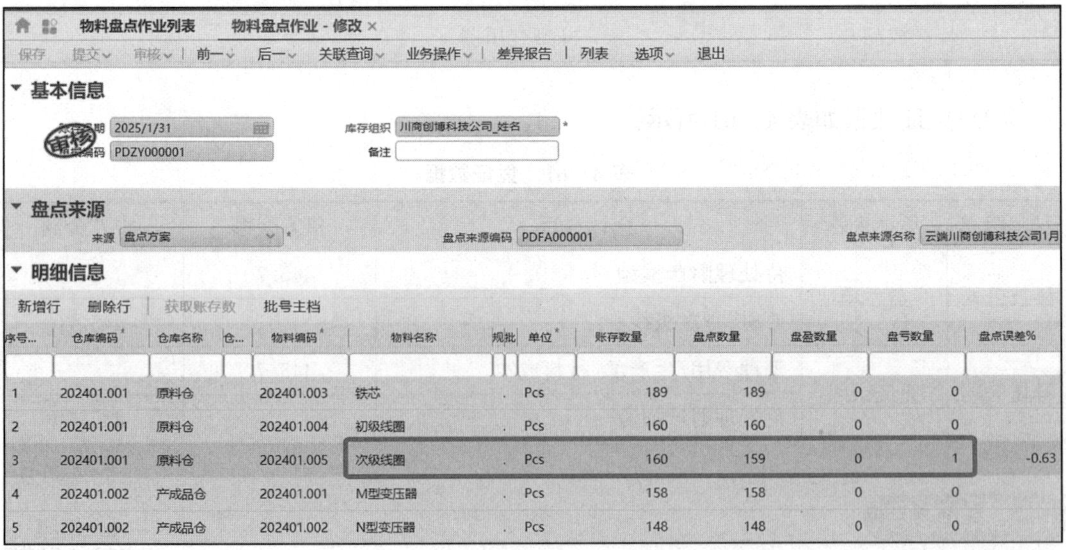

图 4－175　盘点作业新增并审核完成界面

（3）如果存在数量差异，自动生成盘盈单或者盘亏单，此处是物料盘亏，执行【供应链】→【库存管理】→【定期盘点】→【盘亏单列表】命令，查看相应盘亏单，依次单击【保存】→【提交】→【审核】按钮，如图 4－176 所示。

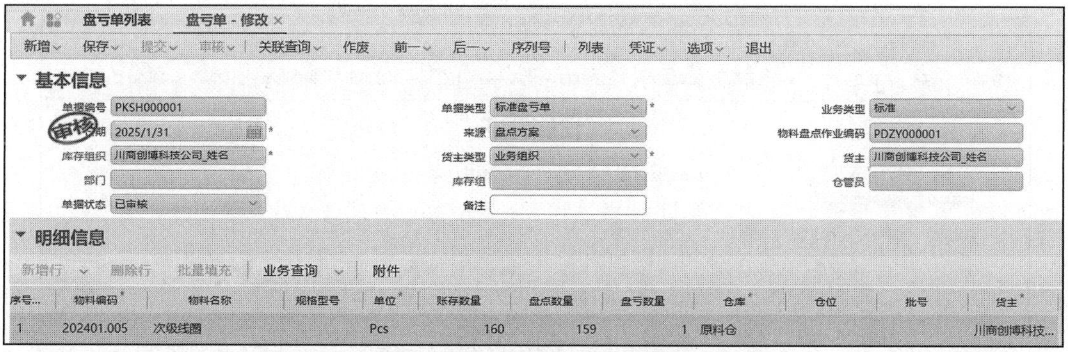

图 4-176　盘亏单生成并审核完成界面

知识扩展

物料盘点作业用来录入实际盘点数据，根据账存和实存差异，生成盘盈或盘亏单。

3. "科技公司会计_姓名"进行出库成本核算

"科技公司会计_姓名"登录，选择组织"川商创博科技公司_姓名"，执行【成本管理】→【存货核算】→【出库成本核算】命令，进行出库成本核算，如图 4-177 所示。

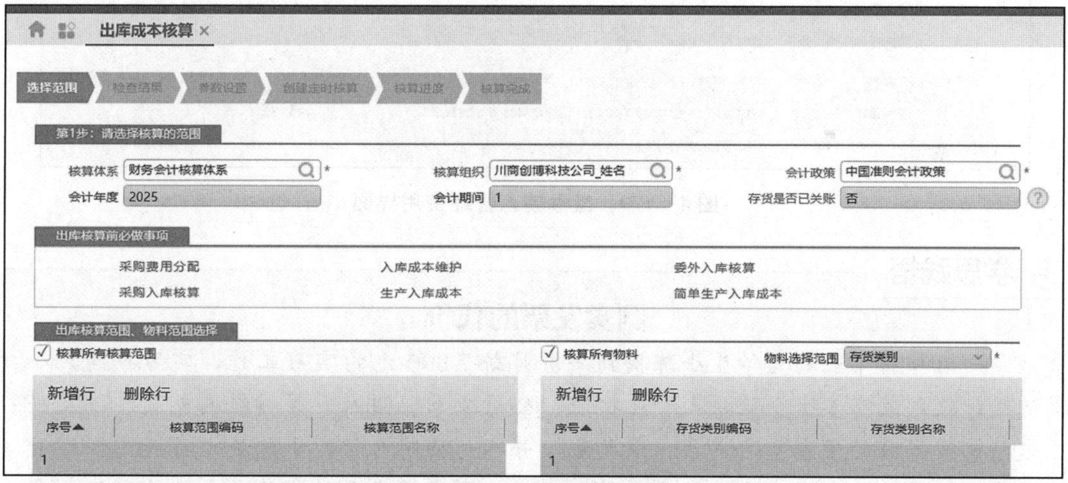

图 4-177　出库成本核算界面

4. "科技公司会计_姓名"在智能会计平台上生成盘亏单凭证

"科技公司会计_姓名"登录，选择组织"川商创博科技公司_姓名"，执行【财务会计】→【智能会计平台】→【财务处理】→【凭证生成】命令，选择"盘亏单"生成凭证，根据盘亏单生成凭证分录，单击查看详情，如图 4-178 所示。

5. "科技公司会计_姓名"新增凭证结转待处理财产损溢

盘亏的存货经过调查发现是合理损耗，计入管理费用。

(1)"科技公司会计_姓名"登录，选择组织"川商创博科技公司_姓名"，执行【财

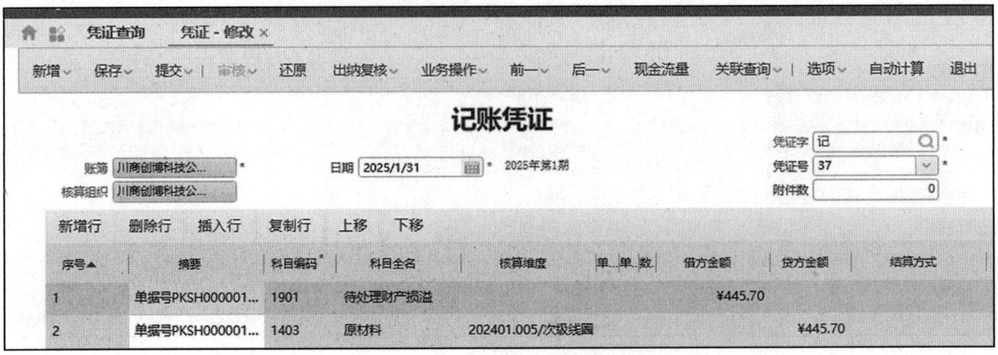

图 4-178　凭证生成界面

务会计】→【总账】→【凭证管理】→【凭证录入】命令，进入凭证录入新增界面。

（2）将待处理财产损溢转入管理费用，凭证信息录入完成后，单击【保存】按钮，如图 4-179 所示。

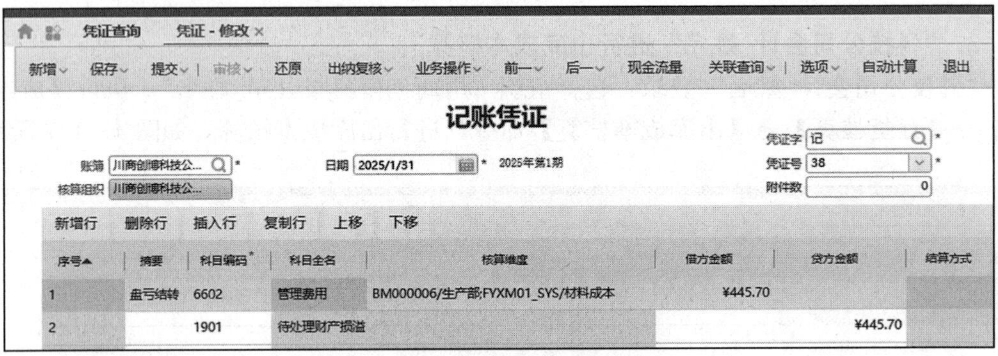

图 4-179　盘亏转入管理费用界面

学思践悟

倒卖发票的代价

一名即将毕业的大学生小陈找到一份月薪 7 000 元的实习工作，实习期间，小陈陆续收到装有多套企业法人营业执照、公司公章、法人章等材料的包裹，以及一起随包裹寄来的多本空白发票。这些法人并不是公司人员，小陈虽心存疑虑但还是选择了继续工作。事实上，该公司是个专门从事虚开发票的团伙。小陈收到的包裹正是该团伙从非法渠道买入的公民个人身份资料，该团伙用这些身份信息注册了近 300 家空壳公司，然后通过这些公司套取正规发票并进行倒卖。小陈负责的工作正是管理空壳公司资料。2020 年 5 月，小陈被警方抓获，案发后查证，由小陈负责管理的空壳公司为他人开具增值税普通发票价税合计超过 3 亿元。经法院审理后，小陈被判处 2 年有期徒刑，罚金 5 万元，并被开除大学学籍。倒卖发票这条红线，企业和个人坚决不能碰！

思考讨论

1. 请概括常见的采购业务及其核心的处理流程。

2. 采购应付单生成方式有几种？分别是什么？

3. 在进行关联查询时，采购订单能查询到哪些关联单据？

4. 销售管理模块主要包含哪些功能？

5. 集中销售业务中，组织间价目表的作用是什么？

6. 销售管理业务一体化流程中涉及哪些单据？哪些单据需要通过智能会计平台生成凭证？

7. 简述核销的几种方式。

8. 会计信息系统如何实现固定资产的全生命周期管理？

9. 计提固定资产折旧应注意哪些问题？

10. 会计信息系统如何支持生产成本的精准核算，包括直接材料、直接人工及制造费用？

11. 如何利用会计信息系统分析生产成本数据，优化生产流程，从而提高生产效率？

12. 总结凭证数据中凭证来源的几种方式及其特点。

第五章

期末处理

学习目标

1. 掌握凭证查询、审核、出纳复核、过账的业务流程。
2. 理解现金流量表编制的原理，掌握现金流量指定的方法。
3. 理解结转损益的注意事项，掌握系统操作方法。
4. 熟记各业务系统结账的顺序，掌握结账的方法。
5. 培养分析和解决问题的能力，能够应对复杂情境和挑战。

实践概述

会计信息系统期末处理的主要工作包括以下三个方面：首先核对当期所有会计凭证的完整性和准确性，对凭证信息确认无误后进行审核、过账；其次进行期间损益结转，将收入、费用类账户余额转入“本年利润”账户；最后完成期末结账操作，关闭当期会计期间，将账户余额结转至下期。月末结账时应当按照一定的顺序进行，各子系统结账的顺序为：出纳管理系统→应收系统→应付系统→费用管理系统→存货核算系统→固定资产系统→总账系统。

第一节　出纳凭证复核并指定现金流量

实验场景

出纳凭证复核是对有“库存现金”“银行存款”科目的凭证进行复核，需要出纳人员进行检查，并且在系统中保留检查痕迹。本节主要介绍了在金蝶云星空中复核凭证及指定现金流量的步骤。

实验步骤

（1）科技公司出纳员对本月凭证进行复核，并指定现金流量。

（2）销售公司出纳员对本月凭证进行复核，并指定现金流量。

（3）集团公司出纳员对本月凭证进行复核，并指定现金流量。

实验数据

三家公司指定现金流量的数据如表 5－1、表 5－2、表 5－3 所示。

表 5－1　科技公司指定现金流量

凭证核算维度	对方科目	主表项目
202401.002/威星光电	1.1123_预付账款	CI01.02.01_购买商品、接受劳务支付的现金
202401.002/中车电机	2.2203_预收账款	CI01.01.01_销售商品、提供劳务收到的现金
应付职工薪酬	1.2211_应付职工薪酬	CI01.02.02_支付给职工以及为职工支付的现金
202401.001/南方中科	1.2202.02_明细应付款	CI01.02.01_购买商品、接受劳务支付的现金
202401.003/李艾	2.1221.03 员工往来	CI01.02.04 支付其他与经营活动有关的现金

表 5－2　销售公司指定现金流量

凭证核算维度	对方科目	主表项目
100_川商集团（资金下拨）	2.2241.04_统支款	CI01.01.03_收到其他与经营活动有关的现金
100_川商集团（资金上划）	1.1221.04_统收款	CI01.02.04_支付其他与经营活动有关的现金
应交增值税	1.2221.15_未交增值税	CI01.02.03_支付的各项税费
应付职工薪酬	1.2211_应付职工薪酬	CI01.02.02_支付给职工以及为职工支付的现金
202401.001/科林电器	2.1122_应收账款	CI01.01.01_销售商品、提供劳务收到的现金
202401.002/中车电机	“现金科目”页签：2.1121_应收票据	“主表项目”：CI01.01.01_销售商品、提供劳务收到的现金
	“损益科目”页签：2.1121_应收票据	“附表项目”：CI05.01.09_财务费用

表 5－3　集团公司指定现金流量

凭证核算维度	对方科目	主表项目
100.002_川商耀博销售公司（资金下拨）	1.1221.04_统收款	CI01.02.04_支付其他与经营活动有关的现金
100.002_川商耀博销售公司（资金上划）	2.2241.04_统支款	CI01.01.03_收到其他与经营活动有关的现金

操作指导

视频

出纳凭证复核并指定现金流量

1.“科技公司出纳_姓名”复核本月凭证并指定现金流量

（1）复核凭证。

1）“科技公司出纳_姓名”登录，选择组织“川商创博科技公司_姓名”，执行【财务会计】→【总账】→【凭证管理】→【出纳复核】命令。在过滤方案设置查询条件，进入出纳复核界面，如图 5－1 所示。

2）勾选全部凭证，单击【出纳复核】按钮进行复核，操作如图 5－2 所示，复核结果如图 5－3 所示。

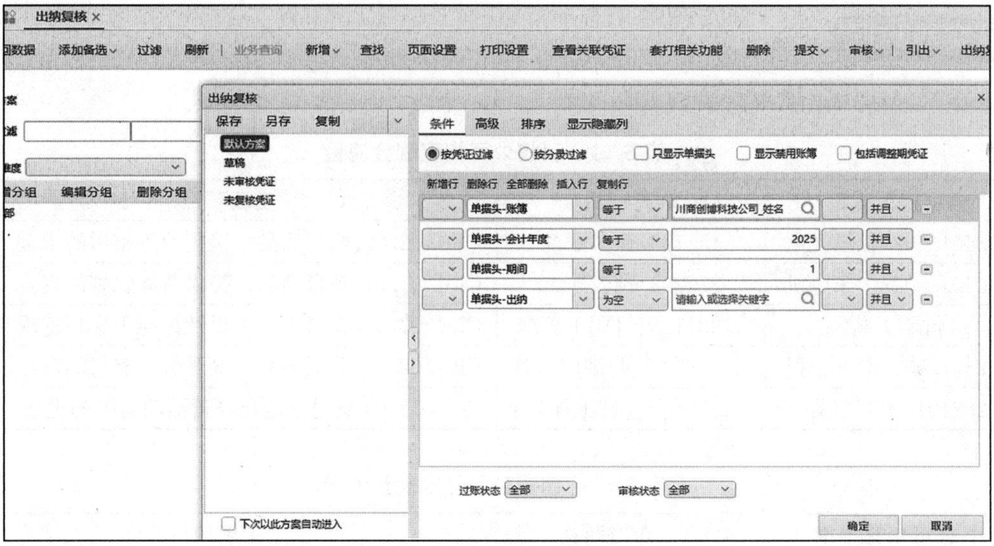

图 5-1 出纳复核界面（1）

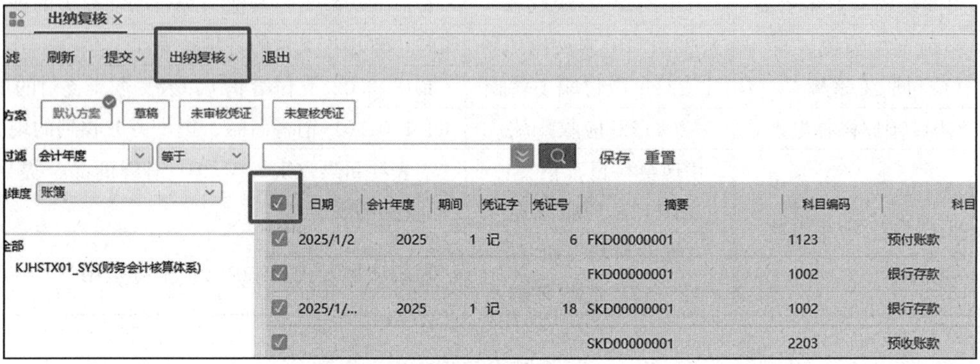

图 5-2 出纳复核界面（2）

图 5-3 出纳复核结果

注意：

如果总账系统参数勾选了“凭证过账前必须出纳复核”，则在凭证过账前，出纳要复核待过账凭证。因用户实际应用情况的多样化，系统对出纳复核与凭证审核之间的顺序未做强制性规定，用户可以对任何可修改状态的凭证进行出纳复核操作。记账凭证一经复核，就不能修改和删除，只有取消复核后才可以修改和删除。

（2）指定现金流量。

1）打开需要指定现金流量的凭证，以对方科目“预付账款”为例，单击【现金流量】按钮，在弹出的窗口中，单击【自动指定】按钮，按实验数据指定对应的“主表项目”，如图5-4所示。确认无误后，单击【确定】按钮。凭证界面会显示“已指定现金流量”字样，如图5-5所示。

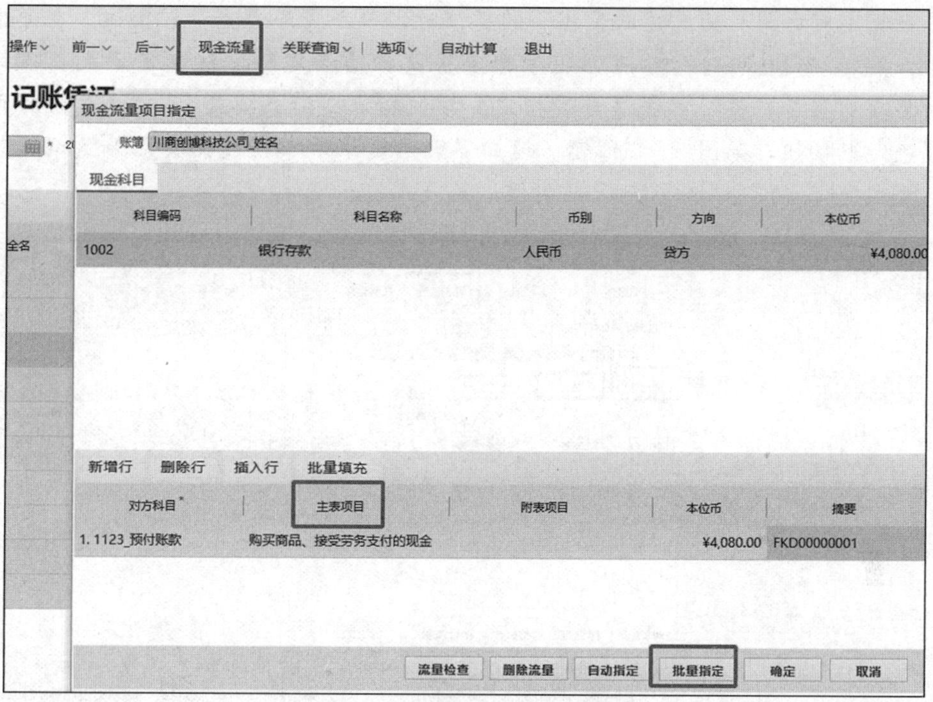

图5-4 科技公司指定主表项目

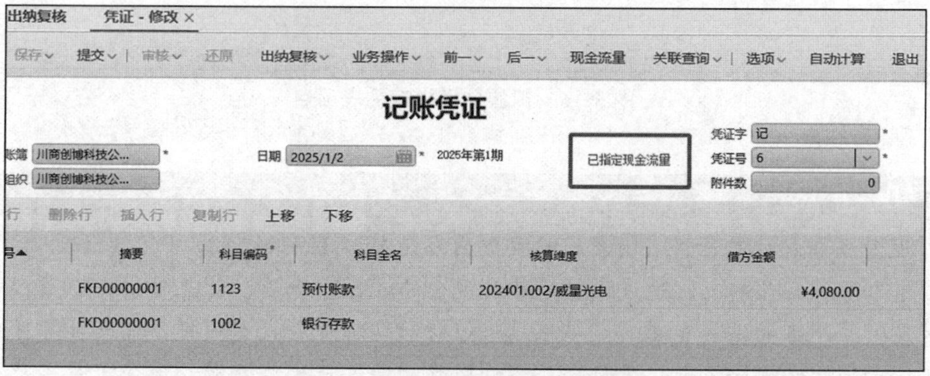

图5-5 指定现金流量完成界面

2）参照以上操作，结合表5-1完成科技公司所有出纳复核、指定现金流量。

知识扩展

企业日常经营业务是影响企业现金流量的重要因素，将影响现金流量的因素进行整理，形成现金流量项目。

2. “销售公司出纳_姓名”复核本月凭证并指定现金流量

“销售公司出纳_姓名”登录，选择组织“川商耀博销售公司_姓名”，参照科技公司操作步骤，完成川商耀博销售公司出纳复核并指定现金流量。

注意：

在指定对方科目为“应收票据”的凭证时，单击【现金流量】按钮，在弹出窗口中，要在“现金科目”参照上述步骤单击【自动指定】按钮指定“主表项目”，同时要在“损益科目”单击【自动指定】按钮指定“附表项目”，确认无误后再单击【确定】按钮，如图5－6所示。返回界面后，依次单击【提交】→【审核】按钮，生成凭证。

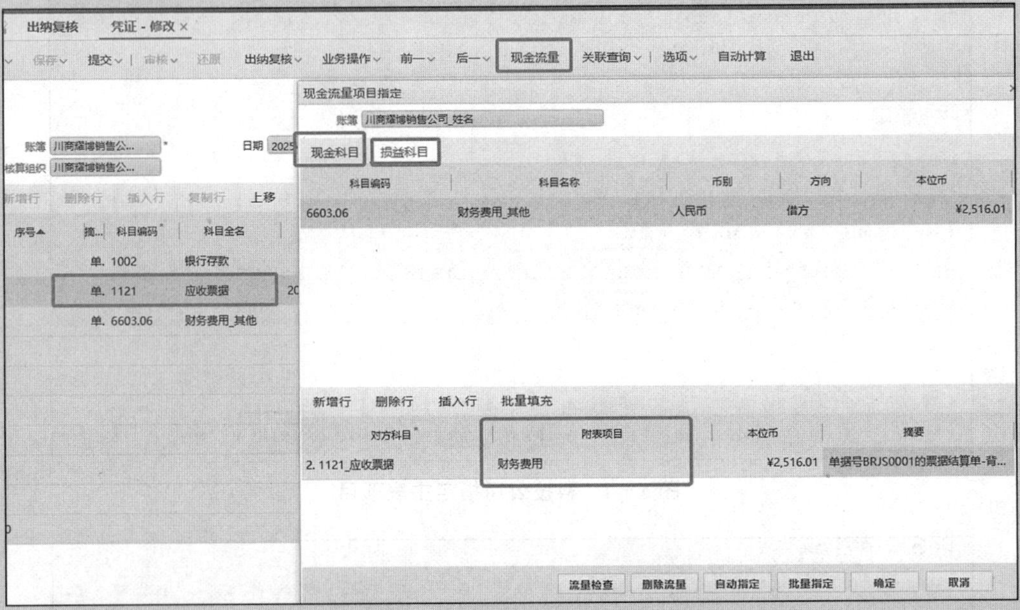

图5－6　销售公司指定主表项目

知识扩展

现金流量表补充资料（附表）的主要内容是将净利润调节为经营活动现金流量，是以本期净利润为起点，通过调整不涉及现金的收入、费用、营业外收支以及经营性应收应付等项目的增减变动，调整不属于经营活动的现金收支项目，据此计算并列报经营活动产生的现金流量。只有那些影响净利润但不产生经营活动现金流量或产生了经营活动现金流量但不影响净利润的凭证才需要指定附表项目。

3.“集团公司出纳_姓名”复核本月凭证并指定现金流量

“集团公司出纳_姓名”登录，选择组织“川商集团_姓名”，参照科技公司操作步骤，完成川商集团所有的出纳复核并指定现金流量。

第二节　凭证审核

实验场景

编制完凭证后，根据企业实际账务管理的需要，对凭证信息确认无误后进行审核。本节介绍金蝶云星空中凭证审核的主要步骤。

实验步骤

（1）集团公司会计员提交、审核本月全部凭证。

（2）科技公司会计员提交、审核本月全部凭证。

（3）销售公司会计员提交、审核本月全部凭证。

操作指导

视频

凭证审核

（1）“集团公司会计_姓名”登录，选择组织“川商集团_姓名”，执行【财务会计】→【总账】→【凭证处理】→【凭证审核】命令。

（2）选择默认的凭证过滤条件，单击【确定】按钮，在弹出的凭证审核界面中选择账簿为“川商集团_姓名”，选中需要审核的凭证。

（3）依次单击菜单栏的【提交】→【审核】按钮，如图 5－7 所示。审核成功后，该凭证的“审核”一栏会出现审核人的名字，如图 5－8 所示。

图 5－7　凭证提交与审核界面

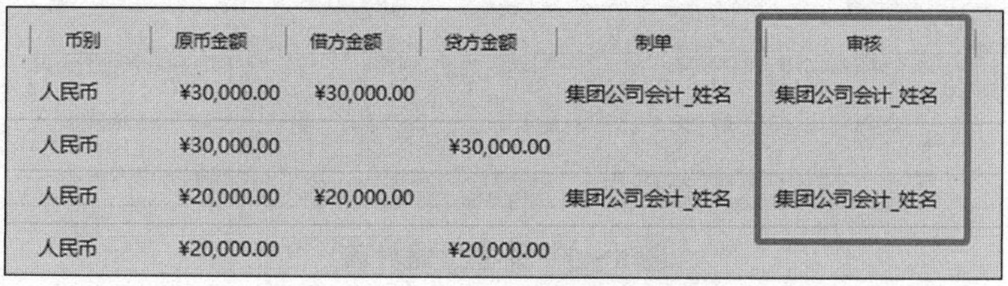

图 5－8　凭证审核成功界面

科技公司、销售公司参照以上步骤分别提交、审核本月全部凭证。

注意：

凭证一经审核，就不能进行修改、删除，只有取消审核之后，才可以修改和删除，取消审核只能由审核人自己操作。如有部分凭证已审核，可以选中所有凭证单击【反审核】按钮，然后重新单击【提交】→【审核】按钮，提高操作效率。

出纳复核和审核凭证在操作上没有先后顺序。

作废的凭证不能被审核，也不能被删除。

第三节　凭证过账

实验场景

凭证过账是单位根据各项经济业务编制会计分录以后，会计定期汇总同类业务的会计分录，并将其一次性过入有关分类账户的过程。本节介绍了金蝶云星空中凭证过账的主要步骤。

实验步骤

（1）集团公司会计员将本月全部凭证过账。

（2）科技公司会计员将本月全部凭证过账。

（3）销售公司会计员将本月全部凭证过账。

视频

凭证过账

操作指导

（1）“集团公司会计_姓名”登录，选择组织“川商集团_姓名”，执行【财务会计】→【总账】→【凭证处理】→【凭证过账】命令。

（2）进入凭证过账界面，选择账簿为“川商集团_姓名”，单击菜单栏的【过账】按钮，如图 5－9 所示。过账成功后，界面下方会提示“过账完成”，如图 5－10 所示。

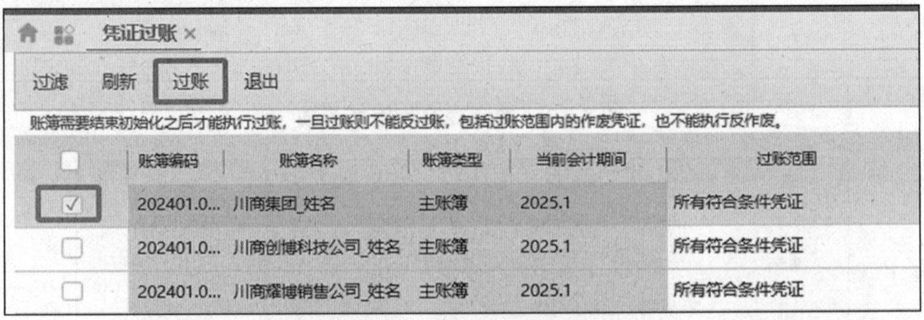

图 5－9　凭证过账界面

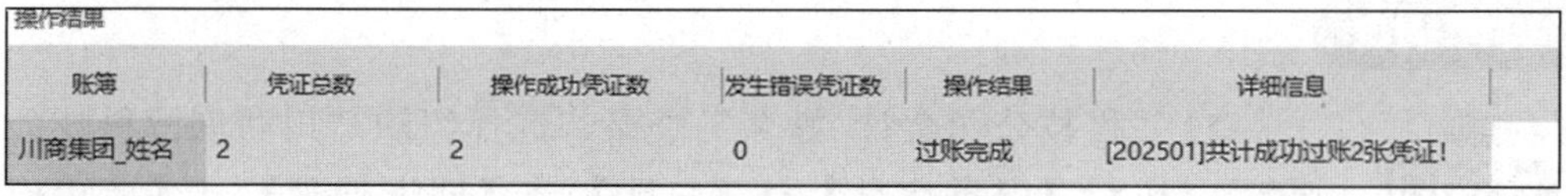
操作结果

账簿	凭证总数	操作成功凭证数	发生错误凭证数	操作结果	详细信息
川商集团_姓名	2	2	0	过账完成	[202501]共计成功过账2张凭证!

图 5－10 凭证过账完成界面

科技公司、销售公司参照以上步骤将本月全部凭证过账。

注意：

（1）总账期初余额试算平衡、总账结束初始化和凭证已经审核是凭证过账的基本条件。

（2）过账操作之前，凭证号必须连续，如果存在断号，系统是不允许过账的。如果有断号，打开“凭证查询”功能的“业务操作—凭证整理”菜单进行账簿的凭证断号检查。

（3）在连续使用系统的情况下，只有上月已经结账，本月才可以过账。

（4）如果总账系统参数设置凭证过账前必须审核或出纳复核，则应在执行凭证过账操作前，对相关凭证进行审核或者出纳复核；否则将影响凭证过账操作的执行。

知识扩展

凭证过账，就是系统将已录入的记账凭证根据其会计科目登记到相关的明细账簿中的过程。经过记账的凭证以后将不允许修改，只能采取补充凭证或红字冲销凭证的方式进行更正。因此，在过账前应对记账凭证的内容仔细审核，系统只能检验记账凭证中的数据关系，而无法检查业务逻辑关系。

第四节 结转损益

实验场景

每期期末，会计人员需要将所有账簿内各损益类科目的余额转入“本年利润”科目，并生成一张结转损益记账凭证，以反映企业在一个会计期间内实现的利润或亏损总额。结转损益操作非常有规律性，并且每期都会发生，为了避免重复操作，先设置结转损益的方案，以后直接选择方案并点击【执行】按钮即可。本节介绍了金蝶云星空中结转损益的主要步骤。

实验步骤

（1）科技公司会计员结转本期损益，并将生成的凭证审核过账。

（2）销售公司会计员结转本期损益，并将生成的凭证审核过账。

操作指导

视频

结转损益

(1)“科技公司会计_姓名”登录，选择组织“川商创博科技公司_姓名”，执行【财务会计】→【总账】→【期末处理】→【结转损益】命令，进入结转损益界面。

(2)选择账簿“川商创博科技公司_姓名”，单击【新增】按钮，在“结转损益-修改”向导界面，名称修改为“结转损益”，执行方式修改为“手动”，凭证日期方式修改为“当前期间最后一天”。

(3)凭证类型选择“损益”，凭证生成方式选择“按普通方式结转”，“原有结转损益凭证处理方式”选择“删除已结转凭证”，“本次生成结转损益凭证处理方式”选择“审核并过账”。

(4)核对结转科目正确性后单击【保存】按钮，然后单击【执行】按钮，如图5-11所示。

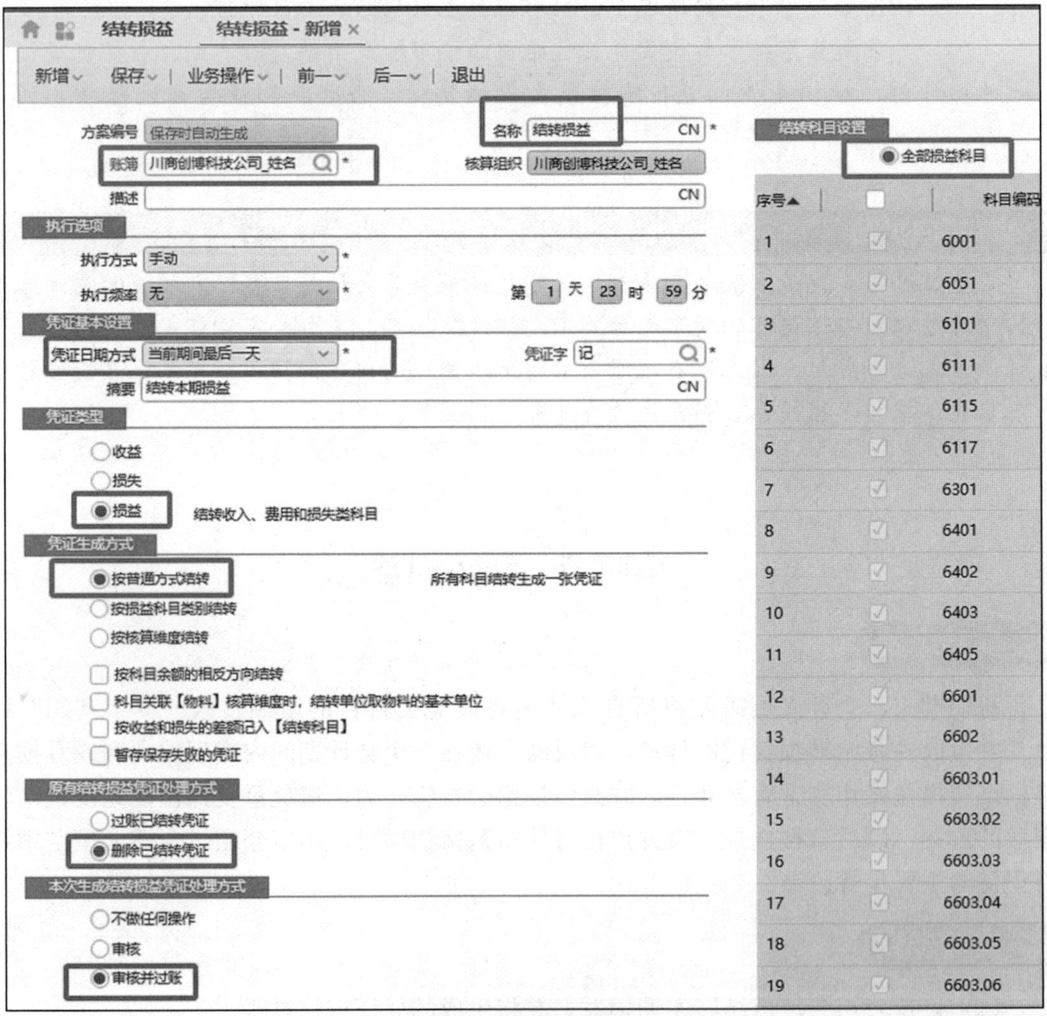

图5-11　结转损益界面

（5）结转损益完成后，可单击上方功能菜单的【联查凭证】按钮，查看生成的结转损益凭证，如图 5－12 所示。

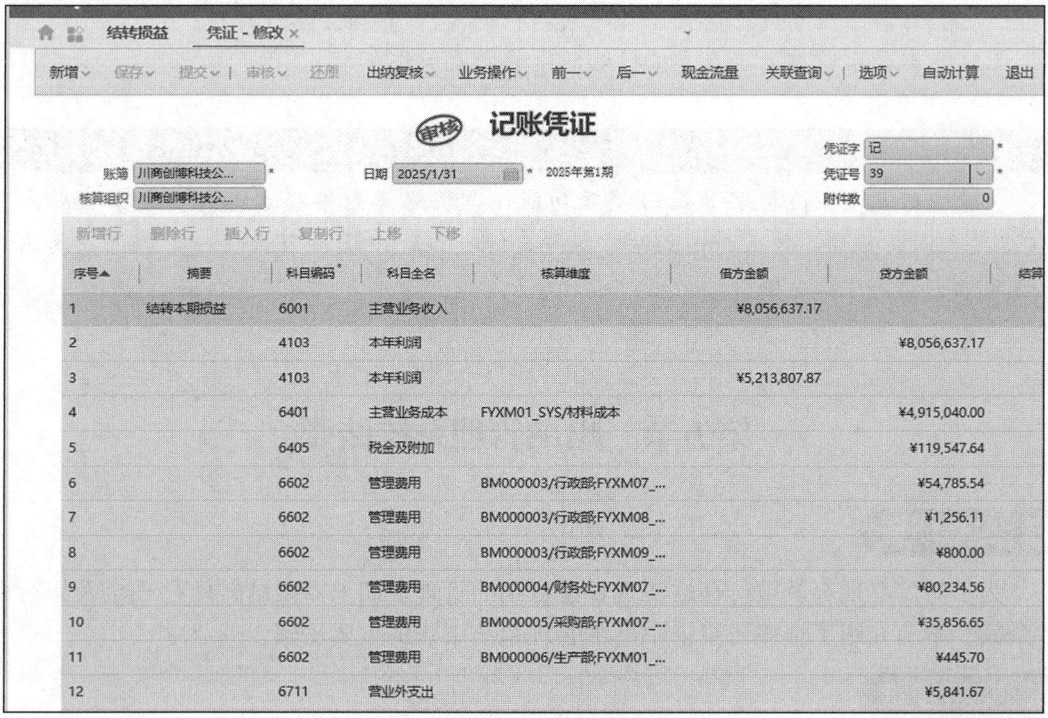
结转损益　凭证 - 修改

新增　保存　提交　审核　还原　出纳复核　业务操作　前一　后一　现金流量　关联查询　选项　自动计算　退出

审核　记账凭证

凭证字 记　凭证号 39　附件数 0

账簿 川商创博科技公...　日期 2025/1/31　2025年第1期

核算组织 川商创博科技公...

新增行　删除行　插入行　复制行　上移　下移

序号	摘要	科目编码	科目全名	核算维度	借方金额	贷方金额	结算
1	结转本期损益	6001	主营业务收入		¥8,056,637.17		
2		4103	本年利润			¥8,056,637.17	
3		4103	本年利润		¥5,213,807.87		
4		6401	主营业务成本	FYXM01_SYS/材料成本		¥4,915,040.00	
5		6405	税金及附加			¥119,547.64	
6		6602	管理费用	BM000003/行政部;FYXM07_...		¥54,785.54	
7		6602	管理费用	BM000003/行政部;FYXM08_...		¥1,256.11	
8		6602	管理费用	BM000003/行政部;FYXM09_...		¥800.00	
9		6602	管理费用	BM000004/财务处;FYXM07_...		¥80,234.56	
10		6602	管理费用	BM000005/采购部;FYXM07_...		¥35,856.65	
11		6602	管理费用	BM000006/生产部;FYXM01_...		¥445.70	
12		6711	营业外支出			¥5,841.67	

图 5－12　科技公司结转损益凭证界面

销售公司参照以上步骤结转本期损益，并将生成的凭证审核、过账，生成的结转损益凭证如图 5－13 所示。

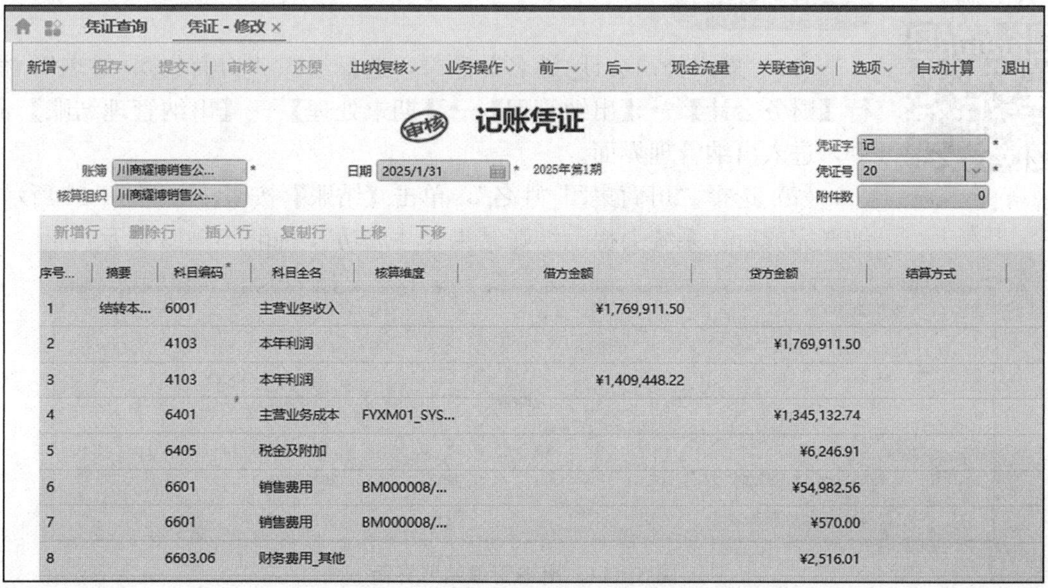
凭证查询　凭证 - 修改

新增　保存　提交　审核　还原　出纳复核　业务操作　前一　后一　现金流量　关联查询　选项　自动计算　退出

审核　记账凭证

凭证字 记　凭证号 20　附件数 0

账簿 川商耀博销售公...　日期 2025/1/31　2025年第1期

核算组织 川商耀博销售公...

新增行　删除行　插入行　复制行　上移　下移

序号...	摘要	科目编码	科目全名	核算维度	借方金额	贷方金额	结算方式
1	结转本...	6001	主营业务收入		¥1,769,911.50		
2		4103	本年利润			¥1,769,911.50	
3		4103	本年利润		¥1,409,448.22		
4		6401	主营业务成本	FYXM01_SYS...		¥1,345,132.74	
5		6405	税金及附加			¥6,246.91	
6		6601	销售费用	BM000008/...		¥54,982.56	
7		6601	销售费用	BM000008/...		¥570.00	
8		6603.06	财务费用_其他			¥2,516.01	

图 5－13　销售公司结转损益凭证界面

注意：

结转损益操作需满足下列前提条件：

（1）账簿系统参数已设置“本年利润”科目、“利润分配”科目。

（2）账簿当前期间不存在未过账的结转损益凭证。

知识扩展

金蝶云星空系统提供的结转损益功能，是将账簿内各损益类科目的余额转入“本年利润”科目，并生成一张结转损益记账凭证，以反映企业在一个会计期间内实现的利润或亏损总额。

第五节　出纳管理系统结账

实验场景

为了对库存现金及银行存款实现日清月结的管理，期末需要结转库存现金及银行存款余额。本节介绍了金蝶云星空中出纳管理系统结账的主要步骤。

实验步骤

（1）集团公司会计员将出纳管理系统结账。

（2）科技公司会计员将出纳管理系统结账。

（3）销售公司会计员将出纳管理系统结账。

视频

出纳管理系统结账

操作指导

（1）“集团公司会计_姓名”登录，选择组织“川商集团_姓名”，执行【财务会计】→【出纳管理】→【期末处理】→【出纳管理结账】命令，进入出纳管理界面。

（2）选择“川商集团_姓名”，单击【结账】按钮，如图 5－14 所示。结账完成后，系统会提示结账结果为“成功”，如图 5－15 所示。

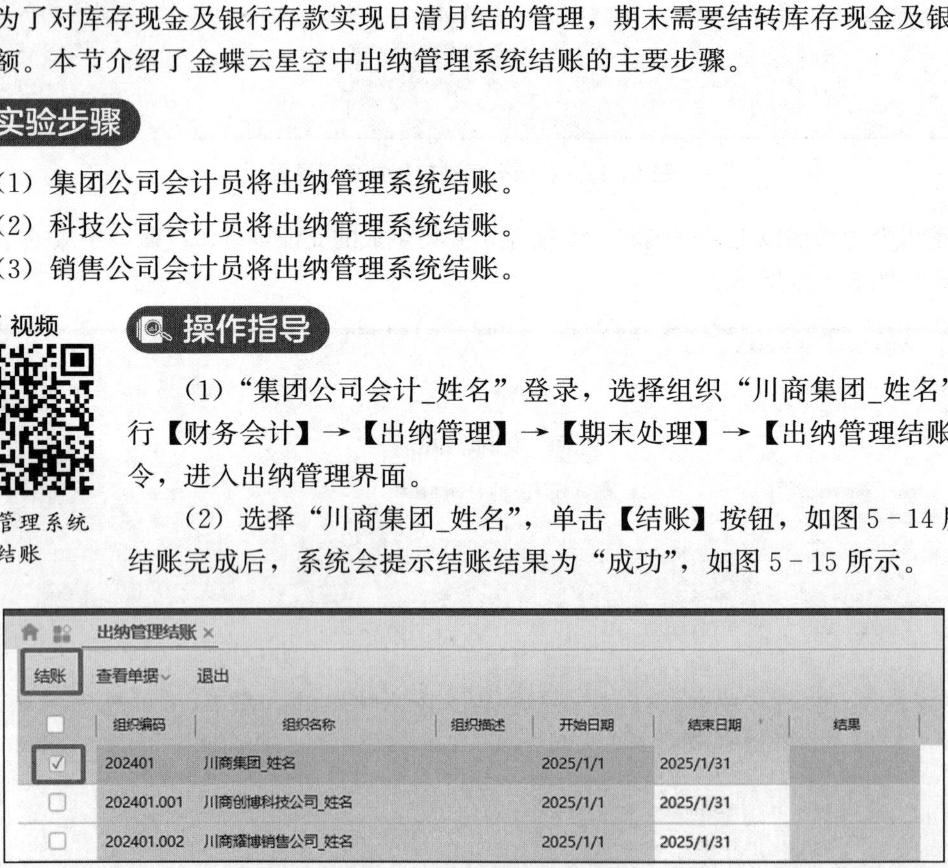

图 5－14　出纳管理结账界面

图 5-15 出纳管理结账结果界面

科技公司、销售公司参照以上步骤将出纳管理系统结账。

注意：

出纳结账的前提是对应结算收付组织下出纳管理系统已经结束初始化。

如果选中系统参数"存在未审核的单据时不允许结账"，则要求出纳管理系统所有业务日期小于或者等于结账日期的现金存取单、银行转账单、收款单、收款退款单、付款单以及付款退款单已经审核。

第六节 应收系统结账

实验场景

应收系统的数据处理都是针对本期的，要进行下一期间的处理，必须将本期的账务全部进行结账处理，系统才能进入下一期。本期所有的应收款业务处理完毕之后，必须进行结账，并将余额结转为下一会计期间的初始余额。本节介绍金蝶云星空应收系统结账的主要步骤。

实验步骤

（1）科技公司会计员将应收系统结账。

（2）销售公司会计员将应收系统结账。

操作指导

视频

应收系统结账

（1）"科技公司会计_姓名"登录，选择组织"川商创博科技公司_姓名"，执行【财务会计】→【应收款管理】→【期末处理】→【应收款结账】命令，进入应收款结账界面。

（2）选择"川商创博科技公司_姓名"，单击【结账】按钮，如图 5-16 所示。结账完成后，系统会提示结账结果为"成功"。

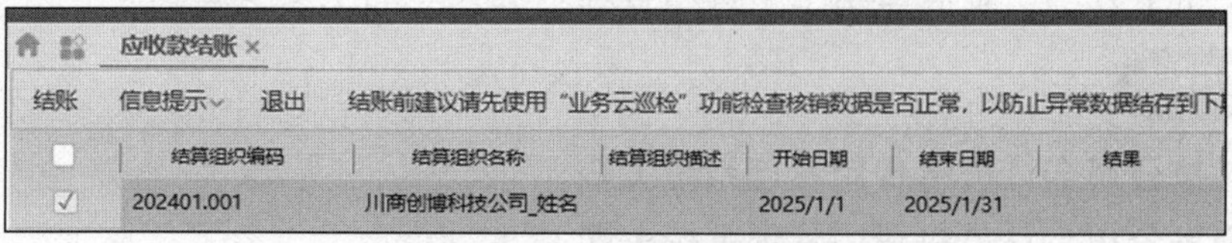

图 5-16 应收款结账界面

销售公司参照以上步骤将应收系统结账。

第七节　应付系统结账

实验场景

应付系统的数据处理都是针对本期的，要进行下一期间的处理，必须将本期的账务全部进行结账处理，系统才能进入下一期。本期所有的应付款业务处理完毕之后，必须进行结账，并将余额结转为下一会计期间的初始余额。本节介绍了金蝶云星空应付系统结账的主要步骤。

实验步骤

（1）科技公司会计员将应付系统结账。

（2）销售公司会计员将应付系统结账。

视频

应付系统结账

操作指导

（1）“科技公司会计_姓名”登录，选择组织“川商创博科技公司_姓名”，执行【财务会计】→【应付款管理】→【期末处理】→【应付款结账】命令，进入应付款结账界面。

（2）选择“川商创博科技公司_姓名”，单击【结账】按钮，如图 5－17 所示。结账完成后，系统会提示结账结果为“成功”。

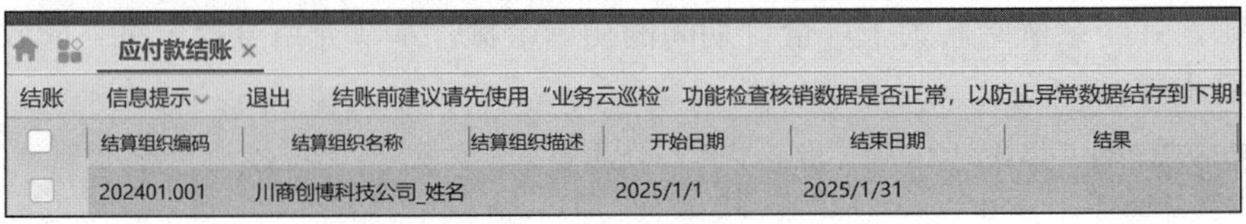

图 5－17　应付款结账界面

销售公司参照以上步骤将应付系统结账。

第八节　费用管理系统关账

实验场景

为避免数据随意变更，费用管理系统需要在期末关账，关账期间，业务数据不允许再次新增。本节介绍了金蝶云星空中费用管理系统关账的主要步骤。

实验步骤

（1）科技公司会计员将费用管理系统关账。

（2）销售公司会计员将费用管理系统关账。

操作指导

视频

费用管理系统关账

（1）“科技公司会计_姓名”登录，选择组织“川商创博科技公司_姓名”，执行【财务会计】→【费用管理】→【期末处理】→【关账】命令，进入费用管理系统关账界面。

（2）选择“川商创博科技公司_姓名”，单击【关账】按钮，如图 5-18 所示。

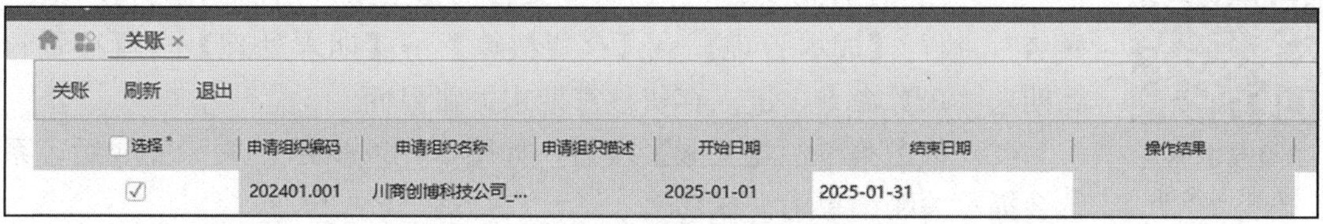

图 5-18　费用管理系统关账界面

（3）关账完成后，系统会提示关账结果为“成功”，如图 5-19 所示。

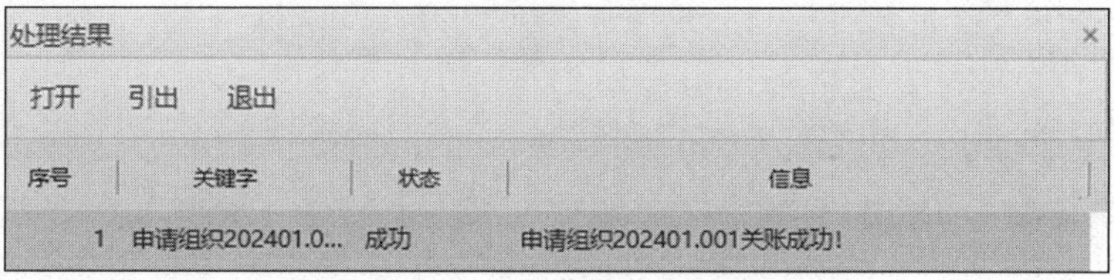

图 5-19　费用管理系统关账成功界面

销售公司参照以上步骤将费用管理系统关账。

注意：

现有的关账控制修改：关账日期以前的费用单据不允许新增，可以提交、审核、反审核。

关账日期以前的费用单据，在提交、审核时产生下游单据，需根据下游业务系统的结账日期，判断下游单据的业务日期。下游业务系统未结账，则直接取原单据的申请日期；下游业务系统已结账，则取系统当前日期。

第九节　存货核算系统关账与结账

实验场景

通过存货核算系统关账功能可结束本期的出入库单据的录入和其他处理工作，有利于为期末结账前的核算处理创造稳定的数据环境。

通过存货核算系统结账功能可结束本期核算单据的处理工作，计算本期的存货余额，并将其转入下一期，同时下置系统当前期间。本节介绍了金蝶云星空存货核算系统关账与结账的主要步骤。

实验步骤

（1）科技公司会计员将存货核算系统关账并结账。

（2）销售公司会计员将存货核算系统关账并结账。

视频

存货核算系统关账与结账

操作指导

（1）“科技公司会计_姓名”登录，选择组织“川商创博科技公司_姓名”，执行【成本管理】→【存货核算】→【期末处理】→【存货核算期末关账】命令，进入存货核算期末关账界面。

（2）单击菜单栏【关账】按钮，如图5-20所示。关账完成后，系统会提示关账结果为“成功”。

图5-20　选择关账组织界面

注意：

（1）可以指定关账日期。关账日期大于等于库存启用日期并大于上一次关账日期。

（2）选择需要关账的库存组织后，单击【关账】按钮完成关账。

（3）关账后，关账日期前的库存单据不能再更改，即不允许新增、修改、删除、作废、审核、反审核关账日期前的库存单据。

（3）存货核算关账成功后，需要再次进行成本核算。执行【成本管理】→【存货核算】→【存货核算】→【出库成本核算】命令，核算完成后再进行结账操作。

（4）执行【成本管理】→【存货核算】→【期末处理】→【存货核算期末结账】命令，进入存货核算期末结账界面，选择“川商创博科技公司_姓名”，单击【结账】按钮，如图5-21所示。

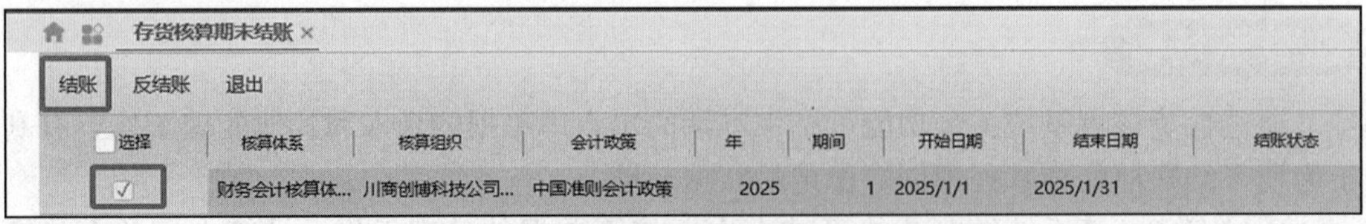

图5-21　存货核算期末结账界面

（5）结账完成后，系统会提示结账结果为“成功”，如图 5－22 所示。

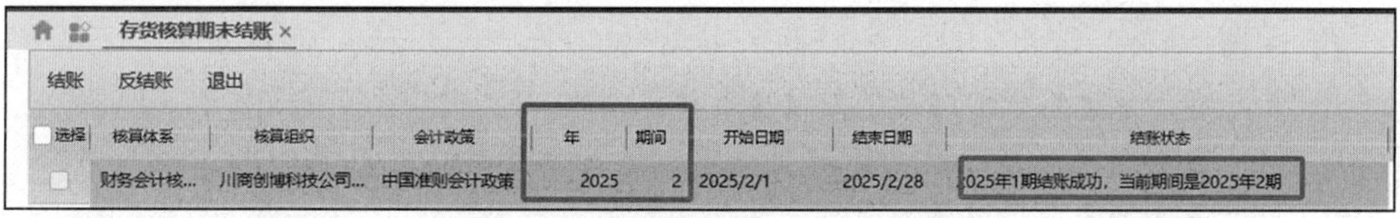

图 5－22　存货核算期末结账成功界面

销售公司参照以上步骤将存货核算系统关账并结账。

第十节　固定资产系统结账

实验场景

固定资产系统的期末处理主要提供结账、反结账功能。与启用期间设置同理，货主组织也是分会计政策来进行结账和反结账的。期间范围由会计政策中的会计日历来决定。固定资产系统进行结账处理，主要是为了将资产业务中的财务数据按期间传递至总账，并且转入下一期。本节介绍了金蝶云星空固定资产系统结账的主要步骤。

实验步骤

（1）科技公司会计员将固定资产系统结账。

（2）销售公司会计员将固定资产系统结账。

操作指导

视频　固定资产系统结账

（1）“科技公司会计_姓名”登录，选择组织“川商创博科技公司_姓名”，执行【资产管理】→【固定资产】→【期末处理】→【结账】命令，进入固定资产结账界面。

（2）选择“川商创博科技公司_姓名”，单击【开始】按钮，如图 5－23 所示。结账完成后，系统会提示结账结果为“成功”。

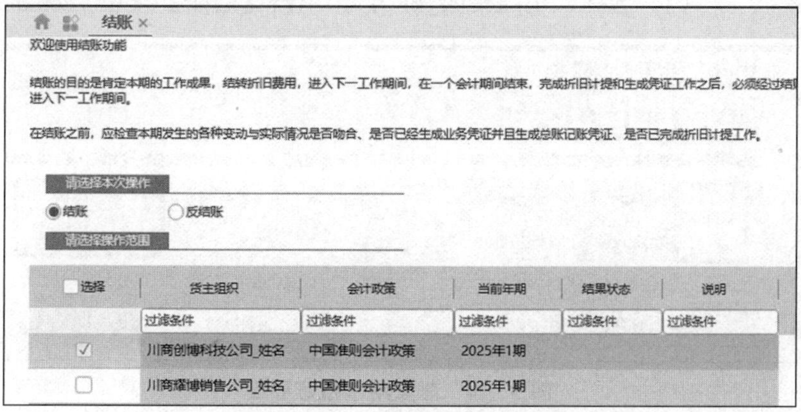

图 5－23　固定资产结账界面

销售公司参照以上步骤将固定资产系统结账。

注意：

固定资产系统结账需满足下列前提条件：

(1) 当前期间资产卡片、资产变更单、资产处置单、资产调出单、资产调入单、折旧调整单全部已审核。

(2) 资产调入单、资产盘盈单已建卡。

(3) 资产调出单、资产盘亏单已处置。

(4) 本期需要计提折旧的资产已全部计提折旧。

第十一节　总账系统结账

实验场景

总账系统的数据处理都是针对本期的，要进行下一期间的处理，必须将本期的账务全部进行结账处理，系统才能进入下一期，同时，总账系统结账之前要先将其他子系统结账。本节介绍了金蝶云星空总账系统结账的主要步骤。

实验步骤

(1) 集团公司会计员将总账系统结账。

(2) 科技公司会计员将总账系统结账。

(3) 销售公司会计员将总账系统结账。

视频

总账系统结账

操作指导

(1) “集团公司会计_姓名”登录，选择组织“川商集团_姓名”，执行【财务会计】→【总账】→【期末处理】→【总账期末结账】命令，进入总账期末结账界面。

(2) 选择“川商集团_姓名”，单击【结账】按钮，如图 5-24 所示。

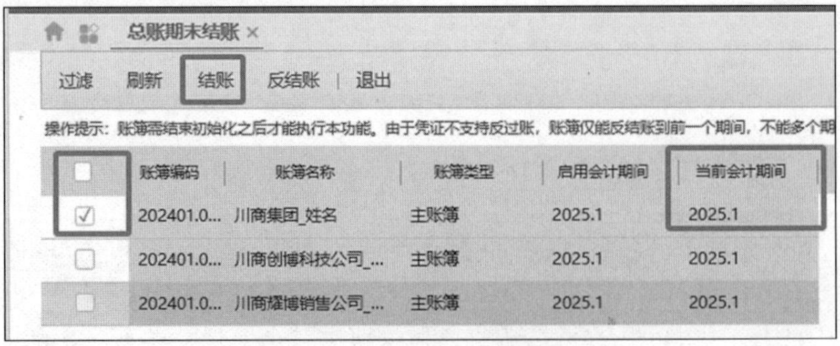

图 5-24　总账期末结账界面

（3）结账完成后，系统会提示结账结果，如图 5－25 所示。

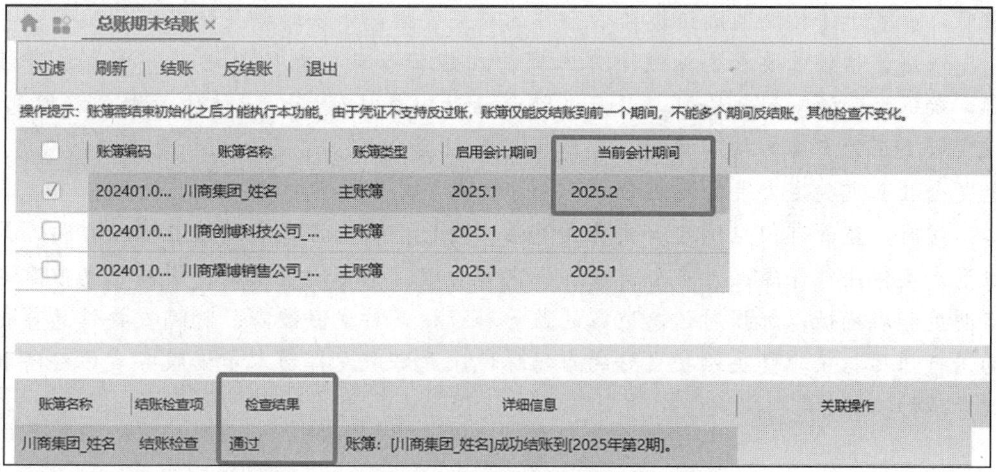

图 5－25　总账结账成功界面

科技公司、销售公司参照以上步骤将总账系统结账。

注意：

期末总账系统结账需满足下列前提条件：

（1）账簿已经结束初始化。

（2）相关业务系统已经结账。

（3）账簿当前期间没有未过账的凭证。

（4）账簿当前期间已记账凭证不存在断号情况。

（5）智能会计平台已设置“必须要生成总账凭证”的业务单据都已生成总账记账凭证。

（6）如果账簿参数勾选“结账时要求损益类科目余额为零”，则账簿的损益类科目余额须已结平。

学思践悟

依法诚信经营

2018 年，瑞幸咖啡在开设第一家门店后，迅速扩张并在美国纳斯达克上市，创下了中国企业最快上市的纪录。然而 2020 年 4 月 2 日，瑞幸咖啡公司突然发布公告称，已经成立特别委员会，调查内部业绩造假问题，并指出首席运营官刘某和部分员工伪造业绩约 22 亿元人民币。受此影响，美股开盘前，瑞幸咖啡股价大跌 84.16%。美股开盘后，瑞幸咖啡暴跌 80.95%，报 4.99 美元，创历史新低，市值蒸发近 50 亿美元。

瑞幸咖啡的造假行为引发了美国多家律所的集体诉讼，控告瑞幸作出虚假和误导性陈述，违反美国证券法。中国证监会也对瑞幸咖啡的财务造假行为表示强烈的谴责，并表示将按照国际证券监管合作的有关安排，依法对相关情况进行核查。

依法诚信经营要求企业或个体工商户在经营活动中必须严格遵守国家法律法规，确保经营活动的合法性，并且在经营活动中秉持诚实、守信的原则，以善意、诚实和公正的态度对待消费者、合作伙伴和社会公众。这是企业社会责任的体现，也是企业长期稳定发展的基石。

同时，监管部门应制定和完善相关法律法规，明确投资者的权益保护措施，为投资者提供法律保障；上市公司应加强内部管理，完善治理结构；提高信息披露的透明度和准确性；加强对信息披露的监管和审核，对虚假披露、隐瞒重要信息等行为进行严厉打击，坚决维护良好的市场环境，更好地发挥资本市场服务实体经济和投资者的功能。

思考讨论

1. 应收系统结账之后可以进行相关操作吗？
2. 本期不结账，能够处理下期数据吗？
3. 进行出纳复核，提示没有符合条件的凭证时应如何处理？
4. 已经做完结转损益，后又产生损益类业务的凭证，应如何处理？
5. 本月进行凭证过账时，提示无可记账的凭证或上月未结账时应如何处理？
6. 简述费用管理系统关账、存货核算系统关账与结账的注意事项。

第六章

编制报表

学习目标

1. 熟悉财务报表的结构、基本功能和使用方法。
2. 掌握财务报表的处理流程。
3. 掌握财务报表模板的编制方法及简单的修改操作。
4. 熟练利用财务报表模板生成资产负债表、利润表、现金流量表。
5. 培养获取、评估、使用信息的能力，提高信息的处理和利用水平。

实验概述

会计核算的最终目的是提供有关企业财务状况、经营成果和现金流量的信息，以帮助决策者做出明智的决策。财务报表是指在日常会计核算资料的基础上，按照规定的格式、内容和方法定期编制的，综合反映企业某一特定日期财务状况和某一特定时期经营成果、现金流量状况的书面文件。通过这些报表，可以全面了解企业的资产、负债、所有者权益、经营成果及财务状况的变化。

报表系统主要满足企业财务及业务报表的编制和管理需求。报表系统与总账系统无缝集成，内置取数公式，保证报表数据的及时和准确；可方便地从总账系统中提取各种数据编制各种报表。除资产负债表、利润表等常用报表外，报表系统还可以按照用户的需求制作其他各类管理报表，包括固定样式报表和动态罗列报表。报表数据格式化存储，能够快速满足企业各种数据分析需求。

财务报表平台，基于 Excel 报表编辑器，通过快速报表向导、灵活的取数公式，帮助用户快速、准确地编制企业对外财务报表及各类财务管理报表。与 Excel 相似的界面风格和操作习惯，所见即所得的报表绘制过程，使得用户的学习成本低；报表数据格式化存储，可快速满足企业各种数据分析需求。

报表系统不涉及具体的业务功能，其主要数据来源是各个业务系统所产生的业务数据和财务数据。财务报表编制流程如图 6-1 所示。

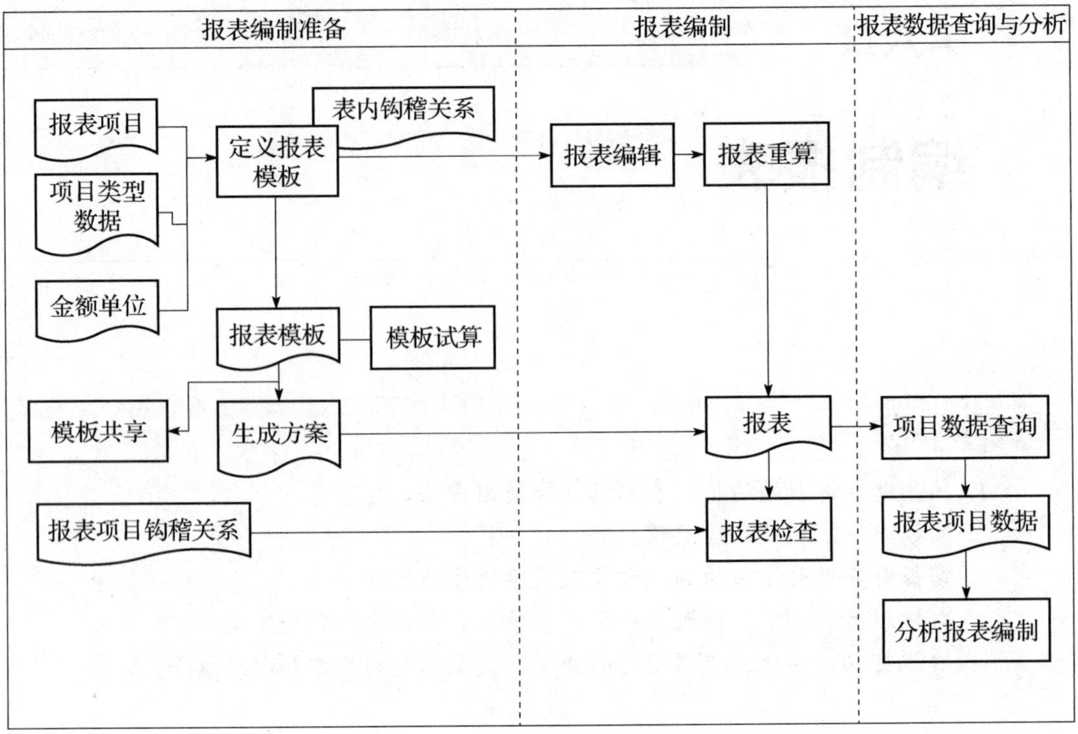

图 6-1 财务报表编制流程

第一节 资产负债表

实验场景

资产负债表是反映企业在某一特定日期（如月末、季末、年末）全部资产、负债和所有者权益情况的会计报表，是企业经营活动的静态体现。它表明企业在某一特定日期所拥有或控制的经济资源、所承担的现时义务和所有者对净资产的要求权。通过编制资产负债表，反映企业在特定阶段的经营状况。

实验步骤

（1）集团公司会计员负责资产负债表模板的制作及分发。

（2）集团公司会计员负责编制本集团的资产负债表。

（3）科技公司会计员负责编制本公司的资产负债表。

（4）销售公司会计员负责编制本公司的资产负债表。

实验数据

资产负债表模板信息如表 6-1 所示。

表 6-1 资产负债表模板信息

编号	名称	周期	核算体系	所属组织	样式类型
学号_01	资产负债表_姓名	月报	财务会计核算体系	川商集团_姓名	固定样式

操作指导

视频

资产负债表

1. 制作资产负债表模板

(1) 新增报表模板。

1) “集团公司会计_姓名”登录金蝶云星空系统，选择“川商集团_姓名”组织，执行【财务会计】→【报表】→【报表管理】→【报表模板】命令，进入报表模板界面。

2) 单击【新增】按钮，进入新增报表模板界面，根据表 6-1 的实验数据录入模板信息，如图 6-2 所示，单击【确定】按钮。

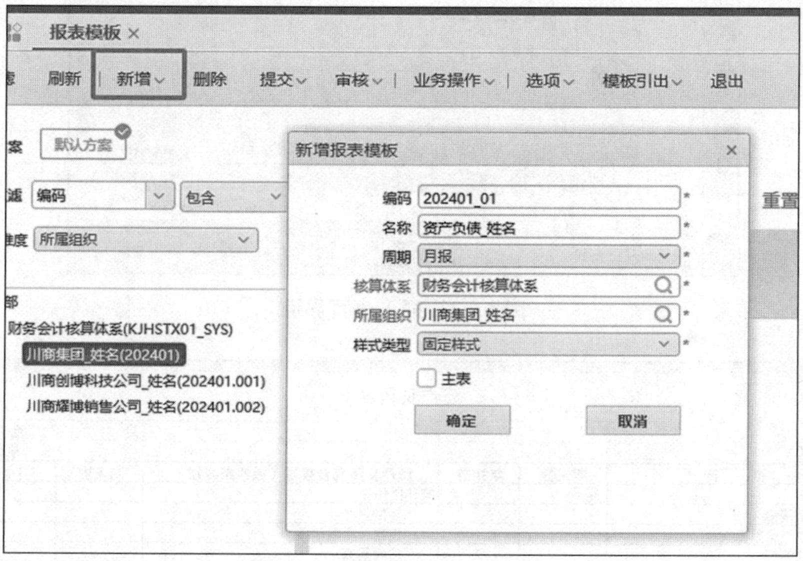

图 6-2 新增报表模板界面

(2) 编辑报表模板。

1) 双击“资产负债表”报表模板，首次使用需根据提示下载安装引导程序，如图 6-3 所示。

2) 程序安装完后，再次单击“资产负债表”报表模板，选择【点击打开】按钮，在弹出的“用户账户控制”提示框中，单击【是】按钮，允许文件运行，进入金蝶云星空财务报表平台。

3) 在财务报表平台左下方的页签处（Sheet1），右键选择“插入表页”，弹出插入表页界面，在“固定样式”页签下，选择“资产负债表”，单击【确定】按钮，如图 6-4 所示，在单元格中会自动填充资产负债表的报表项目、项目数据类型、Item 公式和取数公式，如图 6-5 所示。

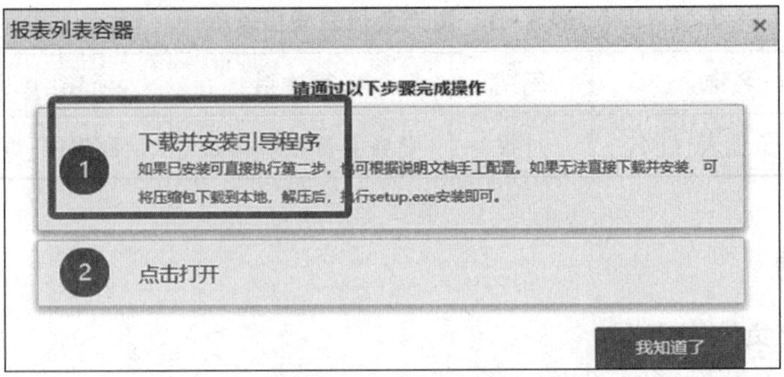

图 6-3　安装金蝶云星空财务报表平台

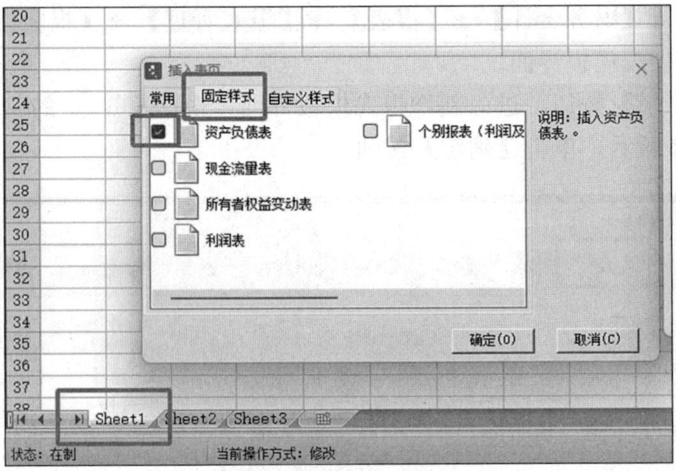

图 6-4　插入表页界面

	A	B	C	D	E	F
1			资产负债表			
2			年		月	会企01表
3	编制单位：					单位：元
4	资　　产	期末数	年初数	负债及所有者权益（或股东权益）	期末数	年初数
5	流动资产：			流动负债：		
6	货币资金			短期借款		
7	交易性金融资产			交易性金融负债		
8	应收票据			应付票据		
9	应收账款			应付账款		
10	预付款项			预收款项		
11	应收利息			应付职工薪酬		
12	应收股利			应交税费		
13	其他应收款			应付利息		
14	存货			应付股利		
15	一年内到期的非流动资产			其他应付款		
16	其他流动资产			一年内到期的非流动负债		
17	流动资产合计			其他流动负债		
18				流动负债合计		
19	非流动资产：			非流动负债：		
20	可供出售金融资产			长期借款		

图 6-5　生成资产负债表模板界面

注意：

系统自带资产负债表、现金流量表、所有者权益变动表及利润表等固定样式的报表模板。在编辑报表模板的时候，可以根据实际情况在原有模板的基础上进行修改。

4）在财务报表平台可以根据实际需要编辑各取数公式，本案例中无须修改，使用系统默认的报表模板即可。编辑完成后，单击【保存】按钮并关闭。

5）回到报表模板界面，勾选刚才完成编辑并保存好的报表模板，提交审核，执行【业务操作】→【共享】命令，打开“请选择共享组织”窗口，核算体系选择“财务会计核算体系”，勾选“川商创博科技公司_姓名”及“川商耀博销售公司_姓名”，单击【确定】按钮，如图6-6所示。

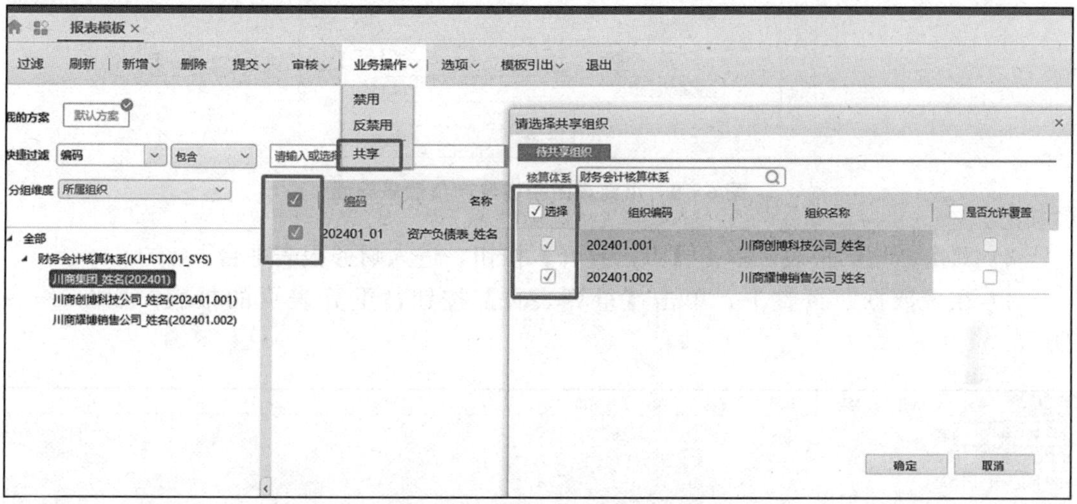

图6-6　选择共享组织界面

6）将新增的共享报表模板提交、审核，如图6-7所示。

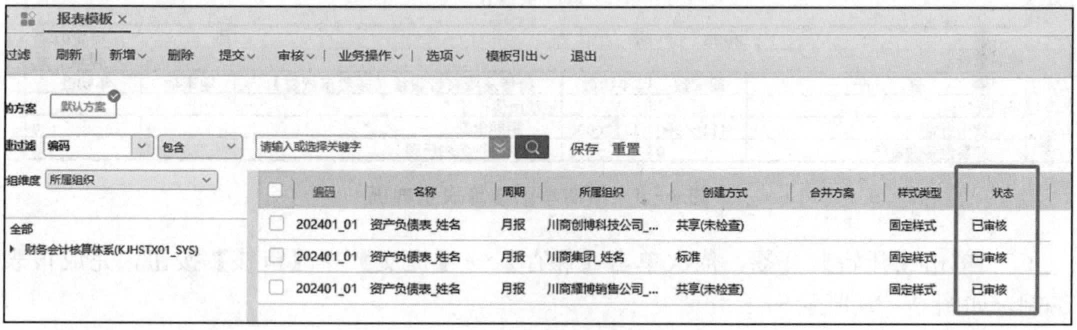

图6-7　审核报表模板界面

2. 编制资产负债表

（1）编制川商集团资产负债表。

1）“集团公司会计_姓名”登录后，执行【财务会计】→【报表】→【报表管理】→【报表】命令，进入报表界面。

2）单击【新增】按钮，进入新增报表界面，在报表模板中选择刚才新增的报表模板“学号_01”，报表日期选择“2025/1/31”，币别选择“人民币”，金额单位选择“元”，如图6-8所示，单击【确定】按钮。

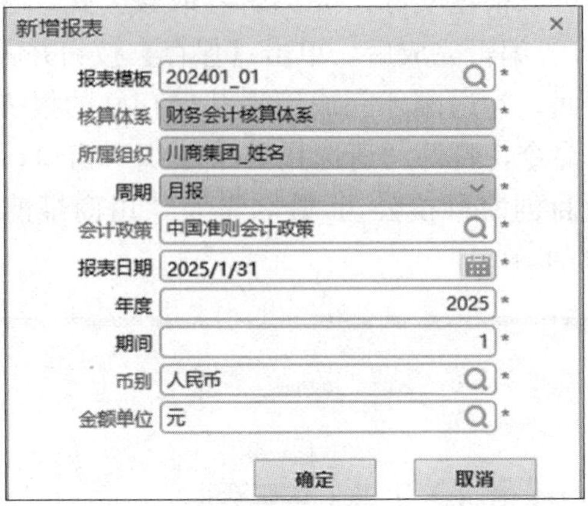

图 6-8　川商集团新增资产负债表界面

3）双击新增的报表，单击【点击打开】按钮，进入财务报表平台。

4）在“数据”页签下，单击【重算表页】按钮，重算表页的报表，如图 6-9 所示。

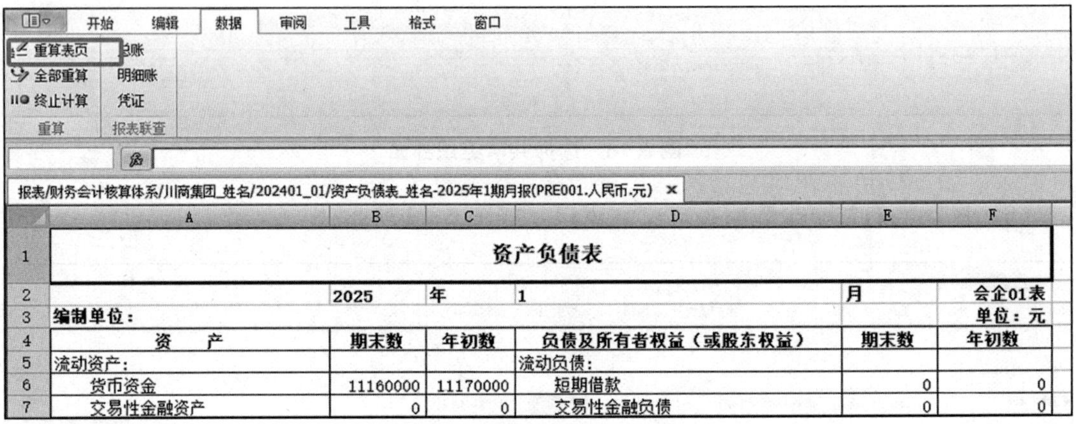

图 6-9　川商集团重算表页界面

5）单击【开始】页签，依次单击【保存】→【提交】→【审核】按钮，完成报表编制，如图 6-10 所示。

（2）编制科技公司资产负债表。

1）“科技公司会计_姓名”登录后，执行【财务会计】→【报表】→【报表管理】→【报表】命令，进入报表界面。

2）单击【新增】按钮，进入新增报表界面，在报表模板中选择报表模板“学号_01”，报表日期选择“2025/1/31”，币别选择“人民币”，金额单位选择“元”，如图 6-11 所示，单击【确定】按钮。

3）双击新增的报表，单击【点击打开】按钮，进入财务报表平台。在“数据”页签下，单击【重算表页】按钮，依次单击【保存】→【提交】→【审核】按钮，完成报表编制，如图 6-12 所示。

资产负债表

2025 年 1 月　　会企01表

编制单位：　　单位：元

资　　产	期末数	年初数	负债及所有者权益（或股东权益）	期末数	年初数
流动资产：			流动负债：		
货币资金	11160000	11170000	短期借款	0	0
交易性金融资产	0	0	交易性金融负债	0	0
应收票据	0	0	应付票据	0	0
应收账款	0	0	应付账款	0	0
预付款项	0	0	预收款项	0	0
应收利息	0	0	应付职工薪酬	0	0
应收股利	0	0	应交税费	0	0
其他应收款	30000	0	应付利息	0	0
存货	0	0	应付股利	0	0
一年内到期的非流动资产			其他应付款	20000	0
其他流动资产	0	0	一年内到期的非流动负债		
流动资产合计	11190000	11170000	其他流动负债	0	0
			流动负债合计	20000	0
非流动资产：			非流动负债：		
可供出售金融资产	0	0	长期借款	0	0
持有至到期投资	0	0	应付债券	0	0
长期应收款	0	0	长期应付款	0	0
长期股权投资	59421600	59421600	专项应付款	0	0
投资性房地产	0	0	预计负债	0	0
固定资产	0	0	递延所得税负债	0	0
在建工程	0	0	其他非流动负债		
工程物资	0	0	非流动负债合计	0	0
固定资产清理	0	0	负债合计	20000	0
无形资产	0	0	股东权益：		
开发支出	0	0	实收资本（股本）	55012000	55012000
商誉	0	0	资本公积	15579600	15579600
长期待摊费用	0	0	减：库存股	0	0
递延所得税资产	0	0	盈余公积	0	0
其他非流动资产	0	0	未分配利润	0	0
非流动资产合计	59421600	59421600	外币报表折算差额		
			股东权益合计	70591600	70591600
资产总计	70611600	70591600	负债和股东权益合计	70611600	70591600

图 6－10　川商集团资产负债表

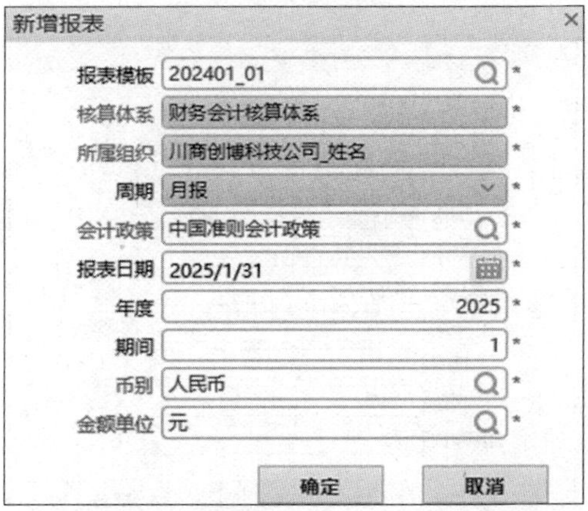

图 6－11　科技公司新增资产负债表界面

报表/财务会计核算体系/川商创博科技公司_姓名/202401_01/资产负债表_姓名-2025年1期月报(PRE001.人民币.元)

	A	B	C	D	E	F
1				资产负债表		
2		2025	年	1	月	会企01表
3	编制单位：					单位：元
4	资　产	期末数	年初数	负债及所有者权益（或股东权益）	期末数	年初数
5	流动资产：			流动负债：		
6	货币资金	3068912	3947500	短期借款	0	0
7	交易性金融资产	0	0	交易性金融负债	0	0
8	应收票据	0	0	应付票据	0	0
9	应收账款	10503472.22	1956000	应付账款	585380	900000
10	预付款项	0	0	预收款项	0	0
11	应收利息	0	0	应付职工薪酬	1118385.75	784900
12	应收股利	0	0	应交税费	1116134.9	0
13	其他应收款	6200	0	应付利息	0	0
14	存货	8823133.2	12270000	应付股利	0	0
15	一年内到期的非流动资产			其他应付款	96035	0
16	其他流动资产	0	0	一年内到期的非流动负债		
17	流动资产合计	22401717.42	18173500	其他流动负债	0	0
18				流动负债合计	2915935.65	1684900
19	非流动资产：			非流动负债：		
20	可供出售金融资产	0	0	长期借款	0	0
21	持有至到期投资	0	0	应付债券	0	0
22	长期应收款	0	0	长期应付款	0	0
23	长期股权投资	0	0	专项应付款	0	0
24	投资性房地产	0	0	预计负债	0	0
25	固定资产	28925647.53	29080000	递延所得税负债	0	0
26	在建工程	0	0	其他非流动负债		
27	工程物资	0	0	非流动负债合计	0	0
28	固定资产清理	0	0	负债合计	2915935.65	1684900
29	无形资产	0	0	股东权益：		
30	开发支出	0	0	实收资本(股本)	24000000	24000000
31	商誉	0	0	资本公积	12239500	12239500
32	长期待摊费用	0	0	减:库存股	0	0
33	递延所得税资产	0	0	盈余公积	930000	930000
34	其他非流动资产	0	0	未分配利润	11241929.3	8399100
35	非流动资产合计	28925647.53	29080000	外币报表折算差额		
36				股东权益合计	48411429.3	45568600
37	资产总计	51327364.95	47253500	负债和股东权益合计	51327364.95	47253500

图 6-12　科技公司资产负债表

（3）编制销售公司资产负债表。

1）“销售公司会计_姓名”登录后，执行【财务会计】→【报表】→【报表管理】→【报表】命令，进入报表界面。

2）单击【新增】按钮，进入新增报表界面，在报表模板中选择报表模板“学号_01”，报表日期选择“2025/1/31”，币别选择“人民币”，金额单位选择“元”，如图 6-13 所示，单击【确定】按钮。

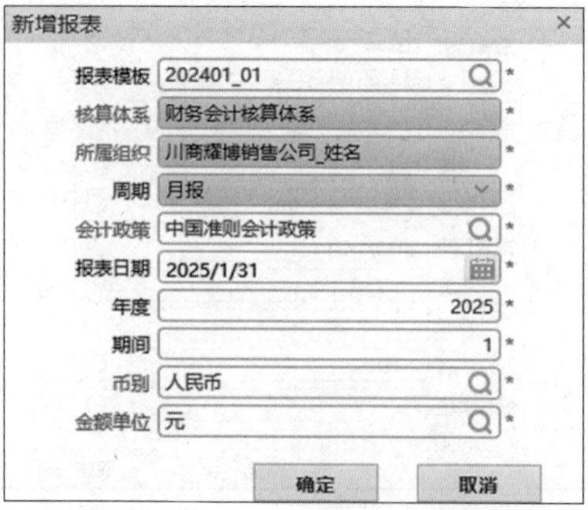

图 6-13　销售公司新增资产负债表界面

3）双击新增的报表，单击【点击打开】按钮，进入财务报表平台。在“数据”页签下，单击【重算表页】按钮，依次单击【保存】→【提交】→【审核】按钮，完成报表编制，如图 6－14 所示。

报表/财务会计核算体系/川商耀博销售公司_姓名/202401_01/资产负债表_姓名-2025年1期月报(PRE001.人民币.元)

	A	B	C	D	E	F
1	资产负债表					
2		2025	年	1	月	会企01表
3	编制单位：					单位：元
4	资　　产	期末数	年初数	负债及所有者权益（或股东权益）	期末数	年初数
5	流动资产：			流动负债：		
6	货币资金	14084963.99	13931070.38	短期借款	0	0
7	交易性金融资产	0	0	交易性金融负债	0	0
8	应收票据	0	0	应付票据	0	0
9	应收账款	3692000	2148000	应付账款	3522972.22	1956000
10	预付款项	0	0	预收款项	0	0
11	应收利息	0	0	应付职工薪酬	54982.56	32000
12	应收股利	0	0	应交税费	58304.43	282070.38
13	其他应收款	20000	0	应付利息	0	0
14	存货	0	0	应付股利	0	0
15	一年内到期的非流动资产			其他应付款	34480	0
16	其他流动资产	0	0	一年内到期的非流动负债		
17	流动资产合计	17796963.99	16079070.38	其他流动负债	0	0
18				流动负债合计	3670739.21	2270070.38
19	非流动资产：			非流动负债：		
20	可供出售金融资产	0	0	长期借款	0	0
21	持有至到期投资	0	0	应付债券	0	0
22	长期应收款	0	0	长期应付款	0	0
23	长期股权投资	0	0	专项应付款	0	0
24	投资性房地产	0	0	预计负债	0	0
25	固定资产	87238.5	44000	递延所得税负债	0	0
26	在建工程	0	0	其他非流动负债		
27	工程物资	0	0	非流动负债合计	0	0
28	固定资产清理	0	0	负债合计	3670739.21	2270070.38
29	无形资产	0	0	股东权益：		
30	开发支出	0	0	实收资本(股本)	8000000	8000000
31	商誉	0	0	资本公积	3200000	3200000
32	长期待摊费用	0	0	减：库存股	0	0
33	递延所得税资产	0	0	盈余公积	397000	397000
34	其他非流动资产	0	0	未分配利润	2616463.28	2256000
35	非流动资产合计	87238.5	44000	外币报表折算差额		
36				股东权益合计	14213463.28	13853000
37	资产总计	17884202.49	16123070.38	负债和股东权益合计	17884202.49	16123070.38

图 6－14　销售公司资产负债表界面

第二节　利润表

实验场景

利润表是反映企业一定会计期间生产经营成果的会计报表。它全面揭示了企业在某一特定时期实现的各种收入，发生的各种费用、成本或支出，以及企业实现的利润或发生的亏损情况。通过编制企业的利润表，反映企业一定阶段的经营成果。

实验步骤

（1）集团公司会计员负责利润表模板的制作及分发。

（2）集团公司会计员负责编制本集团的利润表。

（3）科技公司会计员负责编制本公司的利润表。

（4）销售公司会计员负责编制本公司的利润表。

实验数据

利润表模板信息如表 6－2 所示。

表 6－2　利润表模板信息

编号	名称	周期	核算体系	所属组织	样式类型
学号_02	利润表_姓名	月报	财务会计核算体系	川商集团_姓名	固定样式

操作指导

视频

利润表

1. 制作利润表模板

（1）新增报表模板。

1）“集团公司会计_姓名”登录金蝶云星空系统，组织选择“川商集团_姓名”，执行【财务会计】→【报表】→【报表管理】→【报表模板】命令，进入报表模板界面。

2）单击【新增】按钮，进入新增报表模板界面，根据表 6－2 的实验数据录入模板信息，如图 6－15 所示，单击【确定】按钮。

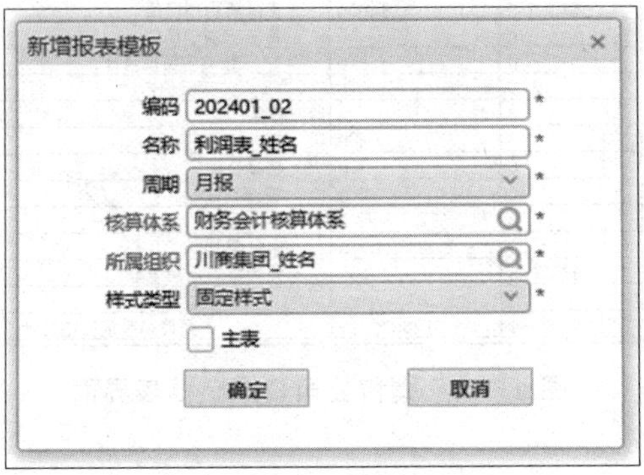

图 6－15　新增报表模板界面

（2）编辑报表模板。

1）双击新增的利润表模板，单击【点击打开】按钮，进入报表模板编辑器。在财务报表平台左下方的页签处（Sheet1），右键选择“插入表页”，弹出插入表页界面，在“固定样式”页签下，选择“利润表”，单击【确定】按钮，在单元格中会自动填充利润表的报表项目、项目数据类型、Item 公式和取数公式。

2）在财务报表平台可以根据实际需要编辑各取数公式，本案例中将报表项目“营业税金及附加”改为“税金及附加”，编辑完成后，单击【保存】按钮。

3）回到报表模板界面，勾选刚才完成编辑并保存好的报表模板，提交审核。

4）执行【业务操作】→【共享】命令，打开“请选择共享组织”窗口，核算体系选择“财务会计核算体系”，勾选“川商创博科技公司_姓名”及“川商耀博销售公司_姓名”，单击【确定】按钮，如图 6－16 所示。

5）将新增的共享报表模板提交、审核，如图 6－17 所示。

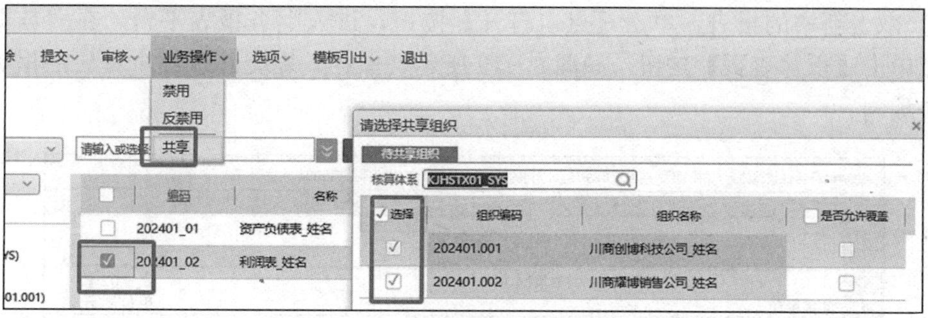

图 6-16　选择共享组织界面

图 6-17　审核报表模板界面

2. 编制利润表

（1）编制川商集团利润表。

1）“集团公司会计_姓名”登录后，执行【财务会计】→【报表】→【报表管理】→【报表】命令，进入报表界面。

2）单击【新增】按钮，进入新增报表界面，在报表模板中选择刚才新增的报表模板“学号_02”，报表日期选择“2025/1/31”，币别选择“人民币”，金额单位选择“元”，如图 6-18 所示，单击【确定】按钮。

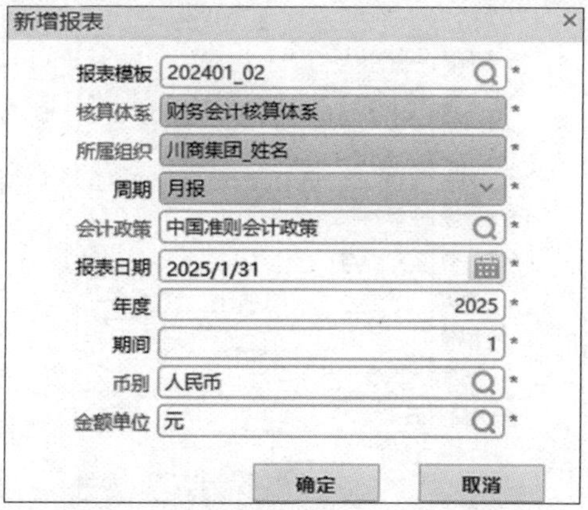

图 6-18　川商集团新增利润表界面

3）双击新增的报表，单击【点击打开】按钮，进入财务报表平台。在“数据”页签下，单击【重算表页】按钮，如图 6－19 所示，保存、提交并审核重算后的报表，完成报表编制。

报表/财务会计核算体系/川商集团_姓名/202401_02/利润表_姓名-2025年1期月报(PRE001,人民币,元)

	A	B	C
1	利润表		
2	2025年01月		会企02表
3	编制单位：		单位：元
4	项　　目	本期金额	本年累计金额
5	一、营业收入	0	0
6	减：营业成本	0	0
7	税金及附加	0	0
8	销售费用	0	0
9	管理费用	0	0
10	财务费用	0	0
11	资产减值损失	0	0
12	加：公允价值变动收益（损失以“－”号填列）	0	0
13	投资收益（损失以“－”号填列）	0	0
14	其中：对联营企业和合营企业的投资收益		
15	二、营业利润（亏损以“－”号填列）	0	0
16	加：营业外收入	0	0
17	减：营业外支出	0	0
18	其中：非流动资产处置损失		
19	三、利润总额（亏损总额以“－”号填列）	0	0
20	减：所得税费用	0	0
21	四、净利润（净亏损以“－”号填列）	0	0
22	五、每股收益		
23	（一）基本每股收益		
24	（二）稀释每股收益		

图 6－19　川商集团利润表界面

（2）编制科技公司利润表。

1）“科技公司会计_姓名”登录后，执行【财务会计】→【报表】→【报表管理】→【报表】命令，进入报表界面。

2）单击【新增】按钮，进入新增报表界面，在报表模板中选择报表模板“学号_02”，报表日期选择“2025/1/31”，币别选择“人民币”，金额单位选择“元”，如图 6－20 所示，单击【确定】按钮。

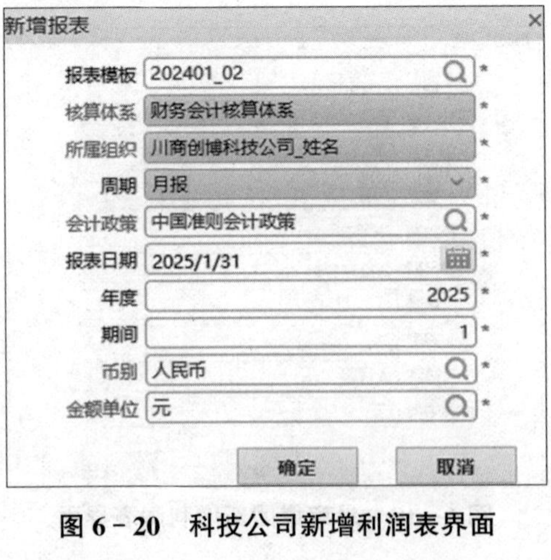

图 6－20　科技公司新增利润表界面

3）双击新增的报表，单击【点击打开】按钮，进入财务报表平台。在“数据”页签下，单击【重算表页】按钮，如图 6－21 所示，保存、提交并审核重算后的报表，完成报表编制。

报表/财务会计核算体系/川商创博科技公司_姓名/202401_02/利润表_姓名-2025年1期月报(PRE001.人民币.元)

	A	B	C
1	利润表		
2	2025年01月		会企02表
3	编制单位：		单位：元
4	项　　目	本期金额	本年累计金额
5	一、营业收入	8056637.17	8056637.17
6	减:营业成本	4915040	4915040
7	税金及附加	119547.64	119547.64
8	销售费用	0	0
9	管理费用	173378.56	173378.56
10	财务费用	0	0
11	资产减值损失	0	0
12	加:公允价值变动收益(损失以“-”号填列)	0	0
13	投资收益(损失以“-”号填列)	0	0
14	其中:对联营企业和合营企业的投资收益		
15	二、营业利润（亏损以“-”号填列）	2848670.97	2848670.97
16	加：营业外收入	0	0
17	减：营业外支出	5841.67	5841.67
18	其中：非流动资产处置损失		
19	三、利润总额（亏损总额以“-”号填列）	2842829.3	2842829.3
20	减：所得税费用	0	0
21	四、净利润（净亏损以“-”号填列）	2842829.3	2842829.3
22	五、每股收益		
23	（一）基本每股收益		
24	（二）稀释每股收益		
25			

图 6－21　科技公司利润表界面

（3）编制销售公司利润表。

1）“销售公司会计_姓名”登录后，执行【财务会计】→【报表】→【报表管理】→【报表】命令，进入报表界面。

2）单击【新增】按钮，进入新增报表界面，在报表模板中选择报表模板“学号_02”，报表日期选择“2025/1/31”，币别选择“人民币”，金额单位选择“元”，如图 6－22 所示，单击【确定】按钮。

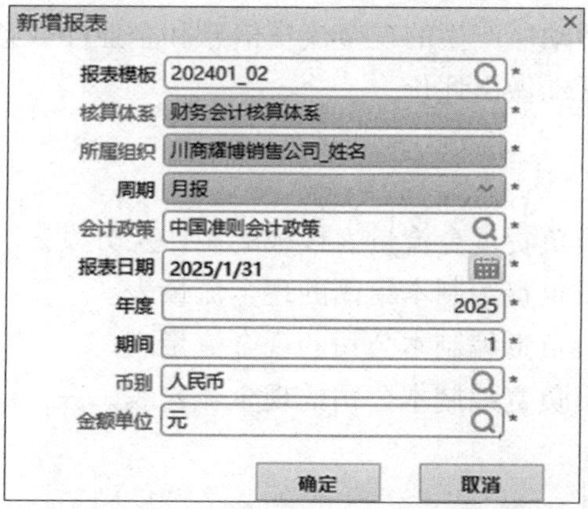

图 6－22　销售公司新增利润表界面

3）双击新增的报表，单击【点击打开】按钮，进入财务报表平台。在“数据”页签下，单击【重算表页】按钮，如图 6－23 所示，保存、提交并审核重算后的报表，完成报表编制。

报表/财务会计核算体系/川商耀博销售公司_姓名/202401_02/利润表_姓名-2025年1期月报(PRE001.人民币.元)

	A	B	C
1	利润表		
2	2025年01月		会企02表
3	编制单位：		单位：元
4	项　目	本期金额	本年累计金额
5	一、营业收入	1769911.5	1769911.5
6	减:营业成本	1345132.74	1345132.74
7	税金及附加	6246.91	6246.91
8	销售费用	55552.56	55552.56
9	管理费用	0	0
10	财务费用	2516.01	2516.01
11	资产减值损失	0	0
12	加:公允价值变动收益(损失以“-”号填列)	0	0
13	投资收益(损失以“-”号填列)	0	0
14	其中:对联营企业和合营企业的投资收益		
15	二、营业利润（亏损以“-”号填列）	360463.28	360463.28
16	加：营业外收入	0	0
17	减：营业外支出	0	0
18	其中：非流动资产处置损失		
19	三、利润总额（亏损总额以“-”号填列）	360463.28	360463.28
20	减：所得税费用	0	0
21	四、净利润（净亏损以“-”号填列）	360463.28	360463.28
22	五、每股收益		
23	（一）基本每股收益		
24	（二）稀释每股收益		
25			

图 6－23　销售公司利润表界面

第三节　现金流量表

实验场景

现金流量表是反映一定时期内企业经营活动、投资活动和筹资活动对其现金及现金等价物产生影响的财务报表。它详细描述了由企业的经营、投资与筹资活动所产生的现金流量，可以结合经营活动所产生的现金流量信息和企业净收益进行具体分析，从而对企业的投资活动和筹资活动做出评价。

实验步骤

（1）集团公司会计员负责现金流量表模板的制作及分发。

（2）集团公司会计员负责编制本集团的现金流量表。

（3）科技公司会计员负责编制本公司的现金流量表。

（4）销售公司会计员负责编制本公司的现金流量表。

实验数据

现金流量表模板信息如表 6－3 所示。

表 6-3　现金流量表模板信息

编号	名称	周期	核算体系	所属组织	样式类型
学号_03	现金流量表_姓名	月报	财务会计核算体系	川商集团_姓名	固定样式

操作指导

视频

现金流量表

1. 制作现金流量表模板

（1）新增报表模板。

1）“集团公司会计_姓名”登录金蝶云星空系统，组织选择“川商集团_姓名”，执行【财务会计】→【报表】→【报表管理】→【报表模板】命令，进入报表模板界面。

2）单击【新增】按钮，进入新增报表模板界面，根据实验数据录入模板信息，如图 6-24 所示，单击【确定】按钮。

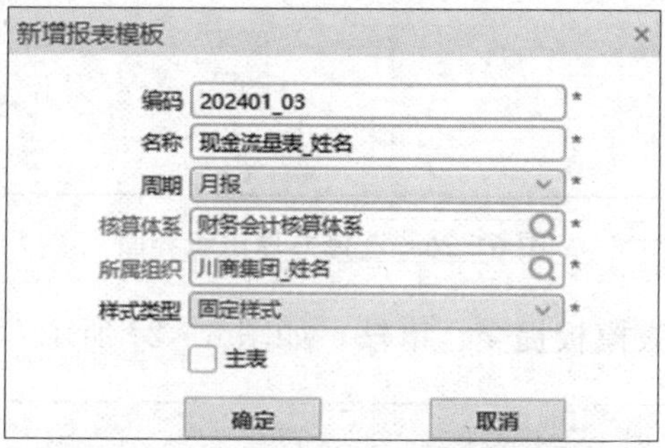

图 6-24　新增现金流量表模板界面

（2）编辑报表模板。

1）双击新增的现金流量表报表模板，单击【点击打开】按钮，进入报表模板编辑器。在财务报表平台左下方的页签处（Sheet1），右键选择“插入表页”，弹出插入表页界面，在“固定样式”页签下，选择“现金流量表”，单击【确定】按钮，在单元格中会自动填充现金流量表的报表项目、项目数据类型、Item 公式和取数公式，如图 6-25 所示。

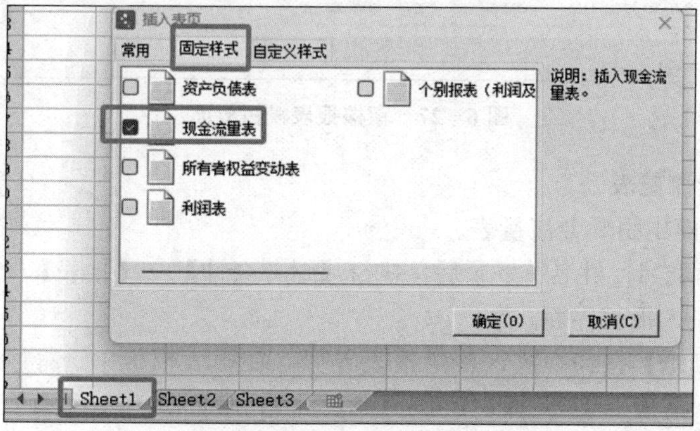

图 6-25　编辑现金流量表模板界面

2）在财务报表平台可以根据实际需要编辑各取数公式，本案例中无须修改，使用系统默认的报表模板即可，编辑完成后，单击【保存】按钮。

3）回到报表模板界面，勾选刚才完成编辑并保存好的报表模板，提交审核，执行【业务操作】→【共享】命令，打开“请选择共享组织”窗口，核算体系选择“财务会计核算体系”，勾选“川商创博科技公司_姓名”及“川商耀博销售公司_姓名”，单击【确定】按钮，如图6－26所示。

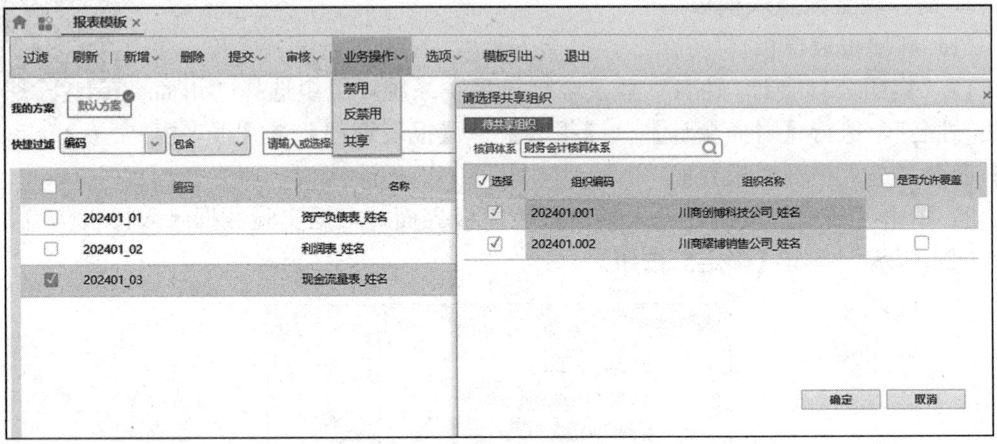

图6－26　选择共享组织界面

4）将新增的共享报表模板提交、审核，如图6－27所示。

编码	名称	周期	所属组织	创建方式	合并方案	样式类型	状态
202401_01	资产负债表_姓名	月报	川商创博科技公司_姓名	共享(未检查)		固定样式	已审核
202401_01	资产负债表_姓名	月报	川商集团_姓名	标准		固定样式	已审核
202401_01	资产负债表_姓名	月报	川商耀博销售公司_姓名	共享(未检查)		固定样式	已审核
202401_02	利润表_姓名	月报	川商耀博销售公司_姓名	共享(未检查)		固定样式	已审核
202401_02	利润表_姓名	月报	川商创博科技公司_姓名	共享(未检查)		固定样式	已审核
202401_02	利润表_姓名	月报	川商集团_姓名	标准		固定样式	已审核
202401_03	现金流量表_姓名	月报	川商集团_姓名	标准		固定样式	已审核
202401_03	现金流量表_姓名	月报	川商耀博销售公司_姓名	共享(未检查)		固定样式	已审核
202401_03	现金流量表_姓名	月报	川商创博科技公司_姓名	共享(未检查)		固定样式	已审核

图6－27　审核报表模板界面

2. 编制现金流量表

（1）编制川商集团现金流量表。

1）“集团公司会计_姓名”登录后，执行【财务会计】→【报表】→【报表管理】→【报表】命令，进入报表界面。

2）单击【新增】按钮，进入新增报表界面，在报表模板中选择刚才新增的报表模板“学号_03”，报表日期选择“2025/1/31”，币别选择“人民币”，金额单位选择“元”，如图6－28所示，单击【确定】按钮。

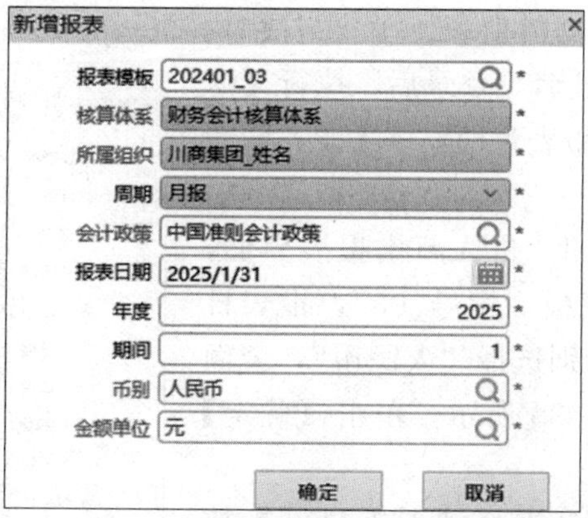

图 6－28　川商集团新增现金流量表模板界面

3）双击新增的报表，单击【点击打开】按钮，进入财务报表平台。在“数据”页签下，单击【重算表页】按钮，如图 6－29 所示，保存、提交并审核重算后的报表，完成报表编制。

报表/财务会计核算体系/川商集团_姓名/202401_03/现金流量表_姓名-2025年1期月报(PRE001.人民币.元)

	A	B	C
1	现金流量表		
2	年　　月		会企03表
3	编制单位：		单位：元
4	项　　目	本期金额	上期金额
5	一、经营活动产生的现金流量		
6	销售商品、提供劳务收到的现金	0	0
7	收到的税费返还	0	0
8	收到其他与经营活动有关的现金	20000	0
9	经营活动现金流入小计	20000	0
10	购买商品、接受劳务支付的现金	0	0
11	支付给职工以及为职工支付的现金	0	0
12	支付的各项税费	0	0
13	支付其他与经营活动有关的现金	30000	0
14	经营活动现金流出小计	30000	0
15	经营活动产生的现金流量净额	-10000	0
16	二、投资活动产生的现金流量：		
17	收回投资收到的现金	0	0
18	取得投资收益收到的现金	0	0
19	处置固定资产、无形资产和其他长期资产收回的现金净额	0	0
20	处置子公司及其他营业单位收到的现金净额	0	0
21	收到其他与投资活动有关的现金	0	0
22	投资活动现金流入小计	0	0
23	购建固定资产、无形资产和其他长期资产支付的现金	0	0
24	投资支付的现金	0	0
25	取得子公司及其他营业单位支付的现金净额	0	0
26	支付其他与投资活动有关的现金	0	0
27	投资活动现金流出小计	0	0
28	投资活动产生的现金流量净额	0	0
29	三、筹资活动产生的现金流量：		
30	吸收投资收到的现金	0	0
31	取得借款收到的现金	0	0
32	收到其他与筹资活动有关的现金	0	0
33	筹资活动现金流入小计	0	0
34	偿还债务支付的现金	0	0
35	分配股利、利润或偿付利息支付的现金	0	0
36	支付其他与筹资活动有关的现金	0	0
37	筹资活动现金流出小计	0	0
38	筹资活动产生的现金流量净额	0	0
39	四、汇率变动对现金及现金等价物的影响	0	0
40	五、现金及现金等价物净增加额	-10000	0
41	加：期初现金及现金等价物余额	11170000	0
42	六、期末现金及现金等价物余额	11160000	0

图 6－29　川商集团现金流量表界面

（2）编制科技公司现金流量表。

1）“科技公司会计_姓名”登录后，执行【财务会计】→【报表】→【报表管理】→【报表】命令，进入报表界面。

2）单击【新增】按钮，进入新增报表界面，在报表模板中选择报表模板“学号_03”，报表日期选择“2025/1/31”，币别选择“人民币”，金额单位选择“元”，如图 6－30 所示，单击【确定】按钮。

3）双击新增的报表，选择【点击打开】按钮，进入财务报表平台。在“数据”页签下，单击【重算表页】按钮，如图 6－31 所示，保存、提交并审核重算后的报表，完成报表编制。

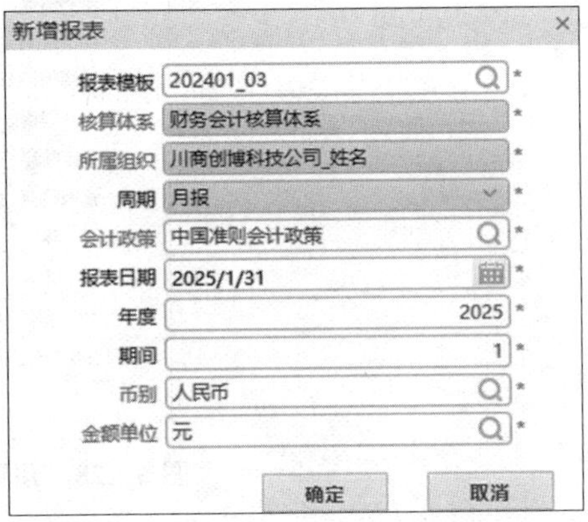

图 6－30　科技公司新增现金流量表界面

报表/财务会计核算体系/川商创博科技公司_姓名/202401_03/现金流量表_姓名-2025年1期月报(PRE001.人民币.元)

	A	B	C
1	现金流量表		
2	年　月		会企03表
3	编制单位：		单位：元
4	项　目	本期金额	上期金额
5	一、经营活动产生的现金流量		
6	销售商品、提供劳务收到的现金	576000	0
7	收到的税费返还	0	0
8	收到其他与经营活动有关的现金	0	0
9	经营活动现金流入小计	576000	0
10	购买商品、接受劳务支付的现金	759080	0
11	支付给职工以及为职工支付的现金	688508	0
12	支付的各项税费	0	0
13	支付其他与经营活动有关的现金	7000	0
14	经营活动现金流出小计	1454588	0
15	经营活动产生的现金流量净额	-878588	0
16	二、投资活动产生的现金流量：		
17	收回投资收到的现金	0	0
18	取得投资收益收到的现金	0	0
19	处置固定资产、无形资产和其他长期资产收回的现金净额	0	0
20	处置子公司及其他营业单位收到的现金净额	0	0
21	收到其他与投资活动有关的现金	0	0
22	投资活动现金流入小计	0	0
23	购建固定资产、无形资产和其他长期资产支付的现金	0	0
24	投资支付的现金	0	0
25	取得子公司及其他营业单位支付的现金净额	0	0
26	支付其他与投资活动有关的现金	0	0
27	投资活动现金流出小计	0	0
28	投资活动产生的现金流量净额	0	0
29	三、筹资活动产生的现金流量：		
30	吸收投资收到的现金	0	0
31	取得借款收到的现金	0	0
32	收到其他与筹资活动有关的现金	0	0
33	筹资活动现金流入小计	0	0
34	偿还债务支付的现金	0	0
35	分配股利、利润或偿付利息支付的现金	0	0
36	支付其他与筹资活动有关的现金	0	0
37	筹资活动现金流出小计	0	0
38	筹资活动产生的现金流量净额	0	0
39	四、汇率变动对现金及现金等价物的影响	0	0
40	五、现金及现金等价物净增加额	-878588	0
41	加：期初现金及现金等价物余额	3947500	0
42	六、期末现金及现金等价物余额	3068912	0

图 6－31　科技公司现金流量表界面

(3) 编制销售公司现金流量表。

1)"销售公司会计_姓名"登录后，执行【财务会计】→【报表】→【报表管理】→【报表】命令，进入报表界面。

2)单击【新增】按钮，进入新增报表界面，在报表模板中选择报表模板"学号_03"，报表日期选择"2025/1/31"，币别选择"人民币"，金额单位选择"元"，如图 6-32 所示，单击【确定】按钮。

3)双击新增的报表，单击【点击打开】按钮，进入财务报表平台。在"数据"页签下，单击【重算表页】按钮，如图 6-33 所示，保存、提交并审核重算后的报表，完成报表编制。

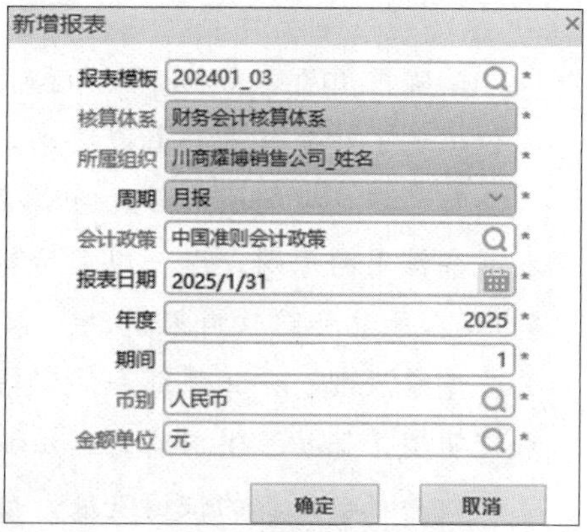

图 6-32 销售公司新增现金流量表界面

报表/财务会计核算体系/川商耀博销售公司_姓名/202401_03/现金流量表_姓名-2025年1期月报(PRE001.人民币.元)

	A	B	C
1	现金流量表		
2	年 月		会企03表
3	编制单位：		单位：元
4	项 目	本期金额	上期金额
5	一、经营活动产生的现金流量		
6	销售商品、提供劳务收到的现金	453483.99	0
7	收到的税费返还	0	0
8	收到其他与经营活动有关的现金	30000	0
9	经营活动现金流入小计	483483.99	0
10	购买商品、接受劳务支付的现金	0	0
11	支付给职工以及为职工支付的现金	27520	0
12	支付的各项税费	282070.38	0
13	支付其他与经营活动有关的现金	20000	0
14	经营活动现金流出小计	329590.38	0
15	经营活动产生的现金流量净额	153893.61	0
16	二、投资活动产生的现金流量：		
17	收回投资收到的现金	0	0
18	取得投资收益收到的现金	0	0
19	处置固定资产、无形资产和其他长期资产收回的现金净额	0	0
20	处置子公司及其他营业单位收到的现金净额	0	0
21	收到其他与投资活动有关的现金	0	0
22	投资活动现金流入小计	0	0
23	购建固定资产、无形资产和其他长期资产支付的现金	0	0
24	投资支付的现金	0	0
25	取得子公司及其他营业单位支付的现金净额	0	0
26	支付其他与投资活动有关的现金	0	0
27	投资活动现金流出小计	0	0
28	投资活动产生的现金流量净额	0	0
29	三、筹资活动产生的现金流量：		
30	吸收投资收到的现金	0	0
31	取得借款收到的现金	0	0
32	收到其他与筹资活动有关的现金	0	0
33	筹资活动现金流入小计	0	0
34	偿还债务支付的现金	0	0
35	分配股利、利润或偿付利息支付的现金	0	0
36	支付其他与筹资活动有关的现金	0	0
37	筹资活动现金流出小计	0	0
38	筹资活动产生的现金流量净额	0	0
39	四、汇率变动对现金及现金等价物的影响	0	0
40	五、现金及现金等价物净增加额	153893.61	0
41	加：期初现金及现金等价物余额	13931070.38	0
42	六、期末现金及现金等价物余额	14084963.99	0

图 6-33 销售公司现金流量表界面

学思践悟

诚信教育

诚实信用原则在招标投标和政府采购活动中扮演着至关重要的角色。这一原则不仅体现了对参与者的道德要求，更是法律法规所明确规定的行为准则。《中华人民共和国招标投标法》第五条明确规定，招标投标活动应当遵循公开、公平、公正和诚实信用的原则。这一规定为招标投标活动的合法性和规范性提供了法律保障。《中华人民共和国政府采购法》第三条同样规定，政府采购应遵循公开透明原则、公平竞争原则、公正原则和诚实信用原则。这一规定确保了政府采购活动的公平性和透明度，保护了供应商的合法权益。

随着社会经济的快速发展，会计行业在经济社会中的地位日益重要。然而，会计失信行为时有发生，严重影响了会计行业的公信力和经济社会秩序。为了加强会计人员诚信建设，建立健全会计人员守信联合激励和失信联合惩戒机制，推动会计行业进一步提高诚信水平，营造良好的信用环境，财政部出台了《关于加强会计人员诚信建设的指导意见》，部分要求如下：

（1）强化会计职业道德约束。针对会计工作特点，进一步完善会计职业道德规范，引导会计人员自觉遵纪守法、勤勉尽责、参与管理、强化服务，不断提高专业胜任能力；督促会计人员坚持客观公正、诚实守信、廉洁自律、不做假账，不断提高职业操守。

（2）加强会计诚信教育。财政部门、中央主管单位和会计行业组织要采取多种形式广泛开展会计诚信教育，将会计职业道德作为会计人员继续教育的必修内容；引导财会类专业教育开设会计职业道德课程；鼓励用人单位建立会计人员信用管理制度。

（3）建立严重失信会计人员"黑名单"制度。将有提供虚假财务会计报告、做假账、隐匿或故意销毁会计凭证等与会计职务有关违法行为的会计人员，作为严重失信会计人员列入"黑名单"，并依法向社会公开披露相关信息。

（4）为守信会计人员提供更多机会和便利。将会计人员信用信息作为先进会计工作者评选、会计职称考试或评审等资格资质审查的重要依据；鼓励用人单位依法使用会计人员信用信息。

（5）建立失信会计人员联合惩戒机制。财政部门和中央主管单位将发现的会计人员失信行为，以及相关执法部门发现的会计人员失信行为，记入会计人员信用档案；加强与有关部门合作，建立失信会计人员联合惩戒机制，实现信息的互换、互通和共享。

该指导意见的出台，在提高会计人员诚信意识、规范会计行为、营造良好信用环境等方面取得了显著成效。会计人员守信联合激励和失信联合惩戒机制逐步建立健全，严重失信会计人员将受到应有的惩戒和约束。

思考讨论

1. 讨论分析金蝶云星空报表系统和Excel之间的关系。
2. 简述报表编制的基本流程。
3. 简述报表系统与其他系统的关系。
4. 编制的资产负债表数据不平衡，应如何查找原因？并简述更正的流程。
5. 简述金蝶云星空系统编制现金流量表的数据来源。
6. 编制的现金流量表数据有误，应如何查找原因？并简述更正的流程。

第七章

合并报表

学习目标

1. 熟练掌握抵消分录模板、调整分录模板和工作底稿等模板的编制方法。
2. 了解合并报表的编制方法和步骤。
3. 能够运用合并报表中的数据，分析集团的经营状况。
4. 培养独立思考、创新意识，以及解决复杂问题的能力。

实验概述

合并财务报表能够提供集团整体财务状况的信息，包括资产、负债、收入和费用等，这对于投资者分析集团的盈利能力、偿债能力和运营效率至关重要。大部分的合并报表制作过程烦琐、耗时且容易出错。合并报表系统是基于会计核算体系，帮助集团企业构建和规范对外合并财务报告和对内管理报告体系的系统，可以简单、快速地完成各子公司个别报表数据的采集和调整、内部会计事项的自动抵消、多汇报口径合并报表的并行出具等工作。合并报表系统全面满足企业法人组织架构、责任中心考核架构等多种维度、多种合并方式的报表合并要求，及时、真实、准确地反映集团整体的运营状况。

第一节　合并准备

实验场景

拥有多家分（子）公司的集团企业，需要以整个集团的名义出具合并财务报表。集团（子集团）在编制合并财务报表之前，需要确定合并范围，以明确哪些分（子）公司需纳入合并范围，以及合并结构。理清企业集团内部股权关系是确定合并报表范围的基础，也是合并报表进行权益抵消的一项基础工作。

实验步骤

（1）新增股权关系。

（2）新增合并方案。

（3）编制调整分录模板。

（4）编制抵消分录模板。

实验数据

（1）投资公司股权关系如表 7－1 所示。

表 7－1 股权关系

投资公司	被投资公司	生效日期	持股比例
川商集团_姓名	川商创博科技公司_姓名	2025/1/1	100%
	川商耀博销售公司_姓名	2025/1/1	100%

（2）合并方案信息如表 7－2 所示。

表 7－2 合并方案信息

编码	名称	权益核算	核算体系	会计政策	生效日期
学号.01	川商集团_姓名	统一在控股公司进行核算	财务会计核算体系	中国准则会计政策	2025/1/1

（3）合并范围信息如表 7－3 所示。

表 7－3 合并范围信息

编码	名称	公司名称	是否控股公司
学号.01	川商集团合并范围_姓名	川商集团_姓名	是
		川商创博科技公司_姓名	否
		川商耀博销售公司_姓名	否

操作指导

1. 新增股权关系

视频

（1）“集团公司会计_姓名”登录，执行【财务会计】→【合并报表】→【合并准备】→【股权关系】命令。

（2）单击菜单栏上【新增】按钮，根据表 7－1 的实验数据填写股权关系，投资公司选择“川商集团_姓名”，被投资公司分别选择“川商创博科技公司_姓名”和“川商耀博销售公司_姓名”。

合并准备

（3）完成填写后，单击【保存】按钮，如图 7－1 所示。

知识扩展

股权关系用于记录纳入合并范围的投资公司和被投资公司的持股及变动情况；合并过程中，权益调整及权益抵消将依据股权关系中记录的持股比例信息进行。

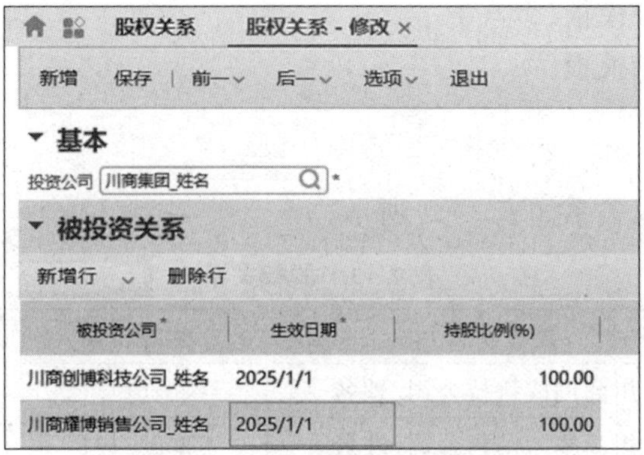

图 7-1　新增股权关系界面

2. 新增合并方案

（1）执行【财务会计】→【合并报表】→【合并准备】→【合并方案】命令。

（2）根据表 7-2 的实验数据填写合并方案。输入编码为“学号 .01”，名称为“川商集团_姓名”；表头填写完成后，单击【新增范围】按钮，合并范围编码为“学号 .01”，合并范围名称为“川商集团合并范围_姓名”，如图 7-2 所示；根据表 7-3 的实验数据录入合并范围，在“川商集团_姓名”组织后勾选“是否控股公司”。

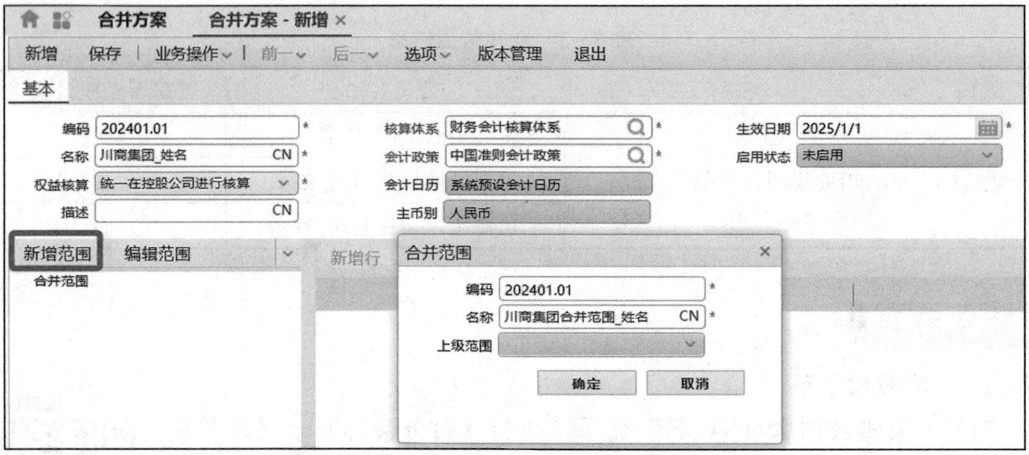

图 7-2　新增合并方案界面

（3）单击【保存】按钮后，在菜单栏执行【业务操作】→【启用】命令，完成合并方案的启用，如图 7-3 所示。

知识扩展

母公司在编制合并报表时，应当将其所控制的境内外所有子公司纳入合并报表的合并范围，这是编制法定合并报表的要求。但在合并时，除了按控股的层次结构进行合并外，集团还可能从行业、区域、事业部等不同角度进行合并，以满足管理分析的需要。

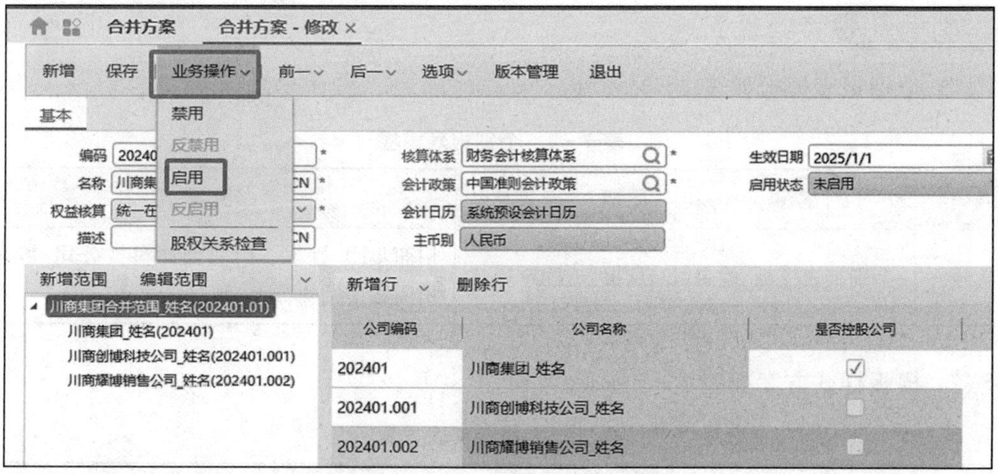

图 7－3　启用新增合并方案界面

3. 编制调整分录模板

在编制合并报表流程中需要对个别报表进行一些事项的调整，以保证合并数据的一致性和合并结果的正确性。系统中已经预置部分调整分录模板，实验中无须修改，在后续功能中直接引用。

4. 编制抵消分录模板

编制合并报表流程中的一个重要环节就是编制抵消分录，将内部事项对合并报表有关项目的影响进行抵消处理。编制抵消分录、进行抵消处理是合并报表编制的关键和主要内容，其目的在于将个别财务报表各项目的加总金额中重复的因素予以抵消。通过抵消分录模板功能，用户可以将常用的抵消分录预置在模板中供后续使用。本实验无须新增抵消分录模板，在后续功能中直接引用预置的抵消分录模板。

第二节　编制报表模板

实验场景

川商集团公司统一编制报表模板，并分配给下属成员使用，应保证所有报表模板的统一性，方便集团汇总数据。报表模板编制包含个别报表模板、抵消报表模板、工作底稿模板和合并报表模板的编制。

实验步骤

（1）新增个别报表模板。

（2）新增模板样式方案。

（3）新增抵消报表模板。

（4）新增工作底稿模板。

（5）新增合并报表模板。

实验数据

(1) 个别报表模板如表 7-4 所示。

表 7-4 个别报表模板

编码	名称	周期	样式类型	分发
学号	个别报表模板_姓名	月报	固定样式	川商集团_姓名、川商创博科技公司_姓名、川商耀博销售公司_姓名

(2) 模板样式方案如表 7-5 所示。

表 7-5 模板样式方案

报表类型	抵消类型	方案名称	样式类型	报表项目数据类型	报表项目	取数公式取数类型
抵消表	往来类	往来抵消(应收)_姓名	动态罗列报表	期末数	1000.04 应收账款	期末余额
抵消表	往来类	往来抵消(应付)_姓名	动态罗列报表	期末数	3000.04 应付账款	期末余额
抵消表	往来类	往来抵消(其他应收)_姓名	动态罗列报表	期末数	1000.08 其他应收款	期末余额
抵消表	往来类	往来抵消(其他应付)_姓名	动态罗列报表	期末数	3000.10 其他应付款	期末余额

(3) 抵消报表模板如表 7-6 所示。

表 7-6 抵消报表模板

<table>
<tr><th>名称</th><th>周期</th><th>导入模板样式方案</th><th>分发</th></tr>
<tr><td rowspan="2">往来抵消报表模板_姓名</td><td rowspan="2">月报</td><td>往来抵消(应收)_姓名</td><td rowspan="4">川商集团_姓名、川商创博科技公司_姓名、川商耀博销售公司_姓名</td></tr>
<tr><td>往来抵消(应付)_姓名</td></tr>
<tr><td rowspan="2">其他往来抵消报表模板_姓名</td><td rowspan="2">月报</td><td>往来抵消(其他应收)_姓名</td></tr>
<tr><td>往来抵消(其他应付)_姓名</td></tr>
</table>

(4) 工作底稿模板如表 7-7 所示。

表 7-7 工作底稿模板

名称	类型	周期	样式类型	分发
工作底稿模板_姓名	工作底稿	月报	固定样式	川商集团合并范围_姓名

（5）合并报表模板如表7－8所示。

表7－8 合并报表模板

名称	类型	周期	样式类型	分发
合并报表模板_姓名	合并报表	月报	固定样式	川商集团合并范围_姓名

操作指导

视频

编制报表模板

1. 新增个别报表模板

（1）“集团公司会计_姓名”登录，执行【财务会计】→【合并报表】→【报表模板】→【个别报表模板】命令。

（2）单击【新增】按钮，根据表7－4的实验数据，新增个别报表模板并保存，如图7－4所示。

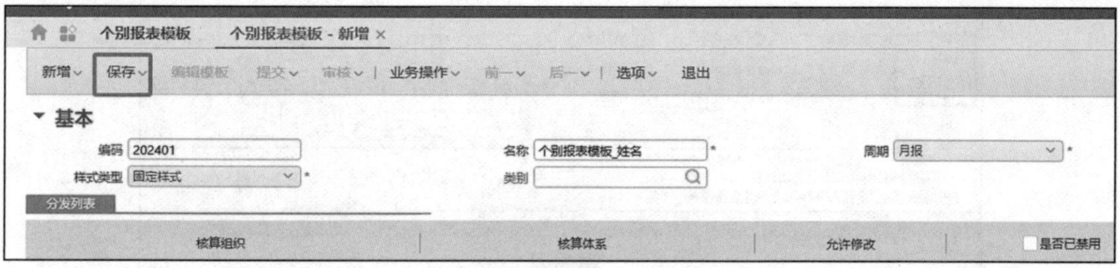

图7－4 新增个别报表模板界面

（3）保存已建好的个别报表模板后，在个别报表模板列表界面双击新建的报表模板，当弹出列表对话框时，选择“点击打开”，允许文件运行，如图7－5所示。

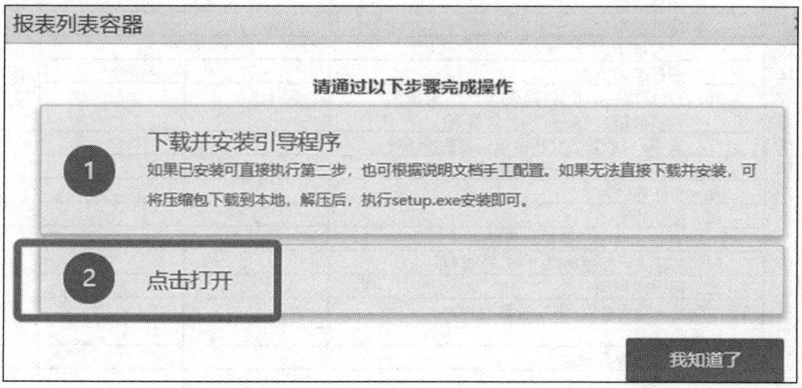

图7－5 打开财务报表平台

（4）本案例直接引用系统预置的个别报表模板，在报表客户端左下方的页签处（Sheet1）右键选择“插入表页”，弹出插入表页界面，在“固定样式”页签下，同时选中“资产负债表”“利润表”“现金流量表”，如图7－6所示，单击【确定】按钮。

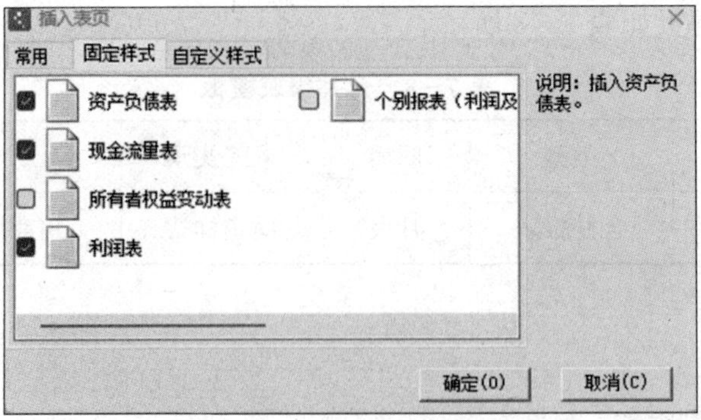

图 7-6　插入表页界面

(5) 成功插入资产负债表、利润表、现金流量表后，把利润表中的“营业税金及附加”改为“税金及附加”，如图 7-7 所示。

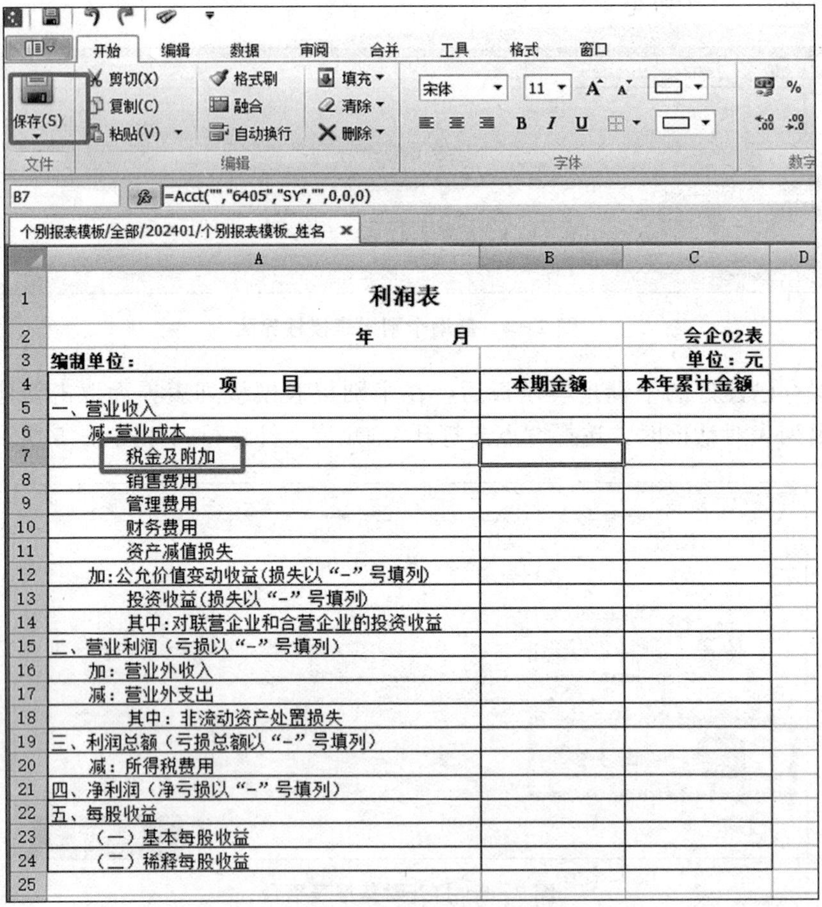

图 7-7　成功插入固定样式报表界面

(6) 把空的 Sheet1 工作表删除，单击菜单栏上的【保存】按钮，系统会提示个别报表模板保存成功。完成报表模板编辑后，关闭报表编辑界面。

(7) 在个别报表模板列表界面，将新建的个别报表模板提交、审核。选择个别报表模板后，单击列表工具栏【分发】按钮，核算体系选择“财务会计核算体系”，勾选所有组织，如图 7-8 所示，单击【确定】按钮。

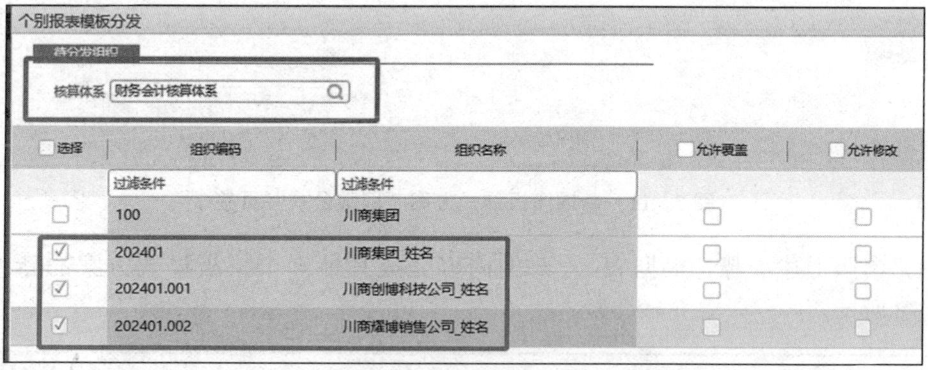

图 7-8 模板分发界面

（8）分发成功后，在个别报表模板界面可看见具体的分发信息，如图 7-9 所示。

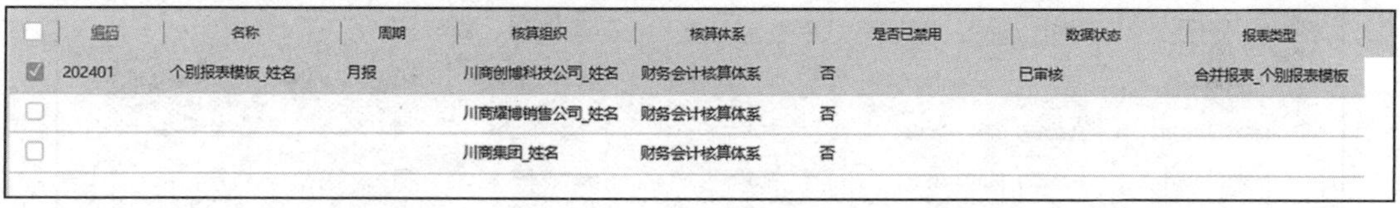

图 7-9 个别报表模板界面

2. 新增模板样式方案

（1）执行【财务会计】→【合并报表】→【报表模板】→【模板样式方案】命令。

（2）单击【新增】按钮，打开新增模板样式方案界面，根据表 7-5 的内容，新增模板样式方案“往来抵消（应收）_姓名”，在表头部分填写方案名称为“往来抵消（应收）_姓名”，报表类型选择“抵消表”，抵消类型选择“往来类”，在“报表项目”页签，填写数据类型为“期末数”，报表项目为“1000.04”，如图 7-10 所示。

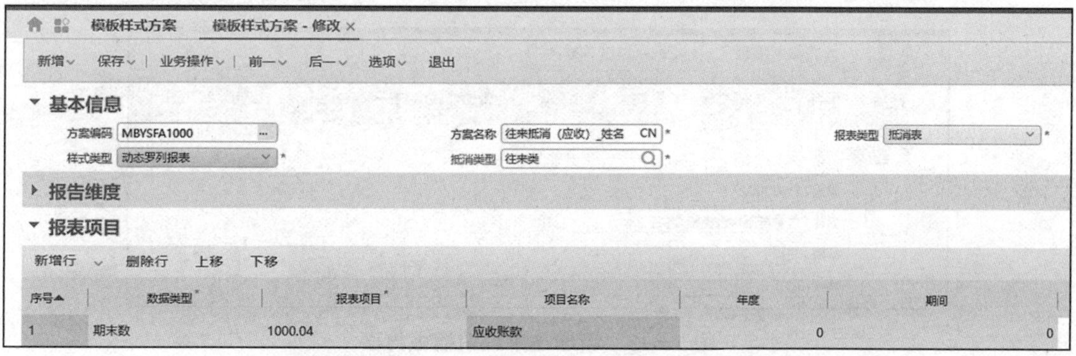

图 7-10 新增模板样式方案“报表项目”页签

（3）在“取数公式”页签中录入取数类型为“Y 期末余额”，如图 7-11 所示，单击【保存】按钮完成往来“抵消（应收）_姓名”的模板样式方案。

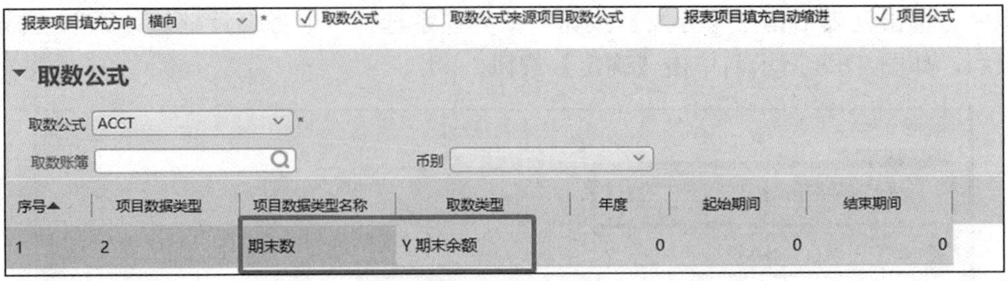

图 7-11 新增模板样式方案“取数公式”页签

（4）参照上述步骤，根据表 7-5 的内容完成其他 3 个模板样式方案的新增，如图 7-12 所示。

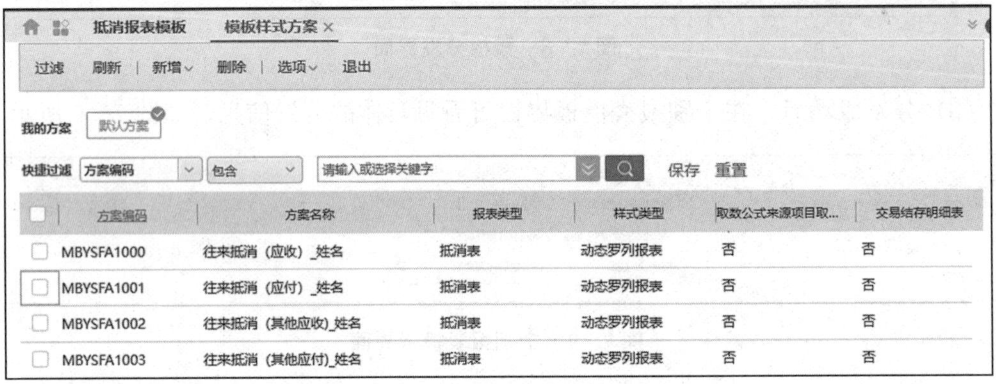

图 7-12 往来抵消模板样式方案界面

3. 新增抵消报表模板

（1）执行【财务会计】→【合并报表】→【报表模板】→【抵消报表模板】命令。

（2）单击【新增】按钮，打开抵消报表新增界面，根据表 7-6 的内容，填写名称为“往来抵消报表模板_姓名”，周期选择“月报”，如图 7-13 所示。单击【保存】，完成抵消报表模板的新增。

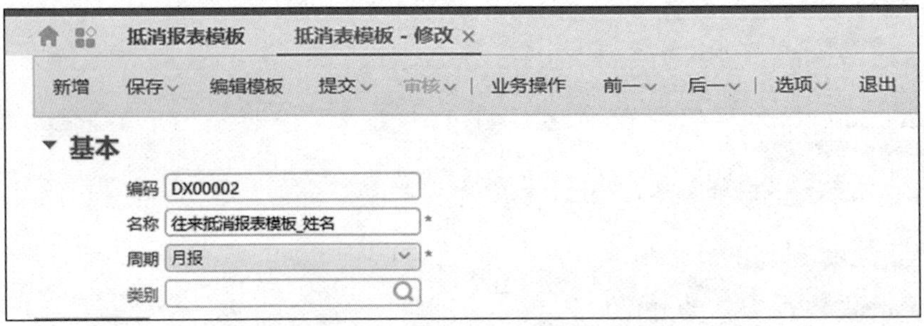

图 7-13 新增往来抵消模板界面

（3）保存后，单击菜单栏上【编辑模板】，打开报表客户端，单击“开始”页签的【批量填充向导】。勾选“往来抵消（应收）_姓名”的模板样式，单击【批量填充】按钮，完成报表的填充，如图 7-14 所示。

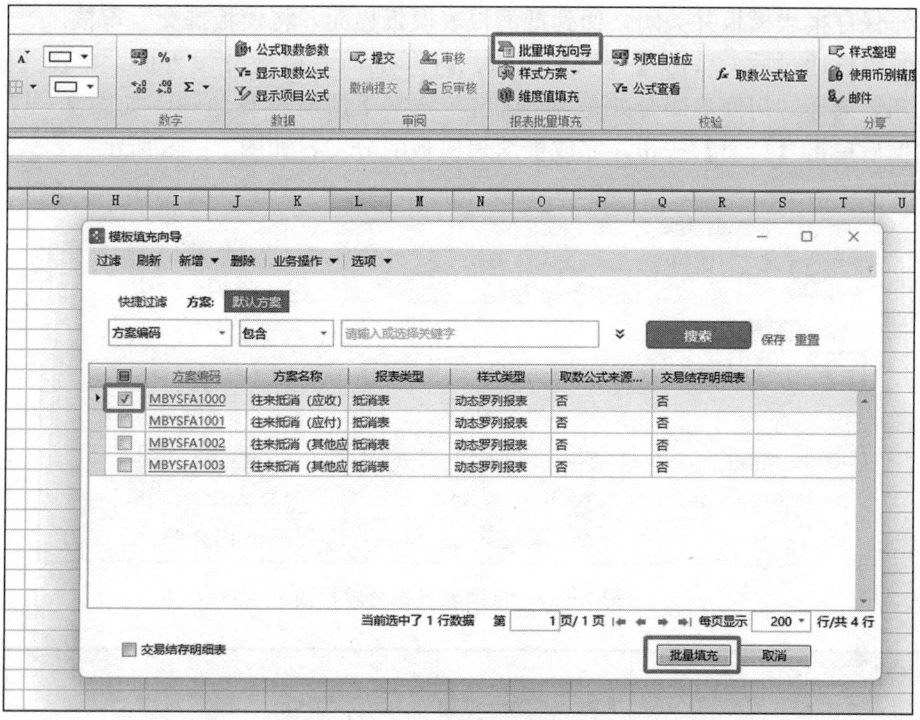

图 7-14　批量填充向导界面

（4）鼠标定位在下方行中任意单元格，在开始菜单点击“批量填充向导”，勾选“往来抵消（应付）_姓名”填充到报表模板，单击【保存】按钮，如图 7-15 所示，完成后关闭报表客户端。

（5）参照上述步骤，根据表 7-6 的内容，完成“其他往来抵消报表模板_姓名”的模板编辑，如图 7-16 所示。

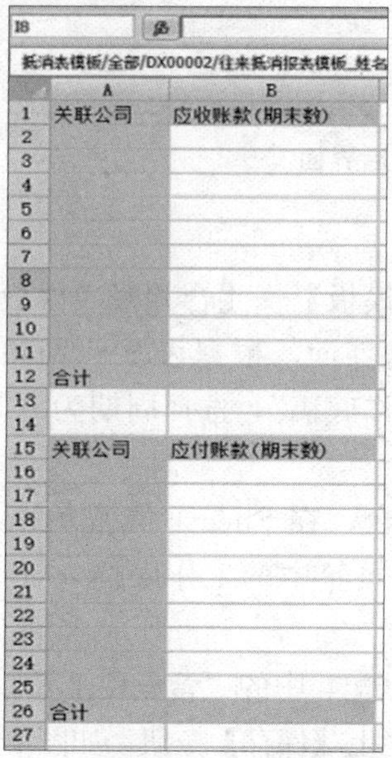

图 7-15　往来抵消报表模板编辑界面

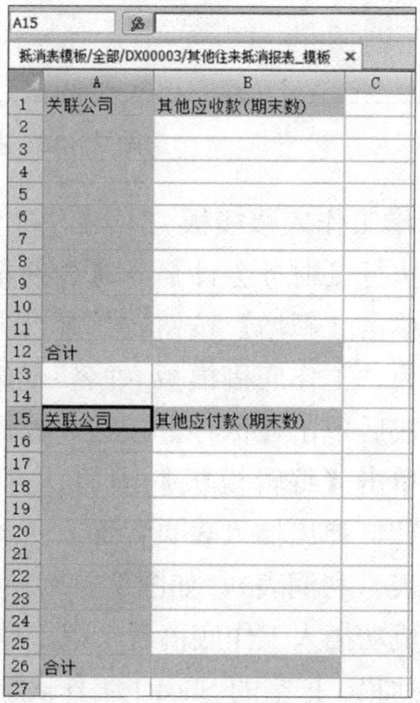

图 7-16　其他往来抵消报表模板编辑界面

（6）保存报表模板并关闭，回到抵消报表模板界面，将模板提交、审核。

（7）审核通过后，单击【分发】按钮，打开抵消表模板分发界面，单击【选择组织】按钮，选择“川商集团合并范围_姓名”方案下所有核算组织，如图 7－17 所示，返回数据后单击【分发】按钮，完成抵消表模板的分发，如图 7－18 所示。

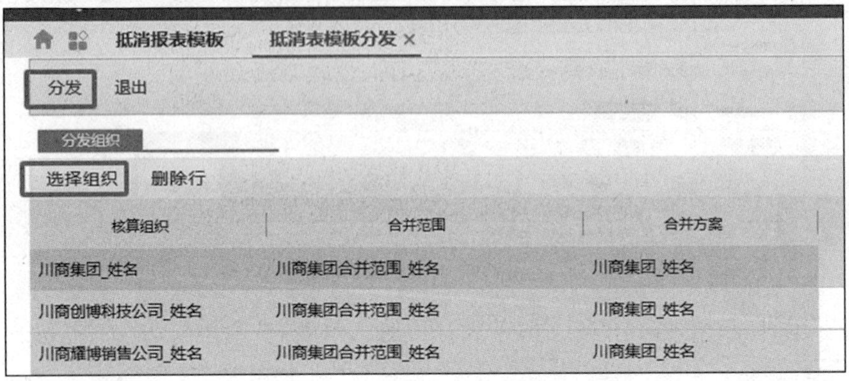

图 7－17　抵消表模板分发界面

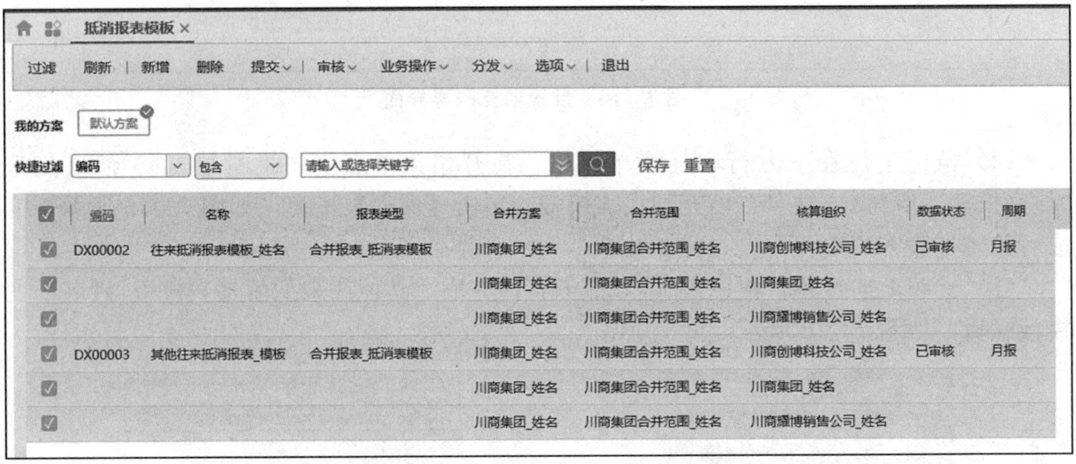

图 7－18　抵消报表分发完成后界面

4. 新增工作底稿模板

（1）执行【财务会计】→【合并报表】→【报表模板】→【合并报表模板】命令。

（2）单击【新增】按钮，打开合并报表模板新增界面，根据表 7－7 的实验数据，填写名称为“工作底稿模板_姓名”，选择类型为“工作底稿”，选择周期为“月报”，信息录入完成后单击【保存】按钮，如图 7－19所示。

（3）单击【编辑模板】按钮，打开财务报表平台，在 Sheet1 位置单击右键选择“插入表页”，弹出插入表页界面，选择“固定样式”页签中的工作底稿（资产负债表、现金流量表、利润表），如图 7－20 所示。

（4）成功插入工作底稿后，把工作底稿（利润及分配）中的“营业税金及附加”改为“税金及附加”，把空的 Sheet1 工作表删除，单击菜单栏上【保存】按钮，如图 7－21 所示。

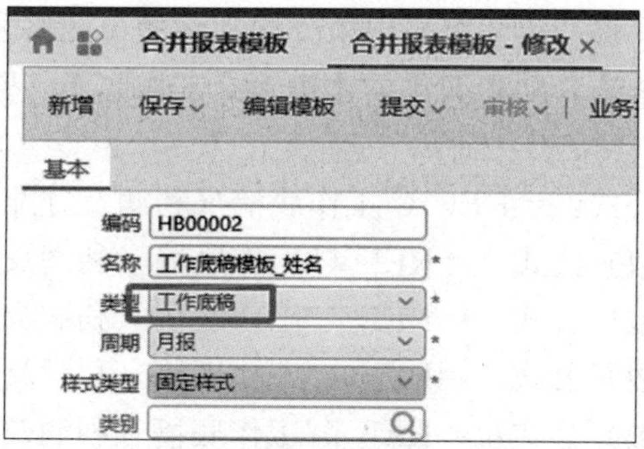

图 7－19 新增工作底稿界面

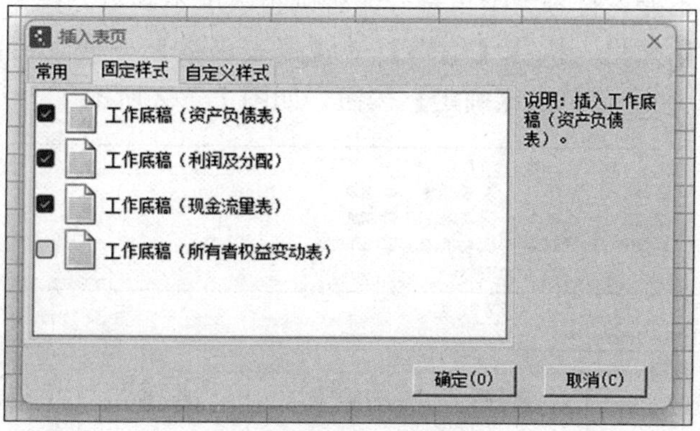

图 7－20 插入表页界面

	A	B	C	D	E
1	报表项目	合并数（本期发生数）	借方调整数（本期发生数）	贷方调整数（本期发生数）	借方抵消数（本期发生数）
2	一、经营活动产生的现金流量				
3	经营活动现金流入小计				
4	销售商品、提供劳务收到的现金				
5	收到的税费返还				
6	收到其他与经营活动有关的现金				
7	经营活动现金流出小计				
8	购买商品、接受劳务支付的现金				
9	支付给职工以及为职工支付的现金				
10	支付的各项税费				
11	支付其他与经营活动有关的现金				
12	经营活动产生的现金流量净额				
13	二、投资活动产生的现金流量：				
14	投资活动现金流入小计				
15	收回投资收到的现金				
16	取得投资收益收到的现金				
17	处置固定资产、无形资产和其他长				
18	处置子公司及其他营业单位收到的				
19	收到其他与投资活动有关的现金				
20	投资活动现金流出小计				
21	购建固定资产、无形资产和其他长				
22	投资支付的现金				
23	取得子公司及其他营业单位支付的				
24	支付其他与投资活动有关的现金				
25	投资活动产生的现金流量净额				
26	三、筹资活动产生的现金流量：				
27	筹资活动现金流入小计				
28	吸收投资收到的现金				
29	取得借款收到的现金				
30	收到其他与筹资活动有关的现金				

图 7－21 工作底稿模板界面

（5）修改工作底稿（资产负债表）中未分配利润的单元格公式，这样跨表取工作底稿（利润及分配）中年末未分配利润数据才正确。工作底稿（资产负债表）中未分配利润项目取数公式如下：

合并数（期末数）公式：=REF（"工作底稿（利润及分配）"，"B28"）

借方调整数（期末数）公式：=REF（"工作底稿（利润及分配）"，"C28"）

贷方调整数（期末数）公式：=REF（"工作底稿（利润及分配）"，"D28"）

借方抵消数（期末数）公式：=REF（"工作底稿（利润及分配）"，"E28"）+10655100

贷方抵消数（期末数）公式：=REF（"工作底稿（利润及分配）"，"F28"）

说明：借方抵消数（期末数）公式中的10655100为年初未分配利润抵消数。

公式必须一字不差，符号为半角符号，否则报表取不到数。操作步骤如下：选定未分配利润行对应的单元格，执行【编辑】→【报表函数】→搜索栏内输入“REF”→【转到】→【REF】命令，单击【确定】按钮，如图7-22所示。

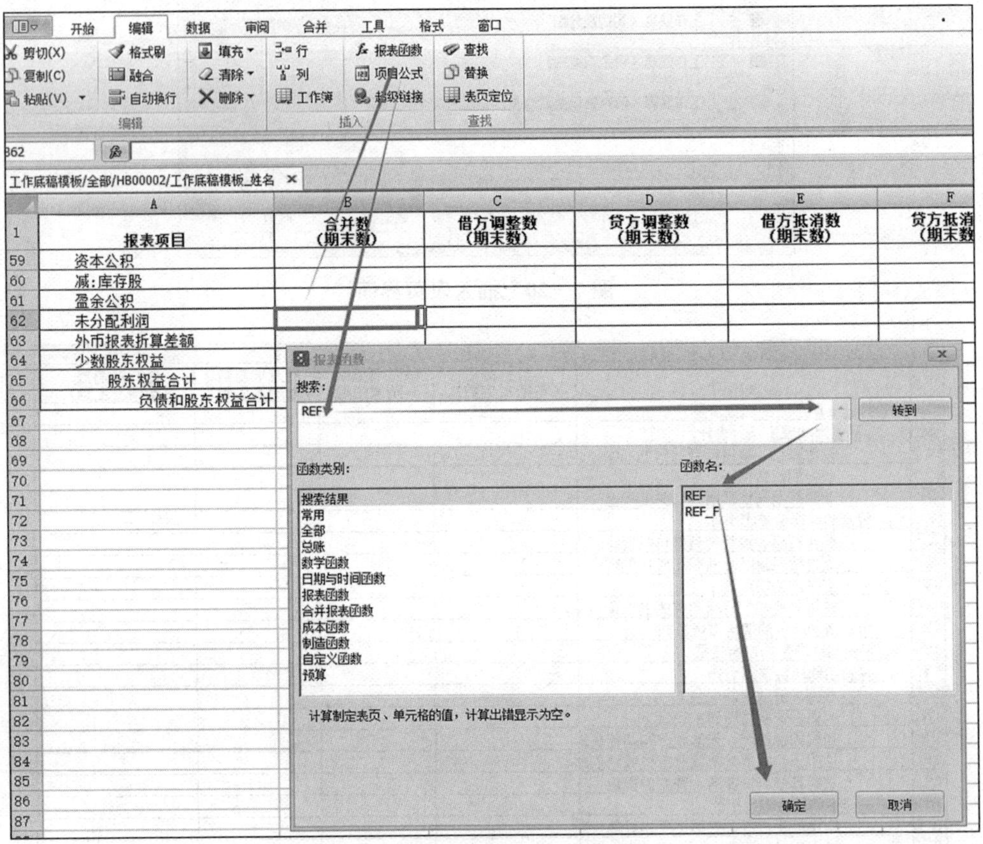

图7-22　修改公式界面

输入函数参数，如图7-23所示。

（6）在函数参数对话框的单元格中输入上面所讲到的对应的单元格地址，即：工作底稿（资产负债表）中未分配利润函数分别在对应的单元格中录五次，对应工作底稿（利润及分配）单元格地址分别为B28、C28、D28、E28、F28。然后，单击【保存】按钮。以未分配利润为例，借方抵消数（期末数）公式如图7-24所示。

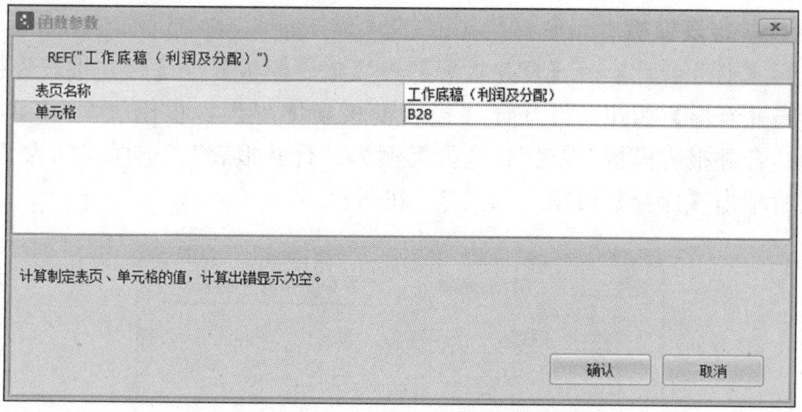

图 7－23　函数参数界面

图 7－24　修改函数

（7）将工作底稿模板提交、审核，并分发到"川商集团合并范围_姓名"，如图 7－25 所示。

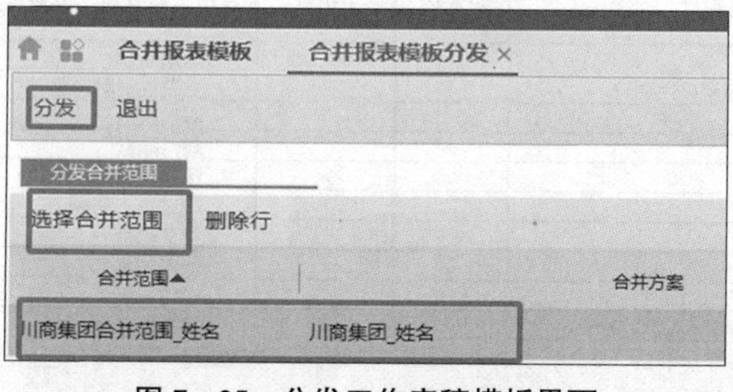

图 7－25　分发工作底稿模板界面

知识扩展

在工作底稿中，对母公司和纳入合并范围的子公司的个别报表各项目的数据进行汇总和调整、抵消处理，最终计算出合并报表各项目的合并数，在工作底稿中能清楚了解到各个项目的调整、抵消情况。

5. 新增合并报表模板

（1）执行【财务会计】→【合并报表】→【报表模板】→【合并报表模板】命令。

（2）单击【新增】按钮，打开合并报表模板新增界面，根据表 7－8 的实验数据，填写名称为“合并报表模板_姓名”，选择类型为“合并报表”，选择周期为“月报”，信息录入完成后单击【保存】按钮，如图 7－26所示。

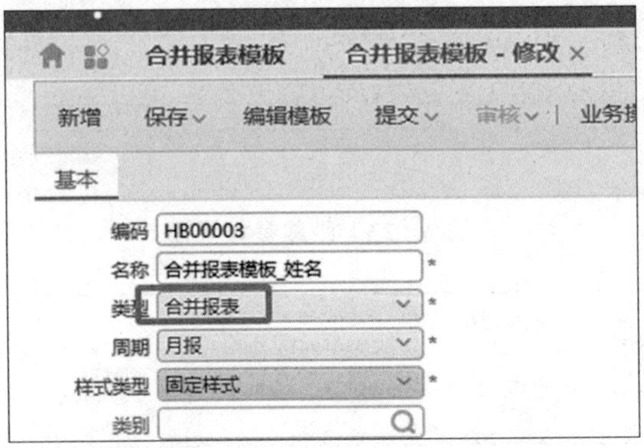

图 7－26　新增合并报表模板界面

（3）单击【编辑模板】按钮，打开财务报表平台，在 Sheet1 位置单击右键选择“插入表页”，弹出插入表页界面，选择“固定样式”页签中的工作底稿（资产负债表、现金流量表、利润表）。如图 7－27 所示。

图 7－27　新增合并报表模板成功界面

（4）在合并报表模板中成功插入资产负债表、利润表、现金流量表后，把利润表中的“营业税金及附加”改为“税金及附加”，把空的 Sheet1 工作表删除，单击菜单栏上【保存】按钮。

（5）回到合并报表模板界面，将合并报表模板提交、审核，并分发到“川商集团_

姓名”合并方案的合并范围，勾选“允许修改”及“允许覆盖”，单击【分发】按钮，如图 7－28 所示。

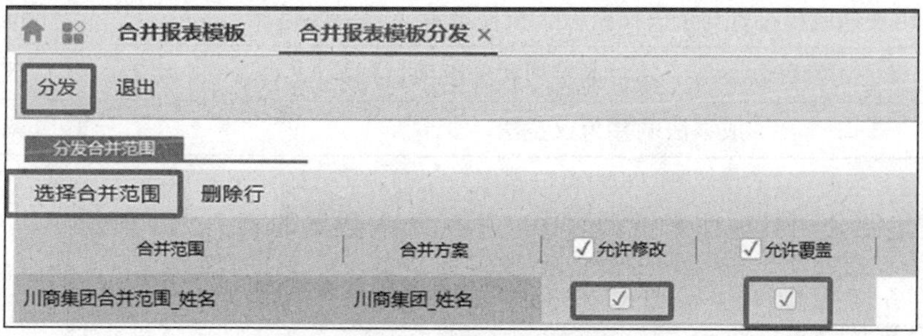

图 7－28　合并报表模板分发界面

第三节　个别报表编制

实验场景

个别报表是指由母公司或子公司编制的，仅反映母公司或子公司自身财务状况、经营成果和现金流量的报表。金蝶云星空合并报表系统采用向导式的合并控制管理，在一个管理界面就可以完成一期合并报表的编制。在合并控制中，通过自上而下的流程向导式菜单，帮助报表会计清晰地完成个别报表的收集、调整工作。子公司在完成个别报表（抵消报表）的编制、审核之后，需及时通过“上报”功能，将报表上报到上级总公司。企业集团接收子公司上报的个别报表，接收的个别报表数据会应用于后续报表合并或汇总。

实验步骤

（1）设置报表期间。
（2）指定持股比例。
（3）新增个别报表。
（4）新增抵消报表。

实验数据

（1）报表期间信息如表 7－9 所示。

表 7－9　报表期间信息

合并方案	报表日期	报表周期
川商集团_姓名	2025/1/31	月报

（2）在持股比例中指定调整分录模板和抵消分录模板，相关信息如表 7－10 所示。

表 7-10 指定模板信息

模板名称	模板类型
母公司长期股权投资与子公司所有者权益抵消（同一控制）	抵消
母公司投资收益与子公司本年利润分配项目抵消	抵消
成本法调整为权益法	调整

(3) 在集团公司其他往来抵消表中，手工录入数据如表 7-11 所示。

表 7-11 集团公司其他往来抵消

关联公司	其他应收款（期末数）	其他应付款（期末数）
川商创博科技公司_姓名		
川商耀博销售公司_姓名	30 000.00	20 000.00
合计	30 000.00	20 000.00

在科技公司往来抵消表中，手工录入数据如表 7-12 所示。

表 7-12 科技公司往来抵消

关联公司	应收账款（期末数）	应付账款（期末数）
川商集团_姓名		
川商耀博销售公司_姓名	1 539 472.22	
合计	1 539 472.22	

在销售公司往来抵消表中，手工录入数据如表 7-13 所示。

表 7-13 销售公司往来抵消

关联公司	应收账款（期末数）	应付账款（期末数）
川商集团_姓名		
川商创博科技公司_姓名		1 539 472.22
合计		1 539 472.22

在销售公司其他往来抵消表中，手工录入数据如表 7-14 所示。

表 7-14 销售公司其他往来抵消

关联公司	其他应收款（期末数）	其他应付款（期末数）
川商集团_姓名	20 000.00	30 000.00
川商创博科技公司_姓名		
合计	20 000.00	30 000.00

操作指导

1. 设置报表期间

（1）“集团公司会计_姓名”登录，执行【财务会计】→【合并报表】→【合并控制】命令。

（2）根据表 7－9 的实验数据设置报表期间，选择合并方案为“川商集团_姓名”，报表日期为“2025/1/31”，报表周期为“月报”，点击【确认】按钮，如图 7－29 所示。

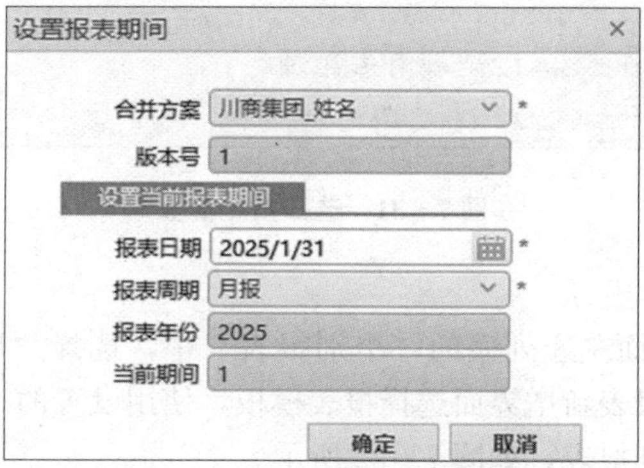

图 7－29 设置报表期间界面

2. 指定持股比例

（1）在合并控制界面左边列表的“持股比例”中，自动显示股权关系中设置的持股比例情况。选中每条记录，单击【业务操作】→【指定】按钮，为持股比例指定抵消分录模板和调整分录模板，如图 7－30 所示。

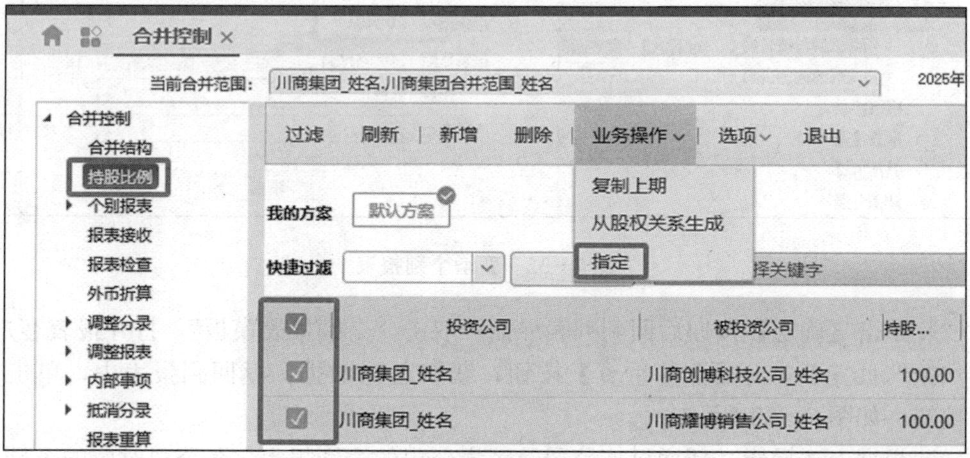

图 7－30 指定模板

（2）根据表 7－10 的实验数据，勾选指定的调整分录模板和抵消分录模板，如

图 7－31 所示，单击【确定】按钮，完成抵消分录模板和调整分录模板的指定。后续操作中可以使用指定的分录模板，自动生成权益类抵消分录和权益类调整分录。

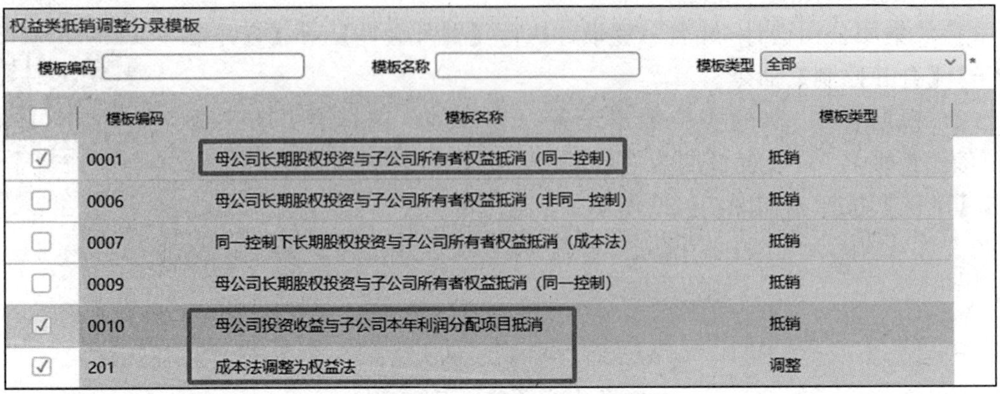

图 7－31　选择指定模板

3. 新增个别报表

（1）在合并控制界面左边列表的“个别报表”中，选择“川商集团_姓名”，单击【新增】按钮，在个别报表新增界面选择报表模板，使用设置的“个别报表模板_姓名”，新增 2025 年 1 期的个别报表，如图 7－32 所示。

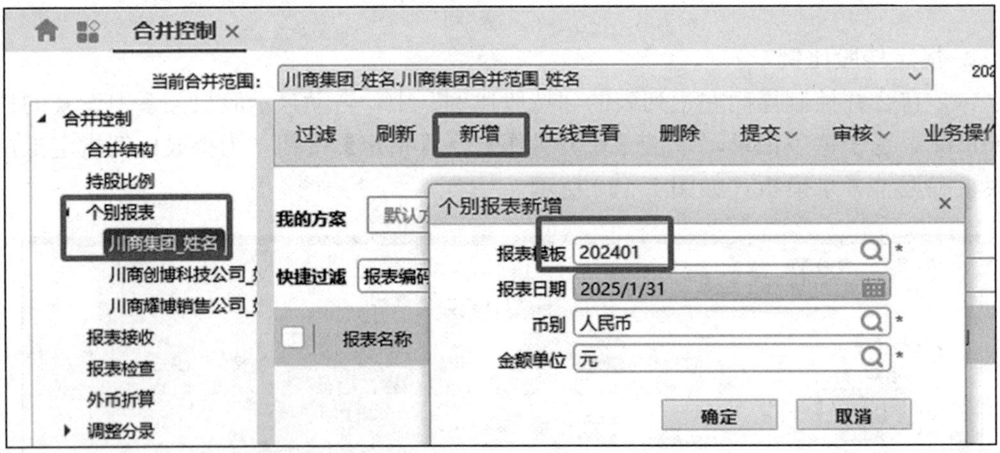

图 7－32　新增个别报表

（2）单击【确定】按钮后回到列表界面，双击“个别报表模板”，打开报表客户端，在“数据”页签下单击【全部重算】按钮，获取总账数据，返回到报表中，单击【保存】按钮，如图 7－33 所示。

（3）根据上述操作，新增科技公司及销售公司的个别报表。各公司对应的个别报表中具体的资产负债表、现金流量表和利润表数据如图 7－34～图 7－42 所示。

	A	B	C	D	E	F
1	资产负债表					
2		2025	年	1	月	会企01表
3	编制单位：					单位：元
4	资　　产	期末数	年初数	债及所有者权益（或股东权益	期末数	年初数
5	流动资产：			流动负债：		
6	货币资金	11160000	11170000	短期借款	0	0
7	交易性金融资产	0	0	交易性金融负债	0	0
8	应收票据	0	0	应付票据	0	0
9	应收账款	0	0	应付账款	0	0
10	预付款项	0	0	预收款项	0	0
11	应收利息	0	0	应付职工薪酬	0	0
12	应收股利	0	0	应交税费	0	0
13	其他应收款	30000	0	应付利息	0	0
14	存货	0	0	应付股利	0	0
15	一年内到期的非流动资产			其他应付款	20000	0
16	其他流动资产	0	0	一年内到期的非流动负债		
17	流动资产合计	11190000	11170000	其他流动负债	0	0
18				流动负债合计	20000	0
19	非流动资产：			非流动负债：		
20	可供出售金融资产	0	0	长期借款	0	0

图 7－33　个别报表数据重算界面

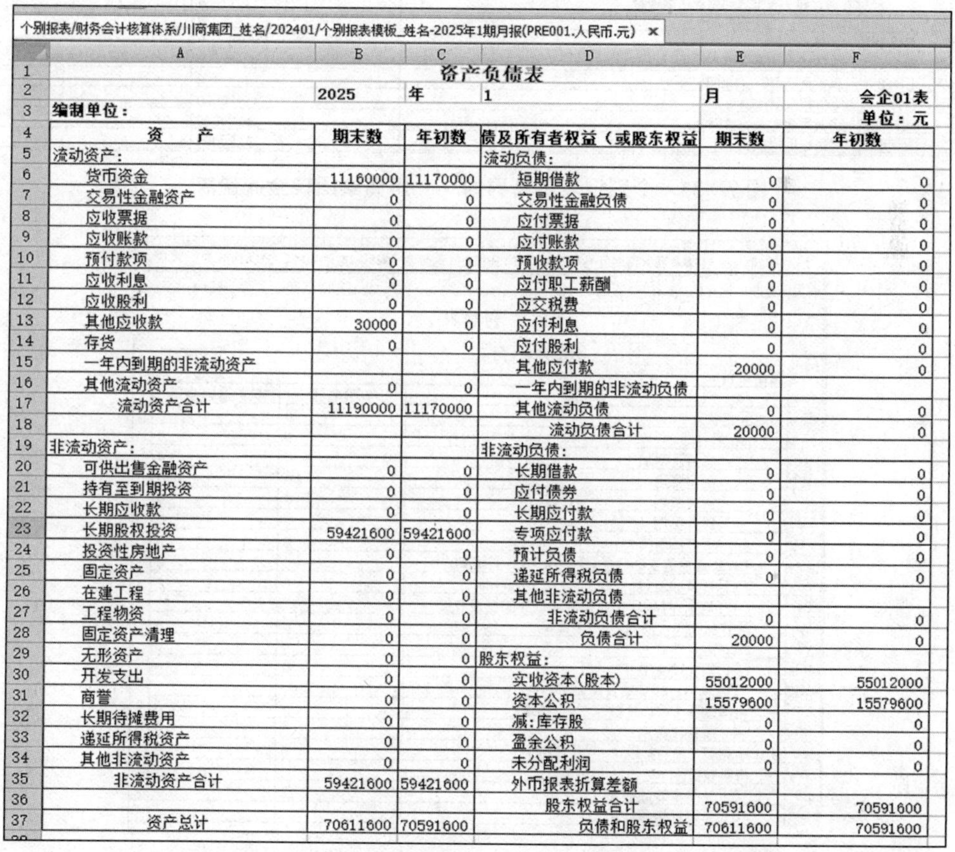

	A	B	C	D	E	F
1	资产负债表					
2		2025	年	1	月	会企01表
3	编制单位：					单位：元
4	资　　产	期末数	年初数	债及所有者权益（或股东权益	期末数	年初数
5	流动资产：			流动负债：		
6	货币资金	11160000	11170000	短期借款	0	0
7	交易性金融资产	0	0	交易性金融负债	0	0
8	应收票据	0	0	应付票据	0	0
9	应收账款	0	0	应付账款	0	0
10	预付款项	0	0	预收款项	0	0
11	应收利息	0	0	应付职工薪酬	0	0
12	应收股利	0	0	应交税费	0	0
13	其他应收款	30000	0	应付利息	0	0
14	存货	0	0	应付股利	0	0
15	一年内到期的非流动资产			其他应付款	20000	0
16	其他流动资产	0	0	一年内到期的非流动负债		
17	流动资产合计	11190000	11170000	其他流动负债	0	0
18				流动负债合计	20000	0
19	非流动资产：			非流动负债：		
20	可供出售金融资产	0	0	长期借款	0	0
21	持有至到期投资	0	0	应付债券	0	0
22	长期应收款	0	0	长期应付款	0	0
23	长期股权投资	59421600	59421600	专项应付款	0	0
24	投资性房地产	0	0	预计负债	0	0
25	固定资产	0	0	递延所得税负债	0	0
26	在建工程	0	0	其他非流动负债		
27	工程物资	0	0	非流动负债合计	0	0
28	固定资产清理	0	0	负债合计	20000	0
29	无形资产	0	0	股东权益：		
30	开发支出	0	0	实收资本(股本)	55012000	55012000
31	商誉	0	0	资本公积	15579600	15579600
32	长期待摊费用	0	0	减:库存股	0	0
33	递延所得税资产	0	0	盈余公积	0	0
34	其他非流动资产	0	0	未分配利润	0	0
35	非流动资产合计	59421600	59421600	外币报表折算差额		
36				股东权益合计	70591600	70591600
37	资产总计	70611600	70591600	负债和股东权益	70611600	70591600

图 7－34　个别报表重算界面——川商集团资产负债表

个别报表/财务会计核算体系/川商集团_姓名/202401/个别报表模板_姓名-2025年1期月报(PRE001.人民币.元)

	A	B	C
1	现金流量表		
2	年　　月		会企03表
3	编制单位：		单位：元
4	项　　目	本期金额	上期金额
5	一、经营活动产生的现金流量		
6	销售商品、提供劳务收到的现金	0	0
7	收到的税费返还	0	0
8	收到其他与经营活动有关的现金	20000	0
9	经营活动现金流入小计	20000	0
10	购买商品、接受劳务支付的现金	0	0
11	支付给职工以及为职工支付的现金	0	0
12	支付的各项税费	0	0
13	支付其他与经营活动有关的现金	30000	0
14	经营活动现金流出小计	30000	0
15	经营活动产生的现金流量净额	-10000	0
16	二、投资活动产生的现金流量：		
17	收回投资收到的现金	0	0
18	取得投资收益收到的现金	0	0
19	处置固定资产、无形资产和其他长期资产收回的现金净额	0	0
20	处置子公司及其他营业单位收到的现金净额	0	0
21	收到其他与投资活动有关的现金	0	0
22	投资活动现金流入小计	0	0
23	购建固定资产、无形资产和其他长期资产支付的现金	0	0
24	投资支付的现金	0	0
25	取得子公司及其他营业单位支付的现金净额	0	0
26	支付其他与投资活动有关的现金	0	0
27	投资活动现金流出小计	0	0
28	投资活动产生的现金流量净额	0	0
29	三、筹资活动产生的现金流量：		
30	吸收投资收到的现金	0	0
31	取得借款收到的现金	0	0
32	收到其他与筹资活动有关的现金	0	0
33	筹资活动现金流入小计	0	0
34	偿还债务支付的现金	0	0
35	分配股利、利润或偿付利息支付的现金	0	0
36	支付其他与筹资活动有关的现金	0	0
37	筹资活动现金流出小计	0	0
38	筹资活动产生的现金流量净额	0	0
39	四、汇率变动对现金及现金等价物的影响	0	0
40	五、现金及现金等价物净增加额	-10000	0
41	加：期初现金及现金等价物余额	11170000	0
42	六、期末现金及现金等价物余额	11160000	0

图 7-35　个别报表重算界面——川商集团现金流量表

个别报表/财务会计核算体系/川商集团_姓名/202401/个别报表模板_姓名-2025年1期月报(PRE001.人民币.元)

	A	B	C
1	利润表		
2	2025年01月		会企02表
3	编制单位：		单位：元
4	项　　目	本期金额	本年累计金额
5	一、营业收入	0	0
6	减:营业成本	0	0
7	税金及附加	0	0
8	销售费用	0	0
9	管理费用	0	0
10	财务费用	0	0
11	资产减值损失	0	0
12	加:公允价值变动收益(损失以"-"号填列)	0	0
13	投资收益(损失以"-"号填列)	0	0
14	其中:对联营企业和合营企业的投资收益		
15	二、营业利润（亏损以"-"号填列）	0	0
16	加：营业外收入	0	0
17	减：营业外支出	0	0
18	其中：非流动资产处置损失		
19	三、利润总额（亏损总额以"-"号填列）	0	0
20	减：所得税费用	0	0
21	四、净利润（净亏损以"-"号填列）	0	0
22	五、每股收益		
23	（一）基本每股收益		
24	（二）稀释每股收益		

图 7-36　个别报表重算界面——川商集团利润表

个别报表/财务会计核算体系/川商创博科技公司_姓名/202401/个别报表模板_姓名-2025年1期月报(PRE001.人民币.元)

	A	B	C	D	E	F
1				资产负债表		
2		2025	年	1	月	会企01表
3	编制单位：					单位：元
4	资　　产	期末数	年初数	债及所有者权益（或股东权益	期末数	年初数
5	流动资产:			流动负债:		
6	货币资金	3068912	3947500	短期借款	0	0
7	交易性金融资产	0	0	交易性金融负债	0	0
8	应收票据	0	0	应付票据	0	0
9	应收账款	10503472.22	1956000	应付账款	585380	900000
10	预付款项	0	0	预收款项	0	0
11	应收利息	0	0	应付职工薪酬	1118385.75	784900
12	应收股利	0	0	应交税费	1116134.9	0
13	其他应收款	6200	0	应付利息	0	0
14	存货	8823133.2	12270000	应付股利	0	0
15	一年内到期的非流动			其他应付款	96035	0
16	其他流动资产	0	0	一年内到期的非流动负债		
17	流动资产合计	22401717.42	18173500	其他流动负债	0	0
18				流动负债合计	2915935.65	1684900
19	非流动资产:			非流动负债:		
20	可供出售金融资产	0	0	长期借款	0	0
21	持有至到期投资	0	0	应付债券	0	0
22	长期应收款	0	0	长期应付款	0	0
23	长期股权投资	0	0	专项应付款	0	0
24	投资性房地产	0	0	预计负债	0	0
25	固定资产	28925647.53	29080000	递延所得税负债	0	0
26	在建工程	0	0	其他非流动负债		
27	工程物资	0	0	非流动负债合计	0	0
28	固定资产清理	0	0	负债合计	2915935.65	1684900
29	无形资产	0	0	股东权益:		
30	开发支出	0	0	实收资本(股本)	24000000	24000000
31	商誉	0	0	资本公积	12239500	12239500
32	长期待摊费用	0	0	减:库存股	0	0
33	递延所得税资产	0	0	盈余公积	930000	930000
34	其他非流动资产	0	0	未分配利润	11241929.3	8399100
35	非流动资产合计	28925647.53	29080000	外币报表折算差额		
36				股东权益合计	48411429.3	45568600
37	资产总计	51327364.95	47253500	负债和股东权益	51327364.95	47253500

图 7－37　个别报表重算界面——科技公司资产负债表

个别报表/财务会计核算体系/川商创博科技公司_姓名/202401/个别报表模板_姓名-2025年1期月报(PRE001.人民币.元)

	A	B	C
1	现金流量表		
2	年　　月		会企03表
3	编制单位：		单位：元
4	项　　目	本期金额	上期金额
5	一、经营活动产生的现金流量		
6	销售商品、提供劳务收到的现金	576000	0
7	收到的税费返还	0	0
8	收到其他与经营活动有关的现金	0	0
9	经营活动现金流入小计	576000	0
10	购买商品、接受劳务支付的现金	759080	0
11	支付给职工以及为职工支付的现金	688508	0
12	支付的各项税费	0	0
13	支付其他与经营活动有关的现金	7000	0
14	经营活动现金流出小计	1454588	0
15	经营活动产生的现金流量净额	-878588	0
16	二、投资活动产生的现金流量：		
17	收回投资收到的现金	0	0
18	取得投资收益收到的现金	0	0
19	处置固定资产、无形资产和其他长期资产收回的现金净额	0	0
20	处置子公司及其他营业单位收到的现金净额	0	0
21	收到其他与投资活动有关的现金	0	0
22	投资活动现金流入小计	0	0
24	投资支付的现金	0	0
27	投资活动现金流出小计	0	0
28	投资活动产生的现金流量净额	0	0
29	三、筹资活动产生的现金流量：		
30	吸收投资收到的现金	0	0
31	取得借款收到的现金	0	0
32	收到其他与筹资活动有关的现金	0	0
33	筹资活动现金流入小计	0	0
34	偿还债务支付的现金	0	0
35	分配股利、利润或偿付利息支付的现金	0	0
36	支付其他与筹资活动有关的现金	0	0
37	筹资活动现金流出小计	0	0
38	筹资活动产生的现金流量净额	0	0
39	四、汇率变动对现金及现金等价物的影响	0	0
40	五、现金及现金等价物净增加额	-878588	0
41	加：期初现金及现金等价物余额	3947500	0
42	六、期末现金及现金等价物余额	3068912	0
43			

图 7－38　个别报表重算界面——科技公司现金流量表

个别报表/财务会计核算体系/川商创博科技公司_姓名/202401/个别报表模板_姓名-2025年1期月报(PRE001.人民币.元) ×

	A	B	C
1	利润表		
2	2025年01月		会企02表
3	编制单位:		单位：元
4	项　目	本期金额	本年累计金额
5	一、营业收入	8056637.17	8056637.17
6	减:营业成本	4915040	4915040
7	税金及附加	119547.64	119547.64
8	销售费用	0	0
9	管理费用	173378.56	173378.56
10	财务费用	0	0
11	资产减值损失	0	0
12	加:公允价值变动收益(损失以“-”号填列)	0	0
13	投资收益(损失以“-”号填列)	0	0
14	其中:对联营企业和合营企业的投资收益		
15	二、营业利润（亏损以“-”号填列）	2848670.97	2848670.97
16	加：营业外收入	0	0
17	减：营业外支出	5841.67	5841.67
18	其中：非流动资产处置损失		
19	三、利润总额（亏损总额以“-”号填列）	2842829.3	2842829.3
20	减：所得税费用	0	0
21	四、净利润（净亏损以“-”号填列）	2842829.3	2842829.3
22	五、每股收益		
23	（一）基本每股收益		
24	（二）稀释每股收益		

图 7－39　个别报表重算界面——科技公司利润表

个别报表/财务会计核算体系/川商耀博销售公司_姓名/202401/个别报表模板_姓名-2025年1期月报(PRE001.人民币.元) ×

	A	B	C	D	E	F
1	资产负债表					
2		2025	年	1	月	会企01表
3	编制单位：					单位：元
4	资　　产	期末数	年初数	负债及所有者权益（或股东权益）	期末数	年初数
5	流动资产：			流动负债：		
6	货币资金	14084963.99	13931070.38	短期借款	0	0
7	交易性金融资产	0	0	交易性金融负债	0	0
8	应收票据	0	0	应付票据	0	0
9	应收账款	3692000	2148000	应付账款	3522972.22	1956000
10	预付款项	0	0	预收款项	0	0
11	应收利息	0	0	应付职工薪酬	54982.56	32000
12	应收股利	0	0	应交税费	58304.43	282070.38
13	其他应收款	20000	0	应付利息	0	0
14	存货	0	0	应付股利	0	0
15	一年内到期的非流动资产			其他应付款	34480	0
16	其他流动资产	0	0	一年内到期的非流动负债		
17	流动资产合计	17796963.99	16079070.38	其他流动负债	0	0
18				流动负债合计	3670739.21	2270070.38
19	非流动资产：			非流动负债：		
20	可供出售金融资产	0	0	长期借款	0	0
21	持有至到期投资	0	0	应付债券	0	0
22	长期应收款	0	0	长期应付款	0	0
23	长期股权投资	0	0	专项应付款	0	0
24	投资性房地产	0	0	预计负债	0	0
25	固定资产	87238.5	44000	递延所得税负债	0	0
26	在建工程	0	0	其他非流动负债		
27	工程物资	0	0	非流动负债合计	0	0
28	固定资产清理	0	0	负债合计	3670739.21	2270070.38
29	无形资产	0	0	股东权益：		
30	开发支出	0	0	实收资本(股本)	8000000	8000000
31	商誉	0	0	资本公积	3200000	3200000
32	长期待摊费用	0	0	减:库存股	0	0
33	递延所得税资产	0	0	盈余公积	397000	397000
34	其他非流动资产	0	0	未分配利润	2616463.28	2256000
35	非流动资产合计	87238.5	44000	外币报表折算差额		
36				股东权益合计	14213463.28	13853000
37	资产总计	17884202.49	16123070.38	负债和股东权益合计	17884202.49	16123070.38

图 7－40　个别报表重算界面——销售公司资产负债表

个别报表/财务会计核算体系/川商耀博销售公司_姓名/202401/个别报表模板_姓名-2025年1期月报(PRE001.人民币.元) ×

	A	B	C
1	现金流量表		
2	年　　月		会企03表
3	编制单位：		单位：元
4	项　　目	本期金额	上期金额
5	一、经营活动产生的现金流量		
6	销售商品、提供劳务收到的现金	453483.99	0
7	收到的税费返还	0	0
8	收到其他与经营活动有关的现金	30000	0
9	经营活动现金流入小计	483483.99	0
10	购买商品、接受劳务支付的现金	0	0
11	支付给职工以及为职工支付的现金	27520	0
12	支付的各项税费	282070.38	0
13	支付其他与经营活动有关的现金	20000	0
14	经营活动现金流出小计	329590.38	0
15	经营活动产生的现金流量净额	153893.61	0
16	二、投资活动产生的现金流量：		
17	收回投资收到的现金	0	0
18	取得投资收益收到的现金	0	0
19	处置固定资产、无形资产和其他长期资产收回的现金净额	0	0
20	处置子公司及其他营业单位收到的现金净额	0	0
21	收到其他与投资活动有关的现金	0	0
22	投资活动现金流入小计	0	0
23	购建固定资产、无形资产和其他长期资产支付的现金	0	0
24	投资支付的现金	0	0
25	取得子公司及其他营业单位支付的现金净额	0	0
26	支付其他与投资活动有关的现金	0	0
27	投资活动现金流出小计	0	0
28	投资活动产生的现金流量净额	0	0
29	三、筹资活动产生的现金流量：		
30	吸收投资收到的现金	0	0
31	取得借款收到的现金	0	0
32	收到其他与筹资活动有关的现金	0	0
33	筹资活动现金流入小计	0	0
34	偿还债务支付的现金	0	0
35	分配股利、利润或偿付利息支付的现金	0	0
36	支付其他与筹资活动有关的现金	0	0
37	筹资活动现金流出小计	0	0
38	筹资活动产生的现金流量净额	0	0
39	四、汇率变动对现金及现金等价物的影响	0	0
40	五、现金及现金等价物净增加额	153893.61	0
41	加：期初现金及现金等价物余额	13931070.38	0
42	六、期末现金及现金等价物余额	14084963.99	0

图 7－41　个别报表重算界面——销售公司现金流量表

个别报表/财务会计核算体系/川商耀博销售公司_姓名/202401/个别报表模板_姓名-2025年1期月报(PRE001.人民币.元)

	A	B	C
1	利润表		
2	2025年01月		会企02表
3	编制单位：		单位：元
4	项　　目	本期金额	本年累计金额
5	一、营业收入	1769911.5	1769911.5
6	减:营业成本	1345132.74	1345132.74
7	税金及附加	6246.91	6246.91
8	销售费用	55552.56	55552.56
9	管理费用	0	0
10	财务费用	2516.01	2516.01
11	资产减值损失	0	0
12	加:公允价值变动收益(损失以"-"号填列)	0	0
13	投资收益(损失以"-"号填列)	0	0
14	其中:对联营企业和合营企业的投资收益		
15	二、营业利润（亏损以"-"号填列）	360463.28	360463.28
16	加：营业外收入	0	0
17	减：营业外支出	0	0
18	其中：非流动资产处置损失		
19	三、利润总额（亏损总额以"-"号填列）	360463.28	360463.28
20	减：所得税费用	0	0
21	四、净利润（净亏损以"-"号填列）	360463.28	360463.28
22	五、每股收益		
23	（一）基本每股收益		
24	（二）稀释每股收益		

图 7－42　个别报表重算界面——销售公司利润表

（4）个别报表新增完成后，保存报表，回到合并控制的个别报表界面，将新增的个别报表进行提交、审核，如图 7－43 所示。

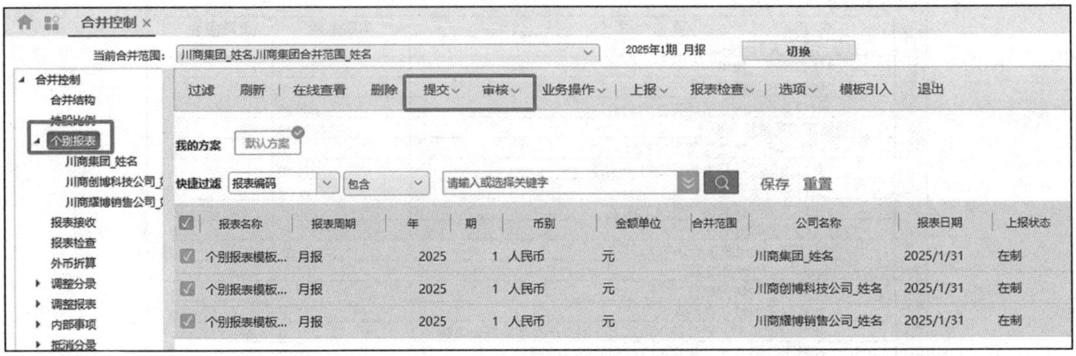

图 7－43　个别报表审核界面

（5）审核成功后，单击【个别报表】按钮，回到个别报表总界面，将几个公司个别报表全部勾选，单击【上报】按钮，统一上报至合并范围。

（6）报表上报后，进入合并控制的报表接收界面，可显示前序操作已上报的报表，全部勾选，单击【接收】按钮，接收上报的报表，如图 7－44 所示。

图 7－44　个别报表接收界面

4. 新增抵消报表

（1）在合并控制界面左边列表的“个别报表”中，选择“川商集团_姓名”，单击【新增】按钮，在个别报表新增界面选择“其他往来抵消报表模板_姓名”的报表模板，新增 2025 年 1 期的个别报表，单击【确定】按钮后返回列表界面，如图 7－45 所示。

（2）双击“其他往来抵消报表模板_姓名”，打开报表客户端。单击“开始”页签的【维度值填充】按钮，打开选择关联公司对话框，系统自动列示关联公司，全选后单击【确定】按钮，如图 7－46 所示。

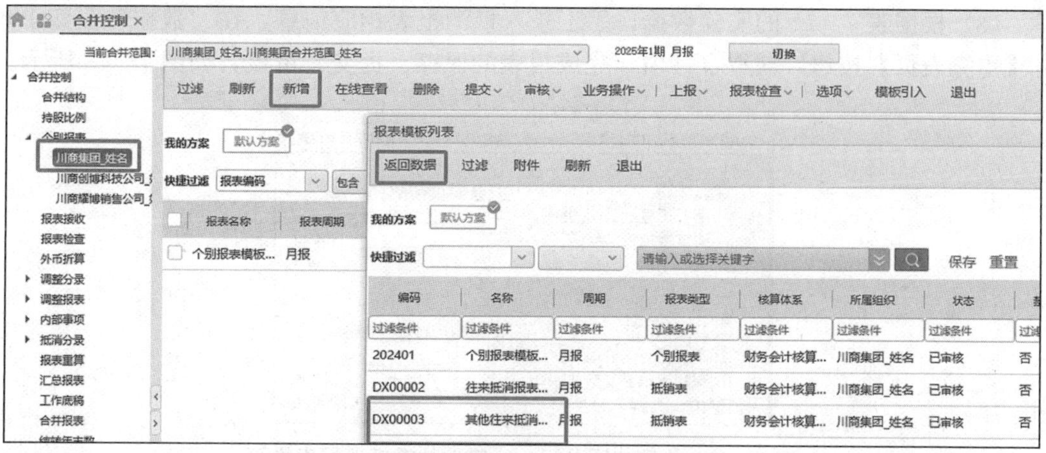

图 7－45　新增其他往来抵消报表界面

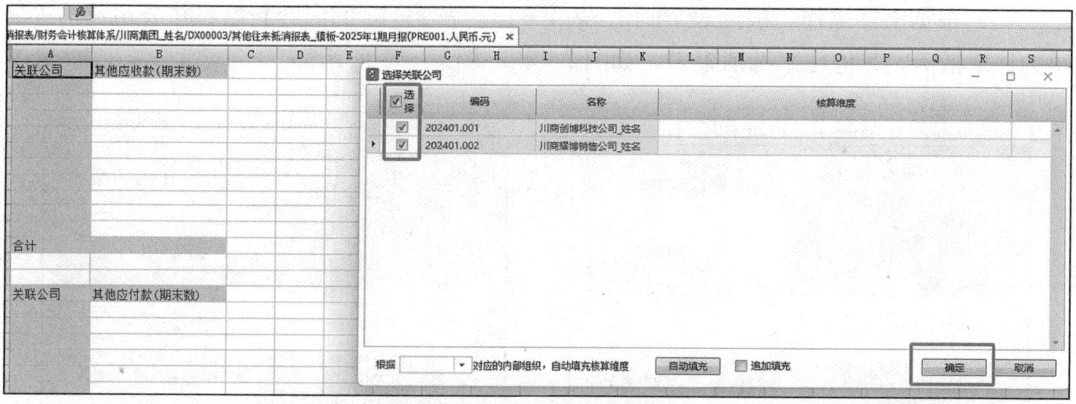

图 7－46　选择关联公司界面

注意：

维度值填充完成之后，对应的区域是灰色，不能输入手工抵消报表相应的数据。在“开始”页签下单击【清除】按钮选择清除格式，如图 7－47 所示。

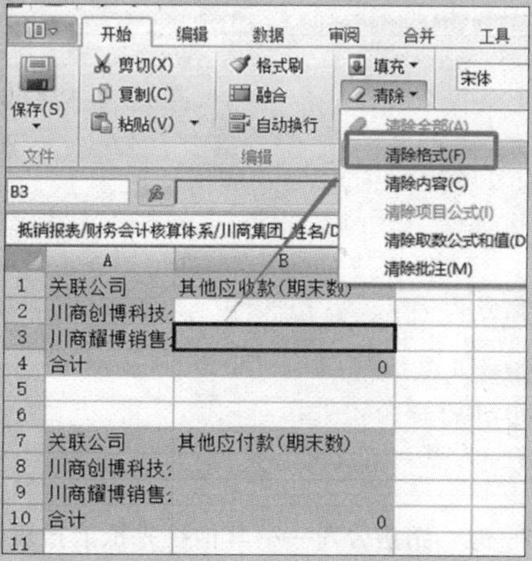

图 7－47　清除格式界面

（3）根据表 7－11 的实验数据，手工录入抵消报表相应信息，在“数据”页签下单击【重算表页】按钮，获取合计值，完成报表的保存、提交、审核，如图 7－48 所示。

抵销报表/财务会计核算体系/川商集团_姓名/DX00003/其他往来抵消报表_模

	A	B
1	关联公司	其他应收款(期末数)
2	川商创博科技公司_姓名	
3	川商耀博销售公司_姓名	30000
4	合计	30000
5		
6		
7	关联公司	其他应付款(期末数)
8	川商创博科技公司_姓名	
9	川商耀博销售公司_姓名	20000
10	合计	20000

图 7－48　川商集团公司——其他往来抵消报表界面

（4）根据上述操作，根据表 7－12、表 7－13、表 7－14 的内容新增科技公司及销售公司的往来抵消、其他往来抵消报表，如图 7－49～图 7－51 所示。

抵销报表/财务会计核算体系/川商创博科技公司_姓名/DX00002/往来抵消报表模板_姓名-202

	A	B
1	关联公司	应收账款(期末数)
2	川商集团_姓名	
3	川商耀博销售公司_姓名	1539472.22
4	合计	1539472.22
5		
6		
7	关联公司	应付账款(期末数)
8	川商集团_姓名	
9	川商耀博销售公司_姓名	
10	合计	0

图 7－49　科技公司——往来抵消报表界面

抵销报表/财务会计核算体系/川商耀博销售公司_姓名/DX00002/往来抵消报表模板_姓名-20

	A	B
1	关联公司	应收账款(期末数)
2	川商集团_姓名	
3	川商创博科技公司_姓名	
4	合计	0
5		
6		
7	关联公司	应付账款(期末数)
8	川商集团_姓名	
9	川商创博科技公司_姓名	1539472.22
10	合计	1539472.22

图 7－50　销售公司——往来抵消报表界面

抵销报表/财务会计核算体系/川商耀博销售公司_姓名/DX00003/其他往来抵消报表_模板-2025年1期月报(

	A	B
1	关联公司	其他应收款(期末数)
2	川商集团_姓名	20000
3	川商创博科技公司_姓名	
4	合计	20000
5		
6		
7	关联公司	其他应付款(期末数)
8	川商集团_姓名	30000
9	川商创博科技公司_姓名	
10	合计	30000

图 7－51　销售公司——其他往来抵消报表界面

（5）返回合并控制的个别报表界面，确认将所有往来抵消报表及其他往来抵消报表都提交、审核后，单击【上报】按钮，如图 7－52 所示。

图 7－52 报表上报界面

(6) 返回合并控制的报表接收界面，选择所有往来抵消报表及其他往来抵消报表，单击【接收】按钮，如图 7－53 所示。

图 7－53 报表接收界面

第四节 抵消与调整

实验场景

由于合并报表的编制涉及两个或两个以上的会计主体与独立法人，因此为了保证合并报表能够准确、全面地反映出企业集团的真实情况，在编制合并报表时必须具备一些基本的前提条件。编制合并报表前，母公司需要统一子公司所采用的会计政策。如果子公司与母公司采用的会计政策不一致，就要对子公司的个别财务报表进行调整，直至与母公司政策保持一致。在编制合并报表时，必须对合并范围内所有公司个别报表中各项目的加总数据中重复计算项目予以抵消或调整，主要包括往来抵消、交易抵消和权益抵消。

实验步骤

（1）自动抵消。

（2）手工抵消。

（3）编制调整分录。

（4）调整分录及抵消分录汇总核对。

实验数据

1. 手工抵消数据

（1）抵消类型为权益类，投资公司为川商集团，被投资公司为科技公司，手工抵消数据如表 7－15 所示。

表 7－15　权益类手工抵消（科技公司）

模板	报表项目	借方金额	贷方金额
003	投资收益	2 842 829.30	
	年初未分配利润	8 399 100.00	
	年末未分配利润		11 241 929.30

（2）抵消类型为权益类，投资公司为川商集团，被投资公司为销售公司，手工抵消数据如表 7－16 所示。

表 7－16　权益类手工抵消（销售公司）

模板	报表项目	借方金额	贷方金额
0003	投资收益	360 463.28	
	年初未分配利润	2 256 000.00	
	年末未分配利润		2 616 463.28

（3）抵消类型为交易类，交易种类为存货，销售方为川商集团，采购方为销售公司，手工抵消数据如表 7－17 所示。

表 7－17　交易类手工抵消

模板	报表项目	借方金额	贷方金额
0005	营业收入	1 345 132.74	
	营业成本		1 345 132.74

（4）抵消类型为现金流量类，我方为川商集团，对方为销售公司，手工抵消数据如表 7－18 所示。

表 7－18　现金流量类手工抵消

摘要	项目名称	项目数据类型	借方金额	贷方金额
资金上划下拨现金流量抵消	支付其他与经营活动有关的现金流量	本期发生数	50 000.00	
	收到其他与经营活动有关的现金流量	本期发生数		50 000.00

2. 调整分录数据

（1）对科技公司的权益调整分录如表 7－19 所示。

表 7－19　调整分录

模板	报表项目	借方金额	贷方金额
成本法调整为权益法	长期股权投资	2 842 829.30	
	投资收益		2 842 829.30

（2）对销售公司的权益调整分录如表 7－20 所示。

表 7－20　调整分录

模板	报表项目	借方金额	贷方金额
成本法调整为权益法	长期股权投资	360 463.28	
	投资收益		360 463.28

操作指导

视频

抵消与调整

1. 自动抵消

（1）往来类自动抵消。

1）“集团公司会计_姓名”登录，选择【财务会计】→【合并报表】→【合并控制】→【内部事项】菜单下的【内部事项查询】→【往来类】，查看录入的抵消报表数据，如图 7－54 所示。

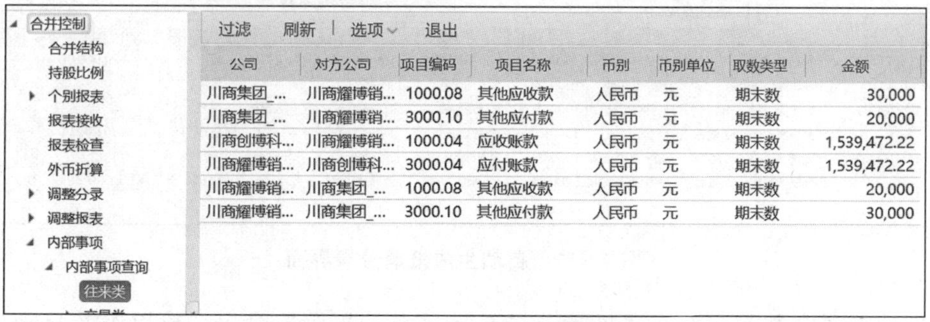

图 7－54　内部事项查询界面

2）选择【内部事项】菜单下的【内部事项核对】→【往来类】，单击列表工具栏中【业务操作】→【核对】，在弹出的选择公司组织界面中，勾选所有组织，单击【确定】按钮，在此界面会生成应收应付、其他应收应付往来抵消分录，如图 7－55 所示。

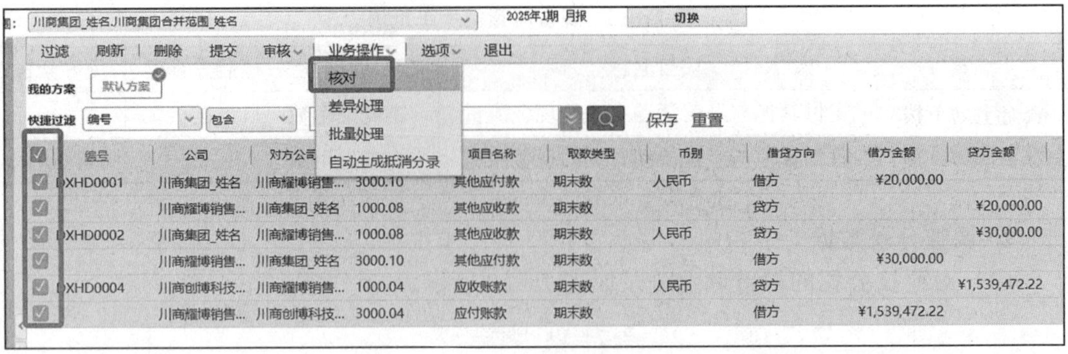

图 7-55　内部事项核对界面

3）勾选所有系统生成的核对记录，将核对记录提交、审核，如图 7-56 所示。

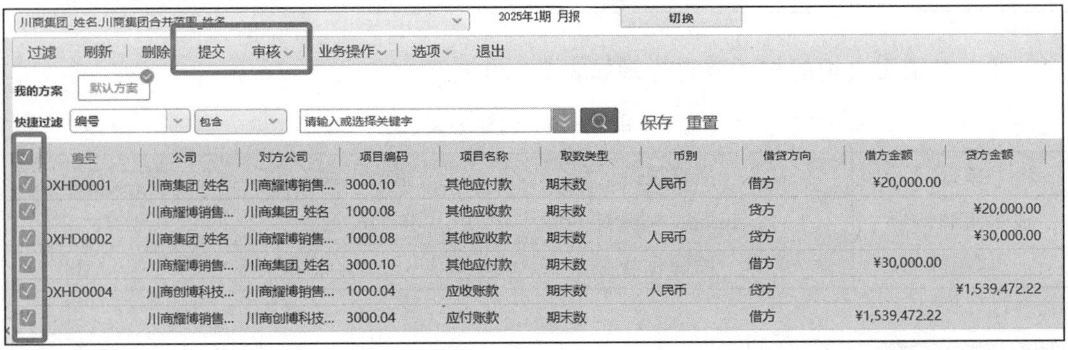

图 7-56　内部事项提交并审核界面

4）单击【业务操作】→【自动生成抵消分录】按钮，系统会根据双方的往来记录自动产生抵消分录，如图 7-57 所示。

图 7-57　自动生成抵消分录界面

5）执行【合并控制】→【抵消分录】→【自动抵消】命令，可以查看自动生成的抵消分录。将抵消分录提交、审核，审核后的抵消分录会参与后续的工作底稿计算。

（2）权益类自动抵消。

1）执行【合并控制】→【抵消分录】→【自动抵消】命令，单击列表工具栏中【自动生成】按钮，打开自动抵消对话框，选择“权益类”，单击【确定】按钮，如图 7-58 所示。

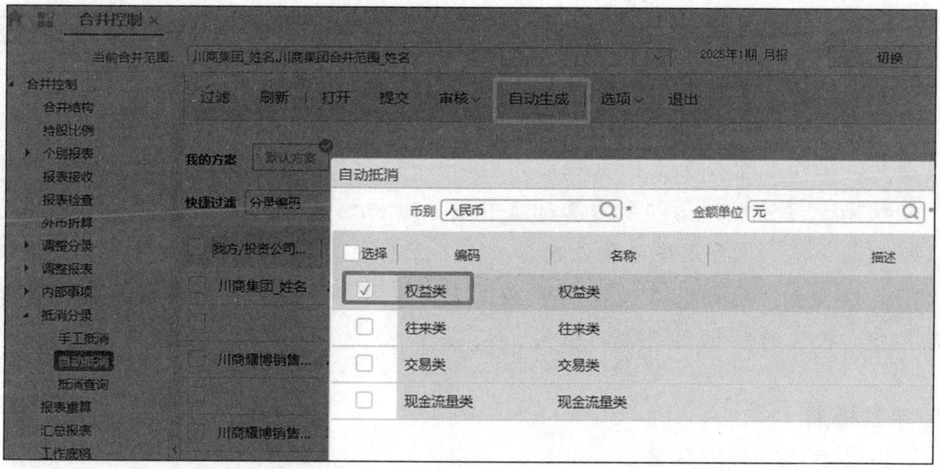

图 7-58　自动生成权益类抵消分录

2）调整自动生成的权益抵消分录，修改项目编码，将贷方少数股东权益改为长期股权投资。确认无误后，依次单击【保存】→【提交】→【审核】按钮，如图 7-59 所示。

保存 ▼　提交　审核 ▼　业务操作 ▼　选项 ▼　退出

基本

分录编码	DXFL_0010	币别	人民币 *	备注	川商集团_姓名:川商创博科技公司_姓名
合并范围	川商集团合并范围_姓名	金额单位	元 *		
抵消类型	权益类 *	交易种类		抵消日期	2025-01-31
投资公司	川商集团_姓名 *	被投资公司	川商创博科技公司_姓名 *		

新增行 ▼　删除行

摘要	项目编码 *	项目名称	项目数据类型 *	借方	贷方	取数方
权益抵消	5000.01	实收资本(股本)	期末数	¥24,000,000.00		被投资公司
	5000.02	资本公积	期末数	¥12,239,500.00		被投资公司
	5000.04	盈余公积	期末数	¥930,000.00		被投资公司
	5000.05	未分配利润	期末数	¥11,241,929.30		被投资公司
	2000.04	长期股权投资	期末数		¥48,411,429.30	被投资公司

图 7-59　自动生成权益类抵消分录（1）

3）根据上述操作，将自动生成的权益抵消分录都进行调整，返回列表，确认完成提交、审核，如图 7-60 所示。

我方/投资公...	抵消日期	对方/被投资公...	摘要	项目编码	项目名称	项目数据类型	借方	贷方
				3000.04	应付账款	期末数	¥3,495,472.22	
川商集团_姓名	2025/1/31	川商耀博销售公司	权益抵消	5000.01	实收资本(股本)	期末数	¥8,000,000.00	
				5000.02	资本公积	期末数	¥3,200,000.00	
				5000.04	盈余公积	期末数	¥397,000.00	
				5000.05	未分配利润	期末数	¥2,616,463.28	
				2000.04	长期股权投资	期末数		¥14,213,463.28
川商集团_姓名	2025/1/31	川商创博科技公司	权益抵消	5000.01	实收资本(股本)	期末数	¥24,000,000.00	
				5000.02	资本公积	期末数	¥12,239,500.00	
				5000.04	盈余公积	期末数	¥930,000.00	
				5000.05	未分配利润	期末数	¥11,241,929.30	
				2000.04	长期股权投资	期末数		¥48,411,429.30
							66,170,364.8	66,170,364.8

图 7-60　自动生成权益类抵消分录（2）

知识扩展

针对不同的抵消类型，系统在处理上会稍有区别。

（1）往来类：为了保证系统准确生成自动抵消分录，在基础数据中就要进行相关的设置，从而在子公司上报数据时，能将内部关联事项的数据区分出来，系统将这部分数据进行对账，在对账的基础上自动生成抵消分录。

（2）交易类：主要表现为集团内母公司与子公司、子公司相互之间的购销活动。

（3）权益类：内部权益投资事项主要涉及集团内部投资、内部利润分配，在抵消时要考虑投资的股权比例等的影响。

2. 手工抵消

（1）权益类手工抵消分录。

1）执行【合并控制】→【抵消分录】→【手工抵消】命令，在列表工具栏中单击【新增】按钮，抵消类型选择“权益类”，单击【引入模板】按钮，勾选名称为“母公司投资收益与子公司本年利润分配项目抵消”的抵消分录，如图 7－61 所示。

图 7－61 自动生成权益类抵消分录

2）选择投资公司为“川商集团_姓名”，被投资公司为“川商创博科技公司_姓名”，根据表 7－15 的实验数据，录入手工抵消内容，若模板有其他无数据的分录可删除，依次单击【保存】→【提交】→【审核】按钮，如图 7－62 所示。

3）单击【新增】按钮，根据上述操作及表 7－16 的实验数据，录入手工抵消内容，选择投资公司为“川商集团_姓名”，被投资公司为“川商耀博销售公司_姓名”的手工抵消分录，依次单击【保存】→【提交】→【审核】按钮，如图 7－63 所示。

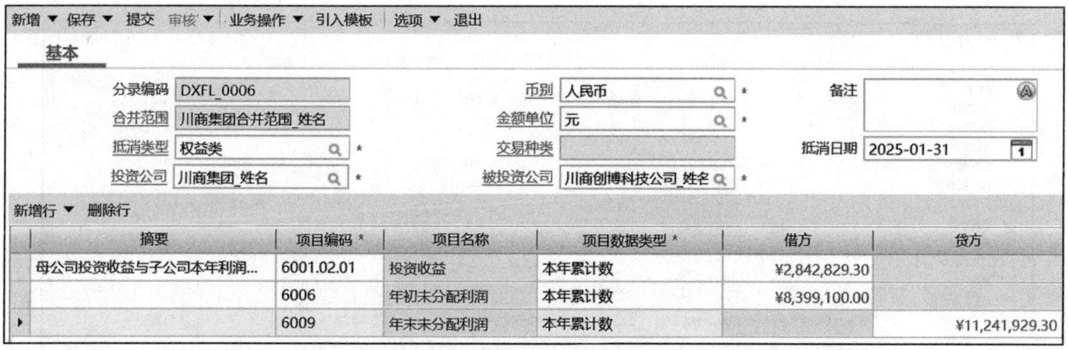

图 7-62　科技公司权益类手工抵消分录

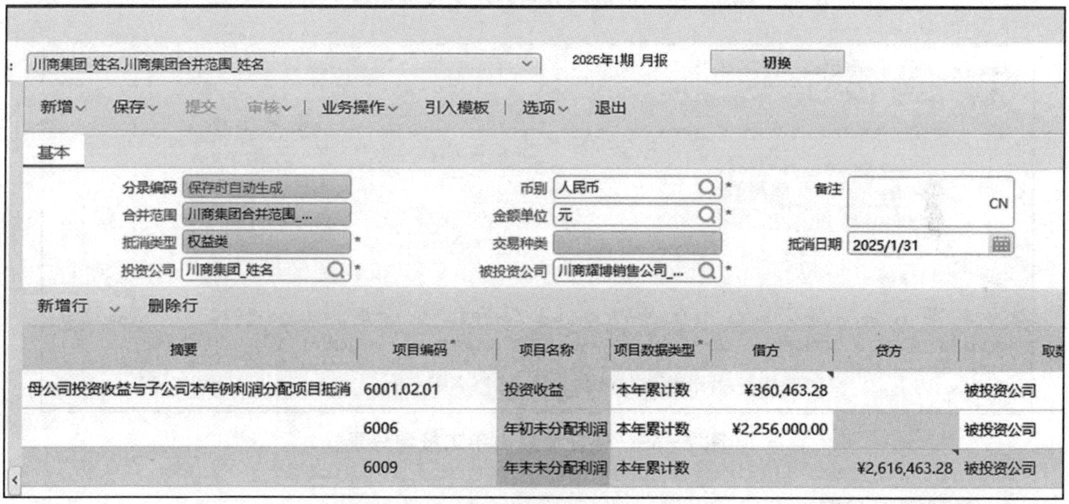

图 7-63　销售公司权益类手工抵消分录

（2）交易类手工抵消分录。

1）执行【合并控制】→【抵消分录】→【手工抵消】命令，然后单击列表工具栏中【新增】按钮，在抵消类型列表中选择“交易类”，单击【返回数据】按钮。

2）交易种类选择“存货”，在“引入模板”页签下勾选编码为“0005”的模板，销售方选择“川商集团_姓名”，采购方选择“川商耀博销售公司_姓名”，根据表 7-17 的实验数据录入手工抵消分录，若模板有其他无数据的分录可删除，依次单击【保存】→【提交】→【审核】按钮，如图 7-64 所示。

（3）现金流量类手工抵消分录。

1）执行【合并控制】→【抵消分录】→【手工抵消】命令，单击列表工具栏中【新增】按钮，在抵消类型列表中选择“现金流量类”，返回数据。

2）选择我方为“川商集团_姓名”，选择对方为“川商耀博销售公司_姓名”，摘要录入“资金上划下拨现金流量抵消”，根据表 7-18 的实验数据，录入手工抵消内容，若模板有其他无数据的分录可删除，依次单击【保存】→【提交】→【审核】按钮，如图 7-65 所示。

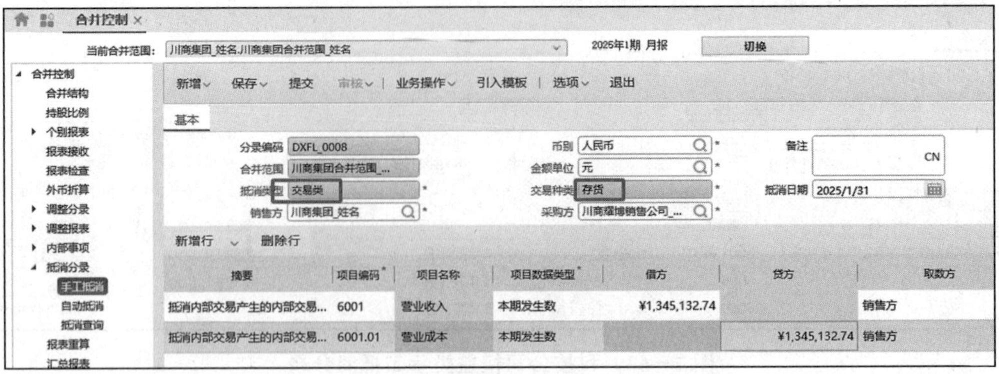

图 7-64　销售公司交易类手工抵消分录

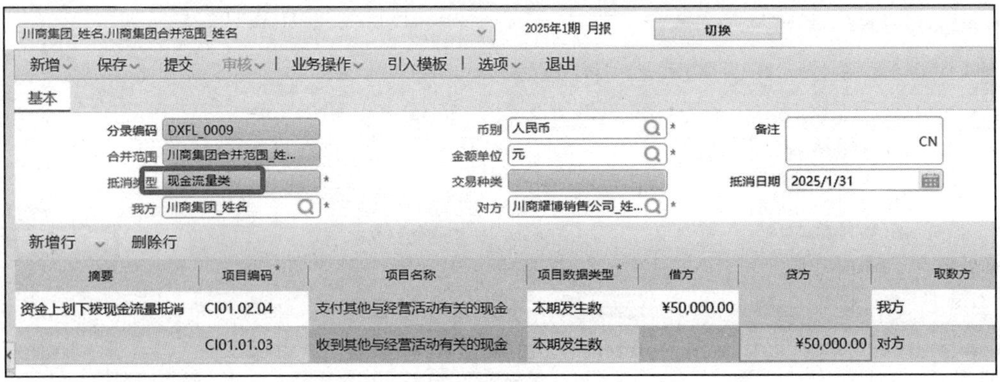

图 7-65　现金流量类手工抵消分录

3. 编制调整分录

川商集团需要按权益法对科技公司和销售公司的净利润做出调整。

（1）执行【合并控制】→【调整分录】→【集团调整】命令，单击【新增】按钮，在弹出的窗口中单击【引入模板】，勾选“成本法调整为权益法”模板，单击【返回数据】按钮，调整公司选择“川商集团_姓名”，如图 7-66 所示。

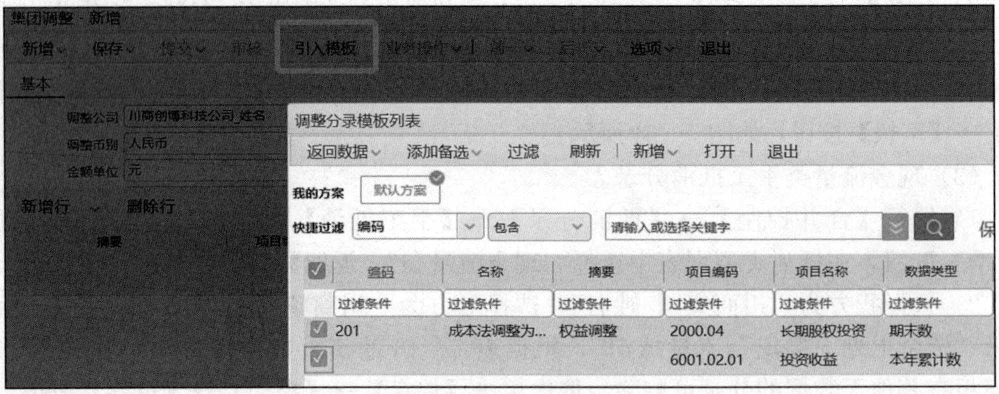

图 7-66　引入模板

(2) 根据“成本法调整为权益法”，对科技公司的权益进行调整，根据表 7-19 的实验数据，录入对应数据后，依次单击【保存】→【提交】→【审核】按钮，如图 7-67 所示。

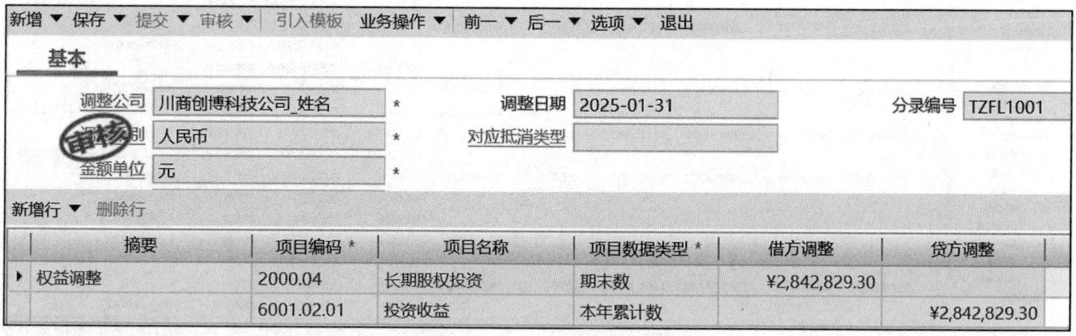

图 7-67 科技公司权益调整

(3) 参照上述步骤，单击【新增】按钮，根据表 7-20 的实验数据录入对销售公司权益调整的实验数据，依次单击【保存】→【提交】→【审核】按钮，如图 7-68 所示。

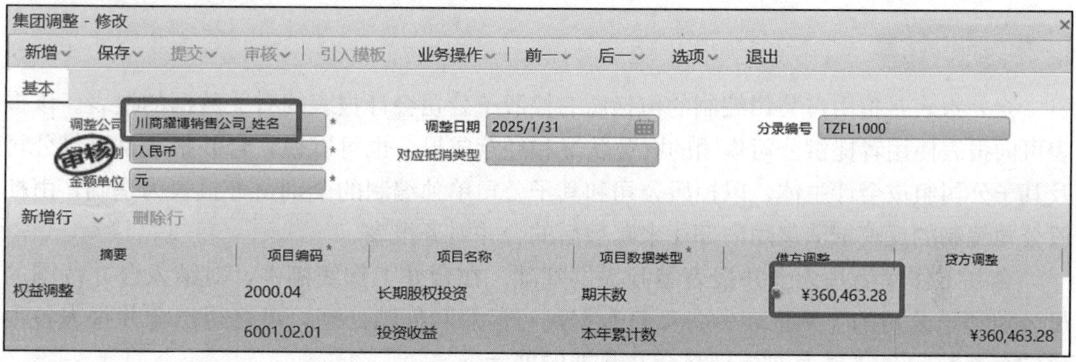

图 7-68 销售公司权益调整

4. 调整分录及抵消分录汇总核对

(1) 完成调整分录和抵消分录后，执行【合并控制】→【调整分录】→【集团调整】命令，查询调整分录汇总，确认完成提交、审核，如图 7-69 所示。

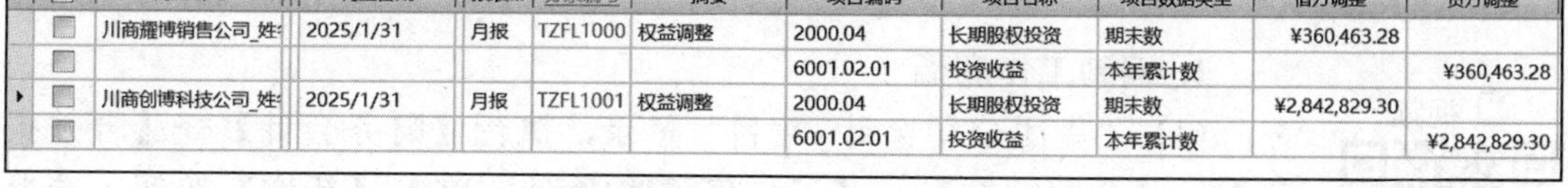

调整公司	调整日期	报表...	分录编号	摘要	项目编码	项目名称	项目数据类型	借方调整	贷方调整
川商耀博销售公司_姓	2025/1/31	月报	TZFL1000	权益调整	2000.04	长期股权投资	期末数	¥360,463.28	
					6001.02.01	投资收益	本年累计数		¥360,463.28
川商创博科技公司_姓	2025/1/31	月报	TZFL1001	权益调整	2000.04	长期股权投资	期末数	¥2,842,829.30	
					6001.02.01	投资收益	本年累计数		¥2,842,829.30

图 7-69 集团调整界面

(2) 执行【合并控制】→【抵消分录】→【抵消查询】命令，查询抵消分录汇总情况并进行核对，如图 7-70 所示。

图 7－70　抵消查询界面

第五节　合并报表编制

实验场景

合并报表是指由母公司编制的包括所有控股子公司会计报表的有关数据的报表。该报表可向报表使用者提供公司集团的财务状况和经营成果。也可以说，合并报表是以母公司及其子公司组成会计主体，以控股公司和其子公司单独编制的个别财务报表为基础，由控股公司编制的反映抵消集团内部往来账项后的合并财务报表。

合并工作底稿是为合并报表编制提供基础。在合并工作底稿中，对纳入合并范围的母公司和子公司的个别报表的各项目数据进行汇总和抵消处理，最终得出合并报表各项目的合并数。合并报表进行最终合并数据的展示。

实验步骤

（1）编制工作底稿。

（2）编制合并报表。

操作指导

视频

合并报表编制

1. 编制工作底稿

（1）“集团公司会计_姓名”登录，执行【财务会计】→【合并报表】→【合并控制】→【工作底稿】命令，单击【新增】按钮，选择“工作底稿模板_姓名”，新增 2025 年 1 期的工作底稿，如图 7－71 所示。

（2）双击【工作底稿】，打开报表客户端，在“数据”页签单击【全部重算】按钮，获取个别报表数据、调整分录数据、抵消分录数据，并计算得到汇总数和合并数，如图 7－72 所示，保存工作底稿。

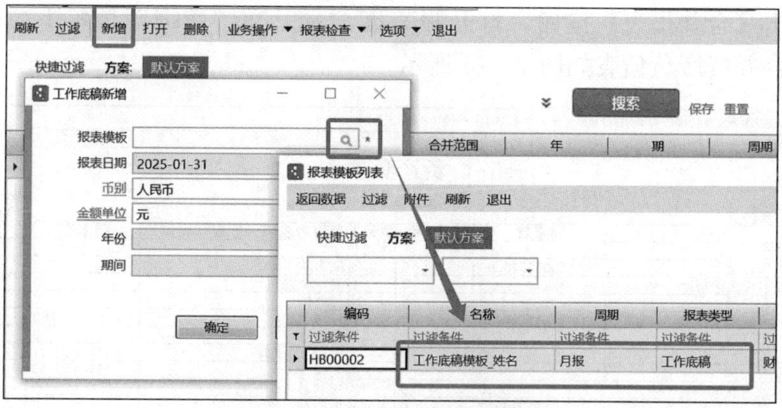

图 7-71 新增工作底稿界面

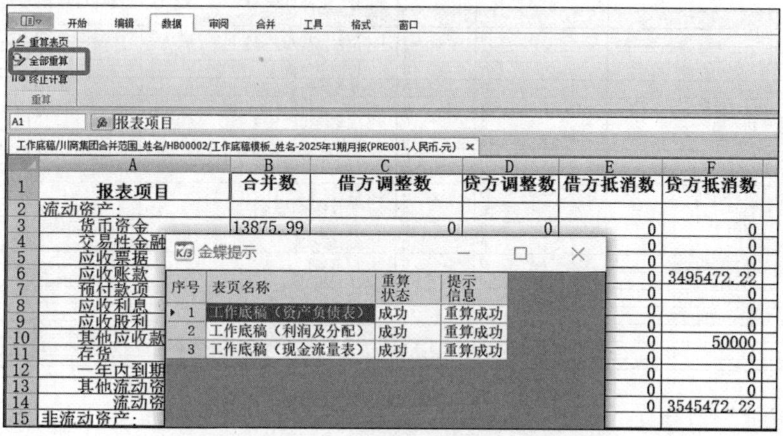

图 7-72 工作底稿（资产负债表）

2. 编制合并报表

（1）在合并控制界面左侧列表的合并报表中，单击【新增】按钮，选择“合并报表模板_姓名”，新增 1 期合并报表，如图 7-73 所示。

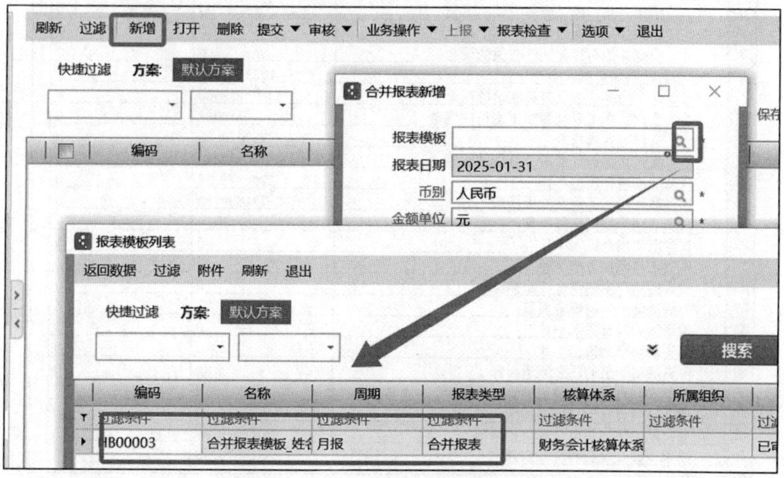

图 7-73 新增合并报表界面

（2）双击【合并报表】按钮，打开报表客户端，在“数据”页签下单击【全部重算】按钮。合并资产负债表如图 7－74 所示。

合并报表/川商集团合并范围_姓名/HB00007/合并报表模板_姓名-2025年1期月报(PRE001.人民币.元)

	A	B	C	D	E	F
1	资产负债表					
2		2025	年	1	月	会合01表
3	编制单位：					单位：元
4	资产	期末数	年初数	负债及所有者权益（或股东权益）	期末数	年初数
5	流动资产:			流动负债:		
6	货币资金	28313875.99	0	短期借款	0	0
7	交易性金融资产	0	0	交易性金融负债	0	0
8	应收票据	0	0	应付票据	0	0
9	应收账款	12656000	0	应付账款	2568880	0
10	预付款项	0	0	预收款项	0	0
11	应收利息	0	0	应付职工薪酬	1173368.31	0
12	应收股利	0	0	应交税费	1174439.33	0
13	其他应收款	6200	0	应付利息	0	0
14	存货	8823133.2	0	应付股利	0	0
15	一年内到期的非流动资产	0	0	其他应付款	100515	0
16	其他流动资产	0	0	一年内到期的非流动负债	0	0
17	流动资产合计	49799209.19	0	其他流动负债	0	0
18				流动负债合计	5017202.64	0
19				非流动负债:		
20	非流动资产:			长期借款	0	0
21	可供出售金融资产	0	0	应付债券	0	0
22	持有至到期投资	0	0	长期应付款	0	0
23	长期应收款	0	0	专项应付款	0	0
24	长期股权投资	0	0	预计负债	0	0
25	投资性房地产	0	0	递延所得税负债	0	0
26	固定资产	29012886.03	0	其他非流动负债	0	0
27	在建工程	0	0	非流动负债合计	0	0
28	工程物资	0	0	负债合计	5017202.64	0
29	固定资产清理	0	0	股东权益:		
30	无形资产	0	0	实收资本(股本)	55012000	0
31	开发支出	0	0	资本公积	15579600	0
32	商誉	0	0	减:库存股	0	0
33	长期待摊费用	0	0	盈余公积	0	0
34	递延所得税资产	0	0	未分配利润	3203292.58	0
35	其他非流动资产	0	0	外币报表折算差额	0	0
36	非流动资产合计	29012886.03	0	少数股东权益	0	0
37				股东权益合计	73794892.58	0
38	资产总计	78812095.22	0	负债和股东权益合计	78812095.22	0

图 7－74　合并资产负债表界面

合并现金流量表如图 7－75 所示。

合并报表/川商集团合并范围_姓名/HB00003/合并报表模板_姓名-2025年1期月报(PRE001.人民币.元)

	A	B	C
1	现金流量表		
2	2025年01月		会合03表
3	编制单位：		单位：元
4	项目名称	本期金额	上期金额
5	一、经营活动产生的现金流量		
6	销售商品、提供劳务收到的现金	1029483.99	0
7	收到的税费返还	0	0
8	收到其他与经营活动有关的现金	0	0
9	经营活动现金流入小计	1029483.99	0
10	购买商品、接受劳务支付的现金	759080	0
11	支付给职工以及为职工支付的现金	716028	0
12	支付的各项税费	282070.38	0
13	支付其他与经营活动有关的现金	7000	0
14	经营活动现金流出小计	1764178.38	0
15	经营活动产生的现金流量净额	−734694.39	0
16	二、投资活动产生的现金流量：		
22	投资活动现金流入小计	0	0
27	投资活动现金流出小计	0	0
28	投资活动产生的现金流量净额	0	0
29	三、筹资活动产生的现金流量：		
33	筹资活动现金流入小计	0	0
37	筹资活动现金流出小计	0	0
38	筹资活动产生的现金流量净额	0	0
39	四、汇率变动对现金及现金等价物的影响	0	0
40	五、现金及现金等价物净增加额	−734694.39	0
41	加：期初现金及现金等价物余额	29048570.38	0
42	六、期末现金及现金等价物余额	28313875.99	0

图 7－75　合并现金流量表界面

合并利润表如图 7-76 所示。

合并报表/川商集团合并范围_姓名/HB00007/合并报表模板_姓名-2025年1期月报(PRE001.人民币.元)　合并报表/川商集团合并范围_姓名/HB0(

	A	B	C
1	利润表		
2	年　　月		会合02表
3	编制单位：		单位：元
4	项目名称	本期金额	本年累计金额
5	一、营业收入	9826548.67	9826548.67
6	减:营业成本	6260172.74	6260172.74
7	税金及附加	125794.55	125794.55
8	销售费用	55552.56	55552.56
9	管理费用	173378.56	173378.56
10	财务费用	2516.01	2516.01
11	资产减值损失	0	0
12	加:公允价值变动收益(损失以“-”号填列)	0	0
13	投资收益(损失以“-”号填列)	0	0
14	其中:对联营企业和合营企业的投资收益	0	0
15	二、营业利润（亏损以“-”号填列）	3209134.25	3209134.25
16	加：营业外收入	0	0
17	减：营业外支出	5841.67	5841.67
18	其中：非流动资产处置损失	0	0
19	三、利润总额（亏损总额以“-”号填列）	3203292.58	3203292.58
20	减：所得税费用	0	0
21	四、净利润（净亏损以“-”号填列）	3203292.58	3203292.58
22	归属于母公司所有者的利润	0	0
23	少数股东损益	0	0
24	五、每股收益	0	0
25	（一）基本每股收益	0	0
26	（二）稀释每股收益	0	0
27			

图 7-76　合并利润表界面

学思践悟

一张“跨期发票”的合并报表风波

2025 年 1 月，某集团财务共享中心在编制 2024 年度合并报表时，系统提示子公司“新能源装备公司”利润异常增长 8%。经穿透核查，发现该子公司 12 月 31 日收到母公司开具的一张 3 000 万元原材料采购发票，却未同步确认应付账款，也未在合并层面抵消内部未实现利润。若放任不管，集团合并净利润将虚增 600 万元，资产负债率从 69.9%降至 68.8%，刚好“擦线”通过国资委考核。

子公司财务经理担心调账后完不成利润指标，私下暗示“先报后调”。集团财务共享中心合并报表小组的三名会计顶住压力：一边向集团审计部报告，一边启动紧急调账流程——补提应付账款、冲回未实现利润、追溯调整子公司个别报表。经过连续 36 小时的奋战，合并报表在法定披露前最后一刻修正完毕。

用“一张发票的选择”诠释会计人“不做假账”的初心，把“国之大者”落到小数点后两位。当个人考核与制度冲突时，我们要以集体利益与国家利益为重，守住财经纪律底线。

思考讨论

1. 在做交易类抵消时，相关数据是如何从日常业务中获取的？
2. 合并报表编制的步骤和注意事项有哪些？
3. 简述合并报表编制中往来抵消数据的来源。
4. 简述合并报表中抵消和调整的内容。
5. 在编制合并会计报表时为什么要抵消集团公司内部交易损益？

参考文献

[1] 傅仕伟，杨兰，郑菁. 业财一体化实验教程：基于金蝶云星空 V7.5 版. 北京：清华大学出版社，2022.

[2] 傅仕伟，杨兰，郑菁. 会计电算化实验教程：基于金蝶云星空 V7.5 版. 北京：清华大学出版社，2022.

[3] 于景存，白祎花，等. 会计信息系统实践教程：金蝶 K/3 WISE. 北京：人民邮电出版社，2019.

[4] 王新玲. 用友 U8 V10.1 会计信息化应用教程. 3 版. 北京：人民邮电出版社，2022.

[5] 宋红尔，吴爽，等. 会计信息系统：业财一体化应用（用友 ERP-U8 V15.0）. 北京：人民邮电出版社，2022.

[6] 毛华扬，张荷娇，许杰. 会计信息系统原理与应用：基于金蝶云星空（K/3 Cloud）V7.5 版. 2 版. 北京：中国人民大学出版社，2023.

[7] 李爱红，金颖颖. 会计信息系统：基于用友新道 U8+V15.0 版. 北京：中国人民大学出版社，2024.

[8] 欧阳电平，张耀武，李星. 业财一体化实训. 北京：清华大学出版社，2024.

[9] 王新玲，汪刚. 会计信息系统实验教程（用友 U8 V10.1）：微课版. 4 版. 北京：清华大学出版社，2025.

[10] 宋红尔. 会计信息系统：财务篇（基于用友新道 U8+V15.0 版）. 北京：中国人民大学出版社，2024.